中国司法改革实证研究丛书

致力于中国司法制度、刑事诉讼制度和纠纷解决的
实证研究作品

四川大学"双一流"建设项目"中国司法实证研究学派"支持
四川省社会科学重点研究基地纠纷解决与司法改革研究中心支持
四川省哲学社会科学重点实验室实证法学与智慧法治重点实验室支持

中国司法改革实证研究丛书
左卫民／丛书主编

刑事庭审实质化程序实证研究
以成都地区刑事庭审实质化改革为主要研究样本

EMPIRICAL STUDY ON THE PROCEDURE IN
THE SUBSTANTIALIZATION OF CRIMINAL TRIAL:
TAKING THE SUBSTANTIALIZATION OF CRIMINAL TRIAL IN CHENGDU AS A MAJOR EXAMPLE

何良彬／著

"中国司法改革实证研究丛书"序

2014年10月20日至23日召开的中共十八届四中全会,无疑将在当代中国法治建设的进程史上留下划时代的一笔。继党的十八届三中全会提出进一步深化司法体制改革的措施后,党的十八届四中全会通过的中共中央《关于全面推进依法治国若干重大问题的决定》,又提出了关于司法改革的重大举措,这对中国司法建设与改革而言显然具有积极意义。

长期以来,笔者及笔者带领的学术团队包括所指导的博士研究生,一直致力于司法制度、刑事诉讼制度和纠纷解决的实证研究,力图真切地把握中国司法与诉讼制度的运行现状,深度剖析其利弊得失,抓住切实存在的重要问题,探究其成因,并在此基础上提出有针对性和可操作性的改革建言。通过不断地开展实证研究,我们取得了关于司法与诉讼制度若干方面的一些研究成果。考虑到当前司法改革的重要性,也考虑到实证研究的重要性,笔者将我们团队近期有关司法制度的研究成果收辑成册,以中国司法改革实证研究为主题,与北京大学出版社联系并系列出版。笔者的看法是,中国司法研究固然早成显学,但司法改革的正确推进尤其是长期有效推行,仍然有待于科学、细致及深入的实证研究。有鉴于此,笔者将自己及所带领团队关于司法改革的实证研究成果奉献给大家,希望抛砖引玉,引起更多学界同仁关注并开展司法实证研究,同时也为当下和未来的司法改革提供些许参考。

  需要指出的是，对于法学研究者而言，实证研究乃是一种新兴的研究方法，无论是笔者抑或笔者所带领的团队成员，都有一个学习与掌握的过程。本系列作品中，有些实证研究方法运用得比较多，有的则比较少；有些运用得比较好，有些则有所欠缺，但鉴于这些作品大都或多或少地运用实证方法，比如使用数据展开分析等，因此笔者仍然以实证研究为主题收辑在一起。其中不当之处，敬请读者诸君批评。

左卫民
2014 年 12 月 3 日于四川大学研究生院

序 一

本书是我主编的中国司法改革实证研究系列作品中的一本,由何良彬博士在其博士论文基础上修改而成。良彬博士长期从事司法实务工作和应用法学研究,对中基层刑事诉讼运作体察较深,本书正是其坚持研用同步理念、践行实证研究方法的结果。

近四十年来,我国刑事诉讼制度经历着持续而深刻的重大变革。从立法层面看,1979 年《刑事诉讼法》历经 1996 年、2012 年、2018 年三次修订,"两高"司法解释跟进修改,我国以审判为中心的刑事诉讼制度体系正在努力形成。从改革决策看,2013 年 11 月,中共中央《关于全面深化改革若干重大问题的决定》明确提出"让审理者裁判,由裁判者负责"的要求;2014 年 10 月,中共中央《关于全面推进依法治国若干重大问题的决定》首次明确提出推进以审判为中心的诉讼制度改革,保证庭审在查明事实、认定证据、保护诉权、公正裁判中发挥决定性作用。从司法实践看,2015 年 2 月以来,四川成都、浙江温州等地率先启动刑事庭审实质化改革,并逐步扩展至全国,取得令人瞩目的积极进展,也为开展相关改革实证研究提供了有利契机和丰厚素材。

与此同时,从学术层面看,我国刑事诉讼法学研究日趋繁荣,理论成果持续涌现,也产生了较大影响。但从总体而言,既有学术研究成果对我国刑事诉讼制度的立法与司法实践的引导力和贡献力还比较有限,这在相当程度上与研究者对我国刑事诉讼制度的实践状况关注不够、了解不深有关。为此,我在多年前就有意识地调整研究思路和研究范式,在继续坚持和深化多元理论视角研究的同时,跳出既有规范框架,转向制度运行实务,大力倡导基于问题导向、面向司法实践、推动双向互动的司法实证研究方法,整体上遵循的是一条"发现问题、描述问题、剖析问题、解决问题"的学术路径。对处在大变革背景下的中国刑事诉讼制度及其实践而言,坚持上述研究思路和学术方法是有价值的,且应当不断拓展和深化。总体而论,近四十年来我国刑事诉讼制度改革不断深化的历程,实际上也是实证方法兴起的过程,正如有学者所述:"实证研究方法会成为法学研究的常规方式。"在此意义上,良彬博士充分结合在成都中院参与组织实施刑事庭审实质化改革的经历感悟,以刑事庭审实质化程序为主题,重点关注但不局限于成都地区改革的实践样本,运用实证研究方法进行深入解析,既摸清改革家底,找准关键症结,又遵循现代刑事诉讼理念,针对难题对症开方,体现了鲜明的问题意识和应用取向,具有积极的现实意义和长远价值。

具体而言,本书作者聚焦我国刑事诉讼长期以来存在的关键证人出庭难、非法证据排除难、控辩平等对抗难、程序监督制约难等"四难"症结,选取成都等地改革实践为样本素材,运用数据分析、案例评析、规范阐释、比较研究等多种方法,围绕刑事庭审实质化程序中的十个专题和相应的操作难点重点,结合阶段性个案样本,运用局部性片段"小数据",既注重面线归纳,也尝试点位"深描",理性提出对策建议。尤其值得注意的是,本书从刑事诉讼制度改革实践者的视角,提出刑事庭审实质化改革应当坚持技术性实质化为主的基本进路,其重心和关键在于构建完善精细化、可操作的程序技术规则,着力破解长期以来刑事庭审粗放运行、功能虚化的瓶颈症结,通过庭审技术的持续改良推进庭审功能的实质发挥,并为实现审判对侦查、公诉活动的有效制约的中期目标和以审判为中心的诉讼程序重构的远期目标奠定坚实的操作基础和技术支撑。我认为本书具有较强的现实合理性和操作可行性。

法律之实施当守成求新,法律实证研究亦永无止境。希望良彬博士保持学术热忱,深化实证研究,为推进我国以审判为中心的诉讼制度完善继续贡献绵薄之力。

是为序。

左卫民

2020年8月12日于金沙江畔的攀枝花

序 二

何良彬博士的《刑事庭审实质化程序实证研究》一书公开出版，是一件值得高兴的事情。本书选题源自2015年成都等地刑事庭审实质化改革实践，可谓由其触发、催生的研究成果，也是实践成都法院研用同步理念的具体体现，我为此深感欣慰。

长期以来，受制于种种原因，我国刑事诉讼特别是庭审虚化问题突出，关键证人出庭难、出庭率低，法庭调查程序粗放、过程简略，控辩对抗不对等、不充分，导致庭审功能受限，难以从源头上、根本上防范冤假错案。2014年10月，党的十八届四中全会明确提出推进以审判为中心的诉讼制度改革，保证庭审在查明事实、认定证据、保护诉权、公正裁判中发挥决定性作用的重大课题。2015年以来，成都等地法院率先启动刑事庭审实质化改革试点，这是一场革命性变革，事关我国刑事审判领域司法方式改进、职权配置优化乃至诉讼程序重构。[①] 几年来，得益于各方支持和学界指导，改革成效得到中央政法委、最高人民法院等的充分肯定，为促进以审判为中心的刑事诉讼制度完善发挥了积极作用。在此期间，成都法院坚持研用同步、校院合作的工作思路，以改革实践促课题研究，以课题成果促改革深化，彰显了自身的改

---

① 参见孙长永、王彪：《论刑事庭审实质化的理念、制度和技术》，载《现代法学》2017年第2期。

革担当和学术追求。成都等地的探索实践提供了推进国家治理体系和治理能力现代化背景下深化刑事诉讼制度改革的一个鲜活样本，也为刑事诉讼理论与实务研究积累了新的丰厚素材。同时，改革实践也反映出相关各方对庭审实质化改革若干问题的认识把握尚存分歧，实质化审理程序和调查技术还欠细密，可操作化规则体系有待精密，改革实践与学术研究的互动融合仍需持续深化。

良彬博士在担任成都中院审判委员会专职委员期间，参与了这一改革的论证、实施、推广的全过程，并将刑事庭审实质化程序实证研究确定为博士论文选题。本书是在其博士论文基础上修改完善而成，有以下几个特点：

——在选题立论上，本书立足几年来成都等地刑事庭审实质化改革的具体实践，聚焦刑事案件第一审普通程序实质化审理方式的程序操作和法庭调查技术这个重点难点，做了具有一定创新意义的实证研究，体现出较强的问题意识和应用导向。"问题意识之所以重要，是因为很多时候准确发现问题、提出一个重要问题比解决问题重要。"[①]本书选取庭前会议、排除非法证据、法庭调查的顺序和方法、刑事庭审对质、关键证人出庭、询问证人技术、繁简分流和程序简化、律师辩护权利保障、一审裁判文书制作改革以及现代科技对庭审程序和司法技术的挑战应对十个专题，切中了影响改革推进和社会获得感的关键堵点、法律难点。本书明确提出确立、坚持和完善技术性实质化的改革思路和操作进路这一核心命题，其重心和关键在于构建完善精细化、可操作的程序技术规则，着力破解长期以来刑事庭审粗放运行、功能虚化的瓶颈症结，通过对庭审技术的持续改良推进庭审功能的实质发挥，并为实现审判对侦查、公诉活动的有效制约的中期目标和以审判为中心的诉讼程序重构的远期目标奠定坚实的操作基础和技术支撑。

---

① 周光权：《刑法学习定律》，北京大学出版社2019年版，第121页。

这一改革思路和操作进路不仅是对既有改革实践经验的深入总结，也是对未来继续深化改革的理性建言，值得重视。

——在研究方法上，重视法律实证研究方法的综合运用。法律实证研究的持续升温，已经成为近二十年特别是最近十年来，我国法学研究中引人注目的现象，尽管对其含义、标准、分类以及方法等尚存争议，但强化法律实证研究已成多方共识。有学者指出，随着我国司法改革的不断深化，进一步"加大了通过法律实证研究来发现真实问题、评估法治真实问题、提供有效解决方案的迫切需求"①，本书反映了作者在运用实证研究方法方面的积极努力。首先是对实证数据的调查运用。"唯有实证数据才能证明理论是正确还是错误，或者是否应当暂时接受还是拒绝"②，这在很大程度上同样适用于法律运行过程。本书重视从多个维度、不同层面收集来自改革实践一线的实证调查数据，真实反映近几年来成都地区刑事庭审实质化改革的总体状况，客观评价改革实效，分析共性突出问题。其次是对典型案例的深入评析。"大量分析案例，始终保持对经验事实和话语的敏感、认真和专注"③，本身就构成法学研究的重要内容。例如，本书选取了十件典型案例进行集中评析，紧扣从庭前会议到当庭宣判的主要流程和操作难点，聚焦体现庭前实质化改革要求的主要因素，着重从操作程序角度进行集中专题评析，既肯定其亮点特色和做法经验，也深入剖析其瑕疵，以期促进操作规则和改革实践不断完善。又如，本书筛选了五十余件典型案例，紧扣庭审实质化程序运行和操作技术中的难点、痛点，进行针对性阐释评析，增强论证的实践性与说服力，彰显论文的实证风格和应用导向。需要指出的是，过去理论与实务界比较重视对实体

---

① 程金华：《当代中国的法律实证研究》，载《中国法学》2015年第6期。
② 王志伟：《新自由主义经济学中的方法论——以弗里德曼为视角的研究》，载《河南社会科学》2008年第4期。
③ 苏力：《是非与曲直——个案中的法理》，北京大学出版社2019年版，第12页。

规则案例的提炼指导,但对程序案例的评析研究相对滞后,最高人民法院发布的程序规则指导性案例也明显偏少。鉴于此,本书对程序性典型案例示范价值的重视、评析,同样值得关注。

——在转化运用上,本书不仅对近年来庭审实质化改革中的若干堵点、难点作了集中梳理剖析,紧扣庭审改革的实践需求,强化解决问题的操作化对策建议,供修订刑事诉讼法和完善司法解释参考,着力解对应用题、做好应用文,力求对推进庭审实质化改革、完善以审判为中心的诉讼制度有所助益。

众所周知,法律的生命在于实施,在于经验。发现问题、剖析症结、提出对策并返回实践,乃是法律实证研究的永恒主题。在当前以审判为中心的诉讼制度改革持续深化、改革的"啃硬骨头"特征愈加明显的背景下,进一步加强司法改革的实证研究,尤其具有现实意义和长远价值。正如左卫民教授指出的,"未来,推进法律实证研究并综合运用多种研究方法,进一步提出、发现更具生命力的命题,将是永不止步的中国法律人的使命"[①]。我期待并深信,成都法院广大法官和工作人员在继续热忱支持改革、倾力投身改革的同时,更将深化研用同步之念,大兴实证研究之风,融汇校院合作之智,推出更多更好的研究成果,为我国司法改革作出新的贡献。

刑事诉讼可谓最为悠久的诉讼类型与程序实践。自20世纪初清末变法修律以来,我国刑事诉讼制度改革已经走过百余年峥嵘历程。今天,这一改革正迎来重大机遇,也面临深刻挑战,尤需付出更多的努力、更好的智慧、更久的韧劲。说到底,我国刑事诉讼制度改革理论和实践的未来,在每一个当代中国法律人的眼里、手中和脚下,而"预测

[①] 左卫民:《挑战与回应:关于法律实证研究的若干阐述》,载《中国法律评论》2018年第6期。

未来的最好方法是创造未来"①。继续深化刑事庭审实质化改革,促进以审判为中心的刑事诉讼制度不断完善,坚决防范冤假错案,努力让人民群众在每一个司法案件中感受到公平正义,正是每一个当代中国法律人必须肩负的光荣职责与时代使命!

是为序。

四川省成都市中级人民法院院长　郭　彦
2020 年 8 月

---

① 〔英〕理查德·萨斯坎德:《法律人的明天会怎样?——法律职业的未来》,何广越译,北京大学出版社 2015 年版,第 187 页。

摘　　要

长期以来,我国刑事诉讼特别是刑事庭审存在关键证人出庭难、非法证据排除难、控辩平等对抗难和程序监督制约难等瓶颈性症结,庭审运行缺乏体系化的程序规则和调查技术支撑,由此导致刑事庭审功能虚化,难以从源头、根本上杜绝非法证据、防范冤假错案。2012年修订的《中华人民共和国刑事诉讼法》,对刑事庭审制度等多项程序制度作出重要修改,推动了刑事诉讼从侦查中心主义向审判中心主义转变。2014年,中共中央《关于全面推进依法治国若干重大问题的决定》明确提出"推进以审判为中心的诉讼制度改革"的重大决策,特别强调发挥庭审的决定性作用。最高人民法院《四五改革纲要》明确要求"实现诉讼证据质证在法庭、案件事实查明在法庭、诉辩意见发表在法庭、裁判理由形成在法庭"。2015年以来,成都、温州等地法院贯彻上述部署要求,在全国法院率先启动开展刑事庭审实质化改革,这被誉为我国刑事审判领域事关司法方式改进、职权配置优化乃至诉讼程序重构的一场革命性变革。八年多来的改革实践既取得了显著成效,也反映出不少问题,控、辩、审各方对庭审实质化改革的认识和把握还存在分歧,特别是新的实质化审理程序和调查技术还存在不少难点亟待破解,有待进一步形成成熟完善的规则体系。本书立足成都等地庭审实质化改革实践,聚焦刑事案件第一审普通程序实质化审理方式的程序操作和法庭调查技术这个重心,明确提出刑事庭审实质化改革应当坚持技术性实质化为主的基本进路,构建完善精细化、可操作的程序规则和调查技术,破解刑事庭审粗放运行、功能虚化的问题,促进和保障庭审功能的实质发挥,并在此基础上针对改革实践中反映出的难点、痛点深入进行剖析,提出解决问题的对策建议。

本书具体分为六个部分,各部分之间的逻辑关联主要体现为:第一部分旨在立论,提出核心命题;第二部分着力于改革的实践样态及其剖析,并阐明改革的关键仍在于优化程序技术和操作规则;第三至第五部分紧扣刑事庭审实质化改革的操作难点,着重从前置程序、调查程序和配套机制三个紧密关联的层面,重点展开分析论述;第六部分为结语。各部分主要内容简述如下。

第一部分"导论",概述选题的实践背景,对以成都地区刑事庭审实质化改革为主要研究样本的理由予以说明;对2012年《刑事诉讼法》修订以来我国刑事诉讼制度特别是刑事庭审实质化改革的研究概况、研究重点、研究价值及存在的不足进行综述;在此基础上阐释本论文的研究价值,提出本论文的核心命题,即刑事庭审实质化改革应当坚持技术性实质化为主的基本进路,其重心和关键在于构建完善精细化、可操作的程序技术规则,着力破解长期以来刑事庭审粗放运行、功能虚化的瓶颈症结,通过庭审技术的持续改良推进庭审功能的实质发挥,并为实现审判对侦查、公诉活动的有效制约的中期目标和以审判为中心的诉讼程序重构的远期目标奠定坚实的操作基础和技术支撑;同时就论文的研究方法、研究素材和内容结构作出简要说明。

第二部分"刑事庭审实质化改革状况观察——以成都地区为主要样本",从面、线、点相结合的维度,全面展示和分析成都地区庭审实质化改革状况,同时通过注释穿插介绍温州等国内其他地区推进改革的相关情况和数据。着重围绕成都地区推进庭审实质化改革的问题动因、总体思路、主要做法、具体效果和学界评价等方面,对改革情况进行总体归纳和客观描述;立足面上,对成都地区2015年2月庭审实质化改革启动以来至2020年年底的试验示范庭审数据情况进行具体分析,对改革的阶段性状况和态势趋势进行简要概括;立足线上,抽样选取101件庭审案件,分10类35个具体项目进行数据统计和深度剖析,进一步展示和分析改革的实际状况;立足点上,选取10个典型案例,从庭审实质化改革的程序操作和调查技术角度,逐一进行个案评析,并进行归纳总结,明确提出庭审实质化改革的重点、难点仍在于程序操作和调查技术的细化完善。

第三部分"刑事庭审实质化的前置程序",聚焦庭审实质化改革中具有前置性质的程序难点,包括庭审实质化与庭前会议、庭审实质化与非法证据排除两个专题。其一,庭前会议属于庭审准备程序的核心部分,对庭审整体功能的实质发挥至关重要;做好庭前准备,不是为了代替庭审,恰恰是为庭审做好必要准备,同时也力求在庭前阶段有效分流;针对庭前会议,对国外庭前准备程序改革情况作了简括梳理,指出对我国完善庭前会议制度的借鉴意义;分析了我国庭前会议制度的立法、司法状况,特别是庭审实质化改革以来庭前会议运行中的突出问题;对庭审实质化改革背景下庭前会议的功能重新审视和定位;在此基础上着重针对实践中反映出的操作难点进行深入剖析,并提出大力推进、完善庭前准备阶段的程序外和程序内分流等建议。其二,非法证据排除规则的核心价值在于,法官通过庭审展示对侦查阶段取证行为合法性的程序控制和司法审查,确保庭审的实质化。非法证据排除规则的适用在程序上横跨了庭前准备和庭审调查两个阶段,同时证据合法性调查本质上属于证据资格和证据能力问题,在庭审调查中具有前置性,对确保法庭调查的规范有序极其重要。本书立足庭审实质化改革实践,在剖析非法证据排除程序运行情况和现有问题的基础上,着重围绕操作程序难点进行分析研究,并基于审判视角对讯问同步录音录像制度的运行情况进行专门剖析,对进一步完善非法证据排除制度提出了建议。

第四部分"刑事庭审实质化的调查程序",聚焦庭审调查程序和调查技术,包括法庭调查的顺序和方法、庭审对质、关键证人出庭和询问证人技术四个专题。其一,本书明确提出法庭调查的顺序和方法对庭审实质化改革具有重要价值,针对我国刑事诉讼法和相关司法解释规定的不足,在分析借鉴国外相关立法基础上,针对我国刑事庭审的调查顺序和方法的难点进行重点探讨,从立法、司法解释层面和改革实践层面提出加强法庭调查顺序和方法专题研究、规则制定和试验示范等完善建议。其二,本书提出庭审对质既属于法庭调查的主要程序,也是证据调查的基本方法,还是庭审各参与方、特别是被告人及其辩护人的重要权利;对大陆法系和英美法系国家和地区的相关制度作了比较分析,对我国庭审对质制度和改革实践作了梳理研究,提出将被告人与证人之间的对质、证人之间的相互对质作为构建和完善刑事庭审对质制度的核心内容等重点对策建议。其三,关键证人出庭作证是庭审实质化改革中最具标志意义的改革举措之一,紧扣庭审实质化改革实践,重点剖析了庭审调查中证人出庭反映出的新问题和立法及司法解释的不足,认为不能简单地将证人出庭等同于实质化改革,更不能以证人出庭数量论改革成效,明确提出了关键证人出庭作证的操作思路,并针对关键证人的标准和范围、证人宣誓、证人出庭的保护和保障、证人不能出庭的后果、庭前书面证词与当庭证言的效力关系等主要难点进行具体分析,提出具体完善建议。其四,针对长期以来证人出庭难、当庭作证率低并导致询问证人技术明显滞后于改革需要的状况,明确提出将构建完善我国刑事庭审的询问证人技术作为推进庭审实质化改革的关键环节,并从七个方面对询问技术的微观难点进行深入分析,提出强化规范操作的具体建议。

第五部分"刑事庭审实质化的配套机制",包括案件简繁分流与程序简化、律师辩护权利保障、一审裁判文书制作改革以及现代科技对庭审程序和司法技术的挑战及应对四个专题。其一,案件简繁分流与程序简化既是庭审实质化改革的基础前提,也是改革的重要组成部分;改革的目的在于实现大量的简单案件适用审前分流、刑事速裁、简易程序等快速通道解决,做到简案快办;少量复杂疑难案件才应适用实质化审理方式,做到难案精审;对国外相关改革情况作了比较分析,对国内改革情况和存在的问题作了梳理,针对操作中的主要难点进行深入研究,并提出重塑我国刑事诉讼程序的多通道、分层化、递进式格局等具体完善建议。其二,庭审实质化在很大程度上体现为律师辩护的实质化,提出强化律师辩护权利对实现庭审实质化具有不可替代的重大作用,深入总结了庭审实质化改革中保障律师辩护权利存在的突出问题,提出强化法律援助并确保每个被告人都有辩护人出庭辩护等改进对策。其三,庭审实质化改革对一审裁判文书制作提出了新的更高的要求,现行裁判文书样式和结构应当进行改革;提出划分略式、简式、普式和繁式的多通道文书样式,实行共同但有区别的多样化文书结构和制作要求,并从完善立法、司法解释、改革裁判文书制作样式以及强化案例指导四个层面提出具体建议。其四,现代科技对刑事诉讼在内的司法活动影响日趋突出,既极大扩展了传统角色和功能,也给刑事庭审程序、当事人诉讼权利带来了不确定性风险。本书立足现代科技给司法活动带来的新场景、新趋势,分析新挑战,提出新对策,建议加强融合运用,尽快制定相关司法解释及操作规则,加强人才培养,使之更好地造福于现代刑事审判和人权保障。

第六部分"结语",前文着重于庭审实质化改革的程序规则和调查技术层面展开,对理念、体制、关系、辅助人员、人民陪审员、改革措施的借鉴移植等问题涉及较少,因此结语部分立足庭审实质化改革视角,针对上述问题作了简要回应。

凡 例

1. 《中华人民共和国宪法》,简称《宪法》
2. 《中华人民共和国刑事诉讼法(2018年修正)》,简称《刑事诉讼法》
3. 《中华人民共和国人民陪审员法》,简称《人民陪审员法》
4. 《中华人民共和国法律援助法》,简称《法律援助法》
5. 中共中央《关于全面深化改革若干重大问题的决定》,简称《深化改革决定》
6. 中共中央《关于全面推进依法治国若干重大问题的决定》,简称《依法治国决定》
7. 最高人民法院、最高人民检察院、公安部、国家安全部和司法部《关于办理刑事案件排除非法证据若干问题的规定》,简称《排非规定》
8. 最高人民法院、最高人民检察院、公安部、国家安全部和司法部《关于办理死刑案件审查判断证据若干问题的规定》,简称《死刑案件证据规定》
9. 最高人民法院、最高人民检察院、公安部、国家安全部、司法部和全国人大常委会法工委《关于实施刑事诉讼法若干问题的规定》,简称《实施刑诉法规定》
10. 中央政法委《关于切实防止冤假错案的规定》,简称《防止冤

错规定》

11. 最高人民法院《关于建立健全防范刑事冤假错案工作机制的意见》,简称《防范冤错意见》

12. 最高人民法院、司法部《人民陪审员制度改革试点方案》,简称《人民陪审员试点方案》

13. 最高人民法院、司法部《人民陪审员制度改革试点工作实施办法》,简称《人民陪审员试点办法》

14. 最高人民法院《关于完善人民法院司法责任制的若干意见》,简称《司法责任制意见》

15. 最高人民法院、最高人民检察院、公安部、国家安全部和司法部《关于依法保障律师执业权利的规定》,简称《保障律师权利规定》

16. 最高人民法院《关于依法切实保障律师诉讼权利的规定》,简称《保障律师诉权规定》

17. 最高人民法院、最高人民检察院、公安部、国家安全部和司法部《关于推进以审判为中心的刑事诉讼制度改革的意见》,简称《刑诉改革意见》

18. 最高人民法院《关于全面推进以审判为中心的刑事诉讼制度改革的实施意见》,简称《全面推进意见》

19. 最高人民法院《关于进一步推进案件繁简分流优化司法资源配置的若干意见》,简称《繁简分流意见》

20. 最高人民法院、最高人民检察院、公安部、国家安全部和司法部《关于办理刑事案件严格排除非法证据若干问题的规定》,简称《严格排非规定》

21. 最高人民法院、司法部《关于开展刑事案件律师辩护全覆盖试点工作的办法》,简称《律师辩护全覆盖办法》

22. 最高人民法院《人民法院办理刑事案件庭前会议规程(试行)》,简称《庭前会议规程》

23. 最高人民法院《人民法院办理刑事案件排除非法证据规程(试行)》,简称《排非规程》

24. 最高人民法院《人民法院办理刑事案件第一审普通程序法庭调查规程(试行)》,简称《法庭调查规程》

25. 最高人民法院、司法部《关于依法保障律师诉讼权利和规范律师参与庭审活动的通知》,简称《律师参与庭审活动通知》

26. 最高人民法院《关于深化人民法院司法体制综合配套改革的意见——人民法院第五个五年改革纲要(2019－2023)》,简称《五五改革纲要》

27. 司法部《全国刑事法律援助服务规范》,简称《法律援助服务规范》

28. 最高人民法院《关于适用〈中华人民共和国人民陪审员法〉若干问题的解释》,简称《人民陪审员法解释》

29. 最高人民法院、最高人民检察院、公安部、国家安全部和司法部《关于适用认罪认罚从宽制度的指导意见》,简称《认罪认罚指导意见》

30. 最高人民检察院《人民检察院刑事诉讼规则》,简称《刑事诉讼规则》

31. 公安部《公安机关办理刑事案件程序规定》,简称《刑事案件规定》

32. 最高人民法院、最高人民检察院、公安部、国家安全部、司法部《法律援助值班律师工作办法》,简称《值班律师工作办法》

33. 最高人民法院、最高人民检察院、公安部、国家安全部、司法部《关于规范量刑程序若干问题的意见》,简称《量刑程序意见》

34. 最高人民法院《关于适用〈中华人民共和国刑事诉讼法〉的解释》,简称《刑诉法解释》

35. 最高人民法院《人民法院在线诉讼规则》,简称《在线诉讼

规则》

36. 最高人民法院、最高人民检察院、公安部、司法部《关于进一步深化刑事案件律师辩护全覆盖试点工作的意见》,简称《律师辩护全覆盖意见》

37. 最高人民检察院、司法部、中华全国律师协会关于《依法保障律师执业权利的十条意见》,简称《保障律师执业权利十条意见》

目录

第一章 导论 / 001

一、选题背景 / 002

二、文献综述 / 008

（一）研究状况 / 008

（二）研究重点 / 012

（三）研究简评 / 022

三、选题价值 / 027

四、核心命题 / 028

五、研究方法 / 031

六、内容结构 / 034

第二章 刑事庭审实质化改革状况观察
  ——以成都地区为主要样本 / 036

一、问题动因 / 036

（一）由冤错案件引发的反思 / 036

（二）过去刑事庭审存在的主要症结 / 038

二、改革情况 / 045

（一）总体思路 / 045

（二）具体做法 / 046
　　（三）主要成效 / 049
　　（四）外地简况 / 049
　　（五）学界评价 / 051
三、实证分析 / 054
　　（一）整体数据简析 / 054
　　（二）抽样结构分析 / 061
　　（三）典型案例评析 / 067

第三章　刑事庭审实质化的前置程序 / 095
一、庭审实质化与庭前会议 / 095
　　（一）国外加强刑事庭前准备的立法趋势及其启示 / 096
　　（二）我国刑事庭前会议的现行规则体系 / 101
　　（三）刑事庭前会议运行现状及主要问题 / 105
　　（四）庭审实质化改革与庭前会议的功能定位 / 107
　　（五）完善庭前会议操作中的主要难点 / 111
　　（六）进一步完善刑事庭前会议制度的主要思路 / 129
二、庭审实质化与非法证据排除 / 137
　　（一）庭审实质化改革背景下排除非法证据规则的价值考量 / 138
　　（二）我国排除非法证据的现行规则体系 / 143
　　（三）排除非法证据规则运行现状及突出问题 / 145
　　（四）排除非法证据规则适用中的程序难点 / 150
　　（五）重视对讯问过程同步录音录像的举证质证和审查判断 / 161
　　（六）强化排除非法证据规则实施的对策建议 / 170

第四章　刑事庭审实质化的调查程序 / 173
一、庭审实质化与法庭调查的顺序和方法 / 173
　　（一）法庭调查顺序和方法在庭审实质化改革中的重要价值 / 174
　　（二）相关国家和地区立法情况及其借鉴意义 / 178

（三）我国刑事庭审法庭调查顺序和方法的立法与司法实践状况 / 180

　　（四）确立证据调查的举证顺序和操作模式的总体要求 / 182

　　（五）妥当把握个案法庭调查中的举证顺序与方法 / 187

　　（六）法官的职权调查和引导义务 / 191

　　（七）对完善法庭调查顺序和方法的主要思路 / 193

二、庭审实质化与庭审对质 / 199

　　（一）构建并完善庭审对质制度对庭审实质化改革的重要意义 / 201

　　（二）相关国家和地区的庭审对质制度 / 204

　　（三）我国对庭审对质的法律和司法解释规定 / 213

　　（四）实质化改革背景下的庭审被告人对质权运行现状 / 216

　　（五）进一步完善刑事庭审对质权的操作思路 / 227

三、庭审实质化与关键证人出庭 / 241

　　（一）刑事庭审实质化改革中证人出庭作证的突出问题 / 242

　　（二）证人出庭作证的法律和司法解释规定评析 / 249

　　（三）证人出庭作证的主要难点 / 250

　　（四）庭前书面证词与当庭证言的效力关系 / 258

　　（五）证人出庭的保护和保障 / 264

四、庭审实质化与庭审询问证人技术 / 266

　　（一）庭审实质化改革实践中询问证人的突出问题 / 266

　　（二）庭审实质化改革亟待建构专门化的询问证人技术 / 267

　　（三）关注不同事实认定模式对询问技术的差异性影响 / 270

　　（四）建构刑事庭审询问证人技术的相关条件 / 273

　　（五）询问证人技术的具体操作 / 275

　　（六）对询问证人技术的合理限制 / 290

　　（七）完善证人到庭作证对庭审笔录制作的要求 / 290

第五章　刑事庭审实质化的配套机制 / 292

一、庭审实质化与案件繁简分流和程序简化 / 293

　　（一）相关国家改革情况及其启示 / 294

（二）我国简易刑事程序的现行规则体系 / 298

　　（三）推进刑事案件繁简分流与审判程序简化的形势背景 / 299

　　（四）改革做法 / 301

　　（五）主要难点 / 303

　　（六）对进一步完善繁简分流和程序简化机制的对策建议 / 313

二、庭审实质化与律师辩护权利保障 / 314

　　（一）律师辩护制度历程简溯 / 314

　　（二）庭审实质化与律师辩护 / 317

　　（三）庭审实质化改革中律师辩护存在的突出问题 / 318

　　（四）进一步强化律师辩护权利保障的对策建议 / 323

三、庭审实质化与一审裁判文书制作改革 / 328

　　（一）庭审实质化改革给一审裁判文书制作带来的新挑战 / 328

　　（二）庭审实质化改革中一审裁判文书制作存在的主要问题 / 329

　　（三）改革一审普通程序裁判文书制作的具体要求 / 333

　　（四）完善一审裁判文书制作的相关建议 / 336

四、庭审实质化与现代科技对庭审程序和司法技术的挑战及应对 / 338

　　（一）新场景 / 339

　　（二）新趋势 / 343

　　（三）新挑战 / 348

　　（四）新对策 / 357

第六章　结语 / 363

一、刑事司法理念的更新 / 364

二、侦、控、辩、审四方关系的调整 / 366

三、审判辅助人员制度改革的深化 / 367

四、人民陪审员制度改革带来的挑战 / 369

五、我国古代刑事司法文化精华的传承与边区人民司法优良传统的弘扬 / 370

六、国外刑事司法改革经验的借鉴 / 374

附件：101 件抽样试验示范庭审案件类型数据表 / 376

参考文献 / 432

后　记 / 451

第一章　导　　论

刑事审判从古至今一直存在。刑事审判的历史清楚地反映出，国家观念、司法理念和程序规则从古代封建、专制逐渐迈向现代法治的漫长演变历程。

从主要法治国家的情况看，在此过程中有两个因素至关重要：一是针对刑事犯罪而增强的保护国家与社会的要求，导致中世纪刑事审判程序向纠问式程序转化；二是针对国家而产生的保护无辜者的要求，促使纠问式程序大约从19世纪中叶起开始向现代刑事审判程序转型①。现代刑事审判诚然是运用国家强制甚至暴力惩治犯罪、维系秩序的公器，但同时，这一制度"其实展现了人类尊严的含义，显示一种文明尊敬地对待最卑劣的敌人——假定他们是无罪的，让他们能够平等地对抗，给予他们辩护人为其辩护"②。

"在刑事程序的深层结构中，权力和权利，如同DNA双螺旋结构中的两条骨架，共同搭建起刑事程序的基本框架，并在互动博弈中推动刑事法治发展完善"③，由此，既要关注刑事程序背后的公共权力对

---

① 参见〔德〕拉德布鲁赫：《法学导论》，米健、朱林译，中国大百科全书出版社1997年版，第120—122页。

② 〔英〕萨达卡特·卡德里：《审判为什么不公正》，杨雄译，新星出版社2014年版，第347页。

③ 刘静坤：《刑事程序的权利逻辑——国际法和国内法的比较考察》，法律出版社2021年版，第3页。

个体私权的影响,也要关注个体犯罪对国家权力和社会公共秩序的侵蚀。就此而言,现代刑事审判应当而且能够在国家利益、社会公共利益与被告人个体利益之间,在惩治犯罪与保障权利的双重价值目标之间保持合理的动态平衡。① 因此,刑事审判的发展演变,远不只是程序规则正当化、证据裁判现代化的历史,更是权利保障从理念到实践循环往复、永无止境的进步史。

但是,实现惩治犯罪与保障权利两种价值的并重与平衡,除理念更新与制度设计外,更具决定性意义的其实是刑事诉讼流程的实质化运行和各阶段功能的有效发挥。从审判视角来看,审判阶段特别是庭审运行的实质化和程序规则的精密化,尤其应当成为重中之重。其根本理由在于,庭审环节是刑事诉讼特别是刑事审判的中心和重心,刑事诉讼前端所收集的指控犯罪的诉讼资料必须提交到法庭上出示并接受庭审参与各方的质疑和辩驳,刑事侦查主体取证的合法性、有效性必须纳入庭审程序进行验证,裁判结果必须依赖于控辩双方在法庭上的实质平等和充分有效的对抗,同时刑事诉讼各参与方的诉讼行为也必须通过庭审这一法定时空公开进行并接受当事人、公众和舆论的监督。因此,惩治犯罪与权利保障的平衡,归根结底是刑事庭审如何实现实质化运行的核心问题,也是庭审程序规则怎样做到可视化和更精密的具体实践。

一、选题背景

1979 年,新中国第一部刑事诉讼法《中华人民共和国刑事诉讼法》实施,其后在推进以审判为中心的刑事诉讼制度改革的时代背景

---

① 参见〔英〕彼得·斯坦、〔英〕约翰·香德:《西方社会的法律价值》,王献平译,中国法制出版社 2004 年版,第 115 页。

下历经1996年、2012年和2018年三次重要修订,具有特殊的重大意义。2013年11月,中共中央《关于全面深化改革若干重大问题的决定》明确提出"让审理者裁判、由裁判者负责"的要求;2014年10月,中共中央《关于全面推进依法治国若干重大问题的决定》首次明确提出推进以审判为中心的诉讼制度改革,保证庭审在查明事实、认定证据、保护诉权、公正裁判中发挥决定性作用。随后,中央层面和最高人民法院、最高人民检察院、公安部、司法部、国家安全部等层面的一系列重要部署和规范性文件相继出台,推进新一轮刑事诉讼制度改革成为大势所趋。我国刑事庭审制度的现行基本规范体系主要由刑事诉讼法等法律、司法解释和司法规范性指导性文件构成,主要如下:《中华人民共和国刑事诉讼法》;2018年4月《中华人民共和国人民陪审员法》;2021年8月《中华人民共和国法律援助法》;2010年7月最高人民法院、最高人民检察院、公安部、国家安全部和司法部(以下简称"两高三部")《关于办理刑事案件排除非法证据若干问题的规定》;2010年7月"两高三部"《关于办理死刑案件审查判断证据若干问题的规定》;2013年1月"两高三部"和全国人大常委会法工委《关于实施刑事诉讼法若干问题的规定》;2013年8月中央政法委《关于切实防止冤假错案的规定》;2013年10月最高人民法院《关于建立健全防范刑事冤假错案工作机制的意见》;2015年4月最高人民法院、司法部《人民陪审员制度改革试点方案》、同年5月《人民陪审员制度改革试点工作实施办法》;2015年9月最高人民法院《关于完善人民法院司法责任制的若干意见》;2015年9月"两高三部"《关于依法保障律师执业权利的规定》;2015年12月最高人民法院《关于依法切实保障律师诉讼权利的规定》;2016年6月"两高三部"《关于推进以审判为中心的刑事诉讼制度改革的意见》;2017年2月最高人民法院《关于全面推进以审判为中心的刑事诉讼制度改革的实施意见》;2016年9月最高人民法院《关于进一步推进案件繁简分流优化司法资源配置的若干意见》;2017年6月"两高三部"《关于办理刑事案件严格排除非法证据若干问题的规定》;2017年10月最高人民法院、司法部《关于开展刑事案件律师辩护全覆盖试点工作的办法》;2017年11月最高人民法院"三项规程"即《人民法院办理刑事案件庭前会议规程(试行)》《人民法院办理刑事案件排除非法证据规程(试行)》和《人民法院办理刑事案件第一审普通程序法庭调查规程(试行)》,均自2018年1月1日起试行;2018年4月最高人民法院、司法部《关于依法保障律师诉讼权利和规范律师参与庭审活动的通知》;2018年3月最高人民检察院《关于指派、聘请有专门知识的人参与办案若干问题的规定(试行)》;2018年7月最高人民检察院《人民检察院公诉人出庭举证质证工作指引》;2018年12月最高人民法院、司法部《关于扩大刑事案件律师辩护全覆盖试点范围的通知》;2019年2月最高人民法院《关于深化人民法院司法体制综合配套改革的意见——人民法院第五个五年改革纲要(2019—2023)》,其中第43条对推进刑事诉讼制度改革提出了最新要求;2019年2月司法部《全国刑事法律援助服务规范》;2019年5月最高人民法院《关于适用〈中华人民共和国人民陪审员法〉若干问题的解释》;2019年10月"两高三部"《关于适用认罪认罚从宽制度的指导意见》;2019年12月最高人民检察院《人民检察院刑事诉讼规则》(共17章684条,对检察机关的侦查职权作出调整,缩小检察机关自侦案件范围,对侦查部分条文适当精简);2020年2月最高人民法院《关于新冠肺炎疫情防控期间加强和规范在线诉讼工作的通知》;2020年9月公安部《公安机关关于办理刑事案件程序规定》;2020年8月最高人民法院、司法部《〈中华人民共和国人民陪审员法〉实施中若干问题的答复》;2020年11月"两高三部"《关于规范量刑程序若干问题的意见》;2021年1月最高人民法院公布《关于适用〈中华人民共和国刑事诉讼法〉的解释》(以下简称《刑诉法解释》),自2021年3月1日起施行;2021年6月最高人民法院公布《人民法院在线诉讼规则》,自 2021 年 8 月 1 日起施行,其中第 37 条就刑事案件在线审理问题作了特别规定;2021 年 12 月最高人民法院、最高人民检察院、公安部、司法部《关于加强减刑、假释案件实质化审理的意见》;2022 年 3 月最高人民检察院《人民检察院办理认罪认罚案件听取意见同步录音录像规定》;2022 年 10 月最高人民法院、最高人民检察院、公安部、司法部《关于进一步深化刑事案件律师辩护全覆盖试点工作的意见》;2023 年 3 月最高人民检察院、司法部、中华全国律师协会《关于依法保障律师执业权利的十条意见》。

检视上述规定,具有以下特点:一是以 2012 年《刑事诉讼法》修订为契机,相关立法和规范性文件修订完善进程自 2012 年以后明显加快,数量明显增多;二是重点集中在推进以审判为中心的刑事诉讼制度改革及其配套完善,同时也属于我国新一轮刑事诉讼制度改革的重要内容;三是价值取向上坚持让人民群众在每一个司法案件中感受到公平正义,在具体制度上突出运行程序的规范、细化,着力增强可操作性,逐步形成我国刑事诉讼特别是刑事庭审技术的精密化体系;四是建构方式采取了自上而下与自下而上相结合的方式,既有中央制定的重大改革纲领和重要部署文件,也有各司法职能机关的具体落实细则,不少文件采取多部门联合制定、共同发布的方式,反映出各方共识正在增强。

2015 年 2 月以来,四川成都、浙江温州等部分地方法院积极落实中央决定精神,在全国率先启动和探索实践刑事庭审实质化改革,并取得了重要进展,被誉为"我国刑事审判领域事关司法方式改进、职权配置优化乃至诉讼程序重构的一场革命性变革"①。来自成都等地方法院的主动探索和积极实践,既是国家推进以审判为中心的刑事诉讼制度改革的重要组成部分,同时为进一步完善我国刑事诉讼制度提供

---

① 孙长永、王彪:《论刑事庭审实质化的理念、制度和技术》,载《现代法学》2017 年第 2 期。

了宝贵的实践支持和经验积累。与此同时，随着改革实践的日益深化，一系列操作难点、热点问题亟待研究解决，集中反映在以下方面：一是刑事诉讼理念如何进一步转换；二是刑事庭前会议的操作规则如何进一步细化；三是排除非法证据规则的适用如何进一步破题；四是法庭调查的顺序和方法、关键证人出庭以及刑事证人询问技术如何完善并形成规范化体系；五是被告人对质权如何保障并形成操作性规则；六是刑事庭审实质化改革如何强化配套支撑，特别是案件繁简分流和审判程序简化如何做实做细、律师辩护权利保障如何进一步落实落地以及裁判文书制作如何适应刑事庭审实质化改革要求等；七是如何推动刑事庭审实质化在党政层面争取更大支持、在机制层面形成更强合力、在社会层面增进更广认同、在理论层面产生更多成果；八是如何充分运用信息化和大数据技术进一步服务和推动刑事庭审实质化改革不断深化。上述问题既是改革实践中的痛点、难点，也是理论研究中的重点、热点。在深入研究基础上提出对策建议，积小成大、聚流为河，既是深化改革所急，也为理论研究所需，更是身为当下司法改革的参与者和见证者为推动我国以审判为中心的刑事诉讼制度不断完善的使命责任。

之所以选取成都法院刑事庭审实质化改革作为主要样本，主要是基于以下考虑：一是区域经济社会因素和案件因素的多样性。成都是国务院批准的9个国家中心城市之一和全国15个副省级城市之一，具有典型的大城市带大郊区、大农村结构，区域发展的多样性、差异性明显，既有比较发达的主城区，也有相对落后的农村地区和偏远山区，还有介于两者之间的中等发达地区，可以说是全国发展状况的缩影；成都地区案件增长较快，近些年来一直呈快增趋势，年均增幅高于全国四级法院和四川三级法院平均水平，在全国省会城市和副省级城市增幅排名中均位居前列，案件增长快、数量多、类型丰富、问题反映充分、可选择性强,调研资源相对富集。① 二是改革实践的先行性。成都法院从2015年2月以来率先启动改革试点,是全国最早积极探索刑事庭审实质化改革的法院之一,相对全国其他地区法院探索较早、进展较快、成果较多、效果较好。2015年2月至2018年年底,成都两级法院共开各类试验示范庭审2,084件,不仅案件数量较多,且类型分布较广,涉及将近40个罪名,其中包括职务犯罪;同时改革在全市法院全面铺开,特色经验和问题反映均较充分,为深入研究改革、深化改革提供了丰厚素材。三是改革成果的示范性。几年来成都法院的改革实践相继得到中央政法委、最高人民法院、四川省省委政法委、四川省高级人民法院相关领导充分肯定;成都法院融合改革实践与理论研究制定的17项具体操作规则,不仅对推动改革实践的有序规范开展发挥了积极作用,庭前会议报告、"两步法"排非、混合式人证调查等部分做法经验也被最高人民法院"三项规程"等采纳,成都法院还受邀派人直接参加了最高人民法院相关改革文件起草工作;新华社动态清样几次专题报道,《人民日报》《法制日报》《人民法院报》等主流媒体多次宣传。四是改革进程的共融性。一方面,成都法院的改革实践始终得到了龙宗智、左卫民、卞建林、孙长永、顾永忠、万毅、马静华等国内知名法学专家的持续关注和积极回应,部分学者全程参与了成都法院改革思路论证、方案策划特别是具体改革的操作规则设计。成都地区刑事庭审实质化改革所取得的成效,正是法学理论界指导帮助的结果,这本身就体现了改革实践中具体操作与理论研究的深度互动。另一方面,成都地区刑事庭审实质化改革也是公安、检察、司法行政、律协等通力合作、协同推进的结果,是政法部门和法律职业共同体的"大合唱",这也为改革研究提供了多维度视角

---

① 以2018年为例,成都市两级法院共受理各类案件394,749件,约占全省法院案件总量123.91万件的31.86%,在全国15个副省级城市法院排名第三;同比上升11.21%,分别超过全省法院、全国法院平均增幅0.29、2.41个百分点。其中,2018年共受理刑事案件18,827件,在全国15个副省级城市亦位列第三。

和多样化素材。

二、文献综述

(一)研究状况①

随着 1979 年《刑事诉讼法》的颁布实施,从 20 世纪 80 年代开始,

---

① 此处所指专著论文相对侧重于刑事庭审实质化改革研究,不包括一般意义上的刑事诉讼法学研究成果。(1)专著情况:左卫民:《刑事程序问题研究》,中国政法大学出版社 1999 年版;龙宗智:《刑事庭审制度研究》,中国政法大学出版社 2001 年版;左卫民:《价值与结构:刑事程序的双重分析》,法律出版社 2003 年版;张军、郝银钟:《刑事诉讼庭审程序专题研究》,中国人民大学出版社 2005 年版;左卫民:《刑事诉讼的中国图景》,生活·读书·新知三联书店 2010 年版;左卫民等:《中国刑事诉讼运行机制实证研究》系列,法律出版社 2012—2017 年版;左卫民:《现实与理想——关于中国刑事诉讼的思考》,北京大学出版社 2013 年版;周洪波:《刑事证明中的事实研究》,上海人民出版社 2016 年版;郭彦主编:《理性 实践 规则:刑事庭审实质化改革的成都样本》,人民法院出版社 2016 年版;王敏远等:《重构诉讼体制——以审判为中心的诉讼制度改革》,中国政法大学出版社 2016 年版;龙宗智等:《司法改革与中国刑事证据制度的完善》,中国民主法制出版社 2016 年版;陈瑞华:《刑事诉讼的前沿问题》(第五版),中国人民大学出版社 2016 年版;卞建林、杨松主编:《推进以审判为中心的诉讼制度改革》,中国人民公安大学 2017 年版;熊淼主编:《刑事庭审实质化改革:理论、实践、创新》,法律出版社 2017 年版。值得关注的是,2018 年涉及庭审实质化改革的研究成果呈显著上升趋势,包括陈瑞华:《刑事诉讼的中国模式》,法律出版社 2018 年版;郭松:《试点改革与刑事诉讼制度发展》,法律出版社 2018 年版;步洋洋:《刑事庭审实质化路径研究》,法律出版社 2018 年版;卞建林、韩旭主编:《刑事庭审实质化和有效性问题——第九届中韩刑事司法学术研讨会论文集》,法律出版社 2018 年版;李懿艺:《刑事庭审实质化问题研究》,中国法制出版社 2018 年版;陈瑞华:《司法体制改革导论》,法律出版社 2018 年版;顾永忠等:《刑事诉讼程序分流的国际趋势与中国实践》,方志出版社 2018 年版。(2)论文情况:以 2012 年 1 月至 2018 年 11 月为搜索期间,设置关键词,使用全文搜索方法,在中国知网上定向搜索情况:关键词"刑事诉讼制度改革",共计 617 篇,其中期刊论文 408 篇,发表时间为 2016 年 4 月至 2017 年 11 月;关键词"以审判为中心的诉讼制度改革",共计 1,248 篇,其中期刊论文 850 篇、博士论文 7 篇,发表时间为 2014 年 11 月至 2017 年 12 月;关键词"审判中心主义",共计 557 篇,其中期刊论文 351 篇、博士论文 8 篇,发表时间为 2012 年 3 月至 2017 年 11 月;关键词"刑事庭审实质化",共计 102 篇,其中期刊论文 72 篇、博士论文 1 篇,发表时间为 2015 年 12 月至 2017 年 12 月。另外,笔者设置了几个关键词进行搜索,基本情况如下:通过百度搜索,以 2018 年 12 月 3 日为止期,以"刑事庭审实质化"为关键词,共计 729,000 个搜索项结果;以"以审判为中心的刑事诉讼制度改革"为关键词,共计 6,860,000 个搜索项结果;以"防范冤假错案"为关键词,共计 1,570,000 个搜索项结果。

我国刑事诉讼学界已有学者较早地开始研究刑事庭审实质化问题,例如左卫民教授较早地对刑事诉讼特别是庭审结构进行剖析并提出了"实质化审判活动"命题。他较早地指出,"法官的心证不是在律师辩护活动之前形成,而是应该建立在辩护职能充分行使的基础之上","如果法官在庭审之前已经建立内心确信,庭审活动对其而言,就失去了实质意义",并在此基础上明确提出"要限制法官的庭前活动的范围和方式,确立法庭审判的实质地位,促使法官在法庭上建立内心确信"[1]。他进一步指出,"法庭审理是审判程序乃至全部诉讼程序的基本阶段和决定性阶段,实质性的审判活动应集中于法庭审判,法官对案件的评断应建立在法庭审判基础之上"[2]。他还特别强调,"实行了公开的法庭审判,并不等于实现了实质性的公开审判,只有从观念上、行为上彻底改变过去那种以庭前活动为中心的'先定后审'的做法,才能实现真正的、实质性的公开审判"[3]。又如龙宗智教授提出"实质性庭审活动"[4]的观点,他认为,以1996年《刑事诉讼法》修订为重心的新一轮庭审改革旨在克服庭审走过场即制度虚化问题,"实现庭审的实质化",并认为"庭审实质化已在一定程度上实现",但受诸多条件限制,"庭审实质化必然是不彻底的"[5]。张建伟教授也提出过"实质性审判"的概念,并归纳了五个要素条件[6]。从整体上看,2012年以前,刑事庭审制度特别是刑事庭审实质化改革似乎尚未成为研究热点

---

[1] 左卫民、高晋康:《律师刑事辩护职能的制度性缺陷》,载左卫民:《刑事程序问题研究》,中国政法大学出版社1999年版,第148、152页。
[2] 左卫民、赵勇:《公开审判新论》,载《现代法学》1990年第4期。
[3] 左卫民、赵勇:《公开审判新论》,载《现代法学》1990年第4期。
[4] 龙宗智:《刑事庭审制度研究》,中国政法大学出版社2001年版,第115页。
[5] 龙宗智:《刑事庭审制度研究》,中国政法大学出版社2001年版,第130页。
[6] 参见张建伟:《司法竞技主义——英美诉讼传统与中国庭审方式》,北京大学出版社2005年版,第514页。

和各方共识。①

2012年以来,随着修订后《刑事诉讼法》的颁布实施,研究重点逐渐转向新刑事诉讼法的理解和适用,并日益触及当下刑事庭审实质化改革的诸多热点、难点课题。② 刑事庭审实质化改革也日趋成为研究重点和热点,有人认为,庭审实质化虽然具有重要意义,但是目前不可能实现,且认为庭审不可能解决所有问题,法官必须在庭前、庭后做大量的工作。审慎乐观的见解也只是认为,如果提供有力的制度保障,刑事庭审实质化具有可行性。有记者还表达了对庭审实质化的担忧,如担忧庭前会议可能会掏空正式庭审,反过来影响庭审实质化。③ 总体上看,此期刑事庭审实质化改革研究日益拓展,研究成果持续增多。

2014年以来,随着中央明确提出推进以审判为中心的诉讼制度改革的重大任务,刑事庭审实质化改革的研究进一步加速。几年来,刑事庭审实质改革研究范围不断拓展,研究焦点主要集中在刑事庭审实质化改革的内涵定义、基本原则、主要理念、程序规则、改革方法、配套保障等,既涉及刑事庭审实质化改革的各项具体程序规则等微观层面问题,也涉及现代刑事诉讼理念、刑事诉讼价值与目标、公检法(侦诉审)三方关系的重塑、审前制度的改革等宏观层面问题。对庭前会议、排除非法证据、证人出庭、律师辩护等方面存在的问题作出了多层次深入剖析,也提出了不少建设性建议。特别是注重从实践性需求、操

---

① 如2009年研究重点集中在建国60周年以来刑事诉讼制度的回顾与展望、刑事司法职权的优化配置、量刑程序改革、宽严相济刑事政策与刑事诉讼程序的完善以及非法证据排除规则等议题方面(参见文言:《完善刑事诉讼制度推进司法改革——中国法学会刑事诉讼法学研究会2009年年会综述》,载《中国司法》2010年第2期)。2011年的研究重点主要在刑事诉讼法修改草案中的宏观问题、具体问题方面(参见王渊:《刑事诉讼法再修改之重点——中国刑事诉讼法学研究会2011年会综述》,载《人民检察》2011年第24期)。

② 参见程雷等:《新〈刑事诉讼法〉的理解与实施——中国刑事诉讼法学研究会2012年年会综述》,载《中国司法》2013年第1期。

③ 参见程雷等:《〈刑事诉讼法〉的实施、问题与对策建议——中国刑事诉讼法学研究会2013年年会综述》,载《中国司法》2014年第2期。

作性视角提出推进刑事庭审实质化改革的关键举措:"第一,遵循诉讼规律,革新刑事司法理念,使'以审判为中心'的诉讼理念深入人心;第二,坚持贯彻直接言词原则,提高证人的出庭作证率;第三,适用证据裁判规则,重视证据适格性审查,完善非法证据排除制度;第四,完善主审法官办案责任制;第五,实现繁简分流,推进庭前会议和刑事速裁程序的发展和完善。"①在此基础上更进一步认识到,庭审实质化改革首先需要考虑的问题就是如何确定其适用范围,保证司法资源主要集中于有争议案件的审理。②

几年来的刑事庭审实质化改革研究已经取得重要进展,但在一些重要问题上仍然存在分歧,主要反映在:一是刑事庭审实质化改革是走技术性改良还是根本性重塑的进路;二是公检法(侦诉审)三方权责关系、运行机制如何重塑;三是审判中心与庭审中心的关系如何界定;四是审判中心主义是否意味着证明标准的趋同化;五是刑事审判结构的对抗性与职权性要素如何把握;六是刑事庭审实质化改革适用范围与比例如何确定;七是律师辩护的本质是追求有效还是有效果等。③上述问题有待在深化改革实践基础上进一步加强研究和凝聚共识,推动改革实践与理论研究的互动共融。同时还需要指出,上述问题更多地集中在理论层面,对改革实践中面临和亟待解决的程序性、操作性问题的关注和实证研究仍然不够,对改革实践中典型案例的收集、评析和提炼远远不足,对微观层面的举证质证认证规则、证据审核规则、实体裁判规则以及裁判文书改革规则的研究仍需进一步加大力度、拓宽广度和挖掘深度。

---

① 张吉喜、向燕、倪润:《中国刑事诉讼法学研究会2015年年会综述》,载《中国司法》2016年第1期。
② 参见唐亚南:《新时代中国特色刑事诉讼制度的新发展——中国刑事诉讼法学研究会2018年年会综述》,载《人民法院报》2018年10月31日;另参见许聪、卞子琪:《庭审实质化 防范冤错案——人民法院推进以审判为中心的刑事诉讼制度改革综述》,载《人民法院报》2018年3月15日。
③ 参见左卫民:《有效辩护还是有效果辩护?》,载《法学评论》2019年第1期。

(二)研究重点

1. 刑事庭审制度存在的问题及成因

20世纪90年代,左卫民教授较早从实质化审判活动的视角对刑事庭审制度存在的问题进行了剖析,他指出,"由于法官庭前活动的极度延伸,事实上形成了一种以庭前活动为中心的审判程序结构,对案件的实质性审判活动和法官评断意见的形成通常是在庭前活动阶段,法庭审判仅为庭前活动的表现形式,这使得不公开的庭前活动具有实质性意义,公开的法庭审判则只有形式意义"[①]。何家弘教授将我国刑事庭审存在的突出问题概括为"四个虚化":"举证的虚化、质证的虚化、认证的虚化以及裁判的虚化"[②]。卞建林教授分析了我国刑事诉讼和庭审存在的八个问题:"未能实现疑罪从无;证明标准打折扣;轻信和依赖口供;忽视对实物证据的审查运用;存在刑讯逼供等非法方法收集证据情形;庭审虚化;律师作用无法有效发挥;法外因素影响程序运作"[③]。龙宗智教授指出,"刑事庭审虚化是司法实践中长期存在而未能有效解决的制度性问题,主要表现在两个方面:一是庭审调查未贯彻直接言词原则,因此证据审查趋于形式化。二是庭审举证、质证趋于简化,由此形成普遍性的庭审不充分"[④]。熊秋红教授进一步指出,所谓"庭审虚化","是指法官对案件事实的认定和对法律的适用主要不是通过法庭调查和辩论来完成的,而是通过庭审之前或之后对案卷的审查来完成的,或者说法院判决主要不是由主持庭审的法官作出的,而是由'法官背后的法官'作出的,即庭审在刑事诉讼过程

---

① 左卫民、赵勇:《公开审判新论》,载《现代法学》1990年第4期。
② 何家弘:《刑事庭审虚化的实证研究》,载《法学家》2011年第6期。
③ 卞建林:《扎实推进以审判为中心的刑事诉讼制度改革》,载《人民法院报》2016年10月11日。
④ 龙宗智:《庭审实质化需要技术与规则并重》,载《检察日报》2016年11月22日。

中没有起到实质性作用,法院不用开庭也照样可以作出判决"①。王敏远教授将我国刑事诉讼的主要问题概括为侦查中心主义下的司法不公正,集中体现为以冤假错案为代表的实体不公正和以刑讯逼供为代表的程序不公正问题突出,而其体制、机制问题则反映为追诉权失控、被追诉人客体化以及审判权虚化,上述体制性、机制性问题已经构成了我国刑事司法进一步文明化、科学化、规范化的瓶颈,这也是本次以审判为中心的诉讼制度改革的直接背景和根本原因。② 步洋洋博士对导致刑事庭审虚化的成因作了深入分析,并将其归结为四个方面:诉讼结构上的侦查中心主义;庭审内容上的案卷笔录中心主义;司法运作上的行政化模式;庭前会议实体化以及庭下、庭外活动的常态化。③

2. "以审判为中心"的价值与内涵

樊崇义教授指出,以审判为中心,是指"在我国宪法规定的分工负责、互相配合、互相制约的前提下,诉讼各个阶段都要以法院的庭审和裁决关于事实认定和法律适用的要求和标准进行,确保案件质量,防止错案的发生"④。陈光中教授认为,"以审判为中心"的内涵主要有两个方面:"一是在刑事公诉案件的侦查、起诉、审判和执行等程序中审判居于中心地位;二是在审判中庭审为决定性环节。"⑤龙宗智教授提出了"技术型审判中心论"的概念,认为"以审判为中心"既是刑事诉讼命题,也是诉讼关系命题,其基本涵义是"侦查、起诉活动应当面

---

① 熊秋红:《刑事庭审实质化与审判方式改革》,载《比较法研究》2016年第5期。
② 参见王敏远等:《重构诉讼体制——以审判为中心的诉讼制度改革》,中国政法大学出版社2016年版,第20—26页。
③ 参见步洋洋:《刑事庭审虚化的若干成因分析》,载《暨南学报(哲学社会科学版)》2016年第6期。
④ 樊崇义:《"以审判为中心"的概念、目标和实现路径》,载《人民法院报》2015年1月14日。
⑤ 陈光中、魏晓娜:《推进以审判为中心的诉讼制度改革》,载《中国法律》2015年第1期。

向审判、服从审判要求,同时发挥审判在认定事实、适用法律上的决定性作用";而且,可以把"以审判为中心"看作一种"一体两面"式制度构造,一体是"审判中心",两面是对控诉以及对审判本身的要求。① 陈卫东教授认为"以审判为中心不是要提高起诉的标准和要求,而是要尊重审判的核心地位"②。

有学者对"审判中心主义"和"以审判为中心"从话语机制角度进行对比,认为前者是中国学者比较研究时提出的术语,并依此对中国刑诉进行类型描述和对策研究;后者则是决策、执行层的统括性术语,旨在提高公信力;两者在愿景、路径上有分歧,导致理论和实践无法形成合力,可让二者共享教义学立场,竞争地为刑诉制度演进提供动力和框架。③ 龙宗智教授明确提出要建立以一审庭审为中心的事实认定机制,并较早指出该命题包括三个方面的主要论点:在事实认定行为链中,应当以审判为决定性环节;在审理、裁判的多种行为中,应当以庭审为中心和决定性环节;在审级体制中,应当以一审为重心和事实判定最为重要的审级。上述三个方面具有不可分割的内在联系,事实上其提出了"三个中心"论。④ 后来亦有学者提出类似观点:"第一,审判是整个刑事诉讼程序的中心,'以审判为中心'就是要改变'以侦查为中心'的诉讼模式;第二,庭审是整个审判活动的中心,'以庭审为中心'就是要彻底改变'以卷宗为中心'的审理模式;第三,一审庭审是庭审的中心。"⑤ 也有学者指出,以审判为中心是就围绕控辩审三方组

---

① 参见龙宗智:《"以审判为中心"的改革及其限度》,载《中外法学》2015 年第 4 期。
② 陈卫东:《"以审判为中心"改革对侦查、公诉和辩护的影响》,载卞建林、韩旭主编:《刑事庭审实质化和有效性问题——第九届中韩刑事司法学术研讨会论文集》,法律出版社 2018 年版,第 5 页。
③ 参见樊传明:《审判中心论的话语体系分歧及其解决》,载《法学研究》2017 年第 5 期。
④ 参见龙宗智:《论建立以一审庭审为中心的事实认定机制》,载《中国法学》2010 年第 2 期。
⑤ 张吉喜、向燕、倪润:《中国刑事诉讼法学研究会 2015 年年会综述》,载《中国司法》2016 年第 1 期。

合的诉讼架构关系而言,而非侦诉审三个阶段接力模式以哪个为中心的问题;以审判为中心是要全面建立起刑事诉讼中的诉讼形态以及司法裁判体制,而非仅仅解决法院自身"以庭审为中心"的审判权行使方式;以审判为中心也并非在诉讼全过程实行以司法审判标准为中心。有学者认为,以审判为中心对侦查工作的新要求将引起侦诉关系的调整,侦查机关应该转型观念,树立动态事实观、多元事实观、客观公正观、服务公诉观、证据裁判观,依法侦查观等。①

还有学者从审判中心主义的历史溯源及其与卷宗制度的关系视角进行分析,佀化强教授认为,"审判中心主义是西方基督教文化的产物,其发展历经三部曲,相应地催生了三个要素",分别为对质要求、传闻规则以及法定证据制度,源于血罪、始于普通重罪的审判中心主义在中世纪鼎盛时期的欧洲趋于完善,后来由于审前卷宗逐步取代庭内言词证据,古老的审判中心主义随之消亡。随着审判中心主义在英国叛国罪案件中回归,其功能也发生转变:从最初的遮蔽真相、保护法官到践行法治、保护有罪被告的合法权益,从重罪案件延伸和拓展到轻罪案件;同时,"反视中国可见,中国传统诉讼文化并不存在审判中心主义的任何基因或痕迹,相反,中西文化的暗合与差异,反倒有利于卷宗中心主义的形成和巩固,进而构成审判中心主义的障碍"②。

3. "庭审中心主义"和"刑事庭审实质化"的价值与内涵

左卫民教授较早提出,"设计法庭审判中心主义的刑事审判制度,是以法庭审判最能准确查明案情、正确处理案件为公理性设定,换言之,法庭审判中心化、实质化,是发现实体真实、追求实体法上的正义的最佳途径";另外,"建构法庭审判中心主义的审判程序,体现了保障

---

① 参见常锋:《改革背景下刑事诉讼制度的发展——中国刑事诉讼法学研究会2017年年会观点综述》,载《人民检察》2017年第23期。
② 佀化强、余韵洁:《审判中心主义与卷宗制度的前世今生》,载《法学家》2020年第6期。

公民权利、推行民主政治的精神"[1]。龙宗智教授认为,庭审中心主义,即以法庭审判为审判活动的中心和重心,是审判中心主义的"题中应有之义",也是"以审判为中心"的逻辑推演,同时也必然延伸出法律适用的"审判中心"、程序监控的"审判中心"两个结论。[2] 孙长永教授认为,"庭审实质化是相对于庭审形式化而言的,其本质是要以公正司法理念为指导的公正审判取代走过场的、不公正的审判;刑事庭审实质化是我国刑事审判领域的一场革命性变革。要根除刑事庭审形式化,实现刑事庭审实质化是一项艰巨而又复杂的系统工程"[3]。陈瑞华教授认为,庭审实质化是最高人民法院对"审判中心主义"改革理念进行谨慎解读的实践产物,"所谓庭审实质化,其实就是为解决法庭审理流于形式的问题所提出的改革方案,其基本含义是法院通过法庭审理活动,来确定案件的事实认定和法律适用问题,对案件作出实质性的裁判结论,避免法院在法庭审理之前或者在法庭之外形成裁判结论"[4]。原最高人民法院法官蒋惠岭教授对20世纪90年代审判方式改革中出现的"庭审中心主义"命题作了重新诠释。他认为,作为对诉讼制度的一种理论阐述,"庭审中心主义"是指"审判案件以庭审为中心,事实证据调查在法庭,定罪量刑辩论在法庭,裁判结果形成于法庭,全面落实直接言词原则、严格执行非法证据排除制度"[5]。也有学者认为,审判中心主义不是庭审中心主义或者庭审实质化,两者不能简单画等号。[6]

---

[1] 左卫民:《论法官的庭前活动》,载左卫民:《刑事程序问题研究》,中国政法大学出版社1999年版,第170、171页。
[2] 参见龙宗智:《"以审判为中心"的改革及其限度》,载《中外法学》2015年第4期。
[3] 孙长永、王彪:《论刑事庭审实质化的理念、制度和技术》,载《现代法学》2017年第2期。
[4] 陈瑞华:《刑事诉讼法》,北京大学出版社2021年版,第173页。
[5] 蒋惠岭:《重提"庭审中心主义"》,载《人民法院报》2014年4月18日。
[6] 参见卞建林等:《中国刑事诉讼法学研究会2016年年会综述》,载《中国司法》2016年第10期。

4."刑事庭审实质化"的适用范围

左卫民教授认为,在完善被告人诉讼权利保障体系的基础上,借鉴法治发达国家的共同经验,积极探索推行简易刑事程序的略式审判模式,构建中国式的"略式审判程序",并提出四项具体举措,即省略庭审环节、控辩双方共同行使程序选择权、法官进行书面审查和简化裁判文书制作,以应对越来越多的大量简单案件。① 龙宗智教授提出,为推动有争议案件的庭审实质化,需要进一步推动案件的繁简分流,将多数的、无争议的或争议较小的案件交付简易程序审理。② 有学者指出,"以审判为中心"的诉讼制度改革,并非为了塑造法院抑或法官至高无上的诉讼地位,而是对原有的诉讼模式的批判和继承,使刑事诉讼的重心从侦查转向审判,以便案件可以随着诉讼程序的推进而接受愈加严格的审核,因此,对于审判中心而言,庭审实质化改革处于关键地位。还有学者认为,庭审实质化改革首先需要考虑的问题就是如何确定适用范围,实现其预期价值;同时要实现司法资源配置的持续优化,保证司法资源主要集中于有争议案件的审理,仅仅建构认罪认罚案件和不认罪认罚案件的分流机制仍然不够;对按普通程序审理的不认罪认罚案件,庭审实质化程度也应有所差别,而不应平均施力。③

5."刑事庭审实质化"的操作重点和实现路径

左卫民教授认为,刑事诉讼制度改革的基本方向是"真正从立法上确立、在司法实践中推行法庭审判中心主义的审判程序,消除庭前活动实质化的状态"④;同时从刑事诉讼程序的司法化改革的视角指

---

① 参见左卫民等:《中国刑事诉讼运行机制实证研究》,法律出版社2007年版,第297、298页。
② 参见龙宗智:《庭审实质化的路径和方法》,载《法学研究》2015年第5期。
③ 参见唐亚南:《新时代中国特色刑事诉讼制度的新发展——中国刑事诉讼法学研究会2018年年会综述》,载《人民法院报》2018年10月31日。
④ 左卫民:《论法官的庭前活动》,载左卫民:《刑事程序问题研究》,中国政法大学出版社1999年版,第172页。

出,必须立足于中国的刑事司法实际,合理配置资源,突出重点,逐步推进,最终形成具有中国样式的刑事诉讼程序的司法化构造,其重点在于实体性裁判环节、程序性决策环节两个方面,一审程序的实质化、对抗化改革应当进一步加强,二审开庭审理案件范围应当推广。① 龙宗智教授从五个方面提出了庭审实质化的实现路径和方法:一是适度阻断侦审联结,直接有效地审查证据;二是充实庭审调查,改善举证、质证与认证环节;三是完善庭审调查规则,改革裁判方式;四是充实二审庭审,推动二审审理精细化和庭审实质化;五是推进配套制度改革,包括改善庭审准备、加强辩护权保障、推进繁简分流以及完善司法责任制。② 同时,龙宗智教授从深入推进改革的角度提出要把握好三个重点:其一,注重庭审实质化在审判实践中的普遍推行;其二,深入研究庭审,形成更具可推广、可复制性的成果;其三,注意解决庭审实质化推进过程中的重点、难点问题。③ 汪海燕教授提出了四项改革措施:一是改革卷宗移送方式,实行起诉一本主义;二是改革庭前会议制度,将庭前会议法官与庭审法官相分离;三是严格贯彻言词审理原则,规定未出庭证人证言不得作为定案根据;四是改革起诉书撰写方式,将起诉书记载的事实信息限定在与犯罪构成要件紧密相关部分。④ 孙长永教授提出从理念、制度与技术三个方面推进刑事庭审实质化:第一,树立"六大理念":独立审判、无罪推定、法庭中立、控辩平等、证据裁判、平等适用法律。第二,完善"六项制度":审判权力运行机制、公开审判制度、证据制度、辩护制度、人民陪审员参审制度以及审级制度。第三,强化"五个技术支撑":优化刑事案件繁简分流的程序设计、构建

---

① 参见左卫民:《现实与理想——关于中国刑事诉讼的思考》,北京大学出版社 2013 年版,第 236、237 页。
② 参见龙宗智:《庭审实质化的路径和方法》,载《法学研究》2015 年第 5 期。
③ 参见龙宗智:《庭审实质化需要技术与规则并重》,载《检察日报》2016 年 11 月 22 日。
④ 参见汪海燕、于增尊:《预断防范:刑事庭审实质化诉讼层面之思考》,载《中共中央党校学报》2016 年第 1 期。

具有预断排除功能的庭前准备程序、完善普通审判程序的技术设计、建立符合公正审判要求的人证交叉询问程序,以及健全合议庭评议和裁判程序。① 有学者提出推进改革的五项重点内容:"第一,遵循诉讼规律,革新刑事司法理念,使'以审判为中心'的诉讼理念深入人心。第二,坚持贯彻直接言词原则。首先,建立双重案卷移送制度。所谓双重案卷移送制度,是指不直接将侦查案卷移送法院,而应制作单独的起诉卷(主要为证明案件事实的证据材料)移送法院,其他非证据材料不再随案移送。其次,把法律援助制度扩大适用于证人,提高证人的出庭作证率。第三,适用证据裁判规则,重视证据适格性审查,完善非法证据排除制度。第四,完善主审法官办案责任制。第五,实现繁简分流,推进庭前会议和刑事速裁程序的发展和完善。"② 张斌教授对实现庭审实质化相关理论研究和改革实践的技术路径进行反思,认为存在问题把握稍显片面、践行逻辑稍显简单、策略选择稍显理想三个问题,强调技术路径无法应对庭审实质化改革中法院对公安、检察机关的制度性制约能力不足这一积难问题,并提出将政治路径作为法治路径的重要补充,与技术路径相辅相成,并提出政治路径的要旨是争取党政充分支持,其主要方法是提高法院政治地位及待遇。③

有的学者着重从庭审实质化改革对不同诉讼角色的影响视角,分别提出共同但有差别的实现路径。陈卫东教授分析了"以审判为中心"改革对侦查、公诉和辩护的不同影响,针对各方分别提出各有侧重的操作建议:侦查方要转变传统的"由供到证的侦查模式",构建被追诉人认罪的激励机制和侦辩协商机制;公诉方要提高审查起诉质量,

---

① 参见孙长永、王彪:《论刑事庭审实质化的理念、制度和技术》,载《现代法学》2017年第2期。
② 张吉喜、向燕、倪润:《中国刑事诉讼法学研究会2015年年会综述》,载《中国司法》2016年第1期。
③ 参见张斌、罗维鹏:《庭审实质化的技术路径反思与政治路径证成》,载《法制与社会发展》2017年第3期。

强化法庭指控职能,调整控诉方式,构建控辩协商制度,构建认罪与不认罪相区别的出庭公诉模式;同时要赋予辩护律师更多辩护权利,扩大律师辩护范围,加强辩护权救济,提升辩护质量。① 苏云检察官提出了庭审实质化改革背景下检察机关的应对方法:强化检察官客观义务的履行;强化证据体系构建;强化对审前程序的法律监督;强化起诉模式创新;强化庭审应对能力;创新职务犯罪侦查模式。② 张嘉军教授提出,"律师是人民法院同盟军,是实现公正审判、有效防范冤假错案的无可替代的重要力量,要切实改变对律师辩护的偏见认识,深刻认识到律师的辩护作用"③。张建伟教授从辩护方视角分析审判实质化带来的挑战,提出了强化律师辩护的建议。④

6. 进一步深化改革综合配套的对策思路

左卫民教授在实证分析基础上提出进一步推进庭审实质化改革需要把握好五对关系:其一,应处理好地方首创试点与顶层系统设计之间的关系。其二,处理好程序的技术化改革与体制的整体性改革之间的关系,以司法的整体改革而非庭审改革为着力点与突破口。其三,处理好改革重点对象与非重点对象之间的关系。其四,处理好实质化庭审与非中心的审前阶段之间的关系。其五,处理好"书面惯习"与"口头化改革"之间的关系,确立言词化、对抗化与职权性相结合的可操作的具体机制。其进一步强调,对于庭审实质化在我国未来如何全面展开,基层的有效试点与初步尝试无疑是中央顶层设计的基础,

---

① 参见陈卫东:《"以审判为中心"改革对侦查、公诉和辩护的影响》,载卞建林、韩旭主编:《刑事庭审实质化和有效性问题——第九届中韩刑事司法学术研讨会论文集》,法律出版社 2018 年版,第 5 页。
② 参见苏云:《论刑事庭审实质化语境下检察工作的应对》,载卞建林、韩旭主编:《刑事庭审实质化和有效性问题——第九届中韩刑事司法学术研讨会论文集》,法律出版社 2018 年版,第 45—47 页。
③ 冀天福、吴金鹏:《推进以审判为中心诉讼制度改革防范冤错案件》,载《人民法院报》2017 年 6 月 14 日。
④ 参见张建伟:《审判的实质化:以辩方的视角观察》,载《法律适用》2015 年第 6 期。

而当下业已或正在进行中的地方试点有待中央层面的全力支持和有效吸收,从全局和整体的角度推进诉讼制度改革,最终发挥法院在定罪量刑中的决定性作用。① 左卫民教授还指出,由于《刑事诉讼法》历经1996年、2012年和2018年三次修订,我国刑事诉讼制度建设与制度发展已趋于稳定,很难再具有"推倒重来"或"大刀阔斧"改革的现实可能与实际需要,未来刑诉立法可能也应该采取以"小改"为主的"修正"模式。但需要深刻反思的是,刑诉制度改革的步伐与学界和实务界的期待始终存有差距,因此,我国刑事诉讼制度改革的未来道路"应该朝着双向平衡、双向靠拢迈进,立法者与理想主义者在摒弃自身立场的基础上,搭建长效的交流机制,并作整体上考量,立法者偏向理想一点,理想主义者回归现实一些,可能是最适宜、最可行的制度变革思路与路径"②。龙宗智教授认为:"本轮改革的措施是在现行法律框架内局部调整,在此基础上,下一阶段的司法改革,应当考虑局部性的程序再造,从而厘清并延伸'以审判为中心'的程序逻辑。"③陈卫东教授认为:"以审判为中心的诉讼制度改革,关键在于加强庭审的实质化建设,即把'以庭审为重心'落实到位,要切实保障人民法院和庭审法官的审判独立,要着重研究预审卷宗、证据材料的证据效力,尤其是关于言词证据的效力问题,注重案件的繁简分流,使法官、检察官有精力实现普通程序的庭审实质化。"④

有些学者另辟蹊径,对影响庭审实质化的制约性要素进行研究并提出建议。周洪波教授从证明标准与证明规则的角度分析指出,刑事庭审实质化改革中的司法裁判反映出印证的证明惯习并无明显变化,

---

① 参见左卫民:《地方法院庭审实质化改革实证研究》,载《中国社会科学》2018年第6期。
② 左卫民:《改革开放与中国刑事诉讼制度的立法变革》,载《西南民族大学学报(人文社科版)》2019年第4期。
③ 龙宗智:《司法改革:回顾、审视与前瞻》,载《法学》2017年第7期。
④ 许聪、卞子琪:《庭审实质化 防范冤错案——人民法院推进以审判为中心的刑事诉讼制度改革综述》,载《人民法院报》2018年3月15日。

这是由于我国较长时期内对刑事证明标准的较高要求导致了对印证规则的倚重和对印证方法的依赖,由此也构成了对刑事庭审实质化改革的严重抑制,由此只有对证据规则和证明方法进行"去印证化"处理,才能为刑事庭审实质化改革提供强大的内生动力。① 施鹏鹏教授提出,以人民陪审员制度改革为突破口,推进以审判为中心的刑事诉讼制度改革落实落地,并提出审判中心、控辩平衡、民主决策和司法至上等四项理念性建议。② 陈实教授认为,进一步推进庭审实质化改革,要抓住三个维度:案件类型维度要突出被告人不认罪案件、重罪案件和普通程序案件,审理层级维度要突出一审程序,审理内容维度要突出量刑实质化;同时要构建三个机制,即重塑庭审事实发现机制、裁判心证约束机制以及案件裁断审决机制。③ 有论者提出从四个方面加强改革的综合配套:一是在体制层面,着力调整侦控辩审四方关系;二是在具体制度层面,设置关键制度运行底线与界限;三是在司改层面,落实与庭审实质化改革相配套的改革措施;四是在主观层面,实现法官的三个转变。④

(三)研究简评

一方面,从总体上看,最近几年来,我国以审判为中心的刑事诉讼制度改革研究呈现出明显的加速、拓展和深化趋势,这反映在论文数量多、研究领域广、聚焦问题细、思考论证深、研究方法活等方面。同时,各类重大重点课题项目研究和专题研讨活动也日趋活跃、成

---

① 参见周洪波:《刑事庭审实质化视野中的印证证明》,载《当代法学》2018 年第 4 期。
② 参见施鹏鹏:《审判中心:以人民陪审员制度改革为突破口》,载《法律适用》2015 年第 6 期。
③ 参见陈实:《刑事庭审实质化的维度与机制探讨》,载《中国法学》2018 年第 1 期。
④ 参见袁坚:《技术创新抑或制度破茧——以 S 省 C 市两级法院庭审实质化改革试点为视角的分析》,载《刑事庭审实质化改革试点研讨会交流论文集》,2015 年 10 月。

果丰硕①,总体上存在以下几个特点。

一是对司法改革和司法实务的关注研究明显加强。近些年来,我国刑事诉讼法学界对司法改革和司法实务的关注研究日益活跃,特别是学者积极参与司法改革的思路方案论证和操作规则草拟,对有序推进改革规范和取得实效发挥了不可替代的建设性作用,成都等地刑事庭审实质化改革也一直得到多位知名专家学者的热忱关心和指导,并产生了一批具有较强理论与实践价值的研究成果②,刑事庭审实质化的改革实践与法学理论之间的互融共进格局初步形成并逐步深化。

二是司法实务部门与法学院校和研究机构之间的交流互动日趋紧密。我国司法改革进程中存在一个明显趋势,即法官与学者之间在司法改革方面的交流不断加强,反映在双方机构、人员互相交流频次明显增加,方式多种多样,特别是双方合作共同申报重大课题,联合开展课题攻关。比如成都市中级人民法院参与左卫民教授主持的"刑事证人出庭作证研究"等多个重大课题项目研究,参与龙宗智教授主持

---

① 国家级重大重点课题项目方面,有最高人民法院"十八大以来推进审判为中心的诉讼制度改革运行成效的实证研究"、四川省高级人民法院"以审判为中心的刑事诉讼制度改革研究"、成都市中级人民法院"刑事庭审实质化改革研究"以及与四川大学法学院合作的"刑事证据调查规则研究"等。专题研讨活动方面,除每年中国刑事诉讼法学研究会年会外,先后有2015年8月"推进以实为中心的诉讼制度改革理论研讨会(西宁)"、2015年10月"刑事庭审实质改革研讨会(成都)"、2016年5月"以审判为中心的诉讼制度改革研讨会(太原)"、2016年7月"中国法律实证研究的现状与未来研讨会(成都)"、2016年7月"中韩第九届刑事司法学术交流研讨会(成都)"、2016年8月"推进以审判为中心的刑事诉讼制度改革研讨会(上海)"、2016年11月"以审判为中心的刑事诉讼制度改革研讨会(北京)"、2017年5月"以审判为中心的刑事诉讼制度改革研讨会(抚顺)"、2017年8月"庭审实质化改革专题研讨会(武汉)"、2017年9月"以审判为中心的刑事诉讼制度改革研讨会(武汉)"、2018年5月"新时代法治建设背景下刑事证据问题研讨会(南京)"、2018年8月中日韩"以审判为中心的刑事诉讼制度改革研讨会(北京)"等。

② 代表性论文,如龙宗智:《庭审实质化的路径和方法》,载《法学研究》2015年第5期;熊秋红:《刑事庭审实质化与审判方式改革》,载《比较法研究》2016年第5期;孙长永、王彪:《论刑事庭审实质化的理念、制度和技术》,载《现代法学》2017年第2期;左卫民:《地方法院庭审实质化改革实证研究》,载《中国社会科学》2018年第6期;魏晓娜:《以审判为中心的诉讼制度改革:实效、瓶颈与出路》,载《政法论坛》2020年第2期;等等。

的国家社科基金重大课题项目"刑事证据调查规则研究",四川高院也与左卫民教授联合承担最高人民法院重大司法调研课题项目"以审判为中心的刑事诉讼制度改革"等,相关研究成果均已出版。正如学者所指出的,不仅"法官可以借助于学者的力量,经常参引和讨论他们的著述",尤其重要的是,"法官和学者之间这种生气勃勃的意见交锋和相互影响,可以防止法律误入歧途,从而为法律沿着正确的方向发展提供最可靠的保证"①。法官与学者之间在具体问题上的这种"对话有助于使这种交互作用长存,而法律界的两大职业也都由此得益……双方互相尊重,互相影响"②。

　　三是实证方法在司法改革研究中的价值作用更显突出。近几年来,法学理论界普遍更加重视运用实证方法研究司法改革和司法实务,并取得积极进展,实证研究成果数量持续增多,质量不断提升,并涌现出一批具有较大影响力的优秀实证研究成果③,同时对法学研究方法特别是实证研究方法本身的研究也在不断加强④,这标志着我国

---

①　〔德〕罗伯特·霍恩等:《德国民商法导论》,楚建译,中国大百科全书出版社1996年版,第67页。

②　宋冰编:《读本:美国与德国的司法制度及司法程序》,中国政法大学出版社1998年版,第457页。

③　左卫民教授多年来一直倡导法律实证研究,主持和出版《中国刑事诉讼运行机制实证研究》系列成果,创办中国法律实证研究论坛,近年来又积极推进司法改革、司法运行的大数据研究,促进实证研究方法持续深化。

④　法律实证研究方法代表性成果,(1)论文方面,如陈瑞华:《实证方法的引入与法学研究方法的转型》,载《法学论坛》2005年第2期;左卫民:《范式转型与中国刑事诉讼制度改革——基于实证研究的讨论》,载《中国法学》2009年第2期;何挺:《法律实证研究中的实验方法》,载《国家检察官学院学报》2010年第18期;左卫民:《迈向实践:反思当代中国刑事诉讼知识体系》,载《中外法学》2011年第2期;左卫民:《法学实证研究的价值与未来发展》,载《法学研究》2013年第6期;黄辉:《法学实证研究方法及其在中国的运用》,载《法学研究》2013年第6期;程金华:《当代中国的法律实证研究》,载《中国法学》2015年第6期;钱弘道、崔鹤:《中国法学实证研究客观性难题求解》,载《浙江大学学报(人文社会科学版)》2014年第5期;陈柏峰:《法律经验研究的机制分析方法》,载左卫民主编:《中国法律实证研究》(第1卷),法律出版社2017年版,第37—63页;贾宏斌:《大数据时代法律实证研究的前景论要》,载左卫民主编:《中国法律实证研究》(第1卷),法律出版社2017年版,第64—78页;左卫民:《一场新的范式革命?——解读中国法律实证研究》,载《清华法学》2017年(转下页)

刑事诉讼法学研究正在从过去的实体研究迈向内容实体与方法技术互动并进的新阶段。还值得注意的是,加强多学科交叉研究、人工智能与大数据技术对刑事诉讼法学研究、刑事庭审实质化改革研究的影响力日益突显,进一步丰富了刑事诉讼实证研究的方法。①

另一方面,近些年来,少数刑事诉讼和刑事庭审改革研究,也反映出以下不足。

第一,个别研究成果长于西方理论演绎但对我国司法改革和司法实务关注不够。有学者曾一针见血地指出,近些年来,有的学者侧重于"知识—文化法学"进路,满足于信息引进和知识扩展,"对西方法学理论熟知的程度以及对西方著述引用的多寡,在许多情况下被当作学术水准的高低以及著述是否具有深度的重要评价依据……至于这些表述及观点是否真正适用于对中国现实的认知和判断,则更难为著述者所深虑与顾及"②。上述看法虽然未必完全客观,但多少反映出司法改革研究的症结所在,值得警醒和深思。以近几年来的刑事庭审实质化研究为例,仍有个别研究成果热衷于西方理论研究甚至纯概念推演,而对我国司法改革的实际情况和真正需要解决的突出问题欠缺真实和全面了解。③

第二,少数研究成果长于法理自足但对改革实践的影响力有限。

(接上页)第 3 期。(2)专著方面,如宋英辉:《法律实证研究方法》,北京大学出版社 2009 年版;雷小政:《法律生长与实证研究》,北京大学出版社 2009 版;郭云忠:《法律实证研究导论》,北京大学出版社 2012 年版;白建军:《法律实证研究方法》(第二版),北京大学出版社 2014 年版;潘德勇:《实证法学方法论研究》,中国政法大学出版社 2015 年版。

① 参见常锋:《改革背景下刑事诉讼制度的发展——中国刑事诉讼法学研究会 2017 年年会观点综述》,载《人民检察》2017 年第 23 期。

② 顾培东:《也论中国法学向何处去》,载《中国法学》2009 年第 1 期。

③ 有学者认为,对于法学这种"地方性知识"来说,我国当下研究的问题和面对的境况与当今西方国家并不相同。由此,中国法学继受百年之后,亟待形成自己的风格,找寻自己的问题意识,输入学理并与固有思想相化,实现法学的在地化并进而能提出原创理论接济他国法学,路途还很远(参见刘猛:《中国现代法学转型的路径选择》,载《法学教育研究》2018 年第 1 期)。

部分研究成果不缺乏精彩的理论演绎和体系建构,但缺少对当下刑事诉讼制度改革实践的深入了解和准确把握,对庭审实质化改革中的操作共性难题难以提供切实可行的解决办法,其本质上是一种无视司法实践的形式主义法学。① 有学者指出,当下中国刑事诉讼知识体系的根本问题在于非实践化,这突出反映在:一是知识生产的材料并不以实践为主要来源;二是实践没有成为检验、评价刑事诉讼知识正确性并据以修改、调整观念的主要出发点和标准;三是刑事诉讼知识本身主要来源于理论而非实践。②

第三,有的研究成果在横向层面侧重于具体点位而较少关注综合配套,在纵向层面侧重于改革措施的合理性而忽略其可行性、阶段性。前一个问题本质上是刑事庭审实质化改革的系统性问题,强调的是改革举措与资源配置和机制配套;后一个问题本质上是改革的阶段性问题,强调的是要突出改革措施的可行性、操作性。正如有学者指出的,刑事庭审实质化改革的理论研究与实践探索存在系统性思维不足、历时性视角缺乏的突出问题,改革试点本身仍属于技术层面,对其成效不应过分夸大和过高期待。③

第四,少数实证研究的领域与方法的针对性、实效性仍需进一步增强。越来越多的研究已经开始更强调关注司法实践,突出问题导向,形成针对性很强的"问题—方法"组合,坚持从司法运作的实际过程中分析情况、发现问题、解决问题,走出一条刑事诉讼制度实证研究

---

① 黄宗智教授认为,我们对"法律"的基本认识是实践和行动中的法律,而不单是理论和条文中的法律……采用的是从经验到理论再返回到经验/实用的研究进路,而不是与其相反的从理论到经验再返回到理论的认识方法(参见〔美〕黄宗智、尤陈俊主编:《历史社会法学:中国的实践法史与法理》,法律出版社2014年版)。由此,在法学研究中,我们必须要有这样的问题意识:"中国该选择什么样的途径来从这里走到那里? 在学术层面上,则更具体化为怎样创建中国自己的、比一般西方理论更符合中国实际的理论和学术?"(参见〔美〕黄宗智:《问题意识与学术研究:五十年的回顾》,载《开放时代》2015年第6期)。

② 参见左卫民:《现实与理想——关于中国刑事诉讼的思考》,北京大学出版社2013年版,第38—40页。

③ 参见陈实:《刑事庭审实质化的维度与机制探讨》,载《中国法学》2018年第1期。

的中国之路。但也有一些实证研究数据虽多,但既缺少改革关键点位的深度挖掘,也没有典型样本的透彻分析;有的实证研究成果数据与观点缺少内在逻辑关联,形成"两张皮"现象;还有的实证研究之间针对同一问题得出不同甚至相差较大的结论,实证研究方法与问题的不当组合可能导致的信息失真值得警惕。① 另外,即使是档案资料也有可能存在不确切或矛盾的信息,或者有意隐藏某些信息,使用时必须持审慎态度,否则也可能导致结论失真。

三、选题价值

1. 观察描述庭审实质化改革的真实样态

显而易见,诉讼程序不能与实际的、实践的、具体的实质性影响相分离。② 因此,笔者力图以刑事案件第一审普通程序为重心,对几年来刑事庭审实质化改革的实践进行客观描述,包括主要思路、具体举措、初步成效和基本经验,同时对改革过程中面临的困难、遭遇到的挫折乃至教训也不回避。总之,对成都等地刑事庭审实质化改革情况进行客观描述,从中发现由司法惯习和操作常规构成的所谓"法外制度"③或者"隐性刑事诉讼法"④。至于此目的能在多大程度上实现,则属另一问题。

---

① 如近几年来有关证人出庭率、刑事辩护率等情况的实证研究不少,但由于建模、取样、选数等多方面原因,研究结论各有差异甚至相差过大。
② See John Griffiths, "Ideology in Criminal Procedure or A Third 'Model' of the Criminal Process", Yale Law Journal, 1970(3), p.409.
③ 〔美〕黄宗智、尤陈俊主编:《从诉讼档案出发:中国的法律、社会与文化》,法律出版社2009年版,第494页。
④ 万毅:《实践中的刑事诉讼法:隐性刑事诉讼法研究》,中国检察出版社2010年版,序。

2. 梳理剖析庭审实质化改革的突出难题

坚持问题导向,深入挖掘庭审实质化改革实践中的诸多难题,并进行深入剖析,为从根本上、源头上提出对策建议,形成操作规则,促进庭审实质化改革不断深化奠定基础。

3. 总结提炼庭审实质化改革的基本路径

近几年来一些学者和实务界已就此进行日渐广泛和深入的研讨,也提出了不少积极的建设性意见建议。问题的关键在于,我们需要在中央推进以审判为中心的刑事诉讼制度改革的总体部署和框架下,挖掘总结基层实践经验,加强理论研究并形成与实践的互动融合,提炼刑事庭审实质化的基本理念、主要内涵、适用范围、关键环节、评价标准等方面内容,推动形成刑事庭审实质化的实践性操作体系。

4. 构建完善庭审实质化改革的操作技术

在此基础上,对刑事庭审实质化改革主要关键性环节的操作规则进行认真思考论证,提出进一步完善建议和操作办法,并以成都等地实践为主要样本,总结刑事庭审实质化改革的经验做法,提炼形成具有普适性意义的可复制、可借鉴的普适性规则。

5. 论证提出深化庭审实质化改革的思路建议

助推此项改革的理性深化,尽量少走或不走弯路,促进改革效能的最大化和最优化,促进以审判为中心的刑事诉讼制度持续完善。

四、核心命题

立足成都等地刑事庭审实质化改革实践,紧扣刑事案件第一审普通庭审程序操作难点,挖掘相关数据、典型案例等多种素材,深入进行分析,积极提出改进建议。其核心命题是:刑事庭审实质化改革应当坚持以技术性实质化为主的基本进路,其重心和关键在于构建并完善精细化、可操作的程序技术规则,着力破解长期以来刑事庭审粗放运行、功能虚化的瓶颈性症结,通过庭审技术的持续改良推进庭审功能的实质发挥,并为实现审判对侦查、公诉活动的有效制约的中期目标和以审判为中心的诉讼程序重构的远期目标奠定坚实的操作基础和技术支撑。其主要理由如下。

第一,推进刑事庭审实质化改革的逻辑必然。有学者指出,刑事庭审实质化改革在本质上是一种以规则形成为目的的微观制度和机制创新实践,同时也是一个能够基于反馈对制度规则进行适时调整和修订的过程,此种逻辑决定了庭审实质化是一种高度技术化的专业活动,其具体实施的技术与规范化程度较高。[①] 据此,庭审程序的规则和技术是庭审实质化的根本前提与外化载体,仅有体系化的操作技术并不足以导向实质化庭审,但没有精密的庭审程序规则就绝不可能有真正的庭审实质化。任何推进以审判为中心的刑事诉讼制度改革的理念、原则、目标、体制及制度设计诚然重要,但上述要求都必须体现为切实可行的具体规则和微观技术才可能切实落地。

第二,解决刑事庭审突出问题的现实需要。众所周知,长期以来我国刑事庭审存在的突出问题是程序粗放运行、庭审功能虚化,难以形成对侦查、公诉行为的有效监督制约,难以从根本上预防冤错案件。因此,从程序难题入手,持续改进操作技术,正是突出问题导向、瞄准瓶颈短板、解决突出问题的现实需要。正如有学者指出的,"刑事庭审制度的改革完善应当首先解决刑事司法实践中暴露出的突出问题,侧重解决改革路径中的基础核心问题,为改革的持续性与扩大性提供基础"[②]。

第三,扩展庭审实质化改革共识和可持续性的务实之举。既要关注诉讼制度改革的宏大叙事,又应力行于庭审实质化的具体实践。基

---

① 参见郭松:《试点改革与刑事诉讼制度发展》,法律出版社2018年版,第101页。
② 步洋洋:《刑事庭审实质化路径研究》,法律出版社2018年版,第26页。

于改革的可持续需求,聚焦庭审技术规则的构建完善,使改革更容易得到各方认同支持,更可能减少分歧,这正是推进庭审实质化改革的务实之道。

第四,统筹庭审程序规则与调查技术的工具效用与价值实现的长远需要。对公正裁判的价值目标而言,刑事庭审程序的操作规则与调查技术无疑具有工具价值和手段效用,但人类社会的发展进程和创新实践充分表明,任何工具性质的变革终将带来理念、模式与流程的革命性变化,并因此成为生产力跃升的关键,这一点对司法活动同样适用。① 只看到程序规则、调查技术的工具价值,而忽视其给刑事庭审的理念、制度、模式、效率所带来的持久性挑战和潜移性影响,实质上是一种司法短视。同时,对程序规则的工具价值,我们也不应仅局限于犯罪控制的传统认识,更应重视其所包含的政治合法化功能和效益功能。② 就此而言,庭审程序规则和调查技术绝不只是工具和手段,同时也蕴含着价值的发现和实现,是价值追求与手段效用的辩证统一。

综上所述,倡导和坚持刑事庭审实质化改革的技术性实质化,侧重于程序运行、操作技术的规范、完善和精密,可以称为推进以审判为中心的刑事诉讼制度改革的微观层面;通过技术层面的规则完善、技术精密和经验醇化,为更具体制性、根本性的刑事诉讼制度重塑、刑事司法权力配置等改革奠定基础、积累条件,可以称为推进以审判为中心的刑事诉讼制度改革的宏观层面。笔者认为,着眼改革的宏观层面目标,立足于微观层面改革视角,坚持走技术性实质化进路,既埋头拉车,也抬头看路,积小成大、累近致远,才是推动刑事庭审实质化改革进程,促进我国以审判为中心的刑事诉讼制度不断完善的明智之举。

---

① 参见刘楠:《新时代司法生产力与智能司法的精准导航》,载《人民法院报》2017年12月18日。
② 参见左卫民:《价值与结构——刑事程序的双重分析》,法律出版社2003年版,第205页。

在此应当强调,没有庭审实质化改革,过去长期存在的庭审虚化问题不可能从根本上得到解决;但仅有庭审实质化,却不足以解决庭审虚化的所有问题。这是因为,导致庭审虚化的一些问题,虽然可能反映在庭审这个特定窗口,但其症结未必在审判环节,实质上更可能源于刑事诉讼前端,甚至社会层面。庭审只能起到反馈和倒逼作用,而不可能代替问题的解决本身。其实,这也是庭审实质化改革的重要价值之一,即通过折射和反馈导致庭审虚化的诸多源头问题而形成倒逼机制,推动问题的切实解决。

还应说明的是,本书以刑事案件第一审普通程序为重点,并非认为庭审实质化改革只适用于一审,也不是忽视二审和再审程序的庭审实质化。笔者认为,刑事一审普通程序是刑事审判程序的重心所在,二审、再审程序本质上仍是以一审程序为基础,只是针对二审、再审程序的特殊性有所调整或变通。因此,推进刑事庭审实质化改革理应以一审普通程序的实质化为主线,通过做实、做细、做优一审庭审的实质化,才能为二审、再审庭审的实质化奠定坚实基础,积累有益经验,创造良好条件。

五、研究方法

恰当的"问题—方法"组合是研究成功的关键。从本质上讲,法律实证研究的方法元素可以归结为经验研究方法,其问题元素又必然以一定本土实际为选题资源。[①] 基于对选题实证属性和解决问题的考量,坚持实证导向,紧扣刑事庭审实质化改革的地方实践,以一审程序为重心,突出程序规则与调查技术中的重点、难点,以实证研究方法为

---

① 参见白建军:《法律实证研究方法》(第二版),北京大学出版社2014年版,第14页。

主、兼顾其他方法进行研究,具体如下:

(1)数据分析方法。可以分为三个层面:第一,收集2015年2月至2020年年底期间成都地区刑事庭审实质化改革的主要数据,每年提取改革基本情况数据以及庭前会议、排除非法证据、证人出庭和律师辩护率等分类数据,全面观察成都地区刑事庭审实质化改革的总体状况,进行态势分析,客观评价改革进展和实效,分析共性突出问题,为下一步推进改革提出建议。第二,重点了解、收集浙江温州、上海等地推进改革情况,提取相关数据,与成都地区情况进行对比分析。第三,结合不同的研究专题和问题,有针对性地选择和引介近几年来国内部分有代表性的实证研究成果,提取相关重点数据,与成都地区改革情况形成参照,以利于全面掌握和客观评价改革实效。

(2)案例研究方法。数据分析旨在从基本面上把握改革的整体情况和运行态势,案例研究则侧重于从线、点视角对改革进展和难点问题进行"深描",以取得对改革情况更为深入、更为准确的把握和认识。因此,对刑事庭审实质化改革而言,仅有面上的态势性数据是远远不够的,收集、观察、分析典型一审案例具有更为至关重要的现实意义,这不仅是对改革实践进行点位"深描"的有效路径,也是发现和解决共性突出问题的重要窗口。据此,本书将刑事一审案例的收集、评析和研究作为最重要的研究方法之一,将其贯穿课题研究全程,并具体体现为以下三个层次。

一是抽取几年来共计101件实质化庭审案件进行归类分析,每件均提取庭前会议笔录、庭审笔录和判决书等关键材料,设计10类共35个子项进行数据分类统计分析和问题分类分析。需要指出的是,与前述单纯的数据分析方法相比,对101件抽样案件的分类分析依赖于抓取和研究每一件案件的庭前会议笔录、庭审笔录和裁判文书等三项关键材料,其本质上是一种案例研究而不只是数据分析。

二是选取10件典型案例从程序规则视角逐一评析,紧扣从庭前会议到当庭宣判的主要流程和操作难点,聚焦体现庭前实质化改革要求的主要要素,着重从操作程序角度进行集中专题评析,既充分肯定其亮点经验,也深入剖析其不足瑕疵,客观反映改革情况。应当特别指出,我国长期以来法学研究和司法实务中一直存在重实体案例、轻程序案例的问题,大力倡导程序案例研究和指导,基于典型案例研究强化程序规则的提炼和完善,不仅是推进刑事庭审实质化改革持续深化的现实需要,同时也是进一步丰富、深化法律实证研究和审判指导的长远之道。

三是筛选 50 多个不同类型案例,结合不同专题研究进行穿插评析(以成都地区案例为主,兼取少量外地和国外典型案例),聚焦从庭前会议到现代科技对刑事庭审程序和司法技术的挑战应对等 10 个专题研究,紧扣程序运行和操作技术中的难点、痛点,结合引用相关案例的庭前会议笔录、庭审笔录或者判决书片段,进行针对性阐释和评析,增强选题、素材、观点和论证的实践性与说服力。

(3)规范分析方法。研究法律自然离不开对法律文本的分析,然而法律规定绝非等同于社会现实。瞿同祖先生曾言,"社会现实与法律条文之间,往往存在着一定的差距。如果只注重条文,而不注意实施情况,只能说是条文的、形式的、表面的研究,而不是活动的、功能的研究"①。据此,融合改革实践,区分不同专题和问题,对我国刑事诉讼特别是涉及庭审程序的相关法律、司法解释以及改革规范性、指导性文件,在充分考量制度背景基础上,既注重法律文本内容阐释,以文义解释为基础,综合运用目的解释、体系解释、历史解释等方法,进行深入分析;又注重梳理实施现状,挖掘突出问题,深入剖析原因,提出建设性对策建议。

(4)比较研究方法。收集、整理相关国家和地区刑事庭审制度的

---

① 瞿同祖:《瞿同祖法学论著集》,中国政法大学出版社 1998 年版,导论。

法律规定和改革情况,进行有针对性的比较研究,并注意挖掘和分析其不同的法治土壤、制度背景与实际效果。在此基础上,结合我国刑事庭审实质化改革的目标和需要,在深刻认识和精准把握我国司法制度的基本属性和实践状况的前提下,吸取借鉴相关国家和地区的经验教训,提出合理借鉴建议,以期使我国刑事庭审实质化改革保持正确方向,更加规范有序。

与使用的调研方法相适应,书中使用的素材主要涉及以下几类:一是改革数据情况,主要包括成都地区涉及刑事庭审实质化改革2,084件试点试验和示范庭审的整体性、关键性、态势性统计数据,同时兼顾全国整体和相关地区改革情况的相关数据;二是典型案例材料,包括101件抽样案件的庭前会议笔录、庭审笔录、判决书等重要材料及分类数据,10件典型案例集中评析材料,以及50多件引用案例材料;三是制度规范材料,主要包括中央重要改革文件、相关法律、司法解释和各类报告,成都地区和其他地区改革文件制度及其实施效果情况;四是比较研究材料,包括有关国家、地区的相关制度和法律文件;五是个别访谈;六是相关专著、论文和报刊文章。①

六、内容结构

本书主题贯穿刑事庭审实质化改革应当着眼于庭审程序这个重心,持续完善程序操作技术,具体分为六个部分:(1)导论,主要阐明选

---

① 在各类素材中,相关典型案例的庭前会议笔录、庭审笔录、判决书等法律文书对客观分析和描述庭审实质化的实际样态极为重要。正如学者所言,虽然文书档案被视为最可靠的历史资料,仍然存在怎样解释和利用的问题;孔飞力教授认为,对待档案资料必须慎重[转引自王笛:《街头文化:成都公共空间、下层民众与地方政治(1870—1930)》,李德英等译,商务印书馆2013年版,第10页],也许只有庭审视频才完全真实。因此,对相关案例材料和数据的分析并非意味着这些材料全无瑕疵且绝对可靠,对其他方面的素材使用也应持同样的严谨态度。

题背景和意图,揭示选题价值,介绍研究方法以及论文结构等方面的总体考虑。(2)刑事庭审实质化改革状况观察,以成都等地改革实践为主要样本,客观描述改革主要做法、实际成效和现有问题,并针对改革情况统计数据、抽样案例数据和典型案例进行分析和评析。(3)刑事庭审实质化改革的前置程序研究,主要涉及具有前置性质的准备程序和调查程序,包括庭前会议、非法证据排除两个专题。(4)刑事庭审实质化改革的调查程序研究,主要涉及庭审调查程序,包括法庭调查的顺序和方法、庭审对质、关键证人出庭和询问证人技术等四个专题。(5)刑事庭审实质化改革的配套机制研究,主要包括繁简分流和程序简化、律师辩护权保障以及一审裁判文书制作改革等。(6)结语,主要针对前文分析中涉及较少的改革关联问题进行必要说明和评析,并对刑事庭审实质化改革的前景作简要展望。

第二章　刑事庭审实质化改革状况观察
——以成都地区为主要样本

一、问题动因

(一)由冤错案件引发的反思

从规范层面而言,我国现行刑事诉讼制度是由1979年《刑事诉讼法》正式确立的。四十多年来,这部刑事诉讼法历经多次修改。从总体上讲,现行刑事诉讼制度在确保国家安全、依法惩治犯罪、充分保障人权、维护社会稳定、促进经济社会发展等方面都发挥了重要作用。近些年来,随着我国改革开放的日益深化、社会利益的复杂多元、人民群众的司法需求更加强烈,现行刑事诉讼制度和诉讼程序暴露出诸多症结,特别是一批重大冤错案件相继曝光,引发全社会广泛关注。

据统计,党的十八大以来,全国各地相继纠正的重大冤假错案就有46件[①],其中影响较大者如:2013年3月,浙江省高级人民法院再审

[①] "2013年以来,人民法院通过审判监督程序纠正聂树斌案、呼格吉勒图案、张氏叔侄案等重大刑事冤假错案46起,涉及94人"(参见中华人民共和国最高人民法院编:《中国法院的司法改革(2013—2018)》,人民法院出版社2019年版,第21页)。另据2017年11月最高人民法院周强院长的专题报告,"党的十八大以来,全国法院依法纠正呼格吉勒图案、聂树斌案、陈满案等重大冤错案件37件61人"(参见周强:《最高人民法院关于人民法院全面深化司法改革情况的报告——2017年11月1日在第十二届全国人民代表大会常务委员会第三十次会上》)。

改判因涉嫌2003年的一起奸杀案被羁押了近10年的张高平、张辉叔侄两人无罪;同年4月,平顶山市中级人民法院宣告因涉嫌故意杀人罪被羁押了12年的李怀亮无罪;同年5月,福建省高级人民法院宣告因涉嫌制造福清市纪委爆炸案被羁押了近12年的陈科云、吴昌龙、杜捷生、谈敏华、谢清五人无罪释放;同年7月,浙江省高级人民法院再审改判被控在1995年抢劫并杀害两名出租车司机的陈建阳等五人无罪;2014年8月,福建省高级人民法院终审判决3年间曾先后4次被判死刑的念斌无罪;同年12月,内蒙古自治区高级人民法院再审改判于1996年因被控犯故意杀人罪和流氓罪被执行死刑的呼格吉勒图无罪;2016年12月,最高人民法院再审改判于1995年因被控犯故意杀人罪和强奸罪被执行死刑的聂树斌无罪;等等。上述冤假错案之所以得以纠正,往往是因为出现了戏剧性反转因素,特别是"亡者归来"或者"真凶浮现"。但是,正如有人指出的,"上述被洗雪的冤案只是冤假错案中的一部分,因为不是任何人都能那么'幸运'地遇见'真凶再现''被害人复活'以及办案机关的错误被确凿无疑的证据证明的小概率事件"①。

上述冤假错案反映出现行刑事诉讼制度的诸多弊端,促使包括法律职业人在内的全体社会公众扪心自问和痛苦反思:这些令人震惊的冤假错案为何发生,又当如何预防和避免?分析近些年来有代表性的冤假错案,其酿成方式多种多样,特别是反映在"打出来的、做出来的、闹出来的、调出来的",但究其根本,大多都与容忍、放任和采信非法证据相关。② 其中,"打出来的"是指被告人曾经遭受刑讯逼供或变相刑

---

① 王敏远等:《重构诉讼体制——以审判为中心的诉讼制度改革》,中国政法大学出版社2016年版,第20页。
② 法国著名律师勒内·弗洛里奥曾对冤错案件进行深入剖析,并将错案原因归类为十个方面:证据推理错误;死因判断错误;被告欺骗;书证欺骗;诬告欺骗;证人欺骗;鉴定错误;前科资料;品格证据误导;法官疏忽。勒内·弗洛里奥还特别提醒,公正的审判并不容易,最审慎的法官也可能把案子搞错;我们虽不能彻底杜绝错案,但必须在深入分析错案原因的基础上尽量避免错案(参见〔法〕勒内·弗洛里奥:《错案》,赵淑美、张洪竹译,法律出版社2013年版,序言、引言)。

讯逼供;"做出来的"是指侦查过程中由于事实上的"由供到证"模式,导致一些关键证据系人为做成;"闹出来的"是指司法机关因未能顶住闹访或舆论炒作压力,没有坚守证据裁判而导致冤错;"调出来的"是指对一些关键证据存疑且无法排除合理怀疑的案件,实际办案中不是疑罪从无,而是从轻、从挂,通过各方沟通协调定案而导致冤错。

检视上述冤假错案,其中所反映出的实体错误和程序失范问题都极为突出,代价不可谓不沉重,教训不可谓不深刻。一方面体现为这些个案实体处理上的严重不公,另一方面体现为程序公正的"硬伤"。[1] 同时,这些问题几乎都会不同程度地反映在处于流程后端的刑事庭审当中。通过庭审这一特定的诉讼时空,能够折射并帮助我们了解刑事诉讼流程特别是前端的运行状况及可能存在的风险和问题。刑事庭审走过场、形式化导致庭审功能被虚置,难以对处于前端的侦查和公诉环节形成实质性制约监督,从而无法从根本上遏制刑讯逼供,也几乎不可能真正有效地预防非法证据,由此导致冤错案件成为可能。如何构建和完善防范冤假错案的庭审程序规则体系和法庭调查技术,已经成为刑事诉讼理论与实务共同面临的重大迫切课题。

(二)过去刑事庭审存在的主要症结

长期以来,我国刑事庭审程序走过场、庭审功能虚化的问题一直比较突出,集中体现为"四难"。

1. 关键证人出庭难

一方面,刑事案件定案证据体系中证人证言一直占有重要地位,不少案件中都存在证人多、证言多等情况,有的案件甚至超过20名证人;另一方面,证人实际出庭率极低,而庭前书面证言比例极高。长期以来,刑事案件证人特别是当控辩双方分歧较大且对案件定罪量刑有

---

[1] 参见王敏远等:《重构诉讼体制——以审判为中心的诉讼制度改革》,中国政法大学出版社2016年版,第20、21页。

着重大影响的关键证人因种种原因不愿出庭作证,导致刑事证人实际出庭率明显偏低,庭审严重依赖庭前书面证言,一直是理论和实务界备受诟病的突出问题。不止一项调查反映出,刑事证人平均出庭率大约不超过10%,有的调查甚至认为更低,且长期没有得到改善。① 上述问题的存在,在很大程度上导致了刑事案件的证人出庭大量被庭前书面证言所替代,刑事庭审由本应的言词审变成了事实上的书面审,庭审功能由有效审查庭前阶段取证合法性、有效性和证明力变成主要为各种庭前书面证词背书并赋予其合法性外衣的形式化过程。

证人出庭难的原因主要包括:一是我国还没有建立起直接言词证据规则,证人不出庭并不必然导致庭前证言被排除,再加之诉讼案件持续上升,导致无论是公诉方还是审判方对证人出庭的意愿均受到极大抑制。二是受传统的避诉、厌讼心理的影响,不少人有所谓"生不上法庭,死不下地狱"的看法,碰到纠纷则宁愿私下解决,也不愿公堂对垒。② 三是基于趋利避害的现实利益的考量,不少人抱着多一事不如少一事的自避心态,不愿多生事端;担心因出庭作证而得罪人、造成以后不好相处的情况,更害怕因作证而可能遭到报复。③ 例如,在一件故意伤害案件中,一名关键的目击证人碍于情面,不愿出庭作证,法官劝说其出庭过程中,该证人请求法院出具一份强制其出庭的文件,这样

---

① 左卫民教授指出,在1996年修正的《刑事诉讼法》实施16年间,证人仍极少出庭作证,证人实际出庭率普遍在5%以下,有地方甚至不足1%,书面证据仍然在庭审中广泛运用,法庭质证仍在很大程度上流于形式(参见左卫民、周长军:《刑事诉讼的理念》,北京大学出版社2014年版,第123页)。

② 参见熊秋主编:《刑事庭审实质化改革:理论、实践、创新》,法律出版社2017年版,第74页。也有学者认为,中国古代民间"健讼"与官府"惧讼"两种现象一直并存,相关史料记载,两宋以后全国很多地方都有百姓"好讼"现象,南方地区尤其突出,清代更是"健讼"成风。所以,"避"与"厌"的可能只是给他人之诉作证而已(参见春杨:《晚清乡土社会民事纠纷调解制度研究》,北京大学出版社2009年版,第39—41页)。

③ 2004年,左卫民教授主持的刑事证人出庭作证试点研究发现,"对证人不愿出庭原因的看法较为一致,即认为'害怕打击报复''多一事不如少一事'是妨碍证人出庭作证最重要的因素,而某些学者认为最主要的障碍——缺乏经济补偿——则被排在次要地位"(参见左卫民等:《中国刑事诉讼运行机制实证研究》,法律出版社2007年版,第313页)。

他好给被告人一个"说法"。① 四是从刑事证人出庭制度的落地落实情况看,在试验示范案件庭审中出庭作证证人数量虽有明显上升,但从刑事案件整体情况看,情况仍不容乐观,证人出庭作证义务尚未成为社会普通公众的普遍共识和自我意识。五是从刑事证人出庭的保障配套看,促进证人该出庭的强制机制、证人愿出庭的促进机制、证人敢出庭的保障机制、证人能出庭的操作机制仍不健全、不到位。

2. 非法证据排除难

突出反映为"一多三少",实践中被告人和辩护人提出非法证据申请有所增多,但实际启动调查程序少、排除非法证据少、排除涉及定罪的非法证据少。从2013年的一项调查中得到的基本情况是,被告方提出非法证据排除申请的比例极低,仅为所在法院当年受理刑事案件总量的6.8%;法官依申请对证据合法性进行调查的比例尚可,大约占申请案件数的40%~50%;经合法性调查后证据被排除的比例较低,仅为启动排非程序案件的20%;非法证据排除后对案件处理基本没有影响。② 再从试点地区的成都法院试点示范案件情况看,从2015年2月启动刑事庭审实质化改革试点以来,截至2018年11月,在全市法院按照刑事庭审实质化要求开庭的试点示范案件(共计2,062件)中,接到排除非法证据申请163件,实际启动排非程序82件,约占申请数的50.31%,实际排除非法证据16件,约占启动数的19.51%,约占申请数的9.82%。试点示范案件尚且如此,遑论其他案件。

造成非法证据排除难的原因较多,主要包括:部分被告人缺乏对何谓非法证据的认知;申请人无法提供相关线索和材料;更可能的是,由于启动排除非法证据程序必然导致审查工作量增加、诉讼时间延长

---

① 参见郭彦、魏军:《规范化与精细化:刑事庭审改革的制度解析——以C市法院"三项规程"试点实践为基础》,载《法律适用》2018年第1期。
② 参见左卫民等:《中国刑事诉讼运行机制实证研究(六)——以新〈刑事诉讼法〉实施中的重点问题为关注点》,法律出版社2015年版,第143—149页。

并进而影响办案绩效考核评价,公诉方、审判方均可能基于"权力共识",存有某种并不希望被告方提出非法证据排除申请的心态;另外,"如果排除非法证据可能对案件定罪量刑造成影响,法官通常会比较慎重,一般会延迟审理,建议公诉方补充证据"①。

3. 控辩平等对抗难

刑事庭审中的控辩对抗不对等、不充分,控强辩弱的基本态势尚无根本性改变,辩护意见不受重视的问题虽有明显改观,但刑事案件自我辩护率过高、律师辩护率过低,且在部分案件中辩护方辩护能力相对较弱、辩护水平不高的情况仍较突出,集中反映在部分案件中辩方对庭审不够重视,庭前取证相对较少,会见的形式意义大于实质意义,庭前准备不充分、不到位;庭审重点把握不准,法庭调查中质证较少;辩护针对性不强,存在重法律辩护、轻实体辩护;多量刑辩护、少定性辩护;多柔性辩护、少对抗性辩护;多强调实体辩护效果、少仰赖对抗式庭审程序等共性突出问题。② 同时,也存在单纯取悦旁听群众、而不注重辩护实效的"表演性"辩护等现象。③ 无论是基于程序还是基于实体,上述问题导致的风险和损害都是十分明显的。特别应当指出,从程序公正视角而言,"在缺少律师辩护帮助的案件中,被告人只是被动接受公诉方的指控和法院审判,最终的裁判只是公诉方和裁判方共同制作的结果,这不仅严重违反了程序参与原则,也由此形成压制性的'线型'诉讼构造"④。

刑事诉讼中长期存在的控强辩弱态势,导致辩护职能实际发挥作

---

① 左卫民等:《中国刑事诉讼运行机制实证研究(六)——以新〈刑事诉讼法〉实施中的重点问题为关注点》,法律出版社 2015 年版,第 147—151 页。

② 参见左卫民等:《中国刑事诉讼运行机制实证研究(五)——以一审程序为侧重点》,法律出版社 2012 年版,第 44、45 页。

③ 参见李奋飞:《论"表演性辩护"——中国律师法庭辩护功能的异化及其矫正》,载《政法论坛》2015 年第 2 期。

④ 左卫民等:《中国刑事诉讼运行机制实证研究(五)——以一审程序为侧重点》,法律出版社 2012 年版,第 22 页。

用的空间和手段受到抑制,难以从根本上对控诉职能形成有效制约,并倒逼侦查方切实规范侦查取证行为,如此则很难避免疑似非法证据被庭审采纳,被告人实体权益也可能受到影响,为冤假错案埋下风险和祸患。长期以来,刑事诉讼中有些案件的被告人甚至连辩护律师都没有就被定案,被告方的辩护权事实上被剥夺。原最高人民法院副部级专委胡云腾教授在接受中央电视台专访中曾谈到,在办理聂树斌再审案过程中,合议庭前往原审法院进行调查时发现,同时抽查的部分案件都没有律师辩护,类似情形在其他一些地方也有所反映。因此,如果刑事诉讼中控辩对抗不对等、不充分的问题不从根本上加以解决,以审判为中心的刑事诉讼平等格局就难以形成,防范冤假错案的底线要求也将无从落实。

导致上述问题的原因复杂多样,其中既有辩护方自身职业素质不高、辩护技能掌握不够好的问题,也有主观上不够重视、责任心不强的问题,但更有刑事诉讼制度理念和运行模式的问题,特别是对律师辩护权的保障不充分、不到位,同时长期以来重惩治犯罪轻人权保障、重控诉轻辩护职能、重结果轻程序的传统诉讼理念,在很大程度上导致了刑事诉讼事实上以侦查为中心,刑事审判事实上以案卷为中心,办案活动事实上以办公室为中心、以庭后为重点的旧有理念和操作惯性,刑事诉讼特别是庭审中控辩不对等、对抗不充分的问题就难以避免。

4. 程序监督制约难

长期以来,刑事庭审作为集中检视和验证刑事侦查、公诉程序规范性、取证行为有效性的主要法定时空,实质上并未很好地起到监督前端环节的功能和作用。相反,刑事庭审常常被作为证明前端侦查行为特别是取证合法性的主要程序装置而发挥作用,并由此形成刑事诉讼的单向"线型"结构,即使证据或程序出错也难以及时救济,案件一且侦查终结其结果几乎不可逆转。① 长期以来,理论和实务界有所谓"公安做饭,检察端饭,法院吃饭"的说法,实质就是指刑事庭审的程序监督制约功能失灵,其最大的危害是可能导致侦查、公诉证据带病出门、带病入庭。庭审监督制约功能的缺失,不仅使得事实上的"侦查中心主义""以侦定审"乃至"侦查决定型"刑事诉讼成为常态,这一模式通过刑事庭审的功能背书得到进一步固化,并进而演变为刑事诉讼中心照不宣、见怪不怪的常态,庭审功能的弱化甚至虚化也就成为一种必然结果。

庭审之所以难以有效发挥程序监督制约的应有功能,虽系多因一果,但其根本症结还在于公检法三机关在刑事诉讼中的相互关系没有真正理顺。《宪法》第140条和《刑事诉讼法》第7条规定了三机关分工负责、相互配合、相互制约的基本原则和职能相互关系,但重配合、轻制约现象仍然存在。同时,还与前面述及的其他问题相关,刑事庭审未能真正体现出言词审,在不少方面仍然保持着书面审特征。特别是书面证言的普遍使用导致质证难以充分和有效进行,也难以发现证据疑点,其监督制约功能也难免受到影响。

作为上述问题综合导致的结果之一,长期以来,受刑事诉讼重犯罪惩治、轻人权保障传统理念的影响,刑事庭审作出无罪判决的难度极大,比例极低[②];相较之下,"疑罪从轻""疑罪从挂"等情形时有发生,也存在介于有罪无罪之间的所谓"折中裁判"现象[③]。有学者列举

---

① 参见杨凯、黄怡:《论刑事司法理念的发展与刑事冤错案防范机制建构——以175件再审改判发回案件法律文书的实证分析为视角》,载《法律适用》2016年第1期。

② 2014年至2018年,全国四级法院共依法宣告4,868名被告人无罪(参见中华人民共和国最高人民法院编:《中国法院的司法改革(2013—2018)》,人民法院出版社2019年版,第21页),但无罪判决率无从得知。另据统计,我国法院无罪判决率逐年下降,其中2000年为1.02%,2010年为0.10%,2013年为0.07%,2014年为0.066%(参见王亦君:《778个无罪判决说明什么》,载《中国青年报》2015年3月13日)。

③ 参见吴卫军、肖仕卫:《刑事审判中的"折中裁判":制度危害与解决方案》,载《浙江学刊》2013年第4期。

了无罪判决难的六种情形,并将其原因归结为六个方面:思想认识偏颇、有关部门不乐意、被害人不答应、考评机制不科学、社会舆论不服气以及法院领导不担当。① 客观地讲,无罪判决难以在大陆法系一些国家和地区存在,例如日本。应当指出,无罪判决率本身并不能简单作为衡量刑事诉讼制度规范性、科学性和完备性的主要甚至唯一标准,因此也不能轻率地凭无罪判决率来评价以审判为中心的刑事诉讼制度改革。但也必须承认,无罪判决率本身又反映出贯穿于刑事诉讼全程的既有理念、制度和操作惯习。无罪判决率既可能反映部分正常情况,也可能确实存在一些值得重视和关注的问题。

在我国,受刑事诉讼重犯罪惩治、轻人权保障的传统诉讼理念的影响,作为刑事诉讼下游链条和后端环节的审判活动,客观上更易成为作为上游链条和前端环节的侦查、公诉活动的"接棒者",或如学者所言,"在一定意义上是对已经检察院检验的'公安产品'予以'盖章',证明其'合格'"②,而不是"检验者"和"矫正器",加之公检法三机关之间分工负责、相互配合、相互制约的关系,作出无罪判决首先在司法系统内部面临强大阻力。同时,作出无罪判决还需要面对社会公众和媒体舆论的压力。所有这些因素,都是审判环节难以回避且必须正面应对的问题。要切实防范冤假错案,需要多方面的措施,其中就包括需要对无罪判决难的原因、症结进行深入分析,以实事求是的态度对待无罪判决率,真正做到以庭审为检验侦查、公诉证据的法定时空,在充分保障控辩双方平等对抗基础上,依法定罪量刑,确保不枉不纵。

---

① 参见胡云腾:《谈谈人民法院"宣告无罪难"》,载《人民法院报》2014 年 6 月 4 日。
② 孙长永、王彪:《论刑事庭审实质化的理念、制度和技术》,载《现代法学》2017 年第 2 期。

二、改革情况

2015年2月,成都地区刑事庭审实质化改革试点首先从温江区、大邑县、高新区三个基层法院和市中院刑一庭、刑二庭发端,后来又在青羊区、龙泉驿区和新津县三个基层法院推广;在试点取得初步成效的基础上,自2015年7月起在全市法院全面铺开。① 2015年2月至2020年12月,全市法院按照实质化方式共开试验示范庭审3,558件。

(一)总体思路

贯彻中央"推进以审判为中心的诉讼制度改革"重大决策,落实最高人民法院"四五改革纲要"重要要求,着力构建以繁简分流、程序简化为前提,以必要适度的庭前准备为基础,以排除非法证据、关键证人出庭、当庭综合认证为重点,以专业化审判、静默化管控、信息化服务为支撑的庭审实质化改革新模式,着力破解刑事庭审走过场、庭审功能虚化的瓶颈性症结,真正确立庭审在刑事审判中的中心和重心定

---

① 关于"刑事庭审实质化改革"名称发源,2015年3月,成都中院在温江区法院先后召开以审判为中心的诉讼制度改革专家论证会和试点庭审观摩座谈会,达成以"刑事庭审实质化改革"命名的共识,改革试点由此发端(参见成都市中级人民法院:《温江法院、大邑法院"构建以审判为中心的刑事诉讼制度改革"试点专家指导会会议综述》《刑事庭审实质化改革试点庭审观摩座谈会会议综述》,载《刑事庭审实质化改革研讨会资料汇编》,2015年10月)。2017年7月,时任成都市中级人民法院院长郭彦应邀为国家法官学院学员作专题授课中曾作如下说明:"以审判为中心的刑事诉讼制度改革既不是法院一家之事,也不是可以一蹴而就之事,它需要公安、检察、法官、司法行政、律师的深度参与以及专家学者和新闻媒体等方面的通力合作。因此,我们首先将视线聚焦于庭审,先分析过去庭审中法院自身的不足之处,先把自身的问题摆出来,解决好,才能赢得其他单位的理解和支持,优化外部氛围。庭审改革当然不是审判为中心的诉讼制度改革的全部内容,但无疑是最重要的内容,我们从庭审出发,始终坚持集小成大、集少成多、集近成远,最后才能由量变转为质变,实现改革最终目标。使用'庭审实质化'这样的表述,也有利于取得公、检两家,尤其是检察院的认同和配合。"

位,最大限度防范冤假错案,努力让人民群众在每一个司法案件中感受到公平正义。

厘清"三个定位"。把握依法而治的技术性实质化,从程序优化、操作规范入手,进行司法资源的科学配置,贯彻直接言词原则和证据裁判原则,实现从"把办公室当法庭"到"把法庭当办公室"的重大转变;把握综合配套的体系性实质化,做到各项改革配套呼应,相关部门协同支持,内外相依、上下互联;把握标本兼治的实践性实质化,大力推动此项改革,构建起以审判为中心的诉讼制度,使之成为解决长期以来刑事司法实践诸多痼疾的突破口,以及整合法学理论观点与实践操作智慧的有效平台。

明确"三项目标"。最大限度地确保侦查、起诉的案件事实经得起庭审程序检验,依法充分保障人权,坚决防范冤假错案;推动侦查、检察、辩护、审判等主体之间形成合理的权责关系,构建符合刑事诉讼规律的司法权力运行机制和司法资源配置机制,着力形成制度体系;倒逼法官加强专业化建设,锤炼精湛司法能力,培养造就卓越法官队伍,持续提升司法公信。

做到"四个坚持"。坚持党的领导,确保改革始终坚持正确的政治方向;坚持依法改革,法律有规定的不突破、不曲解,法律没有规定的,按照中央改革部署和改革精神进行务实创新;坚持因地制宜,尊重国情、省情、市情,根据实际条件稳步推进,既不懈怠,也不冒进;坚持协同推进,公、检、法、司和律师界协同配合、整体推进。

(二)具体做法

聚焦庭审"六大环节"。一是抓庭前会议的效力衔接。针对《刑事诉讼法》对庭前会议的召开程序、效力约束等不明确的问题,制定切实可行的操作规范;规范庭前会议笔录,设立庭前会议报告制度,赋予庭前会议一定约束力。二是抓"两步法"排非程序。针对"排非"庭审调查程序可能造成"审判警察"负面印象,冲淡犯罪事实调查的问题,推行"两步法"排非程序,区分庭前引导说明与庭审调查两个阶段,将"排非"事项列入庭前会议的重要内容。三是抓关键证人"应出尽出"。与侦查、公诉、律师等相关方面达成关键证人"应出尽出"的核心共识,实现证人能出庭;针对可能存在作证风险的特殊证人,采取有效防护措施,实现证人敢出庭;给予作证补贴,实现证人愿出庭。四是抓"混合式"人证调查。针对《刑事诉讼法》对人证调查程序规定不细致的问题,制定证人出庭操作规范,构建混合式人证调查程序,细化调查操作规则。五是抓当庭认证和当庭宣判。针对过去依赖庭后阅卷,证据认定和裁判理由形成在庭后的问题,严格落实"四个在法庭"要求,鼓励法官尽可能当庭认证,能判的当庭裁判。六是抓诉讼格局的"平等武装"。针对过去控辩对抗不足的问题,全面促进控、辩、审角色和职责归位;强化公诉人当庭举证,最大限度地减少庭后补侦;强化对被告人诉权和律师辩护权的依法保障,增进和维护庭审平等对抗。①

做优五项配套举措助推改革。一是以繁简分流为前提。对大量没有争议或争议较小的案件,按照简易程序或普通程序简化审方式审理;对少量争议较大的疑难复杂案件,按照实质化方式审理,制定刑事案件繁简分流规则,大力推行繁简分流和轻案快办。二是推行专业化类案审判。重构审判庭、合议庭功能,积极推行主要类案专业化审理,总结提炼类案裁判规则,有效促进法律适用统一。三是实施静默化流程监控。对办案主要环节实施动态实时跟踪,重点监管立、审、执关键环节拖延问题,有针对性地强化质量评查和类案指导,促进办案行为

---

① 上述措施重在技术和操作层面发力,为促进和保障庭审"平等武装",还需更具实质意义的措施,如在强化权利保障方面针对不同主体实行必要的"差别对待",针对控方应适当加重其客观性义务,强化其举证责任,其中仍包括对被告人有利的事实和证据;针对辩方应充分保障其阅卷权、会见权、申请调查权等重要诉讼权利,同时适当限制控方查阅辩方所取资料之权利;针对法官应强化其可依职权调查对被告人有利的事实和证据的义务,被告人及其辩护人未提出主张或未出示证据不构成对其不利的裁判风险[参见林钰雄:《刑事诉讼法》(上册 总论编),中国人民大学出版社2005年版,第64页]。

严谨规范。四是强化信息化全程服务。推进信息化升级,拓展大数据应用;设计运行刑事庭审实质化改革信息"一表通";推进远程视频开庭和视频作证;加强信息化服务横向协作,与侦查、公诉机关就加强刑事电子卷宗传输等问题达成共识。五是推行裁判文书类型化分流改革。强化疑难复杂案件文书说理,简化简单案件文书制作,实现繁简得当,说理充分。

共推律师辩护权保障。一是修改援助条例提高律师辩护率。《成都市法律援助条例》专门作出修改,规定只要办案机关指定,法律援助机构就提供援助,无须进行经济状况调查,也不受《刑事诉讼法》关于可能判处无期徒刑以上刑罚才提供援助的限制,保证所有以庭审实质化方式开庭案件的被告人均有律师为其辩护。改革开始至今,刑事庭审实质化案件律师参与辩护率达100%。市司法局还制定了《法律援助案件质量专家评议实施细则》,对辩护质量进行监督。二是积极推进刑事辩护全覆盖试点。做到全部刑事案件审判阶段辩护和法律帮助全覆盖,试点基层法院与同级司法行政机关已初步建立值班律师制度,相关经验材料被最高人民法院刊发推广。三是出台实施意见保障律师执业权利。积极为律师履行辩护职责提供便利,依法保障律师的知情权、申请权、申诉权,以及会见、阅卷、收集证据和发问、质证、辩论等方面的执业权利。[①] 四是建立沟通机制增强改革协同。与市司法局、律协等建立常态工作联系机制,通过召开联席会、恳谈会、座谈会等方式搭建经常性的沟通交流平台,充分交流司法实践中的热点、难点问题,听取律协对改革进程中的意见或建议,完善相关制度规范,促进法官与律师之间建立良性互动的工作关系。

---

① 2015年,成都市中级人民法院出台《关于依法保障律师执业权利的若干意见》,2019年修改完善,在四个方面进行强化:突出法律职业共同体建设的核心目标;突出律师执业权利保障的整体统筹;突出细化权利保障举措的操作落实;突出强化律师执业权利的依法救济。

(三) 主要成效

共推格局形成。几年来,改革共识不断深化,各方合力持续增强,侦查取证日益规范,公诉举证不断加强,关键证人应出尽出,刑事辩护得到强化,法官引导有序有度,裁判结果公正高效的刑事诉讼流程操作体系和推进格局基本形成并逐渐完善。

操作日益规范。共制定了 17 份操作性规范文件,形成了规范刑事庭审的制度体系,庭审流程各节点的操作规则更趋规范化、精密化,被最高人民法院确定为"三项规程"试点单位,并圆满完成试点工作,审判质效持续向好。

能力持续提升。倒逼和促进法律职业共同体成员规范办案行为,提升职业素养,各方更加重视人才培养和能力培训,为法官员额制改革和新型审判团队建设奠定了坚实基础。

各方认同增强。获得中央政法委、最高人民法院、最高人民检察院等上级单位的批示肯定,公安、检察、司法行政、律协等各方广泛认同;专家学者支持关注,人大代表和政协委员积极评价;中央电视台大型专题片《法治中国》重点评介,新华社《国内动态清样》第 2256 期专文介绍,《人民日报》《法制日报》《人民法院报》和网络媒体多次报道;成都改革经验被最高人民法院全文转发推广,并入选权威法学教科书专著①;获评 2018 年"四川改革试点典型案例";多家法院来蓉交流学习,可复制、可借鉴的成都经验基本形成。

(四) 外地简况

部分地方的改革试点也取得积极进展。(1)浙江温州。浙江温州与四川成都都在全国率先启动刑事庭审实质化改革,温州地区的庭审

---

① 参见陈瑞华:《刑事诉讼法》,北京大学出版社 2021 年版,第 438—440 页。

实质化改革以严格落实证人、鉴定人、专家证人及警察出庭制度为切入点,有效强化庭审功能,主要做法是:一是加强领导,稳步推进改革试点工作,积极争取党政支持,稳妥开展改革试点,重视加强考核考评;二是着力推进证人、鉴定人出庭作证,建立健全证人、鉴定人出庭规范,探索证人出庭新方式,完善证人询问质证规则;三是加强证人出庭保护工作,建立证人出庭报销和补助费用保障长效机制,印发侦查人员出庭作证的实施细则,设置远程作证室、证人面部遮蔽装置等设施,会同公安、检察机关探索建立证人权益保护联动机制,制定证人出庭费用补助标准;四是推进警察出庭作证,加强部门协同联动,建立警察出庭长效工作机制,完善考核监督机制和保障措施;五是同步推进各项改革措施,切实强化控辩平等,重视发挥庭前会议功能,积极探索繁简分流,优化配置司法资源,探索被告人讯问核查制度;六是加强对改革工作的考评监督。2015年以来,全市法院共在915件刑事案件中通知1,434人出庭,实际有581件案件共915人出庭作证,作证率约为63.8%;共对6名被告人依法宣告无罪,裁定准予检察机关撤回起诉案件共78件,确保无罪的人不受刑事追究。① (2)湖北武汉。武汉两级法院着力强化庭前会议功能,下大气力推进关键证人、侦查人员、鉴定人出庭作证;对确认以非法方法收集的证据,坚决依法予以排除;对证据不足不能认定有罪的,坚决依法宣告无罪;按照庭审实质化要求审理的刑事案件中,累计有896名证人出庭,38件案件启动非法证据排除。2018年,全市法院对9名被告人依法宣告无罪。② (3)江西宜春。宜春两级法院试点"三项规程"改革,探索庭前会议、法庭调查和

---

① 参见中华人民共和国最高人民法院编:《中国法院的司法改革(2013—2018)》,人民法院出版社2019年版,第20—21页;最高人民法院办公厅:《关于印发浙江省温州市中级人民法院和四川省成都市中级人民法院〈刑事庭审实质化改革情况介绍〉的通知》;最高人民法院:《人民法院司法改革案例选编(一)》;《温州市中级人民法院工作报告》(2016—2018)。

② 参见秦慕萍:《武汉市中级人民法院工作报告——2019年1月7日在武汉市第十四届人民代表大会第四次会议上》。

非法证据排除等制度建设,先后制定多项刑事审判庭审实质化改革配套制度,并制定下发全市法院推进试点工作的实施方案,确保了改革工作有序开展。与此同时,加强培训,确保广大刑事法官熟练掌握"三项规程"的具体要求,并主动派员向公安、检察等部门讲解"三项规程",争取支持配合。试点期间宜春市中院结案率超过98%,上诉率低于5%,庭前会议落实率达100%,非法证据排除启动率高于45%。①

(4)江苏无锡。无锡两级法院着力完善庭前会议、非法证据排除、证人出庭作证等制度,开展律师辩护全覆盖试点工作,联合公安、检察机关制定重点类型案件证据收集指引和证据裁判标准,推进庭审实质化。共启动庭前会议程序49次、非法证据排除程序17次,关键证人、鉴定人、侦查人员出庭作证共204件,出庭262人次,出庭率约9.61%,辩护率约86.1%,当庭宣判率约59.34%。②

(五)学界评价

对近几年来成都等地的刑事庭审实质化改革,学者予以了密切关注。一方面,给予积极肯定,同步进行深入研究。③ 左卫民教授认为,成都法院"将庭审实质化作为实现审判中心主义的要义,通过规范庭前程序、强化证人出庭、完善庭审证据调查等措施,作为庭审实质化改

---

① 参见魏本貌:《推进庭审实质化改革》,载《人民日报》2018年7月16日。
② 参见《无锡市中级人民法院工作报告——2019年1月23日在无锡市第十六届人民代表大会第三次会议上》。
③ 刑事庭审实质化改革代表性实证研究,如汪海燕:《论刑事庭审实质化》,载《中国社会科学》2015年第2期;龙宗智:《庭审实质化改革的路径和方法》,载《法学研究》2015年第5期;陈瑞华:《新间接审理主义:"庭审中心主义改革"的主要障碍》,载《中外法学》2016年第4期;王敏远等:《重构诉讼体制——以审判为中心的诉讼制度改革》,中国政法大学出版社2016年版;郭彦:《理性 实践 规则:刑事庭审实质化改革的成都样本》,人民法院出版社2016年版;熊焱主编:《刑事庭审实质化改革:理论、实践、创新》,法律出版社2017年版;马静华:《庭审实质化:一种证据调查方式的逻辑转变》,载《中国刑事法杂志》2017年第5期;左卫民:《地方法院庭审实质化改革实证研究》,载《中国社会科学》2018年第6期;王禄生:《论刑事诉讼的象征性立法及其后果——基于303万判决书大数据的自然语义挖掘》,载《清华法学》2018年第6期。

革的落脚点,总体上值得肯定",做到了较为规范、适度对抗、可圈可点。① 龙宗智教授认为,刑事庭审实质化改革创造了改革的"成都经验",具有一定的普遍适用价值,主要体现在:"一是充分注意改革的技术层面,探索在我国刑事庭审条件下,合理制定涉及庭审有效性的各种技术问题的方案;二是注意将改革试点与规则完善结合起来,形成一系列具有一定普遍指导意义的操作规范;三是改革试点与法官审判观念的变革及庭审能力的提高相结合。通过各项措施,促使所属法院刑事审判法官强化程序公正观念和庭审中心意识,注重庭审、研究庭审,推动了审判方式的变革。"②陈瑞华教授认为,成都法院的改革"使法官大大减少了对公诉方案卷材料的依赖,也大大减少了通过庭外阅卷和请求汇报形成裁判结论的情形,增加了通过当庭审理对案件事实形成内心确信的可能性……对我国庭审实质化改革进行了积极有益的探索"③。周洪波教授指出,成都地区改革试点的积极成效主要体现在四个方面:一是公诉机关、侦查机关能够较为积极地配合法院对庭审的安排;二是证人出庭率显著提高;三是被告人的权益保障和律师的作用发挥得到了切实加强;四是裁判者已不再按惯习要求控辩双方在庭后提交书面材料,与检察机关的庭外沟通、向上请示以及要求协调解决案件的现象减少。④ 步洋洋博士建议将成都法院的有益改革经验进行推广,一是在言词证据作出者亲自出庭之前,审前形成的书面笔录必须处于备而不用状态;二是将言词证据提出者亲自出庭作证作为人证调查的常规化方式。⑤

另一方面,学者们也指出了改革存在的不足。左卫民教授认为,

---

① 参见左卫民:《地方法院庭审实质化改革实证研究》,载《中国社会科学》2018 年第 6 期。
② 龙宗智:《庭审实质化需要技术与规则并重》,载《检察日报》2016 的 11 月 22 日。
③ 陈瑞华:《司法体制改革导论》,法律出版社 2018 年版,第 393 页。
④ 参见周洪波:《刑事庭审实质化视野中的印证证明》,载《当代法学》2018 年第 4 期。
⑤ 参见步洋洋:《刑事庭审实质化路径研究》,法律出版社 2018 年版,第 158 页。

庭审实质化改革虽然有效但却有限,主要反映在:示范庭庭审尚未实现充分言词化,庭审的决定性效果并未充分突显;示范庭庭审尚未呈现充分对抗化的景象,庭审结构未发生实质性变化。示范庭庭审并未实现充分的详细化,集中反映在控方举证除部分少数关键或争议证据外,基本上均是概括性或选择性、要点式举证;庭审实质化带来的一系列指标性程序变化,究竟是试点带来的"自然效应",还是改革本身的"规定动作"还不敢妄下断言。总之,试点改革并未显示出全面、充分、长远、整体的效果,也并未触及问题的本质。[①] 陈瑞华教授认为,当前的改革实践"只是对部分案件作了有选择的改革试验而已,也不代表当地刑事审判的全部情况……原来那种新间接审理主义的理念也没有受到触动"[②],"由于缺乏必要的配套改革措施,我国刑事司法体制并没有发生实质的改变,这一改革也没有从根本上触动公安机关、检察机关与法院的法律关系……法院在刑事诉讼程序中的中心地位并没有得到确立"[③]。周洪波教授认为,成都地区的改革实践存在一些问题和局限:一是有不少案件不必要地被列入了试点案件;二是与传统审理方式相比,试验示范庭审时间并无明显增加;三是庭审的调查方式没有明显变化;四是庭外的书面审理活动对裁判结论的形成仍具重要意义。[④] 还有学者特别从操作技术层面对庭审实质化改革存在的问题进行剖析,认为部分地方的改革试点存在一定程度的功利性与实用性色彩,在推动程序正当化方面贡献不足,改革的彻底化程度不够以及试点项目同质化程度较高,但更为严重的问题则集中在具体操作的技术层面,其中存在诸多缺陷[⑤],甚至认为欠缺技术性标准支撑的试

---

① 参见左卫民:《地方法院庭审实质化改革实证研究》,载《中国社会科学》2018年第6期。
② 陈瑞华:《司法体制改革导论》,法律出版社2018年版,第393、394页。
③ 陈瑞华:《刑事诉讼法》,北京大学出版社2021年版,第173、174页。
④ 参见周洪波:《刑事庭审实质化视野中的印证证明》,载《当代法学》2018年第4期。
⑤ 参见郭松:《试点改革与刑事诉讼制度发展》,法律出版社2018年版,第91页。

点改革很可能将刑事诉讼立法引入歧途①,并使其"展现出悖于理性立法的内在机理的决策特点,引发一系列既不公平、也无效率的利益再分配效应"②。

三、实证分析

(一)整体数据简析

1. 改革试点推进情况

2015年2月至2020年12月,全市法院按照实质化方式共开试验示范庭审3,558件,庭前会议召开率约为66.22%,人证出庭作证率约为31.99%,当庭认证率约为77.46%,当庭宣判率约为66.31%。其中,2015年2月至2018年12月,全市法院按照实质化方式共开试验示范庭审2,084件。其中,律师参与辩护达100%;召开庭前会议1,343件,召开率约为64.44%;接到非法证据排除申请163件,启动"排非"程序82件,启动率约为50.31%;排除非法证据16件,排除率为19.51%;人证出庭作证994件,作证率约为47.70%,共计1,469名人证出庭,其中一般证人818人、鉴定人114人、侦查人员455人、有专门知识的人17人、被害人65人;当庭认证1,538件,当庭认证率约为73.80%;当庭宣判1,114件,当庭宣判率约为53.45%;上诉(抗诉)151件,被二审法院改判、发回的仅有10件,试点案件服判率约为92.75%。2019年1—12月,全市法院按照实质化方式共开试验示范庭审806件,庭前会议召开率约为66.25%,人证出庭作证率约为27.92%,当庭认证率约为82.51%,当庭宣判率约为75.56%。2020年1—12月,全市法院按照实质化方式共开试验示范庭审668件,庭

---

① 参见郭松:《试点改革与刑事诉讼制度发展》,法律出版社2018年版,第102页。
② 吴元元:《信息能力与压力型立法》,载《中国社会科学》2010年第1期。

前会议召开率约为67.96%，人证出庭作证率约为20.36%，当庭认证率约为76.08%，当庭宣判率约为69.91%。通过反复实践，庭审操作日益规范，各项规则更趋完善，倒逼效应正在显现，审判质效持续向好。

从上述数据看，有以下几个特点。

第一，改革试点工作总体势头良好但有待深化、细化。试验示范庭审数量从2015年年底的83件、2016年年底的454件、2017年年底的1,234件，上升到2018年年底的累计2,084件、2020年年底的累计3,558件，增幅为42.87倍，年均增加695件，这表明改革试点工作进展较快，势头稳定。但同时也存在个别试验示范庭审质量不高、效果欠好的问题。一些地方对改革试点认识不深、重视不够，出现不求甚解的被动应对问题，比如简单地把证人出庭、当庭宣判等片面等同于改革本身，认为有证人出庭就行，导致有的案件中证人出庭没有发挥应有作用反而导致庭审拖沓，改革试点工作存在形式主义痕迹。

第二，律师参与度很高但辩护实效有待进一步增强。改革启动的2015年当年，试验示范庭审律师辩护率就达到了100%，全部试验示范庭审中律师辩护率也是100%[1]，这充分表明律师对以审判为中心的刑事庭审实质化参与热忱很高、信心很足，这与司法行政机关的重视、推动，律师协会的倡导、协调都是分不开的。这一数据也足以表明，在我国推进以审判为中心的刑事诉讼制度改革进程中，

---

[1] 从其他地方试点情况看，试验示范庭审的律师辩护率也普遍较高，如浙江湖州基层法院落实控辩对抗实质化，2013年以来判处3年以上有期徒刑案件的指定辩护率超过92%（参见周强：《最高人民法院关于人民法院全面深化司法改革情况的报告——2017年11月1日在第十二届全国人民代表大会常务委员会第三十次会上》）。另需说明，这只是试验示范庭审律师辩护率情况，非试点示范案件的律师辩护率可能远低于试验示范案件。据王禄生教授针对303万份刑事判决书的大数据研究报告，2013年至2017年5年间，我国律师辩护率从19.07%提升到22.13%，增幅为16.05%；其中委托律师辩护率从16.07%上升到19.41%，增幅为20.78%（参见王禄生：《论刑事诉讼的象征性立法及其后果——基于303万判决书大数据的自然语义挖掘》，载《清华法学》2018年第6期）。

律师始终是最为重要的参与群体和推动力量之一。与此同时,律师在有些案件中重视不够、准备不足,庭审调查重点把握不准,发问抓不住关键,辩护意见说理性、充分性不到位,导致辩护的实际效果不佳。

第三,庭前会议作用发挥整体趋好但起伏较大。2015年2月至2020年12月,全市法院试点示范庭审案件共召开庭前会议2,216件,召开率约为66.22%,接近2/3,这表明诉讼参与各方在发挥好庭前会议作用对确保庭审实质化功能充分实现的特殊重要性这一问题上,具有普遍共识。同时,庭前会议召开比例和发挥作用效果在各年有所差异,最高的是2015年的71.08%,接近3/4;最低的是2016年年底的47.8%,不到一半。① 总体上看,这一情况既表明庭前会议制度在庭审实质化改革中的重要价值,同时也反映出不能简单地把是否召开庭前会议看成是刑事庭审实质化改革的主要标准,还应结合具体个案深入挖掘、重点分析,不唯数据指标论。

第四,排除非法证据有所进展但成效有待进一步提升。排除非法证据是体现刑事诉讼人权保障价值的重要载体,也是防范刑事冤假错案不可缺少的关键环节。2015年2月至2018年年底的共2,084件试验示范庭审中,收到非法证据排除申请163件,约占试验示范庭审总数的7.82%;启动"排非"程序82件,约占申请数的50.31%;排除非

---

① 如以刑事案件总量为参照,庭前会议比例可能偏低,左卫民教授的实证研究发现,2013年S省高级法院、C市中级法院及其11个基层法院刑事庭前会议的绝对适用率仅为0.3%,全国其他地区的情况大同小异(参见左卫民:《未完成的变革:刑事庭前会议实证研究》,载《中外法学》2015年第2期)。在另一个中级法院及其4个基层法院,2013年、2014年的刑事庭前会议适用率大约分别为0.75%、1.6%[参见叶峰:《审判中心模式下庭前会议的司法困境与出路》,载左卫民主编:《中国法律实证研究》(第1卷),法律出版社2017年版,第126页]。笔者认为,庭前会议主要适用于相对疑难、争议较大案件,一般简单案件似无必要召开,可通过灵活方式进行庭前准备。上引实证研究中并未考虑案件繁简分流和适用程序因素,因此不能证明庭前会议未发挥作用。

法证据16件,约占启动数的19.51%,总体上数量仍然较少。① 需要指出的是,一方面,排除非法证据案件总体上仍然较少,需要在认真分析原因的基础上加大力度,促进此项制度的进一步落实落地②;另一方面,也应当承认,排除非法证据程序案件较少,但并不能说明排除非法证据程序没有发挥作用,更不能以此作为评判此项制度实施状况的绝对标准。在一些案件中,辩方在庭前会议阶段提出排非申请,在经控方释明或举出证据证明合法性以后,辩方在庭前就撤回排非申请者有之;辩方提出排非申请后,证据非法情形未必严重,但控方自动撤回相关证据而未再启动排非程序的情形也有之。这两种情形,虽然判决书往往没有涉及,但排除非法证据程序实实在在地发挥了作用。即使在其他一些没有启动排非程序的案件中,此项制度的理念宣示价值和操作实践价值,同样起到了引导、保障作用。相比庭审中正式的排除非法证据调查,在上述一些案件中,排除非法证据规则实质上是以潜移默化的方式产生影响和发挥作用。③

第五,关键人证出庭率较高但比例有所下降且分布不均衡。全部试验示范庭审中平均人证出庭作证率约为31.99%。在2015年2月至2018年年底的共2,084件试验示范庭审中,人证出庭作证994件,

---

① 如以刑事案件总量作参照,上述比例可能更低,如2013年S省三级法院中4个样本法院刑事案件申请排非率为2.7%,启动率为1.4%;但值得注意的是,启动数占申请数比例为48.1%,只是略低于成都法院4年来同一指标(参见左卫民:《"热"与"冷":非法证据排除规则适用的实证研究》,载《法商研究》2015年第3期)。

② 上海法院2016年7月至2017年9月共受理非法证据排除申请24件,启动证据收集合法性调查程序15件,排除非法证据4件(参见周强:《最高人民法院关于人民法院全面深化司法改革情况的报告——2017年11月1日在第十二届全国人民代表大会常务委员会第三十次会上》)。广东法院2017年受理申请排除非法证据案件1,582件,启动排除非法证据程序1,424件,排除非法证据235件,超过前三年总和[参见中华人民共和国最高人民法院编:《中国法院的司法改革(2013—2018)》,人民法院出版社2019年版,第20、21页]。

③ 有学者将排除非法证据程序视为"针对警察侦查权力与公民基本权利之间微妙互动的取舍装置","实际上,非法证据排除规则往往在轻度或中度违法中更具效力;对微小而细腻的违法行为,能够做出微小而细腻的排除"(参见栗峥:《非法证据排除规则之正本清源》,载《政治与法律》2013年第9期)。

约占庭审总数的47.70%①,接近一半;共计1,469名人证出庭,案均约1.48个证人,整体上呈现出证人出庭案件数相对不高、出庭人数比较集中但案均人数较低的特点。考察几年来的情况还可以发现,一方面,虽然证人出庭件数与人数一直持续增加,但证人出庭率呈现出明显的波动态势,在启动当年的2015年达到约63.86%,到2016年年底更上升到最高点的约74.23%,然后开始一路回落,持续下降至2017年年底的约59.40%、2018年年底的约47.70%、2019年年底的约27.92%、2020年年底的约20.36%。另一方面,从出庭证人分布比例看,各种类型证人的比例很不均衡,在五种主要出庭证人类型中,普通证人最多,达到818人,有专门知识的人最少,仅为17人。值得注意的是,警方侦查人员出庭人数达到455人,差不多每两件就有一名侦查人员出庭,也表明侦查人员出庭作证正在逐步实现常态化运行,这与全市公安机关的整体重视和大力推进密不可分。

第六,当庭宣判率比例相对较高,但与当庭认证率相比落差明显。稳步提高当庭认证率、当庭宣判率,是推进以审判为中心的刑事诉讼制度改革,实现裁判结果形成在法庭的必然要求。改革启动以来,成都地区试验示范庭审的当庭宣判率一直保持在较高水准,达到约66.31%②,接近2/3。在2015年2月至2018年年底的共2,084件试验示范庭审中,当庭认证案件为1,538件,约占庭审总数的73.80%;当庭宣判案件为1,114件,占比约为53.45%,两个比例的落差超过20个百分点,在阶段年度数据中也呈现类似特征,有的年度落差如2017年年底甚至达到24个百分点,呈现出当庭认证率明显高于当庭宣判

---

① 浙江温州两级法院2016年证人出庭作证率达73.1%,同比提高31个百分点(参见周强:《最高人民法院关于人民法院全面深化司法改革情况的报告——2017年11月1日在第十二届全国人民代表大会常务委员会第三十次会上》)。

② 周强院长于2017年11月向全国人大常委会所作的《最高人民法院关于人民法院全面深化司法改革情况报告》中,充分肯定"四川成都法院积极推进裁判实质化,2015年2月至2017年9月底,全市法院共开示范庭866次,当庭宣判401件"。

率的实际样态。经查阅部分抽样试验示范庭审的开庭笔录和判决书,反映出法官对当庭宣判仍持比较审慎的态度,并未一味地追求高当庭宣判率,同时也有出于休庭综合评议更有利于形成妥当裁判结果的考虑,此点无可厚非。从长远来看,完善当庭认证和当庭宣判制度,稳步提高当庭宣判率,是一个必然趋势。最高人民法院关于推进案件繁简分流的指导意见等文件已经明确,原则上速裁案件一律当庭宣判,简易程序案件一般应当当庭宣判,普通程序案件逐步提高当庭宣判率。由此看来,结合刑事庭审实质化改革,强化当庭认证和当庭宣判工作,稳步提升当庭宣判率仍有相当空间。

第七,试验示范庭审质量总体趋好但需要进一步巩固和深化。在2015年2月至2018年年底的共2,084件试验示范庭审中,上诉(抗诉)案件为151件,被二审法院改判、发回的仅有10件,试点案件的服判率约达92.75%,总体上处于持续向好、整体良好的良性状态。试验示范庭审案件质效总体向好,足以表明近四年的刑事庭审实质化改革取得了积极成效,也得到了包括当事人在内的相关各方认同。但也有个别法院的试验示范庭审质量不高,改判发回率相对突出。

2. 改革配套推进情况

(1)繁简分流工作开展情况。2019年全年,全市各基层法院简单案件收案共15,014件,简案率约为91.59%,其中占比达到80%以上的法院有20个,占比达到90%以上的法院有16个;简案结案共14,973件,结案率约为98.53%。2020年全年,全市各基层法院简单案件新收案合计10,137件,同比减少32.48%,简案率约为90.52%,同比下降1.07个百分点,其中占比达到80%以上的法院有21个,占比达到90%以上的法院有12个;简案结案共10,032件,结案率约为98.96%。

(2)多媒体示证工作开展情况。2019年全年,全市检察院多媒体示证庭审共计2,596件(2018年为1,331件),同比增加约95.04%。

2020年全年,检察院多媒体示证庭审共计3,702件,同比增加约42.60%。

(3)远程视频开庭工作开展情况。2019年全年,全市各基层法院远程视频开庭共计1,893件,当庭宣判1,857件。2020年全年,全市基层法院远程视频开庭共计7,091件,同比增加约274.59%,当庭宣判6,670件。

(4)认罪认罚案件及速裁程序适用情况。2019年全年,全市各基层法院审结被告人认罪认罚案件共计10,004件,其中适用速裁程序审结的案件为7,203件,约占同期简单案件结案数的48.11%。2020年全年,全市各基层法院审结被告人认罪认罚案件共计9,004件,其中适用速裁程序审结的案件为5,928件,约占同期简单案件结案数的59.09%。

(5)律师辩护全覆盖工作开展情况。律师辩护全覆盖试点范围扩大到全市法院以来,全市各基层法院判处被告人16,905人,其中委托律师进行辩护的有4,285人,法律援助机构指派律师提供辩护的有2,599人(符合应当指辩情形的有928人,符合可以指辩情形的有1,150人,属于其他情形的有521人),值班律师提供法律帮助的有3,241人,拒绝辩护的有4,827人。律师辩护覆盖率约为88.45%。2020年全年,全市基层法院判处被告人14,972人,其中委托律师进行辩护的有4,114人,法律援助机构指派律师提供辩护的有1,942人(符合应当指辩情形的有694人,符合可以指辩情形的有787人,其他情形的有461人),值班律师提供法律帮助的有3,479人,拒绝辩护的有5,437人。试点案件律师辩护覆盖率达到100%。

上述改革配套情况和相关数据,反映出以下几个特点:一是对庭审实质化程序完善与配套机制改革统筹谋划、协同推进,庭审程序改革与五个方面的配套机制改革均进展较快,成效初步显现。二是对人权保障价值的切实重视和积极体现。总体上看,律师辩护全覆盖有利于进一步增强律师辩护的实质化和有效性。认罪认罚从宽制度的积极适用,也较好地体现了依法保障刑事被告人权利与惩治犯罪、优化三个效果等价值取向的协调统一。三是刑事庭审实质化改革的科技含量持续增加,信息化趋势明显加快。2020年,全市法院刑事庭审多媒体示证案件量同比增加约42.60%,上升幅度显著,在线远程视频开庭量更是同比猛增约274.59%,其中虽有新冠肺炎疫情的特殊挑战带来的倒逼效果,但对信息化、网络化技术的高度重视和有效运用仍属于主要因素,也表明信息化、网络化和人工智能技术在刑事庭审实质化改革中应有作为、大有可为。四是司法程序成本的重要性和对快捷司法的社会需求进一步突显。从繁简分流情况来看,2019年至2020年,全市基层法院刑事简案率都超过90%,有的基层法院甚至更高,结案率均超过98%;从认罪认罚从宽制度适用情况来看,2019年至2020年,全市法院认罪认罚从宽制度适用案件量均超过9,000件,占同期简单案件结案数的比例从2019年的约48.11%上升到2020年的约59.09%,这说明社会各方对控制刑事庭审成本、追求方便快捷的持续关注。当然,上述配套机制改革仍然存在区域进展不均衡、内外联动合力不够、有的工作出现下滑趋势等实际问题,需要切实解决。

(二)抽样结构分析

为进一步掌握成都地区刑事庭审实质化改革的实际状况,特别是具体点位的个案情况,笔者随机抽样选择了101件试验示范庭审案件,围绕刑事庭审实质化主要环节和重点指标,设置10类共35个数据项目,进行案件信息的分类输入和统计汇总,在此基础上形成101件抽样试验示范庭审案件的类型数据表(表格附书后)。

1. 刑事庭审实质化庭审适用案件罪名分布广泛

在总共101件抽样庭审中,涉及指控罪名共36个,其中诈骗11件(3件数罪),抢劫10件(4件数罪),各8件的有盗窃(3件数罪)、贩毒(1件数罪),故意伤害7件(1件数罪),制造毒品5件(2件数罪),寻衅滋事4件(1件数罪),各有3件的有绑架(1件数罪)、交通肇事、非法经营、故意杀人、强奸、过失致人死亡、容留他人吸毒(2件数罪),各有2件的有妨害公务、生产和销售不符合安全标准食品、非法吸收公众存款(1件数罪)、非法制造枪支、假冒注册商标以及滥伐林木,余下16件均各涉及1个罪名。这表明,刑事庭审实质化改革适用于大多数刑事案件罪名类型。

2. 被告人认罪率相对偏高对实质化审理效果有所影响

在101件抽样案件中,被告人认罪的有57件,不认罪的有34件,部分认罪的有4件。认罪案件超过一半,不认罪案件恰好约占1/3。以上数据似乎反映出刑事庭审实质化适用案件范围还没有充分体现出改革本意,即主要适用于被告人不认罪、控辩双方对事实和证据存在较大争议的案件。左卫民教授主持的实证研究也显示,"示范庭审案件中被告人完全不认罪的案件仅占24.69%,认罪但有重大争议案件的比例为34.57%,而有超过四成的示范庭审案件被告人完全认罪或案件争议较小。这意味着大量示范庭审案件,尤其是普通程序审判的案件,其实并不满足充分对抗的前提,从而难以显现庭审实质化改革的有效性。事实上,对于被告人认罪或者基本认罪的普通程序案件,并无在庭审环节展开实质化审判的必要"①。很明显,对被告人认罪案件,应当尽可能适用简易程序、速裁程序和普通程序简化审,如果对其适用实质化方式进行审理,既耗时费力,也没有发挥出实质化审理方式的真正优势。

3. 被告人对庭前会议的申请参加率相对偏低

在101件抽样案件中,召开庭前会议的为60件,占比约59.41%,

---

① 左卫民:《地方法院庭审实质化改革实证研究》,载《中国社会科学》2018年第6期。

未召开庭前会议的为 41 件。这个比例总体正常，较客观地反映了案件实际，也表明是否召开庭前会议要视具体个案情况而定。其中在庭前会议中明确提出排非申请的为 14 件，虽仅占 13.86%，但还是明显高于前面的试验示范庭审总数中提出排非申请的比例 7.82%，仍有其积极意义。被告人参加庭前会议的为 42 件，约占 101 件抽样案件的 41.58%，没有过半，但在召开庭前会议的 60 件中，此比例已达 70%①。在一些地方的改革实践中，被告人参加庭前会议的权利似乎不同程度受到忽视，司法解释要求的"可以通知被告人参加"甚至异化为"不让被告人参加"②。这反映出法官对保障被告人参加庭前会议的诉讼权利在认识上可能并非一致，似乎也并不认为被告人一定有庭前会议参加权。这恰恰表明，在庭前准备阶段被告人诉讼权利的保障方面，无论是认识还是操作方面都还存在分歧，需要进一步达成共识和强化操作。

4. 控方申请证人出庭数量占绝对优势

从整体情况看，101 件抽样案件中，有证人出庭作证的案件为 94 件，占 93.07%；出庭证人共 171 人，案均 1.69 人③；从出庭证人数量看，最多的为 7 人 1 件，接下来的为 5 人 1 件、4 人 5 件、3 人 9 件，其余案件均为 1~2 人；从出庭证人类型看，警察 69 人、普通证人 35 人、被害人 26 人、鉴定人 19 人、目击证人 13 人、行政执法人员 5 人、有专门知识的人 4 人。警察从过去的很少出庭逐步转变成为出庭最多的证人类型，这是值得肯定的重要变化，也表明刑事庭审实质化已取得扎实成效。从申请证人作证的来源看，控方申请 75 人，辩方申请 12 人，

---

① 作为对比，F 省 F 市两级法院 2013 年至 2014 年的 47 件召开了庭前会议的案件中，被告人参加 8 件，仅占 17.02%［参见叶峰：《审判中心模式下庭前会议的司法困境与出路》，载左卫民主编：《中国法律实证研究》(第 1 卷)，法律出版社 2017 年版，第 129 页］。
② 姜金良：《庭前会议操作的误区及克服》，载《法律适用》2013 年第 12 期。
③ 某地改革试点中，"平均到个案，每个示范庭案件中约有 1.37 名证人出庭，对比庭这一数据则为 0.05 名"(参见左卫民：《地方法院庭审实质化改革实证研究》，载《中国社会科学》2018 年第 6 期)，略低于本书抽样案例的证人出庭案均值。

控方处于绝对优势。其中有 1 件控方申请 3 人,辩方申请 4 人,另有 1 件控方申请 1 人,辩方申请 3 人。

5. 直接发问方式更为常用

从发问方式看,证人到庭后由申请方直接发问的有 83 件,先陈述情况再发问的 11 件,由此可见,开门见山、单刀直入的直接发问方式在刑事庭审法庭调查中更受法庭各方认同,使用情形更多,也更易取得预期效果。

6. 法官依职权向证人发问仍较普遍

从依职权发问证人情况看,有 61 件案件中法官依职权向证人发问,占 60.4%,这反映出法官在刑事庭审实质化改革中,尽管认识到应当由控辩双方在法庭调查中主导发问,但法官仍然会将依职权发问作为法庭调查的必要补充和保障手段。这似乎既表明法官仍受过去职权主义诉讼理念惯性的影响,也折射出法官对控辩双方主导法庭调查的信心可能不足。当然,控辩双方发问能力不足、发问不充分也是一个重要原因。就制度逻辑、实践需求乃至我国的诉讼文化传统而言,法官必要的依职权发问自应允许,但须有严格的条件限制和程序规制,否则可能与控辩特别是控诉职能混同,甚至沦为"第二公诉人""第二辩护人",损害法官中立公正的形象。①

7. 被告人对质权保障实效有限

101 件抽样案件中,被告人向证人发问的有 30 件,仅占约 29.7%,审判长问被告人有无问题发问,被告人回答没有问题放弃发问的有 29 件,约占 28.71%,合计 59 件,共占 58.41%;辩护人向证人发问的有 66 件,约占 65.35%,审判长问辩护人有无问题发问,辩护人回答没有问题放弃发问的有 11 件,合计 77 件,共占 76.24%。总的来看,一方面,法庭对被告人对质权的重视程度较改革前显著增强,在将近 2/3

---

① 参见林铁军:《刑事诉讼中法院职权调查证据正当性论纲》,载《法治研究》2012 年第 1 期。

的案件中都主动征求被告人是否向证人发问;另一方面,也反映出被告人对对质权的认识和重视并不到位,放弃发问与实际发问情况几乎等同。

8. 未到庭证人书面证言仍然被广泛采用,警察出庭情况明显改善

101件抽样案件中,未到庭证人共有617人,案均约6.11人,数量和比例远远超过到庭证人,且相差3.61倍。同时,出庭证人171人与未到庭证人617人共计788人,出庭证人数量仅占证人总数的约21.7%,比例明显偏低。① 这反映出,即使是在提倡并尽力促成证人到庭的试验示范庭审中,刑事诉讼各方特别是控方对未到庭证人的倚重仍然突出。对未到庭证人书面证言的广泛使用,在很大程度上仍是刑事庭审实质化改革中的突出难题。② 当然,刑事庭审实质化改革更强调的是关键证人应出尽出,而不是简单地把出庭证人数量作为推进改革的目标或评价改革的标准,但上述数据仍然使我们有理由对刑事庭审实质化改革在证人出庭方面取得的实际成效保持清醒冷静。在双方争议较大的疑难复杂案件中,要使刑事庭审从过去的以调查庭前书面证言为主真正转向以调查到庭证人证言为主,仍然任重道远。还需要指出的是,绝对排斥庭前书面证词和庭外书面调查活动未必是一种理性态度,说到底还应区分案件难易程度和双方有无争议,结合个案情况酌定。如果双方都愿意接受庭前书面证词,且都不要求证人出

---

① 左卫民教授的实证研究也得出相近结论,"虽然以案件为统计基数的证人出庭率显著提高,高达65.17%,但若以案件证人总数为统计基数看,出庭证人的比例仅为21.33%"(参见左卫民:《地方法院庭审实质化改革实证研究》,载《中国社会科学》2018年第6期)。

② 在以C市一基层法院为观察样本的实证研究中,2014年普通程序刑事案件为38件,一方面共有206位证人,其中实际出庭证人有4人,证人出庭率约为1.9%;另一方面,38件案件的证据总量为1,193份,其中各类书面人证有546份,约占45.8%,这与极低的证人出庭率形成强烈反差,也意味着裁判所依据的人证基本上都已在侦查阶段形成[参见李降兵、苏镜祥:《刑事庭审实质化改革的着力点:"人证出庭"——以某基层法院刑事庭审实质化改革试点为观察样本》,载《刑事庭审实质化改革试点研讨会交流论文集(2015年)》,第202页]。

庭,那么此种情形下证人出庭即无必要。正如学者所指出的,"许多审理活动以庭外书面审理的方式进行并不都是有问题的,而将必要的动态性、即时性证据的庭审调查活动进行省减才是不当的"①。

另外,从未到庭证人类型来看,有普通证人312人、被害人163人、目击证人32人、补充证人40人、警察11人、不确定身份者52人。上述数据中,最值得注意的变化是,只有庭前书面证言而未到庭的警察有11人,数量远低于到庭作证警察69人,这是一个非常具有积极意义的信号,表明警察出庭正在成为常态化,这与过去警察很少出庭相比不啻是巨大的理念更新和实践进步,更与公安机关高度重视并力推警察出庭密不可分,也是公安机关进一步规范警察侦查行为、重视和加强警察出庭技能培训的必然结果和应有回报。

9. 判决书体现庭审实质化改革要素有所增强但仍存明显短板

101件抽样案件中,在判决书前部概述庭前会议情况的有25件,约占24.75%,比例偏低;概述证人到庭情况的有53件,约占52.48%,刚刚过半。在判决书事实认定、证据分析和综合说理部分,注重分析到庭证人证言的有34件,约占33.66%,有个别案件同时有鉴定人和证人到庭作证,但判决书只重视分析鉴定人意见而忽视分析到庭证人证言。这表明刑事庭审实质化改革中,法官对裁判文书如何适应以审判为中心的刑事诉讼制度改革理念,如何有针对性地体现庭审实质化改革的要求思考不多、自主性不够。值得注意的是,有意识地对排非申请或排非调查情况进行分析的有14件。101件抽样案件中申请排非的有14件,这个比例相当高,同时也表明法官对排非程序适用情况更为重视。

10. 当庭宣判率稳步提升但应理性看待

101件抽样案件中,当庭宣判的有60件,占59.41%,定期宣判的

---

① 周洪波:《刑事庭审实质化视野中的印证证明》,载《当代法学》2018年第4期。

有41件，占40.59%，较试验示范庭审总数项下的当庭宣判率53.45%略高，可能与取样偶然因素有关，但总体上仍属于正常范畴。刑事庭审实质化适用疑难案件的宣判率究竟应当大致保持在何种水平，目前缺乏实证研究，也存在争论。《全面推进意见》第33条规定，"适用速裁程序审理的案件，应当当庭宣判。适用简易程序审理的案件，一般应当当庭宣判。适用普通程序审理的案件，逐步提高当庭宣判率"。这一规定反映出，最高人民法院对当庭宣判率采取了一种"共同但有区别"的策略和态度，并非一味强求提高当庭宣判率。考虑到刑事庭审实质化改革主要适用于复杂疑难且争议较大案件，当庭宣判率不可能太高，因此在提倡和鼓励稳步提高当庭宣判率的同时，也应当允许当庭宣判率在一个合理区间浮动。

（三）典型案例评析

几年来，成都地区法院刑事庭审实质化改革实践中积累了不少具有典型意义和示范价值的案例，提炼了宝贵经验的同时也存在一些不足。加强刑事庭审实质化改革试验示范典型案例的收集、分析，具有重要作用。

加强案例研究指导的主要理由在于：一是推进改革持续深化的重要方法。通过典型案例深入总结剖析，进一步挖掘刑事庭审实质化改革的真实样态，总结经验、找准症结、以案代训、以案促改，既是当前深化刑事庭审实质化改革所需，也是推进以审判为中心的刑事诉讼制度不断完善的治本务远之着。二是拓展案例研究指导的新领域、新空间。过去的案例研究指导大多集中在实体处理和裁判规则方面，有关程序研究的案例较少。本书选择案例主要聚焦刑事庭审实质化改革的运行情况，紧扣操作要点、难点，有针对性地进行总结提炼，彰显案例的程序示范价值，对推进改革规范有序具有积极意义。三是为促进刑事庭审实质化改革中的理论与实践互动共融提供优质案例资源。

好的案例,不仅是生活的故事,更是法治的实践,可以为开展理论研究、加强案例指导提供宝贵资源。笔者收集的这 10 个案例虽然不多,但关联到刑事庭审实质化改革的不同层面、环节,各具样本意义,也希望能引起学界进一步的兴趣和关注,共同促进刑事程序改革案例研究的深化。四是切实加强刑事程序案例的研究指导。案例研究的核心在于分析方法,重视刑事庭审实质化改革典型案例的分析研究,有助于促进程序案例分析技术的体系化和精密化,推动刑事诉讼案例研究持续深化。特别需要指出的是,最高人民法院过去一直重视刑事实体规则案例,程序规则案例远未成为其关注重心。① 2010 年最高人民法院颁布《关于案例指导工作的规定》后,所公布的指导性案例中也极少涉及刑事程序问题。据统计,2011—2016 年,最高人民法院共发布 15 批共 77 例指导性案例,其中程序指引案例极少,刑事程序案例则完全付之阙如。② 累计统计至 2023 年 6 月,最高人民法院共发布 37 批共 211 件指导性案例,其中刑事类案例有 36 件,约占 17.06%;涉及程序规则的案例有 48 件,其中仅 1 件为刑事案例,刑事程序案例的数量分量均明显滞后。同时,理论界和实务界过去对案例的收集、提炼和评析,也大多侧重在实体规则层面进行总结研究,对收集和分析程序操作典型案例远未引起足够重视,尤其应当进一步加强、切实发挥指导性案例在程序法适用方面的示范参引功能,大力扩展程序规则在指导性案例中的作用空间。五是弥补过去相关研究的不足。近几年来,从程序运行角度集中收集和分析的刑事程序改革案例仍然较少。本书选取 10 个样本案例,庭审亮点涵盖从庭前会议、排除非法证据、证人

---

① 如有人对 1999—2001 年《刑事审判参考》《审判监督指导》以及《最高人民法院公报》中刑事案例涉及的法律领域进行统计后发现,刑事程序规则案例的总体占比极低,最高也未超过 20%,尤其是公报案例中没有一例是程序规则案例(参见郭松:《试点改革与刑事诉讼制度发展》,法律出版社 2018 年版,第 151 页)。

② 参见郭叶、孙妹:《最高人民法院指导性案例司法应用年度比较分析报告——以 2011—2016 年应用案例为研究对象》,载《中国案例法评论》2017 年第 1 辑。

出庭到裁判心证形成等诸多方面,证据类型多种多样,其中还有无罪案件,具有一定的样本价值。每个案例分为标题、庭审示范点、案情简介、庭审评析、问题剖析五个部分,标题由主要特点、亮点 + 被告人及案由构成,大体按照庭审结构和审理流程排列。

案例1:庭前会议与被告人对质权的保障——李某某被控犯诈骗罪一案

——庭审示范点。庭前会议要围绕程序性争议事项、证据争点等重点了解情况,听取意见,并形成规范的庭前会议笔录;法官在法庭调查中要依法保障被告人的对质权。

——案情简介。2016年5月至2016年7月期间,李某某在无建筑工程劳务发包权的情况下,通过陈某某介绍,以发包劳务项目为诱饵,以"保证金""信誉金"等名义先后骗取被害人侯某某15,000元、李某10,000元、冯某某10,000元,均挥霍耗用。李某某及其辩护人对部分指控犯罪事实持有异议。

——庭审评析。一是庭前会议笔录比较规范。该案庭前会议层次清楚、重点突出,庭前会议笔录没有平铺直叙,而是区分为程序性事项、排除非法证据审查、证据争点整理、申请证人出庭和调取证据、事实争点和法律争点整理共五个部分,依次记录,堪为示范,值得学习。二是注重被告人对质权的保护。被告人对质权在刑事诉讼法理上虽有共识,但我国刑事诉讼法和司法解释对此问题规定模糊不清,导致刑事庭审实践中不易把握,争议较多。该案共有4名证人到庭作证,1名证人通过微信视频作证,在作证过程中,审判长均注意在适当节点征求被告人有无问题发问,在陈某某微信视频作证中,被告人向证人进行了发问,较好地保护了被告人的对质权。三是探索使用微信视频作证。审判人员先与证人陈某某加为微信好友,告知陈某某出庭作证通知,并要求陈某某提前等候并做好准备。庭审中,审判长宣布联系陈某某视频作证后,书记员将手机放置在实物展示台上,启动微信视频聊天功能,陈某某头像出现在显示屏上。审判长首先核实陈某某身份并经控辩双方表示无异议后,陈某某开始作证,时长约15分钟。微信视频具有快捷易用的优势,本着方便当事人和节约诉讼成本考虑,法庭采用微信视频作证值得关注。①

——问题剖析。一是对证人实际出庭名单释明不够。庭前会议中控方申请7名证人出庭,辩方申请6名证人出庭,其中有6人属双方申请。法官在征求双方意见后亦均予同意。但庭审中实际只有4人到庭作证,1人通过微信视频作证,另外2人未到庭,法庭亦未说明原因。二是法庭依职权向证人发问过多。该案到庭作证的4名证人和1名微信视频作证的证人均系控辩双方同时申请,作证过程中应由控辩双方依次发问,确有必要时审判人员再依职权发问,且应尽量简洁。但在实际作证过程中,只有1名证人在经基本信息审查后,审判人员引导公诉人先进行发问(公诉方简短发问之后也完全由审判人员依职权发问),针对其余证人的发问完全由审判人员主导,控辩双方无事可问,几乎成为摆设。据了解,此种情形在其他一些刑事庭审中亦存在。应当指出,在当前以审判为中心的刑事诉讼制度改革背景下,总体改革取向是强调控辩审法律角色的回归,突出对控辩职责的依法平等保障而不是越俎代庖。必须指出,保留法官的职权发问是必要的,但需要有严格的限制条件。一方面,大陆法系国家和地区基于"职权调查"和"实体真实"原则,立法上对法官职权调查仍持肯定态度②,如德国《刑事诉讼法》第244条,法国《刑事诉讼法》第310条,日本《刑事诉讼法》第281、298、304、305、306条等均有明确规定;意大利新

---

① 外地法院也有尝试,如《平罗法院首次利用微信视频让证人"出庭"作证》,载《宁夏日报》2017年5月23日;《全国首例微信开庭 微信小程序"刷脸"语音可作证》,载《法制晚报》2017年10月18日。

② 参见陈瑞华:《比较刑事诉讼法》,中国人民大学出版社2010年版,第357页。

《刑事诉讼法》虽积极引入对抗式诉讼模式,但并未舍弃法官的职权调查责任,如第506、507、508条,法官在提出证据和调查事实方面仍处于积极主动地位。① 另一方面,又对法官的职权调查制定了严格限制条件,主要体现在:第一,必须基于法院发现真实并促进控辩实质平等对抗的义务;第二,存在被告方举证不充分的情况;第三,限于对被告人有利证据,即在公诉方举证不充分时,法院亦不得予以补充。② 同时,职权发问过多,无疑超越了法官的中立立场和裁判角色,极易使审判与公诉或辩护职责发生混同交叉,从而引发争议,损害庭审程序的公平公正,需要引起警惕。三是微信视频作证存有风险。微信视频虽然易用方便,但客观上存在法官与证人不当接触的可能,也存在审判秘密泄露风险;特别需要指出的是,由于微信视频作证的情境环境目前还难以进行有效审查,其真实性、可靠性难以确认,需采取必要措施保障庭审安全。

案例2:非法言词证据的排除——周某某被控犯贩卖毒品罪一案

——庭审示范点。对无法排除刑讯逼供可能的非法言词证据,在启动和听取排非调查的基础上,依法决定予以排除。

——案情简介。2017年2月22日,C市公安局挡获吸毒人员周某后,通过周某电话联系,将被告人周某某挡获,从周某某身上搜查出疑似冰毒净重1.3克,后又从周某某家中搜查出疑似冰毒9.6克,均检出甲基苯丙胺成分。周某某拒绝认罪,辩护人提出指控被告人周某某贩卖毒品证据不足,周某某的行为只构成非法持有毒品罪。

——庭审评析。一是排除非法言词证据。在两次庭前会议中,被

---

① 参见陈瑞华:《比较刑事诉讼法》,中国人民大学出版社2010年版,第363—364页。
② 日本《刑事诉讼法》虽保留了法官职权调查义务,但日本最高法院在解释和适用上仍持谨慎态度,认为"法院原则上不负有必须依职权进行证据调查,以及催促检察官举证的义务"[参见〔日〕松尾浩也:《日本刑事诉讼法(上卷)》,丁相顺译,中国人民大学出版社2005年版,第328、329页]。

告人及辩方均以被告人遭到刑讯逼供为由,对两份讯问笔录提出排除非法证据申请。合议庭评议后决定依法开庭审理,并在法庭调查前告知双方先启动排除非法证据调查程序。经调查后,合议庭经当庭评议认为,"这两份笔录是讯问笔录,交代的是行政案件权利义务,这两份讯问笔录形成的地点是公安机关派出所,也没有相关的录像,对被告人的供述必须通过转化才能作为指控被告人犯罪事实的证据使用。直到 3 月 7 日,本案立案,才首次进行讯问。合议庭认为,经过当庭调查,这两份笔录的性质不符合刑事证据的规范,不是刑事案件的侦查人员依刑诉法要求收集的证据,不排除民警对被告人有暴力行为",并决定对该两份证据依法予以排除,有利于后续庭审有序进行,较好地体现了庭审实质化的改革要求。二是依法采纳辩方轻罪意见并当庭宣判。法庭休庭后评议认为,公诉方指控被告人犯贩卖毒品罪证据不足,不予支持,周某某犯非法持有毒品罪的辩护意见成立,予以采纳,并当庭判处被告人有期徒刑 9 个月,并处罚金 5000 元。综合来看,由于控方原因,其申请证人未能出庭作证,导致其指控相对重罪证据不足,辩护提出的轻罪辩护意见得到采纳,这正体现了刑事庭审实质化关于关键证人出庭的要求。

——问题剖析。(1)关于庭前会议的次数与效率。本案第一次庭前会议中,辩护律师即申请排除两份非法证据,但因公诉人未准备体检表、入监记录等证明取证合法的材料,导致召开第二次庭前会议,虽然有利于保障辩方诉讼权利,但也确实存在公诉方原因导致的庭前会议效率不高的问题。最高人民法院《庭前会议规程》第 6 条虽然规定可以召开不止一次庭前会议,但应以确属必要为限。(2)关于证人不愿出庭的后果及应对。本案公诉方庭前申请 2 名证人出庭,法庭予以同意并要求公诉方协助,后经法官助理多次联系,证人不愿出庭,法庭依法发出强制出庭令,并商请公安机关协助执行,但公安机关均未找到本人。后经电话联系 2 名证人均声称在外地做生意,并表示因害怕打击报复而不愿到庭作证。这里需要引起重视和研究解决的问题主要有两个,一是申请出庭作证方的协助职责如何细化并具有可操作性,目前相关司法解释对此没有具体规定。二是证人未出庭情况下法庭如何评判申请方要求等待证人出庭的复庭建议。我国刑事诉讼并不同于英美对抗式诉讼,严格而言并无控方证人、辩方证人概念,所有证人均由法庭通知,控辩双方只有协助义务,但相关法律和司法解释对证人不出庭的法律风险和后果承担并未进一步明确,实质上不利于关键人证出庭制度的确立和常态化运行。

案例3:法庭调查的顺序和方法——蔡某某被控犯制造毒品罪、容留他人吸毒罪一案

——庭审示范点。召开庭前会议固定争点;因案制宜确定调查、辩论方式;依职权通知鉴定人到庭作证。

——案情简介。2013年5月13日,被告人蔡某某伙同陈某某、梁某某(均已判决)、廖某(另处)购买制毒原料、工具,运往S市A区陈某某家制造甲基苯丙胺。次日,民警接报在陈某某家中查获含有甲基苯丙胺成分的液体13,420克(经鉴定,含量11.44%)、褐色固液混合物131,820克(含量0.1%)、褐色固液混合物11,040克(含量0.0068%)、淡黄色固液混合物91.61克(含量0.00051%),以及氢氧化钠片剂、液化气罐等制毒原料和工具。蔡某某于民警到达前逃离现场。2015年8月,被告人蔡某某购买制毒原料、工具,在C市X区一住房制造甲基苯丙胺。同月20日,民警在该房挡获蔡某某,现场查获甲基苯丙胺晶体1,093.94克(含量67.71%~69.69%)、含有甲基苯丙胺的液体3,396.79克(含量42.86%~48.69%)、含有甲基苯丙胺和咖啡因的块状固体1,045.5克(含量2.91%),及无水乙醇、搪瓷桶等制毒原料、工具和吸毒工具。另查明,2015年6月至8月,蔡某某多次在该房内容留他人吸食其提供的毒品。蔡某某及其辩护人否认蔡某某在 S 市 A 区制毒,但对在 C 市 X 区的犯罪事实不持异议;辩护人同时提出在 X 区查获的液体未流入社会。

——庭审评析。一是召开庭前会议明确和固定争点。公诉机关指控被告人制造冰毒和麻古两种毒品,但被告人否认制造麻古。因被告人否认重要指控事实,合议庭两次召开庭前会议,固定证据争点,为庭审有序进行奠定了基础。二是因案制宜确定调查、辩论方式。根据庭前会议情况,合议庭确定了先易后难、区分详略的调查、举证方式:法庭调查阶段无争议事实先行调查、概括示证,有争议事实置后重点调查、详细举证质证;辩论阶段要求控辩双方区分定罪和量刑意见,但亦可一次性发表。三是依职权通知鉴定人出庭作证。庭前控辩双方就查获的块状物及被告人行为性质产生重大争议,但又均明示不申请鉴定人出庭作证。合议庭摒弃庭外听取鉴定人意见的旧做法,决定依职权通知鉴定人到庭接受控辩双方及法庭询问。第二次庭审中,审判长就依职权通知鉴定人出庭作证的理由作了释明,鉴定人到庭陈述了鉴定原理、鉴定认定毒品的一般标准,并对涉案毒品成分鉴定的具体过程作了说明。一个值得注意的细节是,鉴定人退庭后,辩护人仍坚持查获麻古不应计入被告人犯罪数额的意见,而被告人当庭直接表示"不用讲了,我都认了"。四是当庭认定事实证据。经控辩双方举证、质证,合议庭当庭评议,对有条件确立裁判心证、进行认定的证据和事实,以审判长当庭归纳宣布的方式进行固定。合议庭当庭采纳了该案绝大多数证据,当庭认定被告人制造冰毒、多次容留他人吸毒的事实。经两次庭审,合议庭结合没有从被告人居所查获制造麻古的原料、被告人也从未供述购买或在制毒过程中添加该原料等情况,将指控的制造麻古变更认定为非法持有麻古。宣判后,被告人当庭表示不上诉,公诉机关亦未抗诉。

——问题剖析。主要反映在控辩能力不对等、难以形成平等对抗和充分对抗。比如辩方在庭前与被告人沟通不够、准备不足,导致其在第一次庭前会议中无法给出统一意见,辩方既然对陈某某两份讯问笔录的间隔时间提出异议并进而质疑其真实性,但又不提出排除非法证据申请,另外辩方亦未申请证人出庭或出示其他证据。此种情形在其他一些案件中也有所反映,这表明刑事庭审实质化改革的实际效果与控辩双方的庭审技能相关,没有刑事辩护的实质化,刑事庭审查证据、认定事实的功能就难以有效发挥。

案例 4:物证的出示与质证——曾某、焦某被控犯抢劫罪一案

——庭审示范点。物证应当出示原物,并针对物证原物的外观特征、隐蔽特征进行质证;法官应当合理确定法庭证据调查的顺序。

——案情简介。检察机关指控,2015 年 10 月 31 日,曾某与焦某进入某小区,盗窃两辆电动车后被小区保安发现,曾某遂摸出刀具进行威胁,后被民警和保安挡获,并查获折叠刀具一把。检察机关认为曾某盗窃他人财物后为抗拒抓捕而当场以暴力相威胁,其行为已构成抢劫罪,焦某构成盗窃罪。曾某对盗窃事实供认不讳,但否认使用暴力抗拒抓捕,对指控抢劫罪名有异议。证人龚某某与赵某某的证言称曾某为抗拒抓捕将刀具打开,并反手向赵某某挥了一刀,但未造成流血等实质性伤害。本案争议焦点在于曾某是否打开刀具抗拒抓捕,关键证据则是刀具和参与抓捕的保安龚某某、民警赵某某以及鉴定人。

——庭审评析。该案庭审值得关注的有以下几个方面:

1. 物证原物的出示和质证

众所周知,物证是刑事案件的重要证据类型,我国《刑事诉讼法》将其列入八种法定证据种类之一,并规定公诉人、辩护人应当向法庭出示物证,让当事人辨认。但《刑事诉讼法》和司法解释并未对物证出示方式、质证要求作出具体规定。长期以来刑事庭审实践中的"重人证、轻物证"现象比较突出,忽视或没有依法提取固定物证,庭审中物证出示很少且往往不出示原物①,代之以照片或其他形式,物证的外观特征、隐蔽特征以及动态特征难以揭示,质证效果大打折扣。② 在推进以审判为中心的刑事诉讼制度改革背景下,改革物证出示方式、坚持原物出示优先,已成为深化刑事庭审实质化改革必须解决的课题。

在本案中,控方指控曾某摸出刀具抗拒抓捕,其行为符合盗窃转抢劫的法定条件,应以抢劫罪定罪处罚。因此,刀具的出示和质证是该案庭审法庭调查的关键所在。在庭审中,控方出示了刀具原物,经由被告人辨认属实,控方又申请了参与抓捕的保安龚某某、民警赵某某以及鉴定人出庭作证,并接受双方询问。鉴定人出庭作证证明该刀具系管制刀具,并经当庭反复试验,证实刀具开合难度较大,除非非常熟悉,否则单手难以打开。辩护人据此展开辩驳,认为当时曾某被发现且一只手已被扭住的情况下,在很短时间内很难用另一只手单手摸出并打开刀具从而进行威胁。因此其行为不构成抢劫罪,只构成盗窃罪。法庭经评议采纳了辩护人意见。总结全案,可以说正是由于出示了刀具原物,并紧扣原物的外观特征特别是使用时的动态特征进行质证,才能发现刀具开合难度大以致很难迅速单手打开这一隐蔽性特征,从而使辩护人的辩驳有力有理有据,其主张被法庭采纳③,这正充分体现了刑事庭审实质化改革对强化物证原物出示的要求。特别值得指出的是,该案中作为关键证据的刀具原物的出示,不仅彰显了原

---

① 参见龙宗智等:《司法改革与中国刑事证据制度的完善》,中国民主法制出版社2016年版,第173页。

② 杜培武案中,庭审时关键物证打死王晓湘的枪支并未找到,杜培武偷带入庭的血衣却被忽略,审判长甚至几次要求杜培武出示未杀人证据。直至杨天勇等特大杀人团伙案告破,作为关键物证的枪支在杨天勇保险柜中起获,杜培武冤案终得平反。

③ 美国经典法律电影《十二怒汉》中,谋杀案关键证据也是一把刀具,8号陪审员事前购买一把相同刀具提交给陪审团供评议之用。控方指控在贫民窟长大的被告人用刀杀死其父,并且是从上向下用刀刺向被害人胸部。陪审团多数人也深信不疑。但有人提出被告人身高矮于其父,从上往下用刀不合理。5号陪审员则以自身在贫民窟的成长经历,称少时常看人打架,熟悉此刀特点,确以从下往上用刀最为省力,而单手打开则相当费劲,并当场作示范,说服力很强。刀具如非实物出示,并经现场试验,其动态和隐蔽性特征难以揭示。

物出示优先的积极导向,同时也对物证原物如何质证的问题作了积极探索,积累了宝贵经验,具有重要的示范价值。

2018年1月起实施的《法庭调查规程》第32条规定,"物证、书证、视听资料、电子数据等证据,应当出示原物、原件。取得原物、原件确有困难的,可以出示照片、录像、副本、复制件等足以反映原物、原件外形和特征以及真实内容的材料,并说明理由"。此条规定首次就物证出示和质证方式作出规定,具有重大意义:第一,确立了原物出示为一般情形,以照片、录像、副本、复制件等其他形式出示为例外的基本要求;第二,对替代原物出示的条件作出严格限定,取得原物确有困难的,方可以其他方式出示,但必须足以反映原物、原件外形和特征以及真实内容;第三,确立实质理由审查标准,即以替代形式出示的,必须说明理由。这对进一步落实刑事庭审实质化改革要求,普遍和常态推行物证原物出示和质证,无疑是重大进步。

2. 对定罪量刑具有重大影响的关键证人出庭作证并接受双方询问

根据《法庭调查规程》第13条第1款和第3款规定,证人出庭作证有三个条件:一是控辩双方对证人证言持有异议;二是一方或双方提出申请;三是该证人证言对案件定罪量刑具有重大影响。被告人曾某否认使用暴力抗拒抓捕,坚称自己没有从身上拿刀,更没有打开刀具进行威胁,而证实被告人使用暴力抗拒抓捕的关键证据就是案发时参与抓捕的保安龚某某和民警赵某某的证言。被告方对庭前形成的证人证言提出异议,经控方申请,法院依法通知证人出庭作证,严格遵循《法庭调查规程》的规定,组织证人作证、引导双方进行询问和质证,庭审层次分明有序。

3. 紧扣证人证言的客观性和证明力向证人进行发问

在本案庭审中,共有保安、民警、协警和鉴定人等4名证人出庭作证,在法庭引导下,控辩双方紧扣曾某是否摸出并打开刀具进行威胁这一争议焦点向证人发问,如对保安龚某某发问主要集中在两个问题上:一是证人是否看见曾某从腰间摸出刀具;二是曾某是否挥刀进行威胁。对民警赵某某的发问集中于三个问题:一是赵某某当时是否在场;二是曾某是否反手向赵某某挥过一刀;三是证人是否受伤。上述发问紧扣焦点,简明扼要,为裁判意见形成在法庭奠定了基础。此外,法官还注意对重复发问和重复回答及时提醒制止,并提示辩护人与公诉人尽量用更浅显易懂的语言发问,较好地体现了善待证人的司法理念和人文关怀。

——问题剖析。主要反映在,法官要合理确定法庭证据调查的顺序。该案通过庭前会议征求双方意见,合理确定了法庭证据调查的顺序和方法,总体上做得比较成功,但在具体细节上仍存商榷之处。该案的关键证据是目击证人和刀具,如何确定举证质证顺序对案件定罪量刑乃至庭审效率都具有重要影响。该案法庭调查中,控方宣读公诉书并讯问被告人后,集中出示了多组证据,其中包括刀具,还有 2 位目击证人即保安、巡逻民警到庭作证,此外还有 1 位鉴定人出庭就刀具情况及其杀伤力出庭作证。该刀具先列入客观证据部分集中出示,后来目击证人出庭作证再次提到该刀具,之后鉴定人出庭作证就刀具杀伤力等情况作证。如此,该刀具先后在法庭调查中三次被提到,两次被出示,这样的操作未尝不可。笔者认为,可以考虑先让目击证人出庭,让其就看到的犯罪事实作证,通过言词证据自然引出刀具这一关键物证,出示刀具并经被告人现场辨认,然后请鉴定人到庭就刀具杀伤力等情况作证,之后组织双方质证。这样的举证质证顺序,既符合案情发生模式,也与证据出示的内在关联契合,更有利于双方充分质证,也有利于法庭审核证据、认定事实。

案例5:证人证言的举证质证——詹某某、刘某被控犯妨害作证罪一案

——庭审示范点。突出刑事庭审的言词审要素,多位证人到庭作证,并接受控辩双方询问、质证;充分注重证据分析和裁判说理论证。

——案情简介。詹某某担任何某犯诈骗罪、行贿罪一案的辩护人期间,在对宋某某、罗某某等9名证人调查取证过程中,引诱证人违背事实改变证言,刘某明知詹某某在取证过程中有引诱证人改变证言的行为,仍协助詹某某制作调查笔录。辩方主要观点:(1)本案启动程序违法和部分侦查程序违法;(2)被告人的所有取证对象均系何某诈骗罪、行贿罪一案的同案犯罪嫌疑人,不属于证人,不符合辩护人妨害作证罪的构成要件;(3)本案不同证人的证言之间、同一证人的庭前证言之间、庭前证言与当庭证言之间相互矛盾,证言的真实性与合法性存疑,无法排除合理怀疑;(4)本案被告人刘某不是何某案的辩护人,不具备辩护人妨害作证罪的主体身份要件;(5)詹某某、刘某客观上没有引诱证人改变证言的行为,主观上没有妨害作证的故意,均不构成犯罪。本案公诉人指控被告人构成犯罪的主要证据是王某等多名证人的庭前证言,相关庭前证言均指认2名被告人引诱9名证人违背事实改变证言,与被告人的庭前供述相矛盾。控辩双方均申请相关证人出庭作证,经法院依法通知,共计11名证人到庭作证并接受控辩双方询问,法庭调查主要围绕上述当庭证言的真实性、合法性展开。

——庭审评析。一是有效发挥庭前会议功能。组织控辩双方展示了新证据,归纳了控辩双方的争议焦点,法庭充分整理了事实争点和证据争点。事实争点在于被告人詹某某、刘某是否引诱9名证人违背事实改变证言,同时确定了出庭证人名单,尤其是法庭整理出的事实争点和证据争点,以及确定的举证、质证方式在之后正式的庭审中发挥了重要作用。二是突出言词审重心。该案证据众多、争议较大,包括14组争议证据,特别是有11名证人出庭作证。法庭调查以证据调查为核心,成功组织了对定罪量刑具有关键影响的争议证据的调查程序,尤其对人证的调查,是本案庭审最大的亮点。本案庭前会议确定的11名证人均出庭作证,使得对定罪量刑有重要影响的证据,通过庭审的举证、质证得以有效认定,直接言词原则得到有效体现,证人出庭功能也得到切实发挥。法庭引导双方围绕核心争点有序举证、质证,依法保障双方诉讼权利,确保举证质证在法庭、证据认定在法庭、控辩意见发表在法庭,并为裁判结果形成在法庭打下了坚实基础。三是驾驭庭审有条不紊。法官有效掌控庭审进程,严格执行法定的审判程序,依法保障了被告人及其辩护人的发问、质证、辩论辩护等权利。对非实质证据采取概括调查方式,确保法庭集中持续审理。四是注重证据分析和裁判说理。法庭对采纳指控证据的根据进行了详细阐述,对詹某某引诱证人李某某违背事实改变证言的定罪事实的认定,综合全案证据排除了合理怀疑,达到了犯罪事实清楚,证据确实、充分的标准。对于公诉机关指控的被告人引诱其他8名证人改变证言的事实,证据不够确实、充分,法庭作出了有利于被告人的认定。

该案是贯彻以审判为中心的刑事诉讼制度改革精神,充分运用实质化庭审方式并得到广泛认同、取得良好效果的典范案例。该案因涉及律师犯罪引发较大关注,加之控辩双方对事实和证据争议较大,案件审理面临较大压力。合议庭扎实做好庭前准备,严格按照实质化要求开庭审理,依法平等保障控辩双方诉讼权利,实现了法律效果和社会效果的有机统一。

——问题剖析。法庭在庭前会议中就回避事项处理不够得当,导致在正式庭审中因解决回避问题而使庭审出现不必要的迟延。

案例6:鉴定人出庭作证——胡某被控犯交通肇事罪一案

——庭审示范点。控辩双方对鉴定结论有异议的,法庭应当通知鉴定人出庭作证,并接受双方询问和质证;准确把握鉴定结论、鉴定人不同于普通证言、证人的特点,妥当确定对鉴定人的发问和质证方式。

——案情简介。2016年8月4日,胡某驾驶一辆中型普通客车,在行驶过程中与他人同向骑行的无号牌自行车尾部相撞,致他人当场死亡,两车受损。经交警部门认定,胡某承担主要责任,他人承担次要责任。胡某主动报警,并在现场等候。该中型普通客车系案外人刘某所有,胡某具备客车驾驶资质,该客车投保了交强险及限额100万元的商业险,事故发生在保险期间。审理中胡某主动缴交人民币5万元赔偿被害人。胡某辩称其不应当承担事故主要责任,对指控的其他事实无异议;辩护人同意胡某的辩解,同时提出关于胡某系追尾碰撞同向骑自行车的被害人的鉴定意见不正确,对公安机关据此做出的事故认定书不应采信。

——庭审评析。一是召开庭前会议锁定争点。承办法官就控辩双方在管辖、回避、出庭人员名单、异议证据等方面了解情况、听取意见,明确事实和证据方面的争点,确定出庭人证名单。本案事实争点为:(1)事故发生时被害人是骑自行车与被告人同向行驶状态还是横穿马路状态;(2)被告人应当承担何种事故责任。证据争点为:一是交警部门认定的事故发生时被害人骑无号牌自行车与被告人驾驶的肇事车辆同向行驶的事实是否有依据。二是确定3名鉴定人针对两个主要争点出庭作证。鉴定意见系该案关键证据,鉴于辩方对鉴定意见提出异议,公诉机关申请作出鉴定结论的3名鉴定人员出庭说明情况,拟就被害人在案发时究竟是骑行还是推车步行、是与被告人同向行驶还是推车横过马路两个主要争议出庭作证,并申请作出交通事故责任认定的交警部门侦查人员出庭说明作出事故认定的经过、证据及理由。庭审中3名鉴定人均出庭,分别从尸检、车检和痕检的不同角度作出解释,最终得出被害人是骑行而非推行、是同向而非横向的结论,让包括被告人在内的所有人信服。案件事实清晰还原,刑事责任得到确认,被告人认罪服判,实质化庭审的效果得到充分体现。三是恰当把握向鉴定人发问的方式。如何向鉴定人发问,《刑事诉讼法》和相关司法解释明确为原则上参照证人规定。但鉴定人与普通证人明显有差异,集中体现在普通证人属事实证人范畴,而鉴定人属意见证人范畴。普通证人只能就所看到、感受到或听闻之事进行客观陈述，不能发表意见或进行推测；鉴定人系利用其专业知识就专门问题提出意见，其证言可以带有评价甚至推测，至于其是否知晓事实在所不问（绝大部分鉴定人属事实不知情者）；刑事司法实务中鉴定人多由法院委托，而普通证人多由控辩双方申请出庭作证。基于以上区别，针对他们的发问方式、回答方式亦应有所不同。对此，日本《刑事诉讼法》区别普通证人与鉴定人的做法值得借鉴，对普通证人可主要采用闭合式即一问一答式进行发问，对鉴定人除审查其基本信息采用闭合式发问外，其他发问可以开放式发问为主，便于鉴定人运用其专业知识优势从容、自由地发表意见，阐释鉴定意见的依据、理由与过程，使针对鉴定意见的质证更为充分、有效。[①] 在法庭主持引导下，控辩双方对3名鉴定人的发问方式基本遵循了上述理念，发问方式恰当准确，针对性、关联性很强，确保了质证效果。如针对第二名鉴定人顾某的质证片段：

公：是怎么判定他是骑行还是推行的？

鉴定：通过两车的车辆痕迹，一个是自行车的受损情况，后部撞击严重，结合人体损伤上重下轻属于悬空状态下撞击形成，综合结合起来得出的处于骑行状态的结论。

公：你们做的鉴定意见是同方向行驶，请你解释一下为什么不是横向行驶？

鉴定：被鉴定客车的前保险杠的受损痕迹与被鉴定无号牌自行车后部的受损痕迹的受力方向，客车前保险杠左侧的受力方向是由前往后，被鉴定无号牌自行车后部受损的受力方向是由后向前，据此判定是同方向的。

此外，对在3名鉴定人之后出庭作证的交通事故责任认定人郭某

[①] 参见〔日〕松尾浩也：《日本刑事诉讼法（上卷）》，丁相顺译，中国人民大学出版社2005年版，第96页。

某的发问也充分体现了这一特点。公诉方在进行基本信息发问后直接提问"本案的事故认定书你们得出这个结论的依据是什么?"之后郭某某围绕五个方面,从专业角度,用较长篇幅集中而又充分地阐明了作出事故责任认定结论的依据和理由,十分有说服力。四是注重对被告人对质权的保障。在3名鉴定人和1名事故责任认定人出庭作证过程中均注意征求被告人是否发问,在被告人对鉴定人的意见进行推测时也及时予以提醒、澄清,较好地把控了庭审节奏,体现出较强的庭审驾驭能力。

——问题剖析。该案第一次开庭笔录首页标题为"刑事普通程序庭审笔录",但第二次开庭笔录则是"刑事简易程序庭审笔录",其内容又是普通程序,疑为笔录文书样式误用;判决书针对争点说理论证还不够充分有力。

案例7：有专门知识的人出庭作证——马某某被控犯诈骗罪一案

——庭审示范点。对案件审理中涉及专业性、技术性问题的,法庭可以依控辩一方或双方申请通知有专门知识的人出庭作证并接受双方询问、质证;对有专门知识的人的询问和质证应当体现出不同于普通证人的针对性。

——案情简介。公诉指控,2010年9月,被告人马某某经人介绍认识被害人王某某后,虚构自己剑桥大学博士身份和虚假工作经历骗取被害人信任,诱使被害人出资成立某文化公司、某技术公司,并对自己所称的《某某大师》3D影片、"苹果公司云计算设备""心云手机操作系统""ihealth心电卡"等多个项目进行投资,通过以上项目共骗取王某某人民币1,087.26万元,该款被马某某用于偿还个人债务及购买房产、汽车等个人消费。马某某及其辩护人均提出马某某行为不构成犯罪。

——庭审评析。一是通过庭前会议锁定庭审重点。庭前会议达成一致意见,对本案无争议的证据可以概括出示,重点出示证明项目是否真实实施、被告人主观上有无非法占有的故意和客观上是否实施非法占有行为的证据。本案的争议焦点即项目是否真实,被告人主观上是否具有非法占有的目的,客观上是否实施了非法占有的行为。二是有专门知识的人出庭作证。鉴于该案涉及云平台、云设备、云系统及相关硬件、软件等大量专业性、技术性问题,庭审中辩方申请的有专门知识的人蒲某某(计算机专业博士)到庭作证并接受双方发问,证实 vmwa 在云环境的各个环节里是基础软件,ihealth(希波克拉底)系统的运行使用了 vmwa 软件。该事实亦表明,马某某与王某某共同成立的某公司在成立后仍使用了其自有团队和技术力量完成王某某、马某某的其他项目。刑事司法实践中有所谓"专家证人""专家辅助人"出庭作证,其法定名称为"有专门知识的人",系 2012 年《刑事诉讼法》新增规定,此后相关司法解释对此亦有具体规定,但刑事庭审实践中运用仍然较少。① 同时,"有专门知识的人"是否属于证人,其在法庭上发表意见是否属于证据,也一直存在争议。本案中辩方申请有专门知识的人出庭,法庭予以同意并将其作为专家证人,认可其发表的意见属于证据材料,既是司法实践的创新,也对此案中审查证据、认定事实发挥了积极作用。三是运用多媒体技术进行证据展示和质证。结合此案证据特点,辩方提交了《某某大师》光盘并当庭播放部分片段,证实影片已拍摄完成;辩方当庭运用多媒体技术演示了 ihealth 项目手

---

① 在成都地区 2,084 件试验示范庭审中,鉴定人出庭为 55 人,有专门知识的人出庭仅为 10 人,占比很小,同时操作中还存在以下难点:一是对有专门知识的人的法律角色和其发表意见的性质存在争议,主要集中在有专门知识的人是否证人,其所发表的意见是属于证据还是属于证据质证的手段;二是对有专门知识的人的实践称谓不一,有专家证人、专家辅助人等,有的案件中甚至前后混用不同名称;三是对有专门知识的人的标准把握不一,其核心问题是如何认定其专门知识,有一件案件中控方将行政执法人员申请为专家证人出庭,但实际证实的是行政执法时的现场目击情况,因此其专家证人资格遭到辩护人质疑;四是对有专门知识的人的发问主体和发问方式仍不明确,有一件案件庭审调查中辩护人对有专门知识的人提问颇显零乱且不得要领,导致该有专门知识的人两次拒绝回答。

机操作端,并申请专家证人出庭作证,证实 ilealth 项目已实施开发并基于被告人搭建的"云平台"进行操作;辩方还通过多媒体方式展示了"心云手机"的外观设计及相关人员就该手机开发进行沟通的电邮,证实"心云手机"确实进行了开发。

——问题剖析。庭前该案双方提交证据中均无鉴定意见,亦未申请鉴定人出庭作证。申请有专门知识的人出庭,主要是为了帮助控辩双方更充分地了解案件涉及的专业性、技术性问题,并在此基础上更有效地围绕争议重点进行举证、质证,同时也便于法庭正确审核证据、认定事实。值得注意的是,《刑事诉讼法》第197条第2、3款规定,"公诉人、当事人和辩护人、诉讼代理人可以申请法庭通知有专门知识的人出庭,就鉴定人作出的鉴定意见提出意见。法庭对于上述申请,应当作出是否同意的决定。有专门知识的人出庭,适用鉴定人的有关规定"。依此规定,刑事案件中申请有专门知识的人出庭,只能限于有鉴定意见案件,其出庭内容是就鉴定人作出的鉴定意见提出意见。《刑诉法解释》第100条第1款明确,因无鉴定机构,或者根据法律、司法解释的规定,指派、聘请有专门知识的人就案件的专门性问题出具的报告,可以作为证据使用。对检验报告的审查与认定适用鉴定意见的规定。最高人民法院司法解释实际上对有专门知识的人的范围和作用作了某种特殊情形的扩展。另外值得注意的是,《法庭调查规程》第26条第1款规定,"控辩双方可以申请法庭通知有专门知识的人出庭,协助本方就鉴定意见进行质证。有专门知识的人可以与鉴定人同时出庭,在鉴定人作证后向鉴定人发问,并对案件中的专门性问题提出意见"。据此,有专门知识的人出庭作证,仍应先就鉴定意见发表意见,同时可以对专门性问题提出意见,这实际上也对《刑事诉讼法》第197条的规定作了扩展,但前提是仍应先就鉴定意见发表意见。这种模式本质上是以鉴定意见为前提的依附模式,而《中华人民共和国民事诉讼法》(以下简称《民事诉讼法》)同样规定了有专门知识的人出庭制度,但采取两可模式,该法第82条规定,"当事人可以申请人民法院通知有专门知识的人出庭,就鉴定人作出的鉴定意见或者专业问题提出意见"。回到本案,由于此案没有鉴定意见,也没有检验报告,法庭同意辩方申请的有专门知识的人出庭接受双方发问,并就专业性、技术性问题发表意见,实际上反映出《刑事诉讼法》和《刑诉法解释》规定存在不周延之处,需要进一步完善。尽管此举在本案中具有实质上合理性,但从长远来看,有专门知识的人出庭制度和程序规则仍有待立法和司法解释进一步明确、细化。

案例8:法院人员作为证人——范某某被控犯拒不执行判决、裁定罪一案

——庭审示范点。知道案件事实的法院工作人员,同样有作证义务,经法庭通知应当出庭作证;对法院人员的询问和质证应当体现其不同于其他证人的特点。

——案情简介。2015年6月,某法院依法裁定查封某厂房内的生产机器设备共18台,并由范某某负责保管、使用,同时向范某某送达裁定书。2015年11月,同一法院依法作出民事判决书,判决范某某返还某公司机器设备共29套及原材料和该公司垫付的诉讼费用,该判决于2016年3月生效。2016年5月,范某某在有能力履行的情况下拒不履行生效法律文书确定的义务,并私藏、转移被查封的财产,后于2016年9月被抓获。范某某及其辩护人对指控事实及罪名无异议,并提出构成自首的辩护意见。

——庭审评析。一是通过证人到庭作证,对被告人是否具有自首情节当庭查明。辩方对指控事实及罪名无异议,但提出范某某具有自首情节。根据公诉机关提交的到案经过,不能完全证实范某某到案的真实情况。庭审调查中,法庭依法通知该法院执行局工作人员代某、李某出庭作证,证实当天范某某系由法院执行局电话通知到院,范某

某系电话通知后主动到案并如实供述犯罪事实,故认定自首成立。二是法院人员作为证人到庭作证。法院人员在刑事案件中作为证人出庭的情形比较少见,我国《刑事诉讼法》和相关司法解释对此也未作出规定,但在拒不执行判决裁定罪案件中,此种情形确有可能。在本案中,法庭依法通知相关执行人员出庭作证,并以审判长为主进行依职权询问。值得注意的是,国外相关立法对司法人员作为证人的特殊情形作了规定,如德国《刑事诉讼法》第 54 条规定,"对法官、公务员和其他公职人员作为证人就涉及其职务缄默义务的情况进行询问,以及对于提供证言的许可,适用特定的公务员法规定"①。

——问题评析。在涉及拒不执行判决、裁定罪案件中,可能产生法院人员作为证人出庭作证问题。目前来看,针对法院人员出庭还缺乏具体操作规范,有必要结合此类案件的审理经验,形成可操作的流程办法,这既是保障司法行为规范的需要,也是确保庭审公开公平公正的要求。

案例 9:法庭调查的顺序、方法与视频证据的出示、质证——李某被控犯运输毒品罪一案

——庭审示范点。将法庭调查的顺序和方法纳入庭前会议重要内容,并作出恰当处理;对视频证据的出示和质证,要兼顾符合视频证据特性与突出庭审重点、提高庭审效率的多重需要。

——案情简介。2016 年 11 月 22 日,李某在 C 市某快递点邮寄一包裹,包裹内系用茶叶盒伪装包装的氯胺酮。次日,李某再次来到该快递点邮寄两个包裹,包裹内均系用茶叶盒伪装包装的氯胺酮。公安民警在李某邮寄毒品现场将其当场抓获,从其身上查获 50 个与包装毒品相同的红色茶叶包装小袋,并从盛装毒品的铁盒侧面提取李某指

---

① 《德国刑事诉讼法典》,宗玉琨译注,知识产权出版社 2013 年版,第 29 页。

纹一枚。经称量,李某邮寄运输的氯胺酮净重共计 816.42 克。李某对指控其犯运输毒品罪的事实和罪名均持有异议,辩称其不知道邮寄的包裹系毒品;辩护人提出部分侦查取证行为不规范,严重影响指控证据的真实性。

——庭审评析。一是庭前会议对法庭调查顺序、方式的高度重视和恰当处理。该案召开了两次庭前会议:第一次着重解决管辖、回避等程序事项和梳理、明确双方争点;第二次庭前会议除进一步明确争点外,专门针对法庭调查顺序、方式问题听取意见,促成双方达成共识。法庭调查的顺序和方法既关系到刑事庭审的公平公正,也关系到庭审的顺畅和效率,其重要性不言而喻,但我国《刑事诉讼法》和相关司法解释对此问题规定得比较原则化,并无专门性具体规定。大陆法系国家和地区则将其作为刑事庭审程序的重要问题加以规定,并形成了不同模式和做法,值得关注借鉴。该案庭前会议中,法官结合案情特点和审理需要主动提出,"关于本案的举证顺序,控辩双方协商,法庭有两个方案:一是按照事件的发展顺序,二是从侦察机关介入取得证据的破案经过来出示证据"。双方均选择按案情自然发展顺序。法官又主动就同一事实调查中可能涉及多个证据是否采取穿插出示方式征求意见,双方亦均表示同意,保障了法庭调查始终围绕争点有序进行。二是对视频证据举证、质证和认证的恰当运用(后附庭审笔录摘录)。视频证据是《刑事诉讼法》第 48 条规定的证据种类之一,但由于种种原因,包括考虑到视频证据在不少案件未必构成关键证据的因素,导致这一证据种类在过去刑事庭审中运用并不普遍,也谈不上形成体系化的可操作标准。当前在推进刑事庭审实质化改革的背景下,如何运用视频证据进行举证、认证,法官如何认证,还缺乏典型案例的有效积累和经验规则的提炼支撑。而在该案中,视频不仅属于关键证据,且种类多达四种,包括快递点监控视频、机场公安讯问视频、民警手机录制视频以及现场检查视频,可谓比较少见的以视频为关键证据且视频种类多样的典型案例,因此探索实践中对不同类型视频证据的举证质证方法,形成既具共性又体现特殊性的可操作规则,具有重要的现实意义。① 在庭前会议中,就如何播放视频证据才能既突出重点又避免拖延,法官主动征求双方意见,公诉方建议"有些视频可能会较长,那么对于案件没有帮助的视频,公诉人会作一个节点处理。辩护人认为需要补充的,公诉人会以要求的时间点为法庭进行补充播放",辩方也表示同意。法庭调查阶段,控辩双方结合视频证据的动态特性,采取边播放视频、边同步进行点对点分析的方式进行举证、质证,针对性较强。辩方提出侦查机关部分侦查取证行为不规范,严重影响指控证据的真实性,主要也是通过对视频证据的举证质证进行的。

以下是庭审笔录中有关视频证据出示和质证片段:

辩1:报告审判长,辩护人请求再次播放这53秒的视频。

审:同意。

辩1:辩护人现在对画面进行解读:第一秒的时候旁边的盒子已经打开,再者旁边已经打开的物品已经混在一起,同时也可看到李某的手已经接触到铁盒,李某留下指纹是很容易的,以上是辩护人解读的内容。那么通过这份证据材料可以证明辩护人的观点:第一,在李某进行拆封时,旁边已有两个箱子打开,公安在现场没有对其进行记录,也没有见证人,同时也能证明当天晚上警察拿回的箱子已经被先行打开,因此现场勘查和检查的时候可能不是原始物品。第二,红色的茶叶袋和李某取出的茶叶袋混合在一起使其无法分辨,因此当天晚上公安进行现场勘查的笔录所确认的东西是怎么确认的,这并不清楚。第三,李某的右手确实接触了铁观音铁盒,会留下指纹。第四,53秒的视频证据在此之前嫌疑人离开正常审讯室的时间中有5分钟的时间,其中做了什么不清楚,这也是视频中存在的问题。对第五份证据和六张

---

① 参见龙宗智等:《司法改革与中国刑事证据制度的完善》,中国民主法制出版社2016年版,第294页。

案件照片没有异议。

审：公诉人有无补充？

公：没有。

审：被告人李某，对这份视频前后经过描述一下。

被：我是先到审讯室再转到下一个审讯室，然后让我开始拆封其中一个盒子，盒子是我自己拆的，这几个盒子是我邮寄的盒子。

审：公诉人，有无答辩意见？

公：公诉人认为，首先，关于辩护人的问题被告人已经回答清楚了；其次，公诉人的证据尚未举示。

审：公诉人继续出示证据。

——问题剖析。判决书在针对视频证据的分析认证上稍显薄弱，同时针对辩方提出部分侦查证据取证不规范并进而质疑其真实性的意见回应不足，如能结合庭审质证情况加强针对性辨析，说服力会更强。

案例10：裁判意见如何形成在法庭——黄某某被控犯放火罪一案

——庭审示范点。经当庭举证质证，在被告人认罪的口供并不稳定且缺乏其他证据印证时，无法排除合理怀疑的，应当作出有利于被告人的认定。

——案情简介。公诉机关指控，被告人黄某某因与师某兵有感情纠纷，于2015年1月13日，携带煤气罐、白色塑料桶香蕉水前往某市城北山水小区，将煤气罐置于被害人师某林(师某兵的弟弟)停放的汽车下方，将部分香蕉水倒出，使用打火机点燃后离开。火势被群众发现后及时扑灭，未造成重大损失。黄某某辩称：(1)案发时其在自己的理发店工作，有其男友陈某某作证；(2)案发现场的煤气罐不是自己的，也不知道什么是香蕉水。辩护人辩护意见：(1)没有目击证人指证黄某某进入城北山水小区，没有目击证人指证黄某某实施了放火行为;(2)放火用的香蕉水及煤气罐是否是黄某某所有,黄某某是如何带入放火现场未能查证;(3)煤气配送人员杨某称该煤气罐是2015年1月12日送到黄某某铺子上的,配气公司无记录、没有配送清单,不能证实这个煤气罐就是杨某在2015年1月12日给黄某某送的煤气罐。综上,辩护人认为,本案事实不清、证据不足,被告人黄某某无罪。

——庭审评析。该案召开了庭前会议,进行了公开开庭审理并有2名证人到庭作证,最终以公诉方撤回起诉结案。可以说,实质化庭审方式在此案审理中发挥了决定性作用。庭审中共有2名证人出庭作证,一名是控方申请的侦查人员郭某,用以证明被告人口供自愿且真实,另一名是辩方申请的被告人黄某某的男友陈某某,用以证明事发当天被告人黄某某不在案发现场。经当庭作证并接受轮替询问,双方均对对方申请证人的证言真实性或证明力提出质疑。公诉方认为陈某某与被告人系恋爱关系,且案发至今才证明黄某某当天不在现场,与常理不符,不应当采信。辩护人则认为郭某只是该案的审核人,并没有全程参与,不是实际的办案警官,其证词的可信度差。正是由于辩护人对控方指控证据予以有力辩驳,公诉方虽坚持认为黄某某构成犯罪,但亦当庭承认证据存在瑕疵,最终撤回起诉。

——问题剖析。庭审过程中出现两次"卡顿",反映出审判人员对实质化庭审方式的运用还不熟悉,庭前准备还不够充分到位,临场应变能力不足。第一次休庭出现在证人作证环节:

审:请证人在《出庭作证保证书》上面签字。

审:现在查明证人郭某的身份信息,姓名郭某,系某派出所民警,证人,以上信息是否属实?

证:属实。

审:现在由公诉人向证人发问。

公:审判长,公诉人请求休庭10分钟。

审：现在宣布休庭。法警，带被告人黄某某退庭候审。

审：现在复庭。法警，带被告人黄某某到庭。请公诉人向证人发问。

公：你参与了办案的哪些环节？

......

在本方询问环节，公诉人突然要求休庭且未提供理由，而法官亦未要求公诉人作出合理说明即表示同意。第二次休庭也发生在调查阶段：

审：辩护人有无证据向法庭出示？

辩：没有。但是我要求先放一下被告人黄某某第一次讯问的视频资料。

审：由于时间关系，还需要调试设备，现在先宣布休庭30分钟。法警，带被告人黄某某退庭候审。

（由于庭审视频播放设备事前未能准备到位，辩护人要求播放时，法官只好宣布休庭，导致庭审进程受到不必要的干扰，流畅性也受到影响。）

上述10件典型案例评析均来自成都地区法院刑事庭审实质化改革实践中的真实个案，其中值得关注的主要有以下几点：第一，客观展示了改革实践的真实样态和积极成效。总体来看，上述典型案例紧扣庭审实质化改革要求，着重反映从庭前会议、排除非法证据、法庭调查的顺序方法、不同类型证据特别是证人证言的举证质证认证到裁判心证如何形成等重要方面，覆盖了庭审实质化改革的主要领域和操作难点，且都有值得肯定的特色亮点，也表明庭审实质化改革要求正在各参与方的共同努力下落地落实，并与个案特点相结合，形成兼具共性要求与个性特色的操作办法。第二，细化完善庭审实质化的程序规则和调查技术仍然是下一阶段的改革重点。上述案例本身确非完美，从程序操作来看还存在一些瑕疵甚至硬伤，这反映出各诉讼参与方对新的庭审实质化理念、运行机制、程序规则的理解运用还显得不够精准熟练，操作技能还需进一步提升。亮点与瑕疵并存，也为进一步研究庭审实质化提供了客观而生动的一手资料，也正说明了上述案例的研究价值所在。第三，高度重视和有效发挥典型案例的示范引领作用。从长远来看，制定规则预先引导诚然是确保改革规范有序的必然要求，而通过典型案例经验的指导示范其实是更加有效的推进方法。每一个案例都是生活的故事，更是法治的生动实践，结合典型案例所提炼的具体规则，是程序理性、法条规范和改革要求与具体个案紧密融合，从静态文本走向动态实践的真实过程和最佳载体，是推进和深化改革尤其应当用够、用活、用好的宝贵财富。从国外情况看，不仅英美法系国家和地区向来重视判例的价值，大陆法系国家和地区对案例研究指导的重视也在明显增强，如德国刑事诉讼中证据禁止的类型及标准几乎全是判例的产物①；在日本刑事诉讼演变进程中，判例同样扮演了极其重要的角色，如日本早在20世纪50年代就开始了对非法证据排除规则的研究，直至1978年日本最高法院第一次在个案判决中采用这一规则，后来又通过多个案例对非法证据排除规则进行了完善②。在韩国刑事诉讼模式从案卷中心主义向审判中心主义转型过程中，案例发挥了十分重要的作用，"审判中心主义"一词最早即出现在1953年最高法院宣判4285刑上2005都136号判决中，经1984年的1646号判决，到2000年的1108号判决，审判中心主义逐步成为韩国刑事诉讼的中心价值；一些具体诉讼规则和证据规则也通过典型案例得以确立，比如对质询问权主要通过2001年的1550号判决和2005年的

---

① 参见许章润：《从政策博弈到立法博弈——关于当代中国立法民主化进程的省察》，载《政治与法律》2008年第3期。

② 参见2018年7月《中日韩"以审判为中心的诉讼制度改革"学术研讨会记录（未刊稿）》。

9730号判决确立。① 上述情况表明,即使是大陆法系,司法判例在推动刑事诉讼制度改革发展方面亦具有无可替代的独特优势,尤其值得关注借鉴。

---

① 参见〔韩〕李柱元:《对质询问权》,载卞建林、韩旭主编:《刑事庭审实质化和有效性问题——第九届中韩刑事司法学术研讨会论文集》,法律出版社2018年版,第219、220页。

第三章　刑事庭审实质化的前置程序

一、庭审实质化与庭前会议

庭前会议属审判前的准备程序，但对"审判前的准备程序"存在不同理解。广义言之，包括从刑事侦查启动直至集中开庭审理之前的侦查、公诉和法院立案至开庭前所有阶段程序，刑事案件开庭之前的程序均属审前准备程序；次而言之，是指刑事案件进入法院之前的侦查和提起公诉程序，西方国家特别是英美法系国家的审前程序通常使用这一层面含义①；狭义言之，专指刑事案件进入法院后至开庭前的准备程序，大陆法系国家和地区的审前准备程序一般使用此一层面含义，如日本、韩国的"公审准备程序"②，俄罗斯的"审前听证程序"，德国的"法庭审理的准备"（广义而言还包括旨在开启审判程序的裁定程序），法国的"开庭前的预备程序"，我国的"审查受理与庭前准备程序"以及"庭前会议"③，均为此种含义。本书立足于刑事庭审实质化

---

① 参见陈瑞华：《刑事诉讼的前沿问题》，中国人民大学出版社2000年版，第257页。
② 日本《刑事诉讼法》中，含"准备"一词的用语有三种，分别为开庭前准备（主要是指控辩双方在第一次开庭审理前的准备活动）、准备程序（是指法院在第一次开庭日之后在当事人参与下进行的程序，主要适用于复杂案件）及公审准备程序，前两个准备程序都包含在公审准备程序之中[参见〔日〕松尾浩也：《日本刑事诉讼法（上卷）》，中国人民大学出版社2005年版，第322页]。
③ 严格而言，我国《刑事诉讼法》本身并未直接使用审前程序、庭前准备程序和庭前会议等术语，所谓"审查受理与庭前准备""庭前会议"，均为最高人民法院司法解释术语。

改革视角,主要在第三个层面意义上使用庭前准备程序一词,指刑事案件进入法院后至开庭前的准备程序。

庭前会议是2012年修订《刑事诉讼法》后新增加的程序,此次修订反映出国家立法机关更加重视刑事诉讼的庭前准备工作的价值和功能,并着力将以前零散的庭前准备活动集中打造成以庭前会议为枢纽的集约化、规范化流程体系。因此,"庭前会议虽然不是庭前准备程序的全部,但却构成庭前准备程序的核心"①,实现庭前会议的精细化操作,乃是确保庭前准备程序功能实质发挥的关键所在。据此,庭前会议对庭审程序的价值在于:一是通过庭前会议与庭审程序的主体分离、时空分离、程序分离和内容分离,既避免庭前会议与庭审程序运行的同质化,也防止法官在庭前准备阶段形成不当预断;二是通过了解双方对管辖、回避、参与诉讼的主体资格等重大程序事项的意见并作出决定,防止庭审出现不必要的拖沓甚至中断;三是通过了解、明确控辩双方争议焦点,锁定庭审的审理方向、调查重点,防止庭审出现方向偏差、焦点错位等问题;四是通过证据开示、交换,了解双方举证意图、证据目录、调查方法等情况,以便有针对性地进行准备,确保庭审对抗的平等武装,防止庭审偷袭导致的诉讼不公;五是确保控辩双方特别是被告人及其辩护人的各项诉讼权利得到切实尊重、维护和实现,将刑事庭审的人权保障价值真正落到实处。

(一)国外加强刑事庭前准备的立法趋势及其启示

20世纪下半叶以来,在西方国家刑事诉讼制度改革进程中,存在明显的加强庭前准备程序的趋势,兹略述如下。

1. 大陆法系国家和地区

一方面,强化庭前准备阶段的争点整理和证据整理。日本于2004

---

① 步洋洋:《刑事庭审实质化路径研究》,法律出版社2018年版,第121页。

年通过《关于修改〈刑事诉讼法〉等部分条文的法律》,在日本《刑事诉讼法》中增设了"争点及证据的整理程序"。这是指在第一次开庭审理前,在法院主导下让当事人明确表明在审理时所要主张的预定事实,请求调查证据,彻底开示证据等,详细周密地制订审理计划。① 为持续、有计划且迅速进行充分的开庭审理,法院在听取检察官及被告人或辩护人意见后认为必要时可以在第一次开庭审理前,裁定将案件交付公审前整理程序。(1)适用案件:一是陪审员参审案件;二是法院认为"对持续、有计划且迅速进行充分的公审审理有必要"的案件。(2)参加人员:该程序须有检察官和辩护人参加,如被告人没有辩护人则不得进入公审前整理程序。(3)处理事项:主要包括"明确诉因或罚条;准许追加、撤销或变更诉因或罚条;明确预定在公审日期的主张,整理案件争点;提出证据调查请求;明确请求调查的证据的立证意图和询问事项;确认关于证据调查请求的意见;作出调查证据的裁定或裁定驳回调查证据请求;确定调查证据的顺序和方法;就调查证据的异议申请作出裁定;裁定证据展示;确定或变更公审日期等"②。(4)展示证据:控方用以证明预定事实的证据;控方用以证明预定事实证据以外的其他证据;辩护方展示证据;检察官展示其他证据。③ 2007 年,韩国修改《刑事诉讼法》,一方面增设了"公审前的准备程序",类似于日本的"争点及证据整理程序"。该程序适用于需要高效、集中审理的以下三类案件:犯罪事实复杂、争点较多的;证据关系较多或复杂的;证据展示上存在问题。该程序负责处理以下事项:"整理案件争点;整理证据争点;申请证据及采纳与否;

---

① 参见张凌、于秀峰编译:《日本刑事诉讼法律总览》,人民法院出版社 2017 年版,第 7 页。
② 宋英辉、孙长永、朴宗根等:《外国刑事诉讼法》,北京大学出版社 2011 年版,第 478、479 页。
③ 参见宋英辉、孙长永、朴宗根等:《外国刑事诉讼法》,北京大学出版社 2011 年版,第 480 页。

其他事项"①。另一方面增设了案件快速处理程序。2004年日本修订《刑事诉讼法》，专门增加了即决裁判程序，以使简单案件获得更加快速的解决；意大利于1988年颁布新《刑事诉讼法》，其中增设了五种特别速决程序，分别是简易审判程序、依当事人的要求适用刑罚程序、快速审判案件程序、立即审判程序以及处罚令程序②；法国于2004年引入辩诉交易程序，即"庭前认罪答辩程序"，旨在缓解长期以来因效率低下所导致的"法庭堵塞"③；2005年，德国联邦最高法院"确认协商式判决原则上的合法性和保护被告人不被强迫提前放弃上诉权的必要性"④，2009年德国通过《刑事程序中的协商规定》，正式确立刑事诉讼庭前认罪协商程序的合法性⑤。

2. 英美法系国家和地区

英美法系国家和地区的庭前准备改革集中于有罪答辩、辩诉交易等方面。由于奉行当事人主义的对抗制诉讼结构，原则上刑事案件的庭前准备活动由当事人双方主导。案件进入法院后，庭前准备活动的重点事项集中在证据开示、非法证据排除、有罪答辩、庭前认罪协商、辩诉交易、程序外分流项目等方面。其中，庭前认罪协商和辩诉交易的作用如此重要，以致美国联邦最高法院原首席大法官沃伦·伯格曾声称，"若庭前认罪协商的案件减少10%，则法院需增两倍的人力及设备才足以应付"⑥。事实上，在美国许多司法区，90%到95%的有罪

---

① 宋英辉、孙长永、朴宗根等：《外国刑事诉讼法》，北京大学出版社2011年版，第537—539页。
② 参见顾永忠等：《刑事诉讼程序分流的国际趋势与中国实践》，方志出版社2018年版，第122页。
③ 参见宋英辉、孙长永、朴宗根等：《外国刑事诉讼法》，北京大学出版社2011年版，第182页。
④ 〔德〕托马斯·魏根特：《德国刑事程序法原理》，江溯等译，中国法制出版社2021年版，第222页。
⑤ 参见刘晶：《刑事庭前准备程序的反思与重构》，载《东方法学》2014年第3期。
⑥ 王兆鹏：《美国刑事诉讼法》，北京大学出版社2005年版，第12页。

判决都是通过有罪答辩作出的。① 同时,美国刑事诉讼中也有类似于我国刑事庭前会议的准备程序,即"审前动议",由诉讼中一方向法官提出申请,旨在解决证据的可采性或者与审判程序有关的问题,其中有关证据可采性的审前动议结果裁定对案件审理结果的影响很大。此外,也有不少其他分流程序可供选择。据马尔科姆·菲利教授的实证研究,仅在康涅狄格州的纽黑文市刑事法院,就有家庭关系恢复、毒品治疗、社区服务、内部集体咨询、审前释放等多个审前分流程序,这些程序旨在对那些相对轻微犯罪者提供帮助,如经评估符合要求,相关刑事案件就可以撤销而不必进入正式审理程序。尽管这些程序未必都那么有效,有的还备受争议,同时"虽然快速和仓促的实践会造成错误和臆断,但它们的确降低了审前成本,从总体上可能也提供了简单的正义"②。又如"加害者—受害者"刑事和解模式,大多适用于财产犯罪,且被告人定罪记录一般不能超过两次,但后来逐步扩展至暴力犯罪案件,甚至包括强奸、谋杀等重罪案件。③ 该模式运行程序大致分为受理、准备、和解和善后四个阶段,区别于正式的刑事司法程序,该模式侧重于在双方之间找出可接受的实质性解决方案,而不在于判断谁对谁错。④

英国于 1996 年颁布《刑事诉讼和侦查法》,2003 年又颁布《刑事审判法》,对审前证据开示作了新的更具体的规定,此外还有有罪答辩、指示听审程序和预先听审程序,旨在为开庭审理做好准备,同时也促使案件尽早终结。⑤ 英国还鼓励被告人在刑事案件较早阶段答辩认

---

① 参见祁建建:《美国辩诉交易研究》,北京大学出版社 2007 年版,第 40 页。1994 年的一项调查研究表明,美国 92% 的有罪判决通过有罪答辩取得(参见刘晶:《刑事庭前准备程序的反思与重构》,载《东方法学》2014 年第 3 期)。

② 〔美〕马尔科姆·M. 菲利:《程序即是惩罚——基层刑事法院的案件处理》,魏晓娜译,中国政法大学出版社 2014 年版,第 230 页。

③ Kimberlee K. Kovach, Mediation: Principles And Practice, West Group, 2000, pp. 353、354.

④ 参见顾永忠等:《刑事诉讼程序分流的国际趋势与中国实践》,方志出版社 2018 年版,第 65、66 页。

⑤ 参见刘晶:《刑事庭前准备程序的反思与重构》,载《东方法学》2014 年第 3 期。

罪,据英国内政部发布的对《2003 年刑事审判法》的解释,其目的在于"鼓励那些有罪者不要浪费法院的宝贵时间,避免给被害人和证人带来不必要的困扰"①。在 1986 年的一个重要判例中,英国上诉法院认定,被告人在审前认罪越早,对司法越有好处,被告人获得的认罪"折扣"越多。②

总的来说,上述大陆法系国家和地区与英美法系国家和地区加强庭前准备程序改革的实践值得关注,应当结合我国推进以审判为中心的刑事诉讼制度改革,予以合理借鉴。

一是进一步强化争点与证据整理,虽然具体操作程序有异,但争点整理与证据整理无论是在大陆法系国家和地区还是英美法系国家和地区,都已经成为庭前准备最为重要的核心内容之一。没有庭前准备阶段对事实争点、证据争点的准确把握、清晰整理和及时固定,不仅不可能为审前解决和分流提供可靠保障,更谈不上为后面的开庭集中审理提供明确指引和有力支持。

二是合理借鉴庭前阶段的有罪答辩、辩诉交易和认罪协商,虽然英美法系国家和地区与大陆法系国家和地区在具体名称上有所差异,但其实质均在于最大限度地通过鼓励和促进庭前的有罪答辩、辩诉交易或认罪协商,促使刑事案件获得更为快捷、更具实效的简化处理,最大限度地缓解司法资源的短缺状况,提升司法资源的利用效能。这其实还预示着,刑事案件的实质审理已从单纯固守庭审阶段集中查证和裁决的传统做法,逐步向通过庭前分流获得实质处理拓展,这一趋势在 20 世纪以来西方国家刑事司法改革中日益明显。庭前分流在民事程序中备受重视,但受制于刑事司法理念制约和刑事诉讼程序复杂

---

① 顾永忠等:《刑事诉讼程序分流的国际趋势与中国实践》,方志出版社 2018 年版,第 48 页。
② 参见顾永忠等:《刑事诉讼程序分流的国际趋势与中国实践》,方志出版社 2018 年版,第 50 页。

性,在刑事诉讼领域起步较晚。近些年来庭前分流进展趋快,根本原因之一在于不断加剧的案件负荷和审判压力。

三是积极推进刑事案件庭前阶段的程序外分流。近些年来,刑事诉讼程序分流正在成为引人注目的国际趋势,其中既包括法院的有罪答辩、辩诉交易或认罪协商、繁简分流机制等审判程序内分流举措,以使大多数案件获得更快捷的审判,同时也更加注重刑事审判程序外的分流,通过庭前阶段分流导入法院审判程序外的非司法轨道,并获得妥善和实质性解决。

(二)我国刑事庭前会议的现行规则体系

《刑事诉讼法》第187条第2款规定,"在开庭以前,审判人员可以召集公诉人、当事人和辩护人、诉讼代理人,对回避、出庭证人名单、非法证据排除等与审判相关的问题,了解情况,听取意见"。《刑事诉讼法》首次对庭前会议制度作出基本规定:一是主要功能定位于"了解情况,听取意见",其本质上是一个咨询性、沟通型机制,对双方争议问题没有裁决功能;二是了解情况、听取意见的重点是围绕回避、出庭证人名单、非法证据排除等与审判相关的问题;三是审判人员"可以"召集庭前会议,至于如何判断是否"可以"没有明确规定,因此其性质是一个任意性程序,对审判人员并无强制力;四是当事人有无庭前会议申请权不明确。据此,《刑事诉讼法》所规定的庭前会议,基本上可以定义为一个在审判人员主持下,由控辩双方参加,旨在围绕审判相关问题进行沟通、协调的庭前准备程序。其主要缺陷在于:一是没有明确争点整理的核心定位;二是缺乏程序裁判功能;三是未明确审判辅助人员在庭前会议中的定位和作用。

2012年《刑诉法解释》第184条对庭前会议作了初步细化,"召开庭前会议,审判人员可以就下列问题向控辩双方了解情况,听取意见:(一)是否对案件管辖有异议;(二)是否申请有关人员回避;(三)是否申请调取在侦查、审查起诉期间公安机关、人民检察院收集但未随案移送的证明被告人无罪或者罪轻的证据材料;(四)是否提供新的证据;(五)是否对出庭证人、鉴定人、有专门知识的人的名单有异议;(六)是否申请排除非法证据;(七)是否申请不公开审理;(八)与审判相关的其他问题"。同时规定,"审判人员可以询问控辩双方对证据材料有无异议,对有异议的证据,应当在庭审时重点调查;无异议的,庭审时举证、质证可以简化。被害人或者其法定代理人、近亲属提起附带民事诉讼的,可以调解。庭前会议情况应当制作笔录"。

对比《刑事诉讼法》第187条的规定可以发现,2012年《刑诉法解释》第184条将庭前会议的职责事项范围从原有的回避、出庭证人名单、非法证据排除等三项扩展为八项,其中除第2、5、6项外,其余五项均系新增,实质上通过司法解释扩展了庭前会议的功能。同时《刑诉法解释》第184条第2款实际上还将整理和固定争点列为庭前会议的重要事项,这是一大进步,但遗憾的是仅限于证据争点,没有将事实争点、法律争点包括进去。

2012年以来,最高人民法院以单行或与相关机关联合发文形式陆续制定了一批司法解释或指导性意见,同样涉及庭前会议制度,主要包括:《刑事诉讼规则》第430—432条;《防范冤错意见》第10条;《刑诉改革意见》第10条;《司法责任制意见》第15—20条;《简繁分流意见》第9条;《全面推进意见》第5—10条;"三项规程"之《庭前会议规程》;2021年《刑诉法解释》第226—233条。

《庭前会议规程》在吸纳成都等地改革试点经验成果基础上,对庭前会议制度作了进一步细化,其第10条规定,"庭前会议中,主持人可以就下列事项向控辩双方了解情况,听取意见:(一)是否对案件管辖有异议;(二)是否申请有关人员回避;(三)是否申请不公开审理;(四)是否申请排除非法证据;(五)是否申请提供新的证据材料;(六)是否申请重新鉴定或者勘验;(七)是否申请调取在侦查、审查起诉期间公安机关、人民检察院收集但未随案移送的证明被告人无罪或者罪轻的证据材料;(八)是否申请向证人或有关单位、个人收集、调取证据材料;(九)是否申请证人、鉴定人、侦查人员、有专门知识的人出庭,是否对出庭人员名单有异议;(十)与审判相关的其他问题。对于前款规定中可能导致庭审中断的事项,人民法院应当依法作出处理,在开庭审理前告知处理决定,并说明理由。控辩双方没有新的理由,在庭审中再次提出有关申请或者异议的,法庭应当依法予以驳回"。对比《刑诉法解释》,此条规定新增了第6项和第8项两项,同时将原有的"是否对出庭证人、鉴定人、有专门知识的人的名单有异议"扩展为"是否申请证人、鉴定人、侦查人员、有专门知识的人出庭,是否对出庭人员名单有异议",将原来的三类人员增加为四类人员,值得注意的是新增加了侦查人员,进一步明确了侦查人员的证人性质。

2021年《刑诉法解释》在深入总结近六年来成都等地推进刑事庭审实质化改革经验的基础上,充分吸收了2012年《刑诉法解释》、特别是最高人民法院"三项规程"对庭前会议制度的探索创新成果,在第九章"公诉案件第一审普通程序"中专设一节对"庭前会议与庭审衔接"作出比较具体的规定,这标志着我国刑事庭审庭前会议制度的进一步完善。2021年《刑诉法解释》第228条规定,"庭前会议可以就下列事项向控辩双方了解情况,听取意见:(一)是否对案件管辖有异议;(二)是否申请有关人员回避;(三)是否申请不公开审理;(四)是否申请排除非法证据;(五)是否提供新的证据材料;(六)是否申请重新鉴定或者勘验;(七)是否申请收集、调取证明被告人无罪或者罪轻的证据材料;(八)是否申请证人、鉴定人、有专门知识的人、调查人员、侦查人员或者其他人员出庭,是否对出庭人员名单有异议;(九)是否对涉案财物的权属情况和人民检察院的处理建议有异议;(十)与审判相关的其他问题"。对比2012年《刑诉法解释》和"三项规程",庭前会议内容大体保持稳定,新增"是否对涉案财物的权属情况和人民检察院的处理建议有异议",删除了"三项规程"中《庭前会议规程》关于"是否申请向证人或有关单位、个人收集、调取证据材料"的规定,其余仅在顺序和措辞上有所微调。值得注意的是,除明确庭前会议阶段可以进行附带民事诉讼调解外,2021 年《刑诉法解释》第 228 条第 1 款规定可能导致庭审中断的程序性事项,人民法院可以在庭前会议后依法作出处理,并在庭审中说明处理决定和理由。控辩双方没有新的理由,在庭审中再次提出有关申请或者异议的,法庭可以在说明庭前会议情况和处理决定理由后,依法予以驳回。上述规定,进一步明确了庭前会议的法律效力,提升了庭前会议的实质化水平,更有利于充分发挥庭前会议的整理、过滤、准备功能。

　　检视上述文件有关庭前会议制度的规定可以发现,针对我国刑事庭前会议的功能定位、参加主体、法律效力和程序衔接等重要问题,《刑事诉讼法》和《刑诉法解释》的规定存在以下问题:一是规定仍较粗疏。如《刑事诉讼法》针对庭前会议仅有第 187 条第 2 款的原则性规定,2021 年《刑诉法解释》对庭前会议的规定已从 2012 年《刑诉法解释》的两条增加至八条,可操作性明显增强,但与前述相关国家和地区对庭前准备程序采取的专门规定模式相比仍显粗疏,如美国《联邦刑事诉讼规则》第四章"传讯和准备审判",《德国刑事诉讼法》第二编第五章"准备审判"中的十三个条文,《法国刑事诉讼法》第二卷第一编第四章"重罪法庭开庭期预备程序",《日本刑事诉讼法》也在提起公诉后设置专门的准备程序。[①] 二是功能界定不明。我国《刑事诉讼法》将庭前会议功能定位于"了解情况,听取意见",范围局限于"回避、出庭证人名单、非法证据排除等与审判相关的问题",未免过于原则,实质上将庭前会议降格为可有可无的咨询程序。特别需要指出的是,上述规定对在国外庭前准备程序中备受重视的审前程序分流问题则

----

① 参见步洋洋:《刑事庭审实质化路径研究》,法律出版社 2018 年版,第 102 页。

完全没有涉及,导致庭前会议不仅没有前置过滤和分流功能,反而呈现出明显的"有诉必审"倾向。三是效力约束缺失。《刑事诉讼法》和2012年《刑诉法解释》均未规定庭前会议具有明确的法律效力,即使是2018年《刑事诉讼法》仍未对庭前会议效力予以明确,在一定程度上使得庭前会议成为食之无味、弃之可惜的"鸡肋"。目前,上述问题主要通过最高人民法院2016年以来的司法解释逐步得到解决,特别是2017年2月《全面推进意见》、2017年11月"三项规程(试行)"中的《庭前会议规程》和2021年《刑诉法解释》,最高人民法院在总结各地改革实践基础上,对其中有些问题作了创新规定,但从长远来看,前述问题涉及的更多是制度的基本理念和架构问题,仍有待于立法、司法解释的进一步细化。

(三)刑事庭前会议运行现状及主要问题

2015年2月至2020年12月,成都两级法院按照实质化方式开庭审理的3,358件试验示范庭审中,召开庭前会议的共有2,216件,召开率约为65.99%,接近2/3,这表明诉讼参与各方在发挥好庭前会议作用对确保庭审实质化功能充分实现的特殊重要性这一问题上,具有普遍共识。同时,庭前会议召开比例和发挥作用效果在各年有所差异,最高的是2015年的71.08%,接近3/4;最低的是2016年年底的47.8%,不到一半。总体上看,接近2/3是一个比较客观和合理的幅度区间。同时,想要正确把握庭前会议作用发挥的实际效果,还要结合具体个案深入挖掘,重点分析。①

---

① 刑事庭前会议和庭前准备代表性实证研究,如左卫民:《论法官未完成的变革:刑事庭前会议实证研究》,载左卫民等:《中国刑事诉讼运行机制实证研究(六)——以新〈刑事诉讼法〉实施中的重点问题为关注点》,法律出版社2015年版,第100—118页;叶峰:《审判中心模式下庭前会议的司法困境与出路》,载左卫民主编:《中国法律实证研究》(第1卷),法律出版社2017年版;郭彦主编:《理性 实践 规则:刑事庭审实质化改革的成都样本》,人民法院出版社2016年版,第43—67页;熊焱主编:《刑事庭审实质化改革:理论、实践、创新》,法律出版社2017年版,第37—46、216—224页;卞建林、杨宇冠主编:《刑事诉讼庭前会议制度研究》,中国政法大学出版社2017年版;邓陕峡:《我国刑事庭前会议的实证研究与理论阐释》,中国政法大学出版社2017年版。

当前,刑事庭审实质化改革实践中部分案件庭前会议存在两个方面的问题。一方面,有的案件的庭前会议出现"泛庭审化"现象,客观上导致庭前会议与庭审出现功能混同,也有人称为"庭审预演"①,主要反映在:(1)会议部分内容在不同程度上与庭审重叠,特别是拟出示证据梳理和证据排非审查方面,发问之详尽,乍一看几乎与庭审法庭调查没有差别。(2)会议用语简单援用庭审用语,比如请控辩双方举证,请发表对指控事实的意见;有一件甚至在庭前会议结束时宣布闭庭。(3)庭前会议重点不够集中,没有突出程序性争议事项裁决这一基础和核心职能,不少庭前会议笔录没有反映对回避、管辖以及参诉主体资格的发问和处理。(4)部分庭前会议比较费时,抽样案件中最长的一份庭前会议笔录长达35页,几乎与庭审没有差别。上述问题不仅造成庭前会议与庭审功能混淆,而且可能导致新的庭审虚化现象。造成上述问题的根本原因,还是在于对庭前会议的程序属性认识不深,实践中操作把握不当,导致庭前会议的功能错位。必须强调,庭前会议的核心在于以争点整理为核心,着重处理好程序性争议、"排非"梳理、证据开示等事项,就程序事项进行裁决,为庭审集中不间断审理做好必要准备,而不是代替庭审。这是庭前会议与庭审功能合理分离的关键所在。下面是一件案件庭前会议笔录片段:

审:双方有无新的证据提交?

公:公诉方所有证据都已移交法院。

辩:两份民事判决书、一份谅解书、刑事和解协议书、收条。

公:刑事和解书、谅解书、收条在移交给法院的卷中都有。

辩:两份生效民事判决书证实被告人没有逃逸情节,公诉方没有

---

① 外地法院改革实践中也有反映,以致"有法官反映庭前会议开着开着就搞成了提前质证和法庭辩论,而正式庭审事实上是控辩双方对庭前会议的重复"(参见叶峰:《审判中心模式下庭前会议的司法困境与出路》,载左卫民主编:《中国法律实证研究》(第1卷),法律出版社2017年版,第130页)。

提交。

公:民事和刑事质证标准不一样。民事只证明发生交通事故就行了。公诉不认可该证据证实被告人不具有逃逸情节。

辩:另外还有两份司法判例需要公诉方提供,一份是逃逸之后判处缓刑。另一份是《检察日报》上发表的文章《发生交通肇事后顶包,并不一定认定被告人逃逸》。

公:如果被告人赔偿完毕并取得谅解,即使逃逸,判处被告人缓刑我们也没有意见。但是对辩护人要求提交的其他证据我认为是学理分歧。具体案件应当具体处理,我们坚持认定被告人具有逃逸情节。

该段笔录反映出,在申请出示证据目录过程中,控辩双方就两份民事判决书的证据证明力产生分歧,并进而对被告人是否存在逃逸情节产生争议。乍一看还以为是庭审证据调查。这也表明,法官要正确认识和准确把握庭前会议与庭审的功能差异,避免庭前会议混同于庭审而产生"泛庭审化"现象。必须谨记的是,"争点整理只在于提出争议点、明确争议点的性质,促使控辩双方围绕重点来准备庭审,而非对争点展开证据调查和辩论,这是争点整理必须严守的界限"[①]。

此外,庭前会议与庭审衔接把握不当,主要反映在报告要么过于简略,没有达到通过报告有效公开庭前会议情况的效果;要么过于烦琐,报告重点不突出,导致庭审拖沓、效率不高。庭前会议如何与庭审衔接,特别是庭前会议报告如何形成,《刑事诉讼法》及其司法解释并没有明确规定,实践中还有待形成既规范简洁、又重点突出的报告模式和操作流程。

(四)庭审实质化改革与庭前会议的功能定位

从成都等地刑事庭审实质化改革的实践情况看,刑事庭前会议的

[①] 邓陕峡:《我国刑事庭前会议的实证研究与理论阐释》,中国政法大学出版社2017年版,第153页。

常用功能主要集中在以下五个方面:管辖、回避等程序性事项;排除非法证据审查;证据争点整理;申请证人出庭和调取证据;事实争点和法律争点整理。

有学者认为,庭前会议的功能重在过滤程序争议,即程序争议解决前置,实体审判后置。① 也有学者认为,"我国庭前会议的功能定位应当回归到刑诉法的立法初衷,以解决程序性争议为首要目标,不宜过度扩张,以防止庭前会议承受'不可承受之重';同时庭前会议应当加强对被告人的权利保障"②。换言之,庭前会议的主要功能应当集中在程序性事项和权利保障两个方面。笔者认为有其合理之处,但从司法实务角度看,深入审视和重新定位庭前会议的核心功能,应当着重考虑的因素有三个:一是哪些事项或问题本身处理难度可能不大,但在办理每个案件中又必须梳理或最常遇到,这是个量的问题;二是哪些事项或问题操作中最难把握,这是个质的问题;三是哪些事项或问题如果处理不当最容易影响庭审进程甚至导致庭审中断。结合《庭前会议规程》确定的十项事项范围,以上述三个标准进行分析,第 1 项管辖和第 2 项回避等程序性事项更可能属于第一类,处理难度一般不大,但鉴于其涉及程序公正和基本诉权保障,属于每案都必须梳理,如果忽视则可能带来大麻烦,导致庭审拖延甚至中断,因此又同时属于第三类。第 3 项是否公开审理事项不是每个案件都有,实际上一般案件中较少遇到,同时处理难度相对不大。第 4—9 项的六项均属证据事项,其中第 4 项排除非法证据事项直接涉及人权保障和防范冤假错案,虽非每案都有,但属于把握难度较大事项,需慎重处理;其次是第 9 项申请证人出庭以及对对方出庭人员名单的争议事项,关键证人出庭

---

① 参见陈瑞华:《刑事诉讼法修改对检察工作的影响》,载《国家检察官学院学报》2012 年第 4 期。

② 熊秋红:《刑事审判模式下的庭前会议功能定位》,载《人民法院报》2017 年 6 月 14 日。

与否对庭审调查重点、调查方法和事实认定影响很大,也直接影响到庭审效率,加之属于最常遇到的事项,同样需要审慎处理;其余四项则视个案情形而定,既非每案都有,也未必难度都大。第 10 项其他事项属兜底规定,需结合个案而定。

这里还需要单独讨论争点整理问题。争点整理是关系到庭审调查和辩论重点的重要事项,理应属于庭前会议的核心事项,并且应当包括证据争点、事实争点、法律适用争点。但《刑事诉讼法》和《刑诉法解释》均未明确庭前会议应当进行争点整理,对争点整理没有给予足够重视。《防范冤错意见》第 10 条规定,"庭前会议应当归纳事实、证据争点。控辩双方有异议的证据,庭审时重点调查;没有异议的,庭审时举证、质证适当简化"。《庭前会议规程》第 2 条规定,"庭前会议中,人民法院可以就与审判相关的问题了解情况,听取意见,依法处理回避、出庭证人名单、非法证据排除等可能导致庭审中断的事项,组织控辩双方展示证据,归纳争议焦点,开展附带民事调解"。两相对比,此条只是在最后位置加上了"归纳争议焦点",远不如《防范冤错意见》规定得突出且明确,立场反而有所倒退。另外,《防范冤错意见》第 10 条也有不足,只规定了事实争点和证据争点,遗漏了法律争点。值得注意的是,《庭前会议规程》第 10 条以列举方式明确规定了庭前会议的十项内容,其中并不包括争点整理;但第 2 条、第 19 条、第 20 条又规定庭前会议中可以归纳控辩双方的争议焦点、梳理存在争议的证据;第 23 条第 2 款规定庭前会议报告内容包括控辩双方的争议焦点,实质上又明确了争点整理应当成为庭前会议的重要内容,但逻辑层次不够清晰。

为什么争点整理如此重要?其理由在于:一是争点整理直接涉及庭审方向、调查重点以及审理方案的确定;二是争点整理是庭审效率的关联性乃至决定性因素之一;三是争点整理也在很大程度上影响到法官的裁判思路。正因为如此,一些大陆法系国家和地区越来越认识到争点整理的重要性,2004 年日本修订《刑事诉讼法》时专门增设了独立的争点及证据整理程序,并加以详细规定①;2007 年韩国修订《刑事诉讼法》时新增设的公审前的准备程序与日本的争点及证据整理程序类似②,确实值得我国在完善以审判为中心的刑事诉讼制度改革中思考借鉴。2015 年以来,部分地方法院对此积极进行探索实践,提出了富有建设性的思路建议,对规范、完善庭前会议制度发挥了积极作用,提供了重要经验。③

综上所述,庭前会议的功能应当定位于以解决管辖、回避、出庭证人名单等程序性争议为前提,以诉讼争点整理为核心,以证据交换为保障。就此而言,有学者将这种以诉讼争点整理确定庭审实质化适用范围的总体思路和操作方式定位为"争点主导主义"的刑事庭审模式,确实不无道理。④ 重点应针对以下五个方面了解情况,听取意见,并就其中涉及可能导致庭审拖延或中断的程序性争议事项作出裁决,确保庭审有序进行:(1)管辖、回避等程序性争议;(2)申请排除非法证据;(3)申请证人出庭和证人名单异议;(4)证据争点、事实争点和法律争点整理;(5)程序分流建议。其中,前三项属当事人诉权事项,须待当事人提出或申请,庭前会议才能进行处理;后两项属法院职权事项,法官应当主动提出并征询双方意见,正确把握和妥当决定。

应当强调的是,对复杂疑难案件设置庭前会议机制,规范和完善

---

① 参见宋英辉、孙长永、朴宗根等:《外国刑事诉讼法》,北京大学出版社 2011 年版,第 478 页。

② 参见宋英辉、孙长永、朴宗根等:《外国刑事诉讼法》,北京大学出版社 2011 年版,第 537、538 页。

③ 2015 年成都市中级人民法院《刑事诉讼庭前会议操作规范(试行)》、2017 年四川省高级人民法院《关于刑事案件适用庭前会议的若干意见(试行)》均将整理控辩争点作为庭前会议的重要内容,成都市中级人民法院更将其列入庭前会议核心功能。

④ 有学者认为,我国刑事普通程序中的"二元模式"即"有诉讼争议—实质化解决"模式和"无诉讼争议—形式化确认"模式,目前已初露端倪。未来普通程序的再设计,也应以此种互利共生的"二元模式"建构为切入点。参见李奋飞:《论刑事诉讼中的"争点主导主义"》,载《政法论坛》2020 年第 4 期。

庭前准备,其目的在于为庭审功能的实质化奠定基础,而不是将庭审功能前置到庭前准备阶段而重蹈"先定后审"的覆辙,导致庭审空洞化,更不能以庭前准备取代庭审。① 不仅如此,充分、有力而又有度的庭前准备,对确保庭审的顺畅进行和庭审功能的实质发挥至关重要。但对简单案件的庭前准备,则允许探索实践替代性的分流方案和快审机制,以便案件尽早获得解决。

(五)完善庭前会议操作中的主要难点

1. 程序争议事项

(1)管辖权争议。《刑事诉讼法》没有规定管辖问题是否属于庭前会议审查范围,《刑诉法解释》第 228 条对此作了明确规定。同时,按照《刑诉法解释》第 219 条的规定,对符合经审查不属于本院管辖或者被告人不在案等情形的,应当退回人民检察院。《庭前会议规程》第 11 条进一步规定,"被告人及其辩护人对案件管辖提出异议,应当说明理由。人民法院经审查认为异议成立的,应当依法将案件退回人民检察院或者移送有管辖权的人民法院;认为本院不宜行使管辖权的,可以请求上一级人民法院处理。人民法院经审查认为异议不成立的,应当依法驳回异议"。但对庭前会议经审查认为具备管辖权,但经开庭审理后、判决前法庭又认为没有管辖权的,或者二审法院以没有管辖权为由裁定发回重审的,法院能否将案件退回公诉机关,《刑事诉讼法》《刑诉法解释》及《庭前会议规程》均无规定。这反过来意味着,在目前规定架构下,庭前会议虽然可以就管辖问题了解情况、听取意见,但实际上难以就管辖问题作出具有约束力的程序性决定,实践中如何处理这一问题亟待明确。如在李某某被控合同诈骗案中,2016 年 11 月,李某某被 S 省 Y 市中院一审判处无期徒刑,S 省高院二审裁定 Y

---

① 参见陈宏毅、林朝云:《刑事诉讼法新理论与实务》,五南图书出版股份有限公司 2015 年版,第 433 页。

市中院无管辖权,并将案件发回重审。后 Y 市中院欲将案件退回检察院,一度遭拒,后此案被上报至"两高",并在学界和实务界引发较大争议。①

笔者认为,管辖权争议具有前置性,应当在庭前会议阶段予以解决,否则将可能导致刑事庭审出现拖沓甚至中断的情形。据此建议,从下述几个方面对《刑事诉讼法》《刑诉法解释》以及《庭前会议规程》进行修改完善:一是要明确管辖权争议属于庭前会议审查决定的程序事项范围,并在庭前会议召开前告知被告人及其辩护人。二是庭前会议应当就管辖权争议主动向控辩双方了解情况、听取意见,并作出程序决定。认为具备管辖权的,应当继续进行审理;认为不具备管辖权的,应当将案件退回公诉机关。三是庭前会议中被告人或者辩护人提出管辖权异议,但法院未予审查或者未在判决书中予以回应的,被告人可以此为由提出上诉,二审法院可以此为由裁定发回重审;发回重审后,原审法院应当将案件退回公诉机关;双方发生争议的,分别报请上一级法院、检察院协商决定。四是被告人及其辩护人未在庭前会议中提出管辖权异议且不具备正当理由的,不得在庭审中再提出管辖权异议;以原审没有管辖权为由提出上诉的,二审法院不予支持。

(2)回避人员范围。《刑事诉讼法》《刑诉法解释》以及《庭前会议规程》中规定的申请回避范围主要是审判人员、检察人员、侦查人员、书记员和翻译人员,但未就法官助理、法庭速录员是否适用予以明确。鉴于 2018 年 10 月修订后的《人民法院组织法》《人民检察院组织法》已分别就人员分类管理和法官助理、检察官助理职责作出明确规定,

---

① Y 市政法委还曾出面协调将案件移交李某某居住地司法机关管辖,但当地司法机关不愿接收。而"犯罪地"司法机关早在 2012 年年初接到报案时,即以此案属经济纠纷为由撤销案件。2018 年 4 月,代理律师车某某持授权委托书到 Y 市中院阅卷,但被告知案件已退回 Y 市检察院。车某某抱怨,"检察院说,法院没出文书,只把案卷抱了过来,这算什么退回?因此也不要我的委托书"(参见谭畅、桂天舒:《陕西榆林:法院判了无权管的案子,如何收场》,载《南方周末》2018 年 6 月 14 日)。

法官助理、检察官助理均应当列入回避适用范围,控辩双方有权提出申请,人民法院亦应依职权进行审查并作出决定。对于法庭速录员,为充分保障庭审公平公正,可参照书记员回避规定办理。

2. 庭前会议由谁召集主持?

庭前会议由谁召集和主持,实践中一直存在争论,由法官召集自无疑问,其焦点在于法官助理能否主持庭前会议?成都地区刑事庭审实质化改革试点提出两种模式并行的思路,既可由法官主持,又可鼓励和引导法官指派法官助理主持。从法理上讲,由法官助理主持庭前会议的价值显而易见:一是实现庭前与庭审程序时空和主体的合理分离,法官助理专注于庭前准备,法官专注于主持指挥庭审;二是细化司法事务特别是案件核心裁判事务与裁判辅助事务的分层分流,促进司法事务的分类分层办理和管理;三是由法官助理主持庭前会议,也是其履行职责、磨炼能力、积累经验的重要途径。

梳理法律和司法解释规定情况可以发现,立法和司法解释的立场似乎模糊不清。依《刑事诉讼法》第 187 条的规定,其主持主体是"审判人员",因此要解决这一问题首先涉及对"审判人员"如何解释。《刑事诉讼法》第三编第二章第一节公诉案件中,"审判人员"共出现 7 次,涉及四个条文:第 182、186、189、197 条。联系到第 182 条第 1 款系组成合议庭,第 2 款的"审判人员"应指合议庭成员,联系到第 197 条,并可排除书记员,因此"审判人员"应不包括审判辅助人员。审判人员在《全面推进意见》中涉及庭前会议程序部分出现了 2 次(第 5 条和第 9 条),其含义均相同。实际上,《刑诉法解释》第 183 条和《全面推进意见》第 5 条均只是重复了《刑事诉讼法》规定,没有进一步细化。2017 年 6 月,最高人民法院出台的《办理刑事案件庭前会议规程(试行)》第 3 条明确将主持人限定为"承办法官或合议庭其他成员",牵头改革的最高人民法院刑三庭当时也倾向于认为只能由法官主持庭前会议。上述《刑事诉讼法》和相关司法解释中的"审判人员"应是指合议庭成员,而不包括审判辅助人员。

2015年《司法责任制意见》第15条、第16条规定,独任法官或合议庭"主持或者指导法官助理做好庭前会议、庭前调解、证据交换等庭前准备工作及其他审判辅助工作"。这里明确提到法官助理可以在法官指导下召集庭前会议。《繁简分流意见》第9条规定,"发挥庭前会议功能。法官或者受法官指导的法官助理主持召开庭前会议,解决核对当事人身份、组织交换证据目录、启动非法证据排除等相关程序性事项。对于适宜调解的案件,积极通过庭前会议促成当事人和解或者达成调解协议。对于庭前会议已确认的无争议事实和证据,在庭审中作出说明后,可以简化庭审举证和质证;对于有争议的事实和证据,征求当事人意见后归纳争议焦点"。依此规定,法官助理不仅可以在法官指导下主持庭前会议,而且在刑事、民事、行政案件中均可。但依据《全面推进意见》第5条的规定,"庭前会议在法庭或者其他办案场所进行,由审判人员主持,控辩双方参加,必要时可以通知被告人到场"。依此规定,刑事案件庭前会议只能由法官主持,法官助理不能主持庭前会议。显然两份文件在对法官助理能否召集和主持刑事案件庭前会议这一问题上,采取了不同立场。究其背后原因,除了立法规定不够明确具体之故,也与刑事诉讼系因公权发动和推进、程序风险和诉权保障风险相对较大等因素相关。

《庭前会议规程》在吸纳成都等地改革经验和意见之后作出调整,其中第3条第1款规定,"庭前会议由承办法官主持,其他合议庭成员也可以主持或者参加庭前会议。根据案件情况,承办法官可以指导法官助理主持庭前会议"。据此,法官助理主持刑事庭前会议的依据问题基本得到解决,制定具体细化的操作规则成为下一步的重点。但值得注意的是,2021年3月1日起施行的修订后的《刑诉法解释》再次作出调整,该法第230条第1款规定,"庭前会议由审判长主持,合议庭其他审判员也可以主持庭前会议"。据此,庭前会议仍由法官主持,法官助理的主持职责被取消。笔者认为这一问题仍值讨论,法官助理在法官指导下主持庭前会议理论上于程序法理并无不合,实践中亦确有其积极价值,应当予以保留。

顺便指出,在法官主持庭前会议的情况下,该由合议庭全体、审判长还是承办法官主持?2021年《刑诉法解释》似采审判长主持为优先、合议庭其他成员主持为补充的思路。笔者认为,为避免庭前阅卷形成不合理预断,应缩小庭前阅卷范围,因此审判长不宜主持,宜由合议庭指定承办法官(或非承办的合议庭成员)主持庭前会议,并在开庭前完成庭前会议报告;若案件较为复杂,也可由审判长主持,并可指定法官助理在开庭前完成庭前会议报告。至于由合议庭全体主持庭前会议,无论从庭前准备阶段与庭审阶段的分离分工,还是从避免形成先入之见的角度,均实无必要。

3. 被告人是否参加及如何参加庭前会议?

被告人有无权利参加庭前会议?基于人权保障的价值追求和程序正当的基本法理,应当认为被告人有权参加庭前会议。同时,这一问题涉及庭前会议的规范操作,还涉及被告人如何参加的一系列具体手续,包括提押安全等,需要冷静对待和务实处理。

《刑事诉讼法》第187条虽未明确被告人是否参加庭前会议,但其使用的"当事人"一词应当包括被告人在内,即被告人有权参加庭前会议。2012年《刑诉法解释》第183条规定为"根据案件情况,可以通知被告人参加",《刑事诉讼规则》则回避了被告人是否参加的规定,但其中第432条提到了当事人参加庭前会议,实际上隐含了被告人有权参加之意。《全面推进意见》第5条规定为"必要时可以通知被告人到场",相较立法规定,司法解释的立场似乎有所后退。而且该条对如何判断必要并没有具体标准。如果被告人坚持申请参加,是否为必要?如果律师认为自己参加即可而无须被告人参加,又该如何处理?2017年6月,最高人民法院在试点期间下发的《办理刑事案件庭前会议规程》第 3 条第 2 款规定,被告人申请参加或排非的,应当通知到场,其他情形下如何判断则仍然没有规定,可以理解为由法官自由裁量。经一段时间试点后,2018 年 1 月起试行的《庭前会议规程》第 3 条第 2 款最终明确为,"根据案件情况,被告人可以参加庭前会议;被告人申请参加庭前会议或者申请排除非法证据等情形的,人民法院应当通知被告人到场;有多名被告人的案件,主持人可以根据案件情况确定参加庭前会议的被告人"。此条规定反映出:一是对被告人参加权未予直接明确,被告人只是可以参加;二是除被告人申请排除非法证据外,被告人是否参加庭前会议由人民法院结合个案具体情况裁量决定;三是被告人如未参加的,其诉权如何保障没有规定。

四川和成都地区法院在刑事庭审实质化改革实践中,对此问题作了积极探索,如 2015 年成都市中级人民法院《刑事案件庭前会议操作规范(试行)》(以下简称《庭前会议规范》)第 8 条规定,对未被羁押被告人应当通知其参加;如被羁押,可通知其辩护人代表其参加。同时,该规范第 9 条将被告人应当参加的情形扩展为五项,包括:被告人无辩护人的;被告人申请召开庭前会议的;被告人有证明自己无罪或罪轻的证据需要展示的;附带民事诉讼原告方参加,被告人无辩护人或辩护人未代理附带民事诉讼的;其他被告人有必要到场情形的。[①] 2017 年四川省高级人民法院《关于刑事案件适用庭前会议的若干意见(试行)》(以下简称《庭前会议意见》)第 6 条规定,"人民法院原则上应当通知被告人参加庭前会议。有条件的地方,人民法院可以通过远程视频方式召集庭前会议。在共同犯罪案件中,人民法院可以通知部分被告人参加庭前会议。被告人没有参加庭前会议的,辩护人应当事先与被告人充分沟通,庭前会议后应将会议情况及时告知被告人。未成年被告人参加庭前会议的,应当通知未成年被告人的法定代理人

[①] 参见郭彦主编:《理性 实践 规则:刑事庭审实质化改革的成都样本》,人民法院出版社 2016 年版,第 448 页。

或者其他成年亲属、相关组织的代表参加"①。这一规定从原则上明确了被告人的庭前会议参加权,具有重要的理念价值和实践意义,同时也从规范操作的角度对共同被告人参加和未成年被告人参加的特殊情形作了规定,特别是首次就被告人未参加庭前会议的如何保障其知情权作了衔接,但遗憾的是只限于共同被告人未参加情形,对一般被告人因故未参加情形则未作规定,同时对多名被告人参加的是否应同时在场还是分别处理未予明确,实有进一步完善之必要。

从成都地区法院刑事庭审实质化改革试点情况看,对保障被告人参加庭前会议的权利比较重视,同时考虑到实际操作难度,也保留了一定的灵活度,被告人参加庭前会议情况也暂未纳入刑事庭审实质化改革数据统计。在笔者抽样的 101 件实质化庭审案件中,有 60 件召开庭前会议,其中有 42 件有被告人参加,此比例已属较高,但考虑到抽样案件数量较小且均系试验示范庭审,因此还不宜过于乐观。在外地法院另一项实证调查分析中,样本案件有 47 件,其中被告人参加仅有 8 件,呈现出较大反差。② 对被告人没有参加的案件,如何保障被告人的知情权和异议权,大多数庭前会议笔录也未作交代,一些操作性难点问题也还需要进一步研究和解决。

从既能保障被告人诉讼权利又便于规范操作的角度出发,对此问题究竟应如何处理?笔者提出如下思路和建议。

第一,应从理念原则和制度整体上明确被告人有权参加庭前会议。从制度上确立以被告人有权参加为一般情形、以不能参加或放弃参加为例外补充的基本思路,充分彰显刑事诉讼的人权保障价值和程序正当精神,这既是被告人重要诉讼权利的内在之义,同时也符合审

---

① 熊焱主编:《刑事庭审实质化改革:理论、实践、创新》,法律出版社 2017 年版,第 217 页。
② 参见叶峰:《审判中心模式下庭前会议的司法困境与出路》,载左卫民主编:《中国法律实证研究》(第 1 卷),法律出版社 2017 年版,第 129 页。

前准备阶段强化被告人诉权保障的现实需要。①

第二，庭前会议召开前主动告知并征求意见。对被告人是否参加庭前会议，法官应当主动征求被告人或辩护人意见，对被告人及辩护人的意见要记入笔录。如在一件案件的庭前会议中，法官主动就此问题征求辩护人意见，作出妥善处理：

审：关于被告人周某某被控故意伤害、非法持有枪支案，根据《刑事诉讼法》第182条的规定，今天通知公诉人、辩护人召开庭前会议，就本案程序中的问题了解情况，听取意见。作为本案辩护方是否要求本案的被告人参加庭前会议？

辩：通过查阅案件材料和证据，认为没有必要让被告人参加。

在此案中，法官主动征求辩护人意见当然没有问题，但从程序正当性和诉权保障视角言之，法官直接征求被告人意见更为妥当，具体可在向被告人送达公诉书等诉讼文书时一并告知和征求意见即可。

第三，赋予被告人对参加庭前会议的选择权。从程序法理上讲，被告人有权参加庭前会议，但考虑到大部分刑事案件中，被告人处于被羁押状态，其参加庭前会议多有不便，同时也将产生更多的司法成本，简单强调被告人必须参加庭前会议未必合理，也不一定方便操作。在此情况下，承认被告人的选择权并予以保障，不失为明智务实之举。《庭前会议规程》第4条规定，"被告人不参加庭前会议的，辩护人应当在召开庭前会议前就庭前会议处理事项听取被告人意见"。此条实际上承认了被告人对庭前会议的选择权。如被告人选择放弃参加，或由其辩护人、代理人参加，法庭应当予以尊重，并切实保障其知情权。据此，对被告人放弃参加或因客观事由没有参加庭前会议的，庭前会议

---

① 有人认为，"被告人有辩护人的，原则上由辩护人参加庭前会议，但辩护人提出的主张必须有被告人的明确授权。没有辩护人的，人民法院应当通知法律援助机构指派律师为被告人提供帮助"［参见叶峰：《审判中心模式下庭前会议的司法困境与出路》，载左卫民主编：《中国法律实证研究》（第1卷），法律出版社2017年版，第130页］。笔者认为这既有违刑事程序法理和立法意旨，也不利于被告人的权利保障。

开始前,主持法官应当明确要求辩护人会后要将庭前会议情况及达成的共识和整理的争点及时告知被告人,如果被告人提出异议的,要及时报告合议庭。由合议庭视情况决定是否重新召开庭前会议,无必要重新召开的,应将被告人意见记录在卷并反馈给公诉方。

第四,对多名被告人案件应分别处理。一是允许并引导被告人推举代表或委托其辩护人参加庭前会议,被告人均要求参加的由法庭根据个案情况决定,避免庭前会议冗长拖沓;二是考虑各个被告人认罪认罚的不同情况,建议使认罪被告人和不认罪被告人不同时在场,分别参加为宜,以防止串供和供述交叉感染。①

4. 庭前会议的场所和布置

对庭前会议召开的场所,《刑事诉讼法》《刑诉法解释》均未予明确,《庭前会议规程》第7条规定,"庭前会议应当在法庭或者其他办案场所召开。被羁押的被告人参加的,可以在看守所办案场所召开。被告人参加庭前会议,应当有法警在场",这是我国目前对庭前会议召开场所仅有的规定。但对召开场所如何布局和设置,是否应与审判法庭有所区别,也无涉及,以致有些案件的庭前会议仅从图片看,要么看不出是庭前会议,要么与庭审场景难以区分。笔者认为,庭前会议属于庭前准备阶段的重要程序,理应与正式庭审有所区别,因此庭前会议的场所也应与庭审场所有所差异。为此,笔者建议,可以考虑在审判法庭旁边设置专门的庭前会议室,内部空间布局应围绕庭前会议的程序准备性质,在适当参照审判法庭布局的同时,着重体现庭前会议的协商性、沟通性,如将被告人席位与其辩护人席位并排设置于一侧并与公诉方相向,这样既符合庭前会议的法律属性,又方便了被告人及时与其辩护律师沟通、协调。

---

① 如在林某、杨某被控抢劫案中,林某认罪但对量刑事实有争议,杨某拒绝认罪,法庭确定二人分别参加庭前会议,旨在防范串供风险。

5. 庭前会议笔录制作

庭前会议笔录是自 2012 年修订《刑事诉讼法》新增加的诉讼文书样式,《刑事诉讼法》第 187 条、《刑诉法解释》第 228 条、《庭前会议规程》第 23 条均规定庭前会议应当制作笔录,但对笔录格式、结构、签名均未予明确规定或规定不够具体,这给庭审实质化改革实践中如何制作庭前会议笔录带来一定困难。就规范庭前会议笔录的制作,重点应当做好以下几个方面(后附李某某被控犯诈骗罪一案庭前会议笔录实例):(1)基本结构,可分为首部、笔录正文、尾部三个部分,首部包括笔录标题、时间、场所、召集人(或主持人)、公诉人、被告人、辩护人、记录人等;正文可按庭前会议审查的重点和顺序,逐项记录庭前会议内容;尾部主要是各参会人员签名和补正情况等。(2)笔录要求,主要包括全面、准确、规范。(3)笔录签名,《刑事诉讼法》规定了审判人员和书记员应当在庭前会议笔录上签字,但对公诉人、被告人、辩护人以及法官助理是否签字没有涉及。《全面推进意见》第 9 条首次规定,所有参与各方都应在庭前会议笔录签名,《庭前会议规程》第 23 条规定"参会人员核对后签名"。据此,庭前会议尾部应由各参会人员审核后签名。

6. 庭前会议报告

《刑事诉讼法》和《刑诉法解释》对庭前会议报告没有作出规定。在总结成都等地法院庭审实质化改革经验基础上,《全面推进意见》第 9 条首次明确"审判人员应当制作庭前会议报告,说明庭前会议的基本情况、程序性事项的处理结果、控辩双方的争议焦点以及就相关事项达成的一致意见"。《庭前会议规程》第 23 条第 2 款再次强调,"庭前会议结束后应当制作庭前会议报告,说明庭前会议的基本情况、与审判相关的问题的处理结果、控辩双方的争议焦点以及就相关事项达成的一致意见等"。这里同时作了两个调整:一是将原来的"审判人员应当制作庭前会议报告"改为"庭前会议结束后应当制作庭前会议报告",表明庭前会议报告既可以由法官制作,也可以由法官助理制作

(从实践操作角度看,由法官助理制作更为妥当);二是将原来的"程序性事项的处理结果"改为"与审判相关的问题的处理结果",这实际上扩展了庭前会议处理前置性问题的范围。据此,庭前会议召开后开庭前法官助理应当根据庭前会议笔录及时制作庭前会议报告。

(1)报告内容。主要包括控辩双方对程序性事项的意见及处理结果;案件事实、证据方面的争点整理情况,已经达成一致的事项以及需要庭审解决的事项等。

(2)报告要求。要做到全面、准确和简洁,不能做成有什么就记什么的流水账,而应在全面准确理解的基础上,对控辩双方意见进行归纳概括,务求准确反映控辩双方发言的本来意图。

(3)报告签名。报告在经双方核对无误后予以签名,及时固定庭前会议的内容和共识,以确定和彰显其程序拘束力。

(4)宣布主体。对庭审程序中由谁宣布庭前会议报告的主要内容,《刑事诉讼法》和《刑诉法解释》均未作出规定。审判长作为庭审主持和指挥者,由其宣布固无问题,结合《庭前会议规程》第3条第1款关于"庭前会议由承办法官主持,其他合议庭成员也可以主持或者参加庭前会议。根据案件情况,承办法官可以指导法官助理主持庭前会议"的规定,也可以由承办法官宣布。值得注意的是,2016年11月四川省高级人民法院《刑事一审普通程序公诉案件庭审规范》(以下简称《庭审规范》)和《刑事一审普通程序公诉案件庭审操作指引》(以下简称《庭审操作指引》)均明确为承办法官宣布,但2017年3月四川省高级人民法院《庭前会议意见》第21条改为"应当由审判长宣布庭前会议报告的主要内容"。

(5)宣布时间。对在庭审哪个阶段和环节宣布庭前会议报告主要内容的问题,《刑事诉讼法》和《刑诉法解释》亦未规定。《庭前会议规程》第24条首次明确分为三种情形处理:一般情况下,在宣读起诉书后、陈述或讯问开始前宣布;有多起犯罪事实的案件,可以在有关犯罪事实的法庭调查开始前,分别宣布庭前会议报告的相关内容;对庭前会议处理管辖异议、申请回避、申请不公开审理等事项的,法庭在告知当事人诉讼权利后宣布。《法庭调查规程》第 5 条第 2 款规定,"对于召开庭前会议的案件,在庭前会议中处理诉讼权利事项的,可以在开庭告知诉讼权利的环节,一并宣布庭前会议对有关事项的处理结果"。分析上述规定,其本意是基于灵活处理的务实策略,既认可宣读起诉书后宣布为一般情形,同时也认可其他环节宣布的弹性处理。由于几乎所有召开庭前会议的案件都会在庭前会议中涉及处理有关程序事项和诉讼权利事项,成都等地改革实践中的普遍做法是在告知诉讼权利后宣读起诉书前一并宣布庭前会议报告主要内容,程序操作上既集中紧凑,也契合庭前会议情况报告的前置要求。另外,四川省高级人民法院《庭审规范》第 12 条、《庭审操作指引》第二部分"法庭调查前的准备"之(五)和《庭前会议意见》第 21 条均统一明确为在宣读起诉书前宣读。[①] 从实践情况看,在宣读起诉书前统一集中宣布是最为妥当的做法。

此外,被告人未参加庭前会议的,还应当在开庭 3 日前将报告送达被告人,并听取被告人意见。

7. 庭前会议效力

《刑事诉讼法》未对庭前会议效力作出规定。2012 年《刑诉法解释》第 183、184 条有所涉及但也不具体,如第 184 条规定,在庭前会议达成一致的,没有争议的,在庭审中可概括调查。这实际上隐含了庭前会议可以决定争点,具备一定效力。另外,《保障律师权利规定》第 31 条第 2 款规定,法院应当平等对待各诉讼参与人,强调法官不能随便打断律师发言,但出现以下情形可以打断:(1)发言过于重复;(2)相关问题已在庭前会议达成一致;(3)与案件无关;(4)侮辱、诽谤、威胁他人,故意扰乱法庭秩序等情形。这也说明了庭前会议实际上应当是有

---

① 参见熊秋主编:《刑事庭审实质化改革:理论、实践、创新》,法律出版社 2017 年版,第 245 页。

效力的。《全面推进意见》第 7 条第 1 款明确规定"控辩双方对管辖、回避、出庭证人名单等事项提出申请或者是异议,可能导致庭审中断的,人民法院可以在庭前会议中对有关事项依法作出处理,确保法庭集中、持续审理";第 2 款对控辩双方撤回权分别作了限制。《庭前会议规程》第 10 条规定,"对于前款规定中可能导致庭审中断的事项,人民法院应当依法作出处理,在开庭审理前告知处理决定,并说明理由。控辩双方没有新的理由,在庭审中再次提出有关申请或者异议的,法庭应当依法予以驳回"。其后各条则针对第 10 条所列具体情形如何处理分别作出规定,将庭前会议的程序裁决效力具体要求逐一细化。同时该规程第 25 条第 1 款规定,"宣布庭前会议报告后,对于庭前会议中达成一致意见的事项,法庭向控辩双方核实后当庭予以确认;对于未达成一致意见的事项,法庭可以归纳控辩双方争议焦点,听取控辩双方意见,依法作出处理"。2021 年《刑诉法解释》第 233 条进一步明确了庭前会议效力,"对庭前会议中达成一致意见的事项,法庭在向控辩双方核实后,可以当庭予以确认;未达成一致意见的事项,法庭可以归纳控辩双方争议焦点,听取控辩双方意见,依法作出处理。控辩双方在庭前会议中就有关事项达成一致意见,在庭审中反悔的,除有正当理由外,法庭一般不再进行处理"。总体而言,上述规定具有重大意义:一是明确了庭前会议具有裁决权;二是裁决范围限于程序推进问题,不包括实体审理问题;三是庭前会议决定原则上对控辩审三方均具有约束力,各方无正当理由不得翻悔。

需要强调的是,确定庭前会议裁决的效力要区分事实问题、证据问题和程序问题,不能简单地一概而论:第一,对于程序问题,庭前会议有权且仅对程序争议事项作出决定,行使的是程序裁决职能,旨在防止和避免庭审出现拖延甚至中断情形。第二,对于事实问题,一方面,庭前会议不能进行实质审查、更不能作出采信或不采信、支持或不支持的预决;另一方面,庭前会议可以对事实争点进行梳理和固定,经双方确认后以此确定庭审方向和重点,对双方没有争议的事实概括调查,对双方关键争点重点调查。第三,对涉及证据问题的下列事项,庭前会议可以了解情况、听取意见:一是对证据争点进行梳理和固定;二是对拟出示证据的目录、顺序和方法组织双方交换意见,促成共识;三是就是否申请排除非法证据听取双方意见,如果辩方撤回申请或者控方撤回被申请排除的证据的,法庭自应准许,庭前会议实质上仍具有某种证据裁判功能,但必须是以控辩双方自愿为前提;四是组织双方交换申请证人出庭名单;五是申请调查新证据等。

  庭前会议的程序裁决效力包括两个层面:(1)达成合意的效力。一是对于已经明确的程序性事项,除当事人确有正当理由的特殊情形外,庭审中原则上不再对该问题或事项作出变更处置;二是针对双方无争议的事实、情节可简化调查程序,无争议的证据可简化出示,如仅宣读证据名称和证明目的[①];三是庭审中围绕争议的事实重点讯问(询问)和举证、质证,有争议证据原则上采取"一证一质"的方式详细出示;四是控辩双方对拟在庭审中出示的证据范围、顺序和方法已经达成共识的,应当按照双方共识所确定的范围、顺序和方法进行出示,防止"诉讼突袭"。(2)未达成合意的处理。控辩双方在庭前会议中对程序性争议事项没有达成合意的,法庭应当结合控辩双方提交的证据材料及陈述理由,作出适当处理并在庭前会议笔录中予以记载,明确控辩双方在庭审中不得针对该程序性争议事项再次发表意见。根据《刑事诉讼法》《刑诉法解释》以及"三项规程"等规定,对应当经过庭审审理才能作出裁判的实体争议事项,审判人员应当要求书记员将控辩双方未达成合意的情况在庭前会议笔录中予以记载,留待庭审中

---

① 我国台湾地区"刑事诉讼法"第 288 条规定,"若当事人于准备程序中不争执之被告以外之人之陈述,构成直接审理原则/传闻法则之例外,法院得以宣读或仅以告以要旨之方式代替证据调查;但法院认为必要者不在此限"[参见林钰雄:《刑事诉讼法》(下册 各论编),中国人民大学出版社 2005 年版,第 157 页]。

进行实体审理并依法作出裁判。

8. 庭前阅卷职能的重塑与完善

案件卷宗材料对刑事诉讼特别是刑事庭审的重要性毋庸置疑,"在某种意义上,现代刑事司法都是'书面司法',文字与档案为现代各国刑事司法的重要载体。用文字记录、传递与使用信息是案件处理的基本技术方式"①,无论是英美法系还是大陆法系均概莫能外。根据达玛什卡教授的研究,案件卷宗材料之于科层型刑事诉讼模式尤其重要,突出反映在所有官员的决定都须记录在案,所有其他官员的活动也须留痕以备上级官员监督。为方便此种监督起见,官方文件和报告的标准化、形式化就成为一种必然需求②,不仅如此,"负责各个程序步骤的官员都应当妥当保管所有文件,以确保案件文件材料的完整性和真实性"③。长期以来我国刑事审判实践中广泛存在的庭前阅卷惯习,似乎与此紧密相关。④ 这一惯习的合法性因 1979 年《刑事诉讼法》所确立的案件卷宗全面移送制度而得到事实上确认甚至强化,后因 1996 年修订《刑事诉讼法》改为主要证据复印件移送制度后受到一定抑制,但忽视庭前阅卷的弊端和风险也随之而来⑤,直到 2012 年修订《刑事诉讼法》后再次改采案件卷宗全面移送制度,庭前阅卷的司法

---

① 左卫民:《中国刑事案卷制度研究——以证据案卷为重心》,载《法学研究》2007 年第 6 期。

② See Mirjan R. Damaska,"Structures of Authority and Comparative Criminal Procedure", The Yale Law Journal,1975(84),p.485.

③ 〔美〕米尔伊安·R. 达玛什卡:《司法和国家权力的多样化面孔——比较视野中的法律程序》,郑戈译,中国政法大学出版社 2004 年版,第 76 页。

④ 有学者指出,我国刑事案卷使用表现出两个突出特点,即使用过程的贯通性和使用结果的决定性,法院的审查受理完全依赖案卷,法官庭外活动亦以阅卷为主;针对某法院 150 件案卷的调查也反映出,几乎所有案件都在根本上依赖于、保存于官方侦查卷宗中的书面证据。相当长时期内,我国刑事案卷制度的大部分特点将被保留,同时亦会发生一定变化(参见左卫民:《中国刑事案卷制度研究——以证据案卷为重心》,载《法学研究》2007 年第 6 期)。

⑤ 有学者将其归纳为两个突出问题,一是主要证据之界定主观化、片面化,庭前心证的空明状态实难保证;二是庭后移送案卷制度应运而生,导致庭审的地位和作用被进一步边缘化(参见步洋洋:《刑事庭审实质化路径研究》,法律出版社 2018 年版,第 106、107 页)。

惯习不仅重新得到承认,并为最高人民法院相关司法文件正式确认。《司法责任制意见》第 16 条规定,合议庭承办法官应当拟定庭审提纲,制作阅卷笔录。《排非规程》第 7 条规定,"开庭审理前,承办法官应当阅卷,并对证据收集的合法性进行审查"。《法庭调查规程》第 3 条规定,"承办法官应当在开庭前阅卷,确定法庭审理方案,并向合议庭通报开庭准备情况"。上述规定对庭前阅卷的主要操作问题作了明确规定:一是阅卷性质不只是职权,更是职责和义务;二是阅卷主体限于承办法官;三是阅卷目的在于审查证据合法性,确定庭审方案,通报准备情况。作出上述规定的背景是,近几年来刑事庭审实质化改革实践反映出,一些地方法院在刑事庭审庭前准备中不重视甚至放弃庭前阅卷,庭前准备不充分,法官对庭审方向、控辩焦点和举证质证心中无数,导致庭审拖延甚至中断,庭审功能发挥严重受限。因此,做好必要且适度的庭前阅卷工作,与推进庭审实质化不仅不矛盾,而且正是确保庭审功能实质发挥的重要条件。①

案件卷宗的价值不仅体现在它是审判程序推进的法定和有效证明上,更反映在卷宗材料的证据价值上,因为它是为诉讼活动中的初

---

① 值得关注的是,在当事人主义的对抗制诉讼模式占主导地位的美国,对法官庭前不调查案卷材料的传统也早已出现反思声音。早在 1975 年,曾做过联邦法官的弗兰克尔教授一针见血地指出,"法官庭前对案情一无所知和毫无准备是我们制度的预设规则……法官在庭前不做调查或者揭示证据,也无人代劳……缺少了庭前阅卷,美国的初审法官有如一个双目失明、跌跌撞撞的案件事实入侵者,只是被那些表面上偶尔闪烁的光斑所引导或误导而莫名激动",据此,弗兰克尔教授认为"必须以开放思维去看待其他同样追求文明的社会所提供的制度性选择模式和方案",并向美国刑事司法界郑重提出了这样的问题,即美国法官庭前对案情一无所知的做法是否总是优于欧洲法官庭前调查案卷? 这一问题确实值得两大法系的法律人深思[See Marvin E. Frankel, "The Search For Truth:An Umpireal View", University of Pennsylvania Law Review, 1975(123), pp.1042,1053]。二十多年后,威廉姆·皮兹教授再次指出,与庭前阅卷的欧陆法官相比,美国法官庭前不调查案卷,对案情几乎一无所知,庭审准备不充分,导致了法官庭审职责的消极和弱势,同时对法官在庭审中究竟应当扮演何种角色和审判应当实现何种目标模糊不清,难以达成共识(参见〔美〕威廉姆·皮兹:《不追求真相的审判》,郭志媛译,载〔美〕虞平、郭志媛编译:《争鸣与思辨:刑事诉讼模式经典论文选译》,北京大学出版社 2013 年版,第 401、402 页)。

始决策和复核决策提供重要基础的信息源。① 这里需要强调的是,四十年来我国刑事庭前阅卷制度的"轮回式"变迁已经表明,过去长期存在的庭前预断和庭审虚化,症结并非出在庭前阅卷本身而是源于庭前阅卷制度和功能的异化,同时也是一系列宏观、微观因素的综合结果。② 同时,虽然"三项规程"承认了庭前阅卷的合法性,但与1979年《刑事诉讼法》的庭前实质审查要求相比,现在的庭前阅卷已有实质性差异,即庭前阅卷旨在整理案件争点、固定双方证据、明确法庭调查顺序和方法等事项,为庭前会议做好准备(对无须召集庭前会议的案件而言,庭前阅卷实质上替代了庭前会议的功能),其功能绝非形成庭前预断,更不能代替庭审或者把庭审变成为庭前阅卷背书的程序过场。虽然法官在阅卷过程中可能会形成某种司法前见,但其必须受刑事诉讼基本原则和庭审程序规则的约束,其应当且只能通过认真听取和综合评议庭审中控辩双方依法提交的诉讼资料和辩论意见,合理形成裁判心证并依法作出公正裁判。

这里有两个问题还需要进一步研究:第一,庭前阅卷的主体范围限制。笔者认为,庭前阅卷固属必要,但其性质属于准备程序,不得进行实体审查和判断,为防庭前阅卷形成不当预见而可能影响庭审公正,故需限制阅卷范围③,其中涉及三个方面的问题。

(1)合议庭其他成员是否阅卷。对此问题一直争议较多,《司法

---

① 参见〔美〕米尔伊安·R.达玛什卡:《司法和国家权力的多样化面孔——比较视野中的法律程序》,郑戈译,中国政法大学出版社2004年版,第76、77页。
② 参见步洋洋:《刑事庭审实质化路径研究》,法律出版社2018年版,第107页。
③ 2016年某省高级人民法院《关于积极稳妥推进刑事庭审实质化改革试点工作的指导意见》第3条提出,"积极探索证据开示和庭前限制阅卷制度,避免证据突袭和先入为主……明确庭前阅卷范围,以及庭审后阅卷人员的范围和要求",并进一步提出分类化处理意见:对适用简易程序、轻刑快处、速裁程序的案件,原则上法官在开庭前不阅卷;对疑难复杂案件,未召开庭前会议的,法官在开庭前也不宜阅卷,由法官助理完成相关事务性工作;对召开庭前会议的案件,对控辩双方无争议的证据,法官可在开庭前查阅;对控辩双方申请证人、鉴定人等出庭的案件,法官可在庭前对争议证据进行简单查阅。但对合议庭其他成员、人民陪审员以及法官助理是否庭前阅卷问题,某省高级人民法院上述指导意见并未明确(参见熊焱主编:《刑事庭审实质化改革:理论、实践、创新》,法律出版社2017年版,第206、212页)。

责任制意见》第 17 条首次提出,合议庭其他法官应当认真履行审判职责,共同参与阅卷。值得注意的是,《法庭调查规程》只规定承办法官应当阅卷,但未提及合议庭其他成员的阅卷问题。笔者认为,庭前阅卷原则上应由承办法官负责为宜,但承办法官可将阅卷情况告知合议庭其他成员,以便准备庭审提纲和庭审分工。

(2)人民陪审员是否阅卷。对此,《刑事诉讼法》《刑诉法解释》以及"三项规程"均未明确。但 2015 年《人民陪审员试点方案》第 4 条提出,"健全人民陪审员提前阅卷机制,人民法院应当在开庭前安排人民陪审员阅卷,为人民陪审员查阅案卷、参加审判活动提供便利",明确了人民陪审员可以参与庭前阅卷;《人民陪审员试点办法》第 18 条规定,"人民法院应当在开庭前,将相关权利和义务告知人民陪审员,并为其阅卷提供便利条件"。2016 年 6 月,最高人民法院在《人民陪审员制度改革试点情况的中期报告》中明确将建立健全人民陪审员提前阅卷机制作为试点经验,向全国人大常委会作了专题报告。值得注意的是,2018 年 4 月《人民陪审员法》并没有规定人民陪审员参与提前阅卷,但 2019 年 5 月《人民陪审员法解释》第 8 条规定,"人民法院应当在开庭前,将相关权利和义务告知人民陪审员,并为其阅卷提供便利条件"。笔者认为,人民陪审员参与庭前阅卷固为司法民主、人民监督的体现,但与推进以审判为中心的刑事诉讼制度改革方向和突出庭审的言词审理功能似有不合,实质上仍具案卷中心主义审理模式的痕迹,不利于防止"默读审判",不宜提倡。其实这一问题可以通过实际操作妥善解决,即由承办法官在开庭前向人民陪审员告知相关权利和义务、庭前阅卷、庭前会议等情况一并告知,如此既可便于人民陪审员提前了解基本案情、事实和证据争点、控辩争议等,防止庭前两眼一抹黑,又可避免因阅卷范围过宽而产生先定后审的风险。

(3)法官助理能否参与庭前阅卷。对此,"三项规程"未予明确,笔者认为法官助理可以在承办法官指导下参与庭前阅卷和拟定庭审提纲,并向承办法官汇报,其理由如下:一是法官助理虽非合议庭成员,但在法官指导下负责与案件裁判紧密相关的审判辅助工作(区别于书记员的事务性辅助工作),故有"无袍法官"之谓,参与庭前阅卷为其职责所需;二是基于法官助理侧重于庭前准备、法官侧重于庭审指挥的两阶段合理分工,法官助理参与庭前阅卷有助于强化法官指挥庭审职责的有效发挥;三是"三项规程"规定法官可以指派法官助理主持庭前会议,庭前阅卷与庭前会议均属庭前准备的重要内容,法官助理为主持庭前会议并确保达到预期目的,参与庭前阅卷确属必要。

第二,庭前阅卷的目的和限度。庭前阅卷属于准备事务,绝非庭审功能前置,主要限于了解案情、梳理争点,原则上不应进行实体审查。《排非规程》和《法庭调查规程》已将庭前阅卷的重点与目的界定为三项:审查证据合法性、确定庭审方案、通报准备情况。但值得注意的是,《司法责任制意见》第 16 条第 3 项规定,"承办法官应当对当事人提交的证据进行全面审核,提出审查意见"。此规定似乎带有全面的实体审查之意,与庭前会议主要负责程序性事项的审查和裁决的职能定位存在冲突。即使是针对证据合法性问题,法官虽应在庭前进行审查,但确需启动排非程序的,也应在开庭审理阶段进行排非程序调查,并及时作出决定,故建议最高人民法院删去此项规定,避免产生庭前进行实体审查的歧义。

(六)进一步完善刑事庭前会议制度的主要思路

在明确庭前会议功能是以程序性争议解决为主线,兼顾争点整理、证据开示和排非审查的基础上,着重就以下几个方面予以深化和完善。

第一,大力推进、完善庭前准备阶段的程序外和程序内分流。到目前为止,我国对刑事案件庭前准备阶段分流功能的理论研究、立法和司法解释以及实践探索都还处在比较初步的阶段,甚至可以说是远远不够的,亟待大力加强。应当积极借鉴国内外改革经验和民事庭前会议的前置分流功能,加强刑事庭前会议程序分流功能的研究和规则,通过各方达成共识和联动协作,将程序分流特别是向诉讼外机制分流列入刑事案件庭前会议事项范围,最大限度实现分流功能前置,并使刑事案件庭前准备阶段逐步从只具备程序事项裁决功能转向通过分流实现实质上的实体裁决功能,逐步建立我国特色的刑事诉讼程序分流机制①;即使分不出去的案件,也要尽量通过更灵活的程序和方式寻求简易化裁决,最大限度地减少进入正式集中审理程序的案件。增设程序分流事项,这对我国刑事庭前会议的功能与作用而言将是一个积极拓展。有可能进行分流的刑事案件,主要包括简单案件、轻微案件和部分被告人认罪认罚案件;原则上,严重刑事案件、复杂疑难案件和争议较大案件不宜列入分流范围。对一方或双方申请分流的案件,可于庭前会议后启动程序分流通道,通过一定程序将案件分流至其他非审判程序解决。② 但需要强调的是,刑事案件的审判程序外分流涉及审判外人力资源、分流平台与相应程序的配合支持,不能简单地由法院说了算,更关键的是需要诉外机制的配合和协同,同时还需要立法和司法解释的支持。

第二,明确法官助理与法官的庭前阶段分工。形成主要由法官助理负责庭前准备阶段工作、主持庭前会议,由法官负责并主持庭审阶段工作的合理格局,实现庭前准备阶段与庭审阶段的主体、时空分离,同时加强有效衔接。为此需要制定法官与法官助理在庭前准备阶段、庭审阶段各自的职权职责清单,制定法官助理主持庭前会议的具体

---

① 美国的马尔科姆·菲利在《程序即是惩罚》中以纽黑文法院为样本,集中介绍了美国基层刑事法院审前程序中多种活跃的程序分流机制,并对其实际效果进行分析评估;顾永忠教授在《刑事诉讼程序分流的国际趋势与中国实践》中对国内部分地区对此问题的探索作了介绍和探讨。

② 参见兰跃军:《庭前会议程序若干问题思考》,载《上海政法学院学报》2017年第6期。

细则。

第三,进一步完善刑事庭前会议的操作规则。重点包括,一是尊重被告人参加权,制定被告人参加庭前会议的具体规则;二是突出庭前会议与庭审的功能区分,防止"泛庭审化"现象;三是完善庭前会议与庭审调查的有机衔接;四是区分案件类型,形成既相对统一、又灵活多样的庭前会议笔录和庭前会议报告样式;五是改革裁判文书制作,增加对召开和报告庭前会议相关情况的概述。

说明:李某某被控犯诈骗罪一案庭前会议笔录结构分为首部、正文和尾部三个部分,正文分为程序性事项、排除非法证据审查、证据争点整理、申请证人出庭以及事实争点和法律争点整理五个部分,层次清晰,重点突出,记录规范、准确、简洁,较好地体现了庭审实质化改革对庭前会议笔录制作的要求。

附:

李某某被控犯诈骗罪一案庭前会议笔录

会议时间:2017年7月17日10时

会议地点:某市人民法院第七审判庭

主持人:承办法官陈某

参会人员:公诉人黄某

被告人李某某

辩护人聂某某

记录:刑庭书记员向某某

一、程序性事项之解决

法:某市人民法院根据《中华人民共和国刑事诉讼法》第182条第2款以及《刑事诉讼法司法解释》第183第1款、第2款的规定,就被告人李某某被控诈骗罪一案,召开庭前会议。本次庭前会议的参会人员有案件承办人陈某、公诉人黄某、被告人李某某及其指定辩护人聂某某。会议记录人员向某某。本次会议,我们将进行全程录音录像。被告人李某某,你听清楚了没有?

被:听清楚了。

法:你现在可以坐下。现在核对被告人李某某的身份信息。被告人你的姓名、性别、民族、出生年月日、籍贯、户籍地、住址、职业、文化程度?

被:李某某,男,某年某月某日出生,居民身份证号码(略),汉族,小学文化,住某市某乡某村某组。2017年2月26日因涉嫌犯诈骗罪被某市公安局刑事拘留,同年3月30日被执行逮捕。

法:你之前受过刑事处罚没有?

被:没有。

法:被告人李某某,你是否同意本院为你指定的辩护律师聂某某为你辩护?

被:同意。

法:本次庭前会议主要解决管辖、回避、控辩争议、调取证据、证人出庭、非法证据排除等问题。本院向被告人李某某送达起诉书副本时,李某某对起诉指控的部分犯罪事实予以否认,本院认为有必要召开庭前会议。公诉人、被告人以及辩护人是否清楚了?

均答:清楚了。

法:本案由某市人民法院刑事审判庭审判员陈某担任审判长,与人民陪审员周某某、人民陪审员任某依法组成合议庭。书记员向某某任法庭记录。某市人民检察院指派检察员黄某出庭支持公诉。开庭时间为2017年7月21日上午10:00在本院第七法庭公开审理,被告人以及辩护人听清楚没有?是否申请相关人员回避?有无其他异议?

被、辩:听清楚了,不申请回避,同意公开审理。

法:依照法律的相关规定,刑事诉讼的参与人有权提出管辖异议、申请相关人员出庭作证、申请非法证据排除。被告人、辩护人是否听清楚?是否申请?

被、辩:听清楚了,对管辖没有异议,不申请排除非法证据。

法:依照法律规定,对于被告人认罪的,依法予以从轻处罚。被告人是否清楚?

被:清楚。

二、庭前会议之排非审查

法:在本次庭前会议前,本院已通知双方将全部证据提交至法院,双方互阅了全部证据材料。现在控辩双方是否确认已经提交了全部证据材料?

公:确认。

被、辩:确认。

法:今天庭前会议的顺序为先确定是否申请排除非法证据,然后再出示其他证据及处理其他事项。

首先根据《中华人民共和国刑事诉讼法》第56条第2款的规定,被告人及辩护人、诉讼代理人有权申请人民法院对以非法方法收集的证据依法予以排除。申请排除以非法方法收集的证据的,应当提供相关线索或者材料。被告人及其辩护人,是否申请排除非法证据?

被:不申请。

辩:不申请。

三、庭前会议之证据争点整理(含辩护证据开示)

法:辩护人是否阅卷?

辩:已经阅卷。

法:控辩双方是否准备了庭审证据目录向本庭提交?

公:准备了,即公安侦查卷宗的目录。

辩:准备了。

法：如没有特殊情况，庭审中请双方按照目录顺序进行举证。庭审中本庭将组织双方主要对有异议的证据进行举证和质证。

法：辩护人对公诉方将在庭审中出示的证据的真实性以及相关性有没有异议？

辩：没有异议。

法：公诉人有没有需要说明的？

公：没有。

四、庭前会议之申请证人出庭、调取证据

法：根据《中华人民共和国刑事诉讼法》第192条第1、2款之规定，法庭审理过程中，当事人、辩护人和诉讼代理人有权通知新的证人到庭，调取新的物证，申请重新鉴定或者勘验；公诉人、当事人和辩护人可以申请法庭通知有专门知识的人出庭，就鉴定人作出的鉴定意见提出意见。公诉人是否申请证人、民警出庭？

公：申请，申请证人及被害人宋某凤、陈某清、金某兵、李某、雷某、冯某金、张某国七人出庭作证。

法：被告人、辩护人是否申请？

被、辩：申请，申请证人及被害人宋某凤、陈某清、金某兵、李某、雷某、冯某金六人出庭作证。

法：现在由法警将控方通知证人出庭作证名单交给辩方。

辩：通知证人出庭作证名单已经收到，同意通知相关人员出庭作证。

法：根据控辩双方的意见，法庭同意证人出庭作证。被告人、辩护人是否申请调取侦查机关未随案移送的证据材料？

被、辩：根据阅卷的情况，不申请，没有发现没移送的相关材料。

五、事实争点、法律争点之整理

法：结合先前庭前会议的内容，在控、辩双方对程序证据的意见基础上，双方发表对案件基本事实的意见。现在由公诉人概述起诉书的指控内容。

公:好,下面公诉人就对本案的起诉书和指控内容进行概括:2016年5月3日至2016年7月,被告人李某某在未具有劳务承包分包权的情况下,带领不知情的陈某清查看某工地并谎称其具有该项劳务工程资质,并向其承诺缴纳一定信誉金,可以分包进场做工。陈某清因经济能力不足找到被害人侯某益、李某、宋某凤、冯某金四人,说明了缴纳信誉金可以在工地分包做工的情况。四被害人均相信李某某的虚假许诺后,向其缴纳了承包劳务信誉金,其中侯某益缴纳15,000元、李某缴纳10,000元、宋某凤缴纳5,000元、冯某金缴纳10,000元。李某某在收到信誉金后进行了使用,同时以不同理由推迟所约定的做工期限,逃避联系。被告人李某某以非法占有为目的,采用欺骗的方法骗取他人财物数额较大的行为触犯了《中华人民共和国刑法》第266条之规定,犯罪事实清楚,证据确实、充分,应当以诈骗罪追究其刑事责任。

法:被告人李某某,刚才公诉人宣读了起诉书的概括内容,你对起诉书所指控的基本事实和罪名有无异议?

被:听清楚了,有异议,我对指控我诈骗宋某凤5,000元和冯某金10,000元有异议。我没有收过,没骗过他们。

法:你对公诉机关指控你犯诈骗罪你认不认罪?

被:认罪。

法:你收侯某益15,000元和李某10,000元的是什么钱?

被:做工程的劳务保证金。

法:你有无资格收他们的钱?

被:没有。

法:你能不能拿你所承诺的项目给他们做?

被:不能。

法:你该不该收他们的钱?

被：不该。

法：钱退给他们没有？

被：没有退。

法：辩护人对起诉书指控的罪名和事实有无异议？

辩：辩护人认为指控收取宋某凤、冯某金钱的证据不足。

法：控辩双方已经对本案的事实和罪名分别进行了陈述。根据控辩双方的陈述，本案争议的焦点是被告人李某某骗取了宋某凤的5,000元和冯某金的10,000元是否成立，是不是？

公：是。

被：是。

辩：是。

法：公诉人、被告人、辩护人，本案将适用庭审中心主义的控辩式庭审方式，请双方做好庭前准备，充分发挥控辩职能。争议的焦点已经明确，请控辩双方在正式的庭审中围绕上述的争议焦点进行举证和质证。对双方无争议及达成一致意见的在庭审中本庭将简化审理。开庭时的举证顺序、方式等事项由本庭确定。双方听清楚没有？

公：听清楚了。

被：听清楚了。

辩：听清楚了。

法：公诉人简要展示指控宋某凤及冯某金这两笔的证据。

公：陈某清、李某、金某兵、雷某、张某国、钟某彬的言词证据予以证实。

法：被告人李某某，你对宋某凤及冯某金这两笔指控仍不予以认可是不是？

被：我没有诈骗他们钱。

法：被告人李某某有无陈述的？

被：宋某凤是李某喊的野猪儿，他们是一起的，他们都打收条只有宋某凤的 5,000 元没有打收条是不可能的。我和姓陈的关系好,我和他之间都是相互借钱。

法:刚才公诉人出示的证据辩护人听清楚没有?

辩:听清楚了。

法:辩护人有无说明的?

辩:没有。

法:今天的庭前会议到此结束。参会人员 5 日内核对笔录,无误后签字。

尾部签名(略)

二、庭审实质化与非法证据排除

在很大程度上,可以把排除非法证据规则作为评价刑事庭审监督制约侦查、公诉行为的实际效果和保障人权水平的"试金石"或者核心评价要素之一。[①] 非法证据排除对庭审实质化的重大意义在于,庭审阶段的非法证据排除实质上体现的远不只是对具体证据的证据资格与证据效果的审核判断,还是法官通过庭审展示对侦查阶段取证行为合法性的程序控制和司法审查,并通过此种控制和审查确保庭审的实质化。就此而言,非法证据排除构成了庭审实质化不可或缺的程序基石,也是严守证据裁判、严防冤假错案的关键支撑。

一般认为,排除非法证据规则和制度发端于 19 世纪末 20 世纪初的美国。这一制度从产生到今天,不过百余年历史。对我国刑事诉讼制度来说,在一定程度上,无论从理念、理论还是程序机制、操作规则,

---

[①] 参见张建伟:《审判的实质化:以辩方的视角观察》,载《法律适用》2015 年第 6 期。

排除非法证据制度都是"舶来品"。回顾排除非法证据的理念和规则在我国引进、落地和生根的历史,既令人感慨,更令人深思。在当前以审判为中心的刑事诉讼制度改革背景下,再次深入检视排除非法证据规则对推进我国刑事诉讼制度改革、促进全社会人权保障的特殊历史意义和长远价值,绝非过时之谈,在当下尤为重要。

(一)庭审实质化改革背景下排除非法证据规则的价值考量

1. 对刑讯逼供危害的持续反思

曾几何时,刑事程序的直接目的是获取口供,而最有效的办法就是刑讯逼供,其代价则是对生命尊严和个体权利的严重漠视与践踏,所谓"棰楚之下,何求不得"①。我国古代直至清末,各种形式的刑讯、逼供、酷刑一直伴随着刑案审理过程,办案过程中从不采用刑讯的官员极为罕见,以致人谓"一部中国古代司法史基本上就是一部刑讯史"②。即使是为民众传诵追怀的包公,办案也离不开刑讯。③ 在极其

---

① (汉)路温舒:《尚德缓刑书》,转引自(宋)司马光:《资治通鉴》(卷25),中华书局2013年版,第677、678页。司马迁罹祸下狱,目验身经刑讯之害,谓"见狱吏则头抢地,视徒隶则心惕息"[(汉)司马迁:《报任安书》,转引自(汉)班固:《汉书》,中华书局2012年版,第2373页]。明末有人借话本小说直言:"话说天地间事,只有狱情最难猜度。问刑官凭着自己的意思,认是这等了,坐在上面,只是敲打。自古道:'棰楚之下,何求不得?'任是什么事情,只是招了"[(明)凌濛初:《二刻拍案惊奇》(卷21),斯范注,崇文书局有限公司2015年版,第233页]。

② 何永军:《中国古代司法的精神》,中国政法大学的出版社2016年版,第213页。汉代路温舒、唐代徐有功、清代汪辉祖等人诚属例外,路温舒的《尚德缓刑书》被称为我国史上最早声讨和反对刑讯逼供的重要文献;《新唐书·徐有功传》载,徐有功任职蒲州司法参军期间,"为政仁,不忍杖罚,民服其恩",当地人谓"徐无杖",欧阳修誉为"虽千载未见其比",《旧唐书》亦有类似记载;清代汪辉祖也对刑讯持否定态度,提出"须为犯人着想"的人道思想,并自称"余在幕中,襄理案牍,无论事之大小,必静坐片刻,为犯事者设身置想……然后与居停商量,细心推鞫,从不轻于夹栲,而真情自出,故成招之案,鲜有翻异"(参见李敖主编:《唐律疏议·佐治药言》,天津古籍出版社2016年版,第420页),但纵观我国古代司法史,此类对刑讯逼供能有清醒认识并持反对态度者终属少见。

③ 有学者对包公故事进行统计分析,发现"几乎每次理讼折狱,包公无不借助'刑求'的手段"(参见徐忠明:《包公故事:一个考察中国法律文化的视角》,中国政法大学出版社2002年版,第425页)。

普遍的刑讯之下,则是无数的悲惨冤案与可怜冤魂。① 清代不仅允许州县官使用刑讯以获取犯罪嫌疑人口供,刑讯器具还必须符合法定标准规格和形状,且须经上级检验并加烙印。② 一句话,刑讯成了披着国家外衣的合法活动,刑讯之下任何个人除了自诬别无所获。③ 法律史学者陈顾远先生云,"刑讯者,讯问狱囚以刑求之之谓。盖在昔并不重视证据,而惟取于口供,纵而法官对于狱囚,遂得以榜掠之,而为法之所许;尤其关于盗命重案,为录口供,视为当然有刑讯之必要。但其结果,善良者或因刑逼,而为诬服,凶恶者或玩刑无供,终得免责,则又失其平矣。历代对此亦尝谋有改革,惜皆除恶未尽,过时复张,不可谓非中国法制史上之一污点也"④。孙中山先生痛陈,"而于刑讯一端,尤深恶痛绝,中夜以思,愉逾剥肤"⑤。1912 年 3 月,孙中山先生以临时大总统名义发布《禁止刑讯文》,明定"不论行政、司法官署,及何种案件,一概不准刑讯。鞠狱当视证据之充实与否,不当偏重口供。其从前不法刑具,悉令焚毁"⑥,这才从法律上正式否定了刑讯。但是,在很长一段时间,对非法证据的默许甚至纵容,使得刑讯的阴影并未从刑事诉讼的实际运作中彻底消失。近些年来引起全国关注的重大冤

---

① 战国时魏国人尉缭在《尉缭子·将理》篇中云:"笞人之背、灼人之胁、束人之指,而讯囚之情,虽国士,有不胜其酷而自诬矣。"(参见何永军:《中国古代司法的精神》,中国政法大学出版社 2016 年版,第 206 页)。
② 参见瞿同祖:《瞿同祖法学论著集》,中国政法大学出版社 1998 年版,第 457 页。
③ 乾隆年间,卖唱乞丐张四与其 11 岁儿子因被控偷割儿童发辫而下狱。张四在被刑讯至重伤后承认受雇割辫,并被带到北京与同样被屈打成招的山东人靳贯子对质,张四虽奄奄一息但仍坚称受诬,最终惨死。代理知县刘某、军机大臣刘某某等官员,甚至庄首赵某等均对张四父子用刑,军机大臣甚至报称"无人需对他的死负责"。在因所谓"叫魂"妖术引发的大恐慌期间,此类刑讯惨案比比皆是(参见〔美〕孔飞力:《叫魂——1768 年中国妖术大恐慌》,陈兼、刘昶译,上海三联书店 2014 年版,第 208—211 页)。
④ 陈顾远:《中国法制史概要》,商务印书馆 2011 年版,第 162 页。
⑤ 中国社科院近代史所等编:《孙中山全集》(第二卷),中华书局 1981 年版,第 157 页。
⑥ 何永军:《中国古代司法的精神》,中国政法大学出版社 2016 年版,第 214、215 页。北洋政府《刑事诉讼条例》第 70 条规定,"讯问被告不得用强暴、胁迫、利诱、诈欺及其他不正之法"(参见侯欣一:《创制、运行及变异——民国时期西安地方法院研究》,商务印书馆 2017 年版,第 162 页)。

假错案中,大多数与刑讯逼供相关,其教训不可谓不沉痛。① 刑讯逼供仍然是刑事司法实践中一个屡禁不止的顽疾,以至于"我们至今都没有为刑讯逼供这种'职业病'配制出一副实际有效的解毒药"②。只有真正确立和严格执行排除非法证据规则,坚决预防和依法排除非法证据,才能铲除刑讯逼供的根基和土壤。③

以刑讯求口供,远不只是在中国古代存在。欧洲自中世纪从神明审判逐步向纠问审判过渡以来,刑讯也有着长久的历史。④ 1252 年,罗马教皇英诺森四世颁布诏书,认可了司法人员运用酷刑折磨普通市民的做法。⑤ 1368 年,《奥地利刑法典》规定可以使用刺人的铜片作为刑讯工具;1751 年,德国《拜因刑法典》中刑讯还是无可置疑的具有正当性的定罪方法。贝卡里亚曾断言,"无辜者被屈打成招,这种事真不胜枚举,用不着我多费笔墨。没有哪一个国家和时代不存在这种事例"⑥。刑事审判的真实图景是"毫无权力的被控人在阴暗的刑讯室里对着毫无恻隐之心的审讯者,用无力的声音回答法官"⑦。如果说,

---

① 在浙江吴大全被控犯抢劫、故意杀人案中,吴在侦查中受到刑讯逼供,吴自称:"那种痛法,不要说几分钟,就是一分钟,也受不了。"(参见刘刚:《"浙江赵作海"曝狱中挨打》,载《新京报》2010 年 11 月 15 日)。

② 左卫民:《价值与结构——刑事程序的双重分析》,法律出版社 2003 年版,第 197 页。

③ 有学者指出,"认为我国的排除非法证据规则应该担负起遏制刑讯逼供的功能与责任,这既是误读也是误导",因为排除非法证据规则"将表面上应当排除但实际上最难做到的刑讯逼供的排除作为了排除的重点,而将表面上不必苛求排除但实际上最需要排除的书证、物证以及'毒树之果'证据予以灵活处理,这种做法直接导致了对排除非法证据规则的彻底瓦解"(参见栗峥:《非法证据排除规则之正本清源》,载《政治与法律》2013 年第 9 期)。

④ 欧洲刑讯制度盛行于大约 1300—1800 年间,当时欧洲大陆上的刑事被告人通常要在司法监督下被刑讯逼供(参见[美]威廉·L.德威尔:《美国的陪审团:一位美国联邦法官对陪审制度的激情辩护》,王凯译,华夏出版社 2015 年版,第 191 页)。

⑤ 参见[英]萨达卡特·卡德里:《审判为什么不公正》,杨雄译,新星出版社 2014 年版,第 43 页。

⑥ [意]切萨雷·贝卡里亚:《论犯罪与刑罚》,黄风译,北京大学出版社 2008 年版,第 40 页。

⑦ [德]拉德布鲁赫:《法学导论》,米健、朱林译,中国大百科全书出版社 1997 年版,第 122 页。

旧的神明审判依赖于热铁、冷水的恐怖和痛苦,新的纠问审判则依赖于面对刑具、车裂和狱警的恐怖和痛苦。① 正如福柯指出,中世纪法律规定供词"使事情大白于天下",因此刑事诉讼依靠两大途径获得供词,一是宣誓,二是拷问,"只要能获得供词,可以使用任何强制手段……司法官所操纵的制造证据的技术与用痛苦来考验被告的神裁法奇妙地混合在一起"②。直到20世纪下半叶,在欧洲有的国家,刑讯逼供也并未从刑事司法活动中绝迹,甚至"仍然是普遍使用的一种手段",以致经常被新闻媒体曝光。③ 如英国1974年伯明翰市小酒馆爆炸案引发的"伯明翰六人案",在爆炸案发次日,警方先后抓获六名嫌疑人,并"假定他们为有罪之人,展开恐怖的刑讯手段逼取供述,一直持续了三天",并多次使用骇人听闻的刑讯逼供手段。④ 总之,刑讯在欧洲同样有着令人不寒而栗的历史。

2. 对公共权力侵犯个人权利的时刻警惕

公共权力具有天然的侵略性和扩张性,特别是对直接涉及公民财产和人身权利的执法机关而言,其执法权的扩张性极易导致公民人身及财产安全遭遇风险和遭受损害。相对公共权力,渺小的自然人个体总是处于弱势地位。如果不对执法机关的执法行为特别是取证进行严格规范,不仅可能导致公民的人身和财产安全容易处于不确定风险状态,更意味着使用非法方法获取的证据可能成为反对被告人自己的"凶器",刑事司法公正将难以保障。即使非法证据能够证明某个事

---

① 参见〔美〕詹姆士·Q.惠特曼:《合理怀疑的起源——刑事审判的神学根基》,佀华强、李伟译,中国政法大学出版社2012年版,第144、145页。
② 〔法〕米歇尔·福柯:《规训与惩罚》,刘北成、杨远婴译,生活·读书·新知三联书店2012年版,第42、43页。
③ 参见〔德〕托马斯·魏根特:《解决美国症结的大陆方案:以欧洲刑事诉讼程序作为法律改革的模型》,苑宁宁译,载〔美〕虞平、郭志媛编译:《争鸣与思辨:刑事诉讼模式经典论文选译》,北京大学出版社2013年版,第485页。
④ 参见〔英〕萨达卡特·卡德里:《审判为什么不公正》,杨雄译,新星出版社2014年版,第302、303页。

实,即使该证据获取不易甚至独一无二,但因其非法取证手段的非法性,证据实质已被污染。为追求真相而不计代价和后果地随意使用非法证据,实质是以牺牲公民的个人权利和社会的法治秩序为代价,这是一个法治社会所不能且不应承受之重。① 需要指出,刑事诉讼以国家强制力量为后盾,本身是国家公权介入个人私权领域的程序装置,加之长期以来我国刑事诉讼对惩罚犯罪的强烈关注和对提高效率的明显偏好,在实质上反映出以"权力共识"为基础的司法惯习。有学者指出,"权力共识"是指各司法机关为提高诉讼效率,弱化权力分工制约原则,在司法实践中形成的案件处理结果及过程的决策性共识,集中反映在两个方面:对相关司法机关在前阶段诉讼流程中所作司法决策的惯性默认和诉讼程序后台的闭门协商;这种基于"权力共识"形成的司法操作惯例容易限制和消解被追诉者的辩护权,导致难以形成充分尊重和有效保障被追诉者人权的理念氛围和制度环境。② 因此,我们必须牢记,嫌疑人、被告人始终是刑事诉讼中权利最易受到损害的群体,对非法取证给个人权利造成的危害和损害,永远都应报以最高警惕和最严防范;只有加强对嫌疑人、被告人的权利保护,防止公权力不受制约地行使并侵害个人自由权利,才能在整体上提升刑事诉讼的人权保障水平。③

这里必须强调,绝大部分冤案的酿成往往与刑讯逼供直接相关,但刑讯逼供未必导致冤错案件,这直接涉及我们如何全面和深刻地认识刑讯逼供的重大危害。有学者指出,"刑讯逼供的危害并不仅仅在于,甚至

---

① 确立排除非法证据规则的立法意图也包含了维护个人权利的考量,"为从制度上进一步遏制刑讯逼供和其他非法收集证据的行为,维护司法公正和诉讼参与人的合法权利,对于非法取得的证据严重影响司法公正的,应当予以排除"(参见全国人大常委会法工委刑法室:《关于修改中华人民共和国刑事诉讼法的决定——条文说明、立法理由及相关规定》,北京大学出版社2012年版,第57页)。

② 参见刘静坤:《刑事程序的权利逻辑——国际法和国内法的比较考察》,法律出版社2021年版,第23—25页。

③ 参见张建伟:《审判的实质化:以辩方的视角观察》,载《法律适用》2015年第6期。

根本就不在于它会造成冤案。因为,绝大多数刑讯逼供并不会造成冤案,相反,通过刑讯逼供获取口供取得能够证明被告人有罪的客观证据,从而有利于惩治犯罪"①。但如以结果论,案件无错的刑讯逼供是可接受的,只有导致冤案的刑讯逼供才是不可忍的,则必然得出能够获致真相的刑讯逼供无害甚至有功的荒唐结论,为现代法治原则和刑事程序理念所不容。② 因此,坚决反对刑讯逼供,其根本原因不仅仅是可能导致冤案,更在于刑讯逼供本身对被告人权利和刑事诉讼的公正构成了严重侵害,案件的事实真相与公正的裁判结果绝不能靠刑讯逼供获取。

(二)我国排除非法证据的现行规则体系

近代以来,排除非法证据的理念、理论和制度在我国落地、生根,经历了一个曲折历程。早在1988年9月,我国就参加了《禁止酷刑和其他残忍、不人道或有辱人格的待遇或处罚公约》,其中第15条规定,"每一缔约国应确保在任何诉讼程序中不得援引任何确属酷刑逼供作出的陈述为证据,但这类陈述可引作对被控施用酷刑逼供者起诉的证据"。这是我国引进和构建排除非法证据制度的开端,相关理论研究大致也始于20世纪90年代。《刑事诉讼法》规定,严禁刑讯逼供和以威胁、引诱以及其他非法的方法收集证据。值得注意的是,当时陈光中教授主持的《刑事诉讼法修改建议稿》曾明确建议对排除非法证据规则进行规定,建议稿第60条规定如下:"收集证据,必须依照法定程序进行。严禁刑讯逼供和以威胁、引诱、欺骗以及其他非法的方法收

---

① 陈兴良:《无冤:司法的最高境界》,载《中国法律评论》2014年第2期。
② 有学者提出,中国古代的刑讯逼供只是适用于那些有足够嫌疑且不供认的重大刑事案件,甚至认为"古代的刑讯在性质上并不是惩罚,而更类似于今天各国司法中对于那些可能有重大社会危险的犯罪嫌疑人普遍采用的各种强制措施,从总体上看,都是为了防止更大社会危害而不得已为之的程序"(参见苏力:《法律与文学——以中国传统戏剧为材料》,生活·读书·新知三联书店2006年版,第132页)。笔者认为,这种观点是否合于中国古代司法制度及其运行实践尚且存疑,其本质在于论证古代刑讯逼供的实质合理性,很容易得出只要嫌疑足够且不认罪即可刑讯以及刑讯并非皆恶的奇怪结论。

集证据。用非法方法获得的证据,不得作为定案的根据,但是行为严重危害国家安宁、社会利益的案件除外。前款例外不适用于以刑讯逼供取得的嫌疑人、被告人陈述。"但该建议并未被 1996 年修订后《刑事诉讼法》所采纳。有意思的是,最高人民法院、最高人民检察院各自为贯彻实施 1996 年《刑事诉讼法》而制定的司法解释却明确吸收了建议稿关于排除非法证据的理念和规定。① 2012 年修订后的《刑事诉讼法》的实施,标志着我国首次在国家立法层面正式确立了排除非法证据规则。

目前,我国排除非法证据制度的原则和规则体系主要包括:(1)宪法和法律:《宪法》第 37 条;《刑事诉讼法》第 52 条、第 56—60 条。(2)中央决策文件:《防止冤错规定》《全面深化改革决定》《全面依法治国决定》。(3)刑事诉讼法解释规定:《刑诉法解释》《刑事诉讼规则》。(4)政法职能机关文件:《排非规定》;《关于办理死刑案件审查判断证据若干问题的规定》《防范冤错意见》《保障律师权利规定》《保障律师诉讼权利规定》《刑诉改革意见》《全面推进意见》《严格排非规定》《律师辩护全覆盖办法》《排非规程》。

综合上述规定,可以反映出如下特点:一是从数量上看,对排除非法证据规则的立法与司法解释制定工作不断加强。2010 年以来,我国对推进排除非法证据规则的构建与完善非常重视。先后共颁布 1 部法律、3 个中央重要文件、15 个司法解释、1 个执法程序规范,其中专门针对排除非法证据的专题性司法解释文件就有 3 个。二是从时间上看,自 2012 年以来构建完善排除非法证据规则的进程明显加快。其中除 2010 年发布两个文件外,其余都是在 2012 年之后的六年间相继

---

① "两高"为贯彻落实 1996 年修订后的《刑事诉讼法》,其出台的司法解释都吸纳了排除非法证据的理念,但其试行文件亦有差异。最高人民检察院司法解释试行稿不仅要求排除非法言词证据,还要求有限度地排除非法物证,主要见于该规则第 233 条第 2 款,但最高人民检察院后来正式发布的文件中对此问题采取了与最高人民法院司法解释基本一致的表述。(参见《美国联邦宪法第四修正案:排除非法证据规则》,吴宏耀、陈芳、向燕译,中国人民公安大学出版社 2010 年版,第 384、385 页。)

颁布。其中,2012年受修订刑事诉讼法影响,这一年颁布了1部法律和5个解释,2017年颁布了4个解释和规范。三是从效力层级看,司法解释和执法指导规范明显多于刑事诉讼法。四是多机关联合发布的规范和文件日益增多,共计7个,显示出构建完善排除非法证据规则的多方共识和整体合力进一步增强,至于此种共识、合力更多的是基于权力还是权利,则属另一问题。

(三)排除非法证据规则运行现状及突出问题

一般而言,非法证据,首先和主要是指用刑讯逼供或者威胁、引诱、欺骗等非法方法取得的证人证言、被害人陈述和被告人供述等言词证据;其次是指不符合法定程序收集,且不能补正或者作出合理解释,可能严重影响司法公正的物证、书证等客观证据。排除非法证据是体现刑事诉讼人权保障价值的重要载体,也是防范刑事冤假错案不可缺少的关键环节。2015年2月至2018年12月,在成都地区法院按照实质化方式开庭的2,084件试验示范庭审中,共接到非法证据排除申请163件,仅约占7.82%;启动"排非"程序申请82件,约占申请数的50.31%;排除非法证据申请16件,约占启动数的19.51%。总体上呈现出纵向对比成效初显、但绝对总量较小、待提升空间较大的状况。①

需要指出的是,一方面,导致排除非法证据案件总体较少的原因多种多样,需要在认真分析总结的基础上加大力度,促进此项制度的

---

① 从成都地区情况看,以随机抽取的刑事庭审实质化改革前210件案件与刑事庭审实质化改革后的210件案件相比,申请数、启动数和实际排除数均有明显上升(参见郭彦主编:《理性 实践 规则:刑事庭审实质化改革的成都样本》,人民法院出版社2016年版,第113—114页)。另一项较大规模实证研究也得出类似结论,主要体现在:非法证据排除案例明显增加;通过非法证据排除程序的启动,的确排除了一部分非法证据;通过非法证据排除,个别案件被告人获得无罪释放,总体结论是"中国刑事诉讼在人权保障方面的进步是十分明显的"(参见易延友:《非法证据排除规则的中国范式——基于1459个刑事案例的分析》,载《中国社会科学》2016年第1期)。由于试验示范庭审案件在刑事案件中占比很小,对排非的初步成效既应肯定,但也不宜过于乐观。

进一步落实落地;另一方面,也应当承认,排除非法证据程序案件较少,但并不能说明排除非法证据程序没有发挥作用。还应指出的是,经过几年来庭审实质化改革的反复实践和倒逼效应,侦查、公诉机关预防非法证据的意识显著增强,比较重视加强对非法证据的预防和自我排除;实事求是地分析,刑事审判阶段排除非法证据数量较小也与此相关。在笔者查阅的有些案件中,在庭前会议阶段,辩方提出排除申请,在经控方释明或举出证据证明相关理论指导合法性以后,辩方在庭前就撤回排除申请者有之;辩方提出排非申请后,控方自动撤回相关证据而未再启动排非程序的情形也有。例如在一起被控贩毒、容留他人吸毒案件判决书有如下内容:

  被告潘某、赵某被控贩毒、容留他人吸毒案,二被告人在庭审中辩解"受到刑讯逼供",公诉机关要求公安机关补侦。经补侦,公诉机关认为,补侦提交的证据不能完全排除二被告人在侦查阶段受到刑讯逼供的可能,故不宜将第二起事实定性为贩毒,最后认定二被告人构成非法持有毒品罪、容留他人吸毒罪。①

在此案中,公诉方撤回了相关证据,并据此撤销了其中一个指控罪名。即使在其他一些没有启动排非程序的案件中,此项制度的理念宣示价值和操作实践价值,同样起到了积极作用。② 从程序运行情况

---

  ① 参见陈光中主编:《非法证据排除规则实施问题研究》,北京大学出版社 2014 年版,第 26、27 页。

  ② 排非情况代表性实证研究,如卞建林、杨宇冠主编:《非法证据排除规则实证研究》,中国政法大学出版社 2012 年版;左卫民:《"热"与"冷":非法证据排除规则适用的实证研究》,载左卫民等:《中国刑事诉讼运行机制实证研究(五)——以一审程序为侧重点》,法律出版社 2012 年版,第 139—157 页;陈光中、郭志媛:《非法证据排除规则实施问题调研报告》,载陈光中主编:《非法证据排除规则实施问题研究》,北京大学出版社 2014 年版,第 3—48 页;孙长永、王彪:《审判阶段非法证据排除问题实证考察》,载《现代法学》2014 年第 1 期;易延友:《非法证据排除规则的中国范式——基于 1459 个刑事案例的分析》,载《中国社会科学》2016 年第 1 期;郭彦主编:《理性 实践 规则:刑事庭审实质化改革的成都样本》,人民法院出版社 2016 年版,第 112—135 页;熊焱主编:《刑事庭审实质化改革:理论、实践、创新》,法律出版社 2017 年版,第 88—112 页。

来看,审判阶段排除非法证据主要存在以下问题。

一是排非程序启动和运行不够规范。按照最高人民法院相关司法解释规定,结合成都地区法院排非程序操作规范要求,应当先在庭前会议阶段了解情况,征求意见,并决定是否启动调查。如在奉某某被控犯非法经营罪一案中,庭前会议阶段被告人和辩方律师均提出排非申请,但法庭未明确如何处理,结果如何庭前会议笔录也未作记载;庭审已经进入法庭调查阶段,合议庭在未解释原因的情形下突然宣布休庭,复庭后即宣布进行排非调查,未进行必要释明;侦查人员龚某出庭系控方申请用以证明取证合法性,但在庭前会议笔录中并无控方申请该证人出庭的记载。当然,上述问题也可能与庭前会议笔录记载不完整相关。在陶某某被控强奸、抢劫案中,被告人庭前提出排非申请,法庭召集庭前会议,并通知一名派出所民警到庭说明情况。在没有交代警方人员基本信息情况下,即由公诉人开始询问,且未征求辩护人、被告人是否发问,亦无证人退庭记录。

二是对侦查人员出庭身份和当庭情况说明的性质和效力存在分歧。分歧的焦点集中在两个方面:其一,出庭侦查人员是否属于证人,能否参照证人作证相关规定;其二,侦查人员的当庭情况说明是否属于证据及属于何种证据。导致分歧的重要原因之一在于对《刑事诉讼法》相关规定的理解不同。《刑事诉讼法》第57条第2款规定,"现有证据材料不能证明证据收集的合法性的,人民检察院可以提请人民法院通知有关侦查人员或者其他人员出庭说明情况;人民法院可以通知有关侦查人员或者其他人员出庭说明情况。有关侦查人员或者其他人员也可以要求出庭说明情况。经人民法院通知,有关人员应当出庭"。该规定仅仅要求"出庭说明情况",至于是否接受双方发问则没有下文。有的认为在排非程序中出庭说明情况的侦查人员不属于证人,而应称为"情况说明人";对其到庭情况说明的性质,有的认为属于特殊证人证言,也有的认为不属于证人证言,而是控方举证证明证据合法性过程中的质证方式和质证意见,其作用是帮助法官就证据合法性问题作出适当判断。这种理解上的分歧直接导致排非程序实践中对侦查人员出庭的具体安排不好把握,其具体做法多种多样:有的法院参照证人作证处理,准用证人出庭作证的具体规则,侦查人员应接受控辩双方发问,还应允许被告人向出庭侦查人员发问;有的法院虽然原则上参照证人作证处理,但一般不允许被告人直接向侦查人员发问;也有的法院将出庭侦查人员的身份严格限定于情况说明人,不适用证人出庭规则,甚至以书面说明代替出庭。至于侦查人员提供的情况说明的效力也存在分歧,司法实务中往往据此认定取证合法,但学者认为这不仅变相赋予侦诉机关自证合法的特权,同时还为其拒绝出庭提供了替代方式。①

三是对排除非法证据的举证责任和风险承担的确定不尽合理。按照《刑事诉讼法》第 59 条的规定,公诉方对证明指控证据的合法性负举证责任并承担相应的法律风险。又据该法第 58 条的规定,被告人及辩护方负有提供相关线索或材料的举证义务,但证明证据合法性的义务与责任并未转移,仍然属于公诉方。刑事庭审实质化改革实践中,尽管各法院普遍比较重视排除非法证据程序的贯彻落实,也采取了一些具体措施推进此项工作,但在具体个案操作中仍存在问题。一些法官出于尽量稳慎和规避风险的考虑,甚至下意识地加重被告人和辩护方的举证责任和风险负担。比如在一起抢夺案件的排除非法证据程序调查中,判决书记载法官判断证据合法的理由为:

本合议庭认为民警在取证过程中程序合法,没有发现刑讯逼供的行为,再结合审讯视频来看,被告人在接受审讯时神志清醒,民警没有非法取证的行为。因此,合议庭认为该组证据来源合法,而被告人及其辩护人虽然说明了理由,但是没有提供相应的证据证明公安机关刑

---

① 参见陈瑞华:《非法证据排除程序再讨论》,载《法学研究》2014 年第 2 期。

讯逼供,此申请理由不成立,合议庭不予采纳,公诉机关搜集在案的证据具有合法性,可以在接下来的举证中出示。

无独有偶,另一件外地案件的排非程序中也出现过类似情形,被告人陈某某被控犯故意杀人罪一案判决书认定:

> 从公诉机关、公安机关三次非法证据排查的情况看,未发现办案民警对被告人刑讯逼供,被告人没有证据证明自己被刑讯逼供。①

这足以表明,当前司法实践中对排除非法证据程序的理解和适用还存在偏差。② 造成这种偏差的根本原因,不仅在于对排除非法证据规则的重要意义缺乏深刻认识,对适用要求缺乏准确把握,更重要的是反映出我们的司法理念在很大程度上还仍然偏重于犯罪惩治,忽视刑事诉讼的人权保障价值。

四是法官对证据合法性和相关证据是否予以排除的说理论证不够充分服人。按照《排非规程》的规定,法官根据调查情况,原则上应当当庭对证据非法与否、是否予以排除等问题作出判断,并予以阐释和说明理由。在有的案件中,法官虽然作出决定,但对阐释理由重视不够,理由说服力不强。例如在一起被控犯贩卖毒品罪的案件中,法官经排非调查后当庭宣布审查决定,认定控方举证能够证明相关证据合法性,故对该证据不予排除,可以在法庭调查中出示。判决书叙述理由为:

> 被告人提出的申请排除非法证据的理由虽然符合刑事诉讼法规定,但公诉机关出示了相关证据,侦查人员也出庭进行了说明,现有的证据不足以证明侦查人员对被告人进行了刑讯逼供。③

---

① 参见陈光中主编:《非法证据排除规则实施问题研究》,北京大学出版社2014年版,第26页。

② 一项实证研究也发现类似情况,"有些案件法官将举证责任转嫁给提出申请的一方,这可能是法官误以为申请方应当承担举证责任,也可能是判决书表述错误"(易延友:《非法证据排除规则的中国范式——基于1459个刑事案例的分析》,载《中国社会科学》2016年第1期)。

③ 参见郭彦主编:《理性 实践 规则:刑事庭审实质化改革的成都样本》,人民法院出版社2016年版,第115页。

判决书中的上述记载不仅理由过简,说服力也不强,难以让被告人及其辩护人信服。

五是判决书对排除非法证据调查及处理情况记载不全。裁判文书是司法程序中具有确定性权威价值的法定文书,不仅应当论证裁判结果,也应当叙述重要程序事项和诉权保障事项,但刑事庭审实质化改革实践中,对裁判文书应当如何同步反映改革要求、以静态形式展示动态过程,仍然不够重视。如一起案件中,辩护方在第一次庭前会议中对其中一份被告人供述提出排除非法证据申请,后控方决定将该份供述撤回,不再列入拟出示证据目录,辩方在第二次庭前会议中随即撤回申请。虽然庭审中未再进行排非调查,但实际上排非程序已经发挥了作用,但庭审中法庭仅概要宣布辩方不提出排非申请,之后进入法庭调查。同时,判决书中对上述情况也没有叙述,排非程序申请、控方应对以及最终处理等情况基本没有得到体现,这反映出法庭对通过裁判文书对排非程序运行情况进行客观和准确反映的重要性还认识不足。

(四)排除非法证据规则适用中的程序难点

1. 排非程序的启动时间

关于申请期间问题,2010 年《排非规定》第 5 条确立的是随时提出主义,具体可分为三个阶段:庭前准备阶段、法庭调查阶段和法庭辩论结束前。2012 年《刑事诉讼法》修订时对此未作具体规定,2012 年《刑诉法解释》实际上确立的是有条件的随时提出主义,根据第 97 条规定,原则上应在庭前提出,但庭审开始后才发现相关线索或材料的除外,此条内容为 2021 年《刑诉法解释》第 128 条所保留。《排非规程》第 9 条规定,"被告人及其辩护人申请排除非法证据,应当在开庭审理前提出,但在庭审期间发现相关线索或者材料等情形除外",这与《刑诉法解释》基本保持一致。

据此,辩方申请排除非法证据的,应于庭审活动开始前提出。庭审活动开始后提出申请的,应就迟延提出申请说明理由。申请排除的证据系言词证据的,应当提供涉嫌非法取证的人员、时间、地点、方式、内容等相关线索或材料。申请排除的证据系实物证据的,应当说明排除的理由。值得注意的是,《排非规程》还首次对被告人、辩护方申请排除非法证据所负的提供相关线索或材料义务作了具体阐释,其中第5条第1款规定,被告人及其辩护人申请排除非法证据,应当提供相关线索或者材料。"线索",是指内容具体、指向明确的涉嫌非法取证的人员、时间、地点、方式等;"材料",是指能够反映非法取证的伤情照片、体检记录、医院病历、讯问笔录、讯问录音录像或者同监室人员的证言等。例如,在一起案件中,被告人在庭审阶段申请排除一份供述,在庭审中详细陈述被打导致手腕红肿、额头受伤等情况,并称在挨打后侦查人员修改了笔录内容。法庭经评议决定启动排非程序。庭审中法医出庭,解释称被告人手腕红肿系戴手铐造成,但被告人辩解说同案被告人也戴手铐为何没有红肿。法官经调查认定该份供述不排除刑讯可能,依法予以排除。

2. 排除非法证据的分步操作与程序衔接

成都地区法院在刑事庭审实质化改革实践中,总结形成了"两步法"排非规则,将"排非"程序分为庭前说明和庭审调查两个阶段:(1)庭前说明阶段,庭前会议中辩方提出"排非"申请后,控方认为申请理由成立,决定排除申请针对的证据的,可将其排除出指控证据范围;如控方作出说明,辩方认为控方解释合理,也可以撤回"排非"申请。据此,法庭可将相关内容记载在庭前会议笔录中并经控辩双方签字确认,庭审中不再进行"排非"调查。控辩双方对证据的合法性不能达成一致的,法官不对证据的合法性进行审查,而是记载于庭前会议报告中。(2)庭审调查阶段,庭审中法官针对"排非"申请进行审查,首先作出是否启动"排非"调查程序的决定;启动"排非"的,控辩双方分别就证据的合法性问题进行举证质证辩论,法官对此进行审查判断并当庭作出决定。值得注意的是,对庭审中提出排非申请且决定启动排非程序的,可以适用"穿插式"排非,即与庭审质证结合进行,在质证程序中对非法证据展开调查。

对排除非法证据的调查应当适用何种程序,《刑事诉讼法》和相关司法解释没有作出具体规定。实践中有三种程序操作模式:审中审,即在庭审程序中,一般在法庭调查开始后、进入实体调查之前单独安排排非调查;独立审,即在法庭调查程序之前或之后单独进行排非调查;庭外审,即在庭审之外另行安排专门时间进行排非调查。笔者认为,庭外审不仅操作上徒增控辩双方及其他诉讼参与人诉累,还可能导致安全风险,同时更可能引发对排非程序非透明操作的怀疑,实无必要。独立审其实仍在一次完整的庭审程序之中,只是与法庭调查分离而已。考虑到排非调查本质上属于证据资格或证据能力调查,与法庭调查联系紧密,不宜分开,因此在法庭调查开始后、实体调查之前安排排非调查最为妥当。同时,根据个案特殊情形确有必要时,可以在法庭调查结束之后辩论开始之前,另行组织排非调查。

3. 排除非法证据调查程序中出庭侦查人员身份与到庭情况说明的性质问题

(1)推进侦查人员出庭的特殊意义。一是促进诉讼资源向庭审集中、办案时间向庭审倾斜、办案标准向法庭看齐,确保庭审在查明事实、认定证据、保护诉权、公正裁判中发挥决定性作用。二是促进侦查行为规范,预防非法证据,防范冤假错案,切实做到依法惩治犯罪与充分保障人权并重。三是促进庭审程序不断完善,着力提升刑事诉讼活动的程序化、精密化水平。四是促进庭审公开、公平、公正,有效实现事实查清在法庭、举证质证在法庭、诉辩意见发表在法庭、裁判理由形成在法庭,让人民群众在每一起司法案件中都感受到公平正义。

(2)侦查人员出庭类型及法律依据。侦查人员出庭包括四种情形,其出庭依据分别不同:第一,证据合法性说明人,其依据是《刑事诉讼法》第59条第2款,《排非规定》第7条和《排非规程》。第二,现场目击证人,适用普通证人出庭规定,其依据为《刑事诉讼法》第192条第2款。第三,鉴定人,其依据为《刑事诉讼法》第192条第3款。第四,相关情况说明人,其依据为《刑事诉讼法》第50条、第62条,《刑事诉讼规则》第413条①。1997年《刑诉法解释》第138条曾规定公诉人可以提请勘验、检查笔录制作人出庭作证,后来该条被修订为2012年《刑诉法解释》第202条,且作了简化概括处理,没有就侦查人员出庭性质作出具体规定。

(3)排非调查程序中出庭侦查人员的身份及到庭情况说明的性质。侦查人员能否适用证人出庭方式,《刑事诉讼法》及其司法解释没有作出规定。成都等地实践中,参照普通证人出庭方式处理,明确辩方申请说明、控方答辩、举证质证、询问人证、辩论、评议、决定的操作内容和流程,同时充分考虑侦查人员出庭说明情况不同于普通证人作证的特殊性,予以区别处理。

笔者认为,依照《刑事诉讼法》第59条第2款的规定,出庭说明情况的侦查人员属于特殊证人,其到庭情况说明属于特殊证人证言。首先,出庭侦查人员属于证人,其到庭说明属于言词证据②。其理由如下:一是侦查人员就其参与或所知道的侦查过程、取证程序、文书作成等情况向法庭作出说明,其说明的内容与普通证人就其所看到或知道的案件事实作证相比,并无实质差异,都属于审判程序中的案件事实范畴信息。二是从作证的方法相比,侦查人员与普通证人相比也具有相同之处,即仅就其所知道的案件事实进行陈述,不得进行评价、猜测或推理,同时都应当接受控辩双方乃至审判法官发问。三是作证目的都与证据资格、能力及证明力等证据要素紧密相关,只是各有所侧重而已。另外,还应认识到,侦查人员属于特殊证人,其到庭情况说明属于特殊证言:一是侦查人员所说明的

---

① 《刑事诉讼规则》第413条规定:"对于搜查、查封、扣押、冻结、勘验、检查、辨认、侦查实验等活动中形成的笔录存在争议,需要调查人员、侦查人员以及上述活动的见证人出庭陈述有关情况的,公诉人可以建议合议庭通知其出庭。"

② 参见施鹏鹏:《庭审实质化改革的核心争议及后续完善——以"三项规程"及其适用报告为主要分析对象》,载《法律适用》2018年第1期。

案件情况是其参与侦查犯罪活动过程中所看到或知晓的犯罪信息和侦查活动信息,其核心是侦查程序、侦查文书、侦查获取的证据等,其目的是通过作证证明取证的合法性,实质上类似于自证清白,这是与普通证人的重要区别,同时普通证人作证的是其所看到或知道的案件事实本身。二是出庭侦查人员是依照法律规定的职责、标准和程序从事侦查活动的特殊公务主体,普通证人则无此限制。三是侦查人员出庭的目的是通过说明相关情况并接受双方发问,证明侦查取得证据的合法性,解决的是证据资格问题,普通人员的出庭目的是就他所看到或知晓的案件事实作证,证明相关事实或者另一证据的合法性、客观性和关联性,解决的是证据资格、证据能力和证明力问题。四是侦查人员出庭说明情况的证明风险始终由控方承担,不会发生转移,而普通证人出庭作证的证明风险原则上属于申请作证方,并在一定条件下可能发生转移。五是侦查人员到庭说明情况虽以个人名义进行,但同时具有履行职务职责的性质,而其到庭说明情况直接关系到主要指控证据的合法性和被告人权利保障,因此其保证真实说明和真实作证的法定义务应明显高于普通证人。还应特别关注的是,侦查人员由于其身份的特殊性可能强化或比较容易获致对其证词的真实性评价,如果其证词不真实未必容易识别,也难以辩驳,这既可能导致法庭作出错误判断,还可能对以后的法庭审理构成重大风险。①

---

① See Jessica Proskos and Laura Robinson, "A Codification Proposal: Amending The Canada Evidence Act To Battle Systemic Issues Related To Falsified Police Testimony", Windsor Review of Legal and Social Issues, Vol. 39, p. 169. 2012 年,时任加拿大安大略省检察长的 John Gerretson 曾要求皇家检察官报告"法官在法庭审理中对警官证词可信度作出不利结论的全部案例,以便进一步调查",后因种种原因报告最终不了了之。在加拿大,警察作伪证是错误定罪的主因之一,如在 R V. Mattison 案中,被告人 Mattison 被开三张罚单,警察对其车辆进行了彻底搜查并发现手枪一支。后两名警察在法庭上宣誓作证称,拘留被告人的原因是被告人驾车时使用手机。但被告人作证称,那天他恰好把手机遗忘在家。有确凿证据表明,被告人最后一个打出去的电话是当天早些时候打的,之后该手机共接到 11 个未接电话。被告既未收到手机被破坏情况,其车内也未发现手机。被告人的律师声称,警官们声称被告开车时使用手机系"事后捏造,目的是为拘留和搜查提供宪法依据"。法官也注意到,两名警官在作证时比较紧张,如拿文件的手在发抖(参见 pp. 171,173,176)。

毫无疑问,较之普通证人,如果侦查人员作证时违反真实义务,将可能更加严重地侵蚀社会公众对司法公正的信心,并可能导致刑事诉讼的被告人或被害人处于更加不利的境地。① 因此,在构建和推进侦查人员出庭作证制度时,必须同步强化侦查人员真实作证义务的保障机制。六是对侦查人员与普通证人的一些要求呈现出差别化特征。比如侦查人员到庭说明情况以着制服为宜,与其履行职务特征相符;侦查人员需要被告知并保证如实陈述,否则将承担法律责任,但不一定进行作证宣誓;另外,普通证人作证有权领取作证补贴,但侦查人员出庭系履行职务职责行为,一般不领取补贴等。

据此建议对《刑事诉讼法》第 59 条进行修改,明确出庭侦查人员的特殊证人性质,经人民法院通知,有关人员应当出庭说明情况,并接受询问。经审判长许可,公诉人、被告人及辩护人可以对侦查人员发问。

(4)侦查人员出庭的具体要求。总体来说,侦查人员出庭应当做到六项要求:一是把握类型、明确依据,找准出庭侦查人员的法律属性和职责定位,做到出庭作证心中有数;二是积极配合、认真准备,特别是要重点针对具体案件争议证据合法性问题,梳理相关情况;三是遵循程序、规范严谨,按照法庭通知要求准时出庭,鉴于侦查人员基于履行职务职责而出庭说明证据合法性情况,应着制服为宜,同时做到仪表端庄,举止规范;四是心态平和、冷静理性,作证过程中始终做到态度不卑不亢,避免被对方发问激怒;五是问有所答、答应所问,做到一问一答,开门见山;六是实事求是、不隐不夸,叙述事实和回答提问都要做到客观、真实和准确,不作猜测、评价,并避免情绪化表述或夸张。

---

① See Jessica Proskos and Laura Robinson, "A Codification Proposal: Amending The Canada Evidence Act To Battle Systemic Issues Related To Falsified Police Testimony", Windsor Review of Legal and Social Issues, Vol. 39, p. 182.

4. 严格排除非法证据的举证责任及风险负担标准

《刑事诉讼法》和相关司法解释均已明确，在排除非法证据调查程序中，证明证据合法性的举证责任和诉讼风险，由检察机关承担，且不能转移。如在范某某被控犯非法制造枪支罪一案中，被告人以受到刑讯逼供为由提出排除非法证据申请。排非程序中，公诉人先播放了抓捕被告人视频，以证明被告人伤情系抓捕时抗拒所致；对此，辩护人申请被告人女友出庭作证，称其去看守所探视被告人时被告知隔一段时间再来看，实际是因为这段时间被告人受到殴打，脸上存在伤痕；对此，公诉人提交了被告人体检证明，以证明被告人未受到刑讯逼供，但是未提供讯问的同步录音录像；对此，被告人称体检是在未受伤时所做，并不能证明羁押期间没有受到殴打。之后公诉人播放了被告人刚刚被抓获时指认车辆的视频，以证明被告人脸上擦伤是抓获过程中产生的；此后公诉人又申请警察出庭作证，证明侦查过程的合法性，但在被告人问警察第一次见自己的时间及说的第一句话时，警察不能说出确切答案。法庭经审查认为不能排除有刑讯逼供的可能性，遂决定排除被告人在看守所所做的供述。此案排非调查过程中，控辩双方攻防拉锯多个回合，对抗性较强，但证据合法性的举证责任和风险负担并未转移，始终由控方承担。

至于被告人和辩护方提供线索或相关材料行为的性质，既是一种诉讼权利，也是一种诉讼义务。但不能将这一义务视为由被告方承担证明证据合法性的举证责任，更不能在被告人或辩护人的主张被证明或可能缺乏依据时，认定被告人或辩护人没有证据证明侦查人员存在刑讯逼供行为，或者被告人或辩护人不能证明证据不具有合法性。换言之，被告人及其辩护人提供线索或相关材料的责任无论履行情况如何，都不能减轻，更不能免除公诉方对证据合法性的举证责任和证明责任。

5. 加强判决书对排非调查、处理情况及理由的叙述

《排非规程》的实施,不仅标志着排非程序的进一步细化,也对裁判文书制作提出了新的要求。《排非规程》第 28 条规定,"人民法院对证据收集合法性的审查、调查结论,应当在裁判文书中写明,并说明理由"。正如学者所指,"排除非法证据的情况既是重要的程序问题,又涉及当事人的实体利益,是法庭审理内容的重要组成部分,毫无疑义地应当在判决书中加以体现,这样做也是为当事人对裁判是否上诉申诉提供理由依据"①。在具体操作上,有以下几个方面需要进一步细化规则。

第一,增加对排非申请审查启动情况的叙述。具体位置可以考虑在判决书审理情况概述之后,单列一段叙述召开庭前会议情况,并在其中叙述庭前会议对被告人及其辩护人申请排除非法证据事项进行初步了解,听取双方意见后进行审查并作出决定情况,主要包括非法证据排除程序启动情况,如果在庭前会议中提出申请,就要在判决书庭前会议情况部分叙述申请、审查和决定情况,如果是在庭审调查阶段提出的,则在事实、证据部分叙述。决定驳回排非申请的,要阐明理由;决定启动调查的,要写明调查情况,特别是侦查人员到庭说明情况以及合议庭评议决定,如被告人周某某被控犯贩卖毒品罪一案判决书片段:

在送达起诉书副本时,被告人周某某否认多次向周某贩卖毒品。鉴于本案存在事实争议,本院依职权决定召开庭前会议……被告人周某某及辩护人涂某提出公安机关于 2017 年 2 月 22 日、2 月 23 日两次询问被告人周某某之前对其进行殴打、警棍电击,并陈述了取证人员的姓氏、时间、地点、内容等初步线索……公诉人对公安机关两份笔录的取证合法性提供了证据材料并作出了说明。控辩双方在庭前会议

---

① 陈光中主编:《非法证据排除规则实施问题研究》,北京大学出版社 2014 年版,第 45 页。

中对证据收集是否合法未能达成一致意见,本院决定在庭审中启动对两份询问笔录的合法性调查。

判决书对排非申请提出、初步了解并听取双方意见并在此基础上作出启动调查决定情况交代清楚,层次清晰,体现了刑事庭审实质化改革对文书制作的新要求。

第二,强化裁判文书对排非审查决定的理由论证。应当承认,刑事庭审实质化改革实践中,裁判文书制作改革实际上滞后于庭审程序改革本身,以至于经过一段时期的改革实践积累后,规范、优秀的庭审已经不难找到,但能充分体现改革要求、在结构、内容、说理论证方面有所创新的裁判文书却不多见。还应说明的是,过去我们强调判决书应加强理由论证,但更多的是强调对裁判结果的综合说理论证,对排非决定的理由论证、对关键证据采信的说理论证,相较之下还未受到足够重视。由此,要特别强调和加强判决书对排非程序审查决定说理论证的叙述,强化排非程序的公正性和排非决定的说服力。① 如前列判决书在叙述排非调查情况和双方各自意见后,单列一段对决定排除两份讯问笔录的理由进行了以下论证:

本院认为,公安机关对被告人周某某涉嫌贩卖毒品刑事案件的立案时间为 2017 年 3 月 7 日,被告人、辩护人申请排除的两份询问笔录形成的时间在此之前,该询问笔录是公安机关办理吸毒行政处罚案件时形成,并未按照刑事诉讼的规定向犯罪嫌疑人告知可申请回避、委托辩护等法定权利,可能严重影响司法公正,并且侦查机关没有提供讯问录音录像,不能证明在规定的办案场所讯问,现有证据不能排除以非法方法收集证据的情形,经合议庭评议决定,对被告人周某某在公安机关 2 月 22 日、2 月 23 日所作的两份询问笔录予以排除,在庭审

---

① 易延友教授提出建议,加强裁判文书说理,有关非法证据排除问题的记载应当完整,相关论证应当符合事理逻辑和法律规定(参见易延友:《非法证据排除规则的中国范式——基于 1459 个刑事案例的分析》,载《中国社会科学》2016 年第 1 期)。

中不得出示、质证。

判决书对决定依法排除两份讯问笔录的理由分三个层次予以叙述：第一，笔录形成时间在刑事立案之前；第二，公安机关没有告知相关法定权利；第三，侦查机关没有提供讯问的录音录像，因而不能证明是在规定的办案场所讯问，并在此基础上得出现有证据不能排除以非法方法收集证据的情形，依法决定予以排除，理由比较充分，论证层次清楚。

又如熊某被控犯窝藏罪一案，熊某明知警察正在抓捕涉嫌犯罪的王某某及其同伙，仍驾车搭载王某某甩开警察追捕，帮助其成功脱逃。在该案庭审的排非调查程序中，公诉人出示了侦查人员情况说明和被告人入所体检表，四名侦查人员先后出庭说明情况（因被告人坚持否认其中一人系讯问人，该警察两次出庭）。针对被告人及其辩护人提出曾遭受刑讯逼供和疲劳审讯的情况，合议庭经评议认为：

关于被告人及其辩护人所提刑讯逼供的意见。本院认为，首先，办案民警的当庭证言证实，在该案办理过程中没有对被告人熊某非法取证，被告人亦未当庭指认办案民警对其刑讯逼供。其次，2016年6月28日入所体检及同年7月4日被提解辨认现场的出、入所体检时，根据熊某所提被非法取证的方式（双手反铐悬吊），在可能查见伤情的其双手腕并未查见伤情。对于入所体检时所查见的其"胸壁、左肩部、双膝关节处的擦挫伤"，警察丁某某证实在抓捕被告人时将其从越野车驾驶室拖拽在地，将其脸部朝下控制并将其双手反铐的内容与看守所的谈话教育记录所证实的被告人向看守所民警反映其身上伤情系抓捕时造成的内容相互吻合，对该伤情的形成能够进行合理解释。关于辩护人所提本案存在疲劳审讯相关口供应作为非法证据予以排除的意见。本院认为，首先，讯问民警邱某某、蒋某某所作外围侦查结束时间较晚，之后及时对被告人进行了讯问的证言，对在2016年6月28

日凌晨1时50分至3时30分这一时间段进行讯问作出了合理解释。其次,根据最高人民法院《关于适用〈中华人中共和国刑事诉讼法〉的解释》第95条的规定,使用肉刑或者变相肉刑,或者采用其他使被告人在肉体上或者精神上遭受剧烈疼痛或者痛苦的方法,迫使被告人违背意见供述的,应当认定为"刑讯逼供等非法方法"。当疲劳审讯对被告人造成的精神强制达到与刑讯逼供相当的程度时,取得的口供应作为非法证据予以排除。本案中,虽然根据一般的作息时间,被告人受讯时客观上可能存在一定程度疲劳的状况,但作为身体健康的成年人,该疲劳状况应该尚未达到使其在肉体或精神上遭受剧烈痛苦,迫使其违背意见供述之程度,讯问警察邱某某、蒋某某的证言亦证实被告人在受讯过程中精神状态及思维均正常,也未提出过休息等要求。故本案证据尚不存在因疲劳审讯而应当作为非法证据予以排除的情形。综上,本案可以排除刑讯逼供和疲劳审讯等非法取证的可能性。

　　此案判决书对排非问题极为重视,在叙述控辩双方主张之后,用了三页半篇幅叙述排非调查情况并对不予排非决定进行说理论证。判决书针对被告人所提曾遭刑讯逼供和疲劳审讯两项情况,充分结合出庭警察当庭证言和其他证据,逐一有针对性地进行分析,最后得出对被告人排非请求不予支持、对相关证据不予排除的结论,总体上做到了充分、有力、服人。

　　同时,该案在排非说理上仍存在不足,特别是针对疲劳审讯问题上,既承认可能存在一定疲劳,但又认为应该未达到剧烈程度,论证的充分性不够。实际上,分析疲劳审讯是否存在,重点应当突出以下几方面:(1)特定期间内连续审讯的次数;(2)单次审讯的持续时间是否过长;(3)前后两次审讯的间隔时间;(4)结合讯问同步录音录像查看被告人的健康状况、精神状态和自然表情等。

(五) 重视对讯问过程同步录音录像的举证质证和审查判断

讯问过程同步录音录像(以下简称讯问同录)制度,是2012年修订《刑事诉讼法》后新增加的规定,体现了对侦查讯问权监督制约力度的显著增强,是我国刑事诉讼制度史上的巨大进步。这一制度兼具多重重大意义:从实体层面讲,讯问同录制度将有力地遏制刑讯逼供,防范冤假错案①;从证据层面讲,讯问同录制度不仅可用于证明口供是否合法,还可用于验证翻供是否成立,防止不实诬告;从手段层面而言,也标志着我国刑事取证技术的现代化、高精密时代正在来临。

1. 我国讯问同录制度的主要规定

20世纪90年代起,英国为解决被告人屡以讯问期间警察违法为由在法庭上翻供的问题,开始对警察讯问进行全程录音。此后其他国家纷纷开始效仿,讯问同录逐步成为证明和审查讯问程序及相关证据合法性的重要手段。② 我国刑事讯问同录制度从无到有,迄今也不过二十余年历史。大体上经历了从任意行为到义务约束、从形式规范到效果约束、从自我规范到立法规范的转变,可以分为三个阶段。

(1)初步探索阶段(2010年以前)。此段时期的讯问同录规定具有探索试验性质,主要体现为有关执法司法机关的自我约束性规范而非国家立法,对讯问同录行为的设置均以"可以"而非"应当"为标准,且主要针对讯问同录措施本身而非其法律效果,如1998年公安部《公安机关办理刑事案件程序规定》第184条③,1999年《刑事诉讼规则》

---

① 参见杨宇冠、郭旭:《录音录像制度与非法证据排除研究》,载《人民检察》2012年第19期。
② 参见陈光中主编:《非法证据排除规则实施问题研究》,北京大学出版社2014年版,第21页。
③ 该条规定:"讯问犯罪嫌疑人,在文字记录的同时,可以根据需要录音、录像。"

第 144 条①。2005 年 11 月最高人民检察院颁布《关于人民检察院讯问职务犯罪嫌疑人实行全程同步录音录像的规定(试行)》②,次年最高人民检察院相继颁布相应的技术工作流程和系统建设规范,这反映出检察机关对构建讯问同录制度起步较早③。

(2)逐步成型阶段(2017 年以前)。在此阶段,讯问同录逐渐从可有可无的任意行为向有条件的义务行为转变,从部门执法和司法解释规范向立法规范转变。如《排非规定》第 7 条④规定,2018 年《刑事诉讼法》第 123 条⑤,2012 年《刑诉法解释》第 101 条第 1 款⑥,《防范冤错意见》第 8 条第 2 款⑦,2012 年《刑事诉讼规则》第 197 条第 3 款⑧,《刑诉改革意见》第 5 条⑨。

---

① 该条规定:"讯问犯罪嫌疑人,可以同时采用录音、录像的记录方式。"
② 该规定已被 2014 年 5 月最高人民检察院同名正式规定所取代。
③ 据一项实证研究课题成果,在针对基层检察长的问卷调查中,认为询问同录对证明被告人供述为合法取得的最为有力的有 53 人,占 82.81%;关于公安机关讯问同录的比例,选择 10% 以下的有 35 人(54.69%),选择"10%~50%"的有 16 人(25%);关于检察机关实现同录的比例,选择 90% 以上的有 54 人(84.38%)(参见陈光中主编:《非法证据排除规则实施问题研究》,北京大学出版社 2014 年版,第 21—23 页)。
④ 该条规定:"经审查,法庭对被告人审判前供述取得的合法性有疑问的,公诉人应当向法庭提供讯问笔录、原始的讯问过程录音录像或者其他证据……"
⑤ 该条规定:"侦查人员在讯问犯罪嫌疑人的时候,可以对讯问过程进行录音或者录像;对于可能判处无期徒刑、死刑的案件或者其他重大犯罪案件,应当对讯问过程进行录音或者录像。录音或者录像应当全程进行,保持完整性。"
⑥ 该款规定:"法庭决定对证据收集的合法性进行调查的,可以由公诉人通过出示、宣读讯问笔录或者其他证据,有针对性地播放讯问过程的录音录像,提请法庭通知有关侦查人员或者其他人员出庭说明情况等方式,证明证据收集的合法性。"
⑦ 该款规定:"除情况紧急必须现场讯问以外,在规定的办案场所外讯问取得的供述,未依法对讯问进行全程录音录像取得的供述,以及不能排除以非法方法取得的供述,应当排除。"
⑧ 该款规定:"讯问犯罪嫌疑人时,应当告知犯罪嫌疑人将对讯问进行全程同步录音、录像。告知情况应当在录音、录像中予以反映,并记明笔录。"
⑨ 该条规定:"严格依照法律规定对讯问过程全程同步录音录像,逐步实行对所有案件的讯问过程全程同步录音录像。探索建立重大案件侦查终结前对讯问合法性进行核查制度。对公安机关、国家安全机关和人民检察院侦查的重大案件,由人民检察院驻看守所检察人员询问犯罪嫌疑人,核查是否存在刑讯逼供、非法取证情形,并同步录音录像。经核查,确有刑讯逼供、非法取证情形的,侦查机关应当及时排除非法证据,不得作为提请批准逮捕、移送审查起诉的根据。"

特别值得注意的有两点：一是 2012 年《刑事诉讼法》修订标志着讯问同录制度正式入法，并且将讯问同录适用案件范围扩大到公安机关侦查案件，改变了此前讯问同录制度停留在相关机关内部文件层面，这无疑是一个质的飞跃。二是"两高三部"意见明确将逐步实行对所有刑事案件的讯问过程全程同步录音录像。但该规定属司法政策性文件，有待通过立法确认。

（3）扩展深化阶段（2014 年以来）。在此阶段，相关规定既关注讯问同录行为的规范性，同时也更注重从证明力和法律风险方面明确同录的程序和实体效果。如《严格排非规定》第 10 条①、第 11 条②、第 31 条第 1、2 款③等。2014 年 5 月，最高人民检察院发布《人民检察院讯问职务犯罪嫌疑人实行全程同步录音录像的规定》。《排非规程》用了 7 个条文对讯问同录的审查判断作了进一步细化，包括第 5 条④、第 11 条第 2 款⑤、第 13 条⑥、

---

① 该条规定："侦查人员在讯问犯罪嫌疑人的时候，可以对讯问过程进行录音录像；对于可能判处无期徒刑、死刑的案件或者其他重大犯罪案件，应当对讯问过程进行录音录像。侦查人员应当告知犯罪嫌疑人对讯问过程录音录像，并在讯问笔录中写明。"

② 该条规定："对讯问过程录音录像，应当不间断进行，保持完整性，不得选择性地录制，不得剪接、删改。"

③ 该条第 1、2 款规定："公诉人对证据收集的合法性加以证明，可以出示讯问笔录、提讯登记、体检记录、采取强制措施或者侦查措施的法律文书、侦查终结前对讯问合法性的核查材料等证据材料，有针对性地播放讯问录音录像，提请法庭通知侦查人员或者其他人员出庭说明情况。被告人及其辩护人可以出示相关线索或者材料，并申请法庭播放特定时段的讯问录音录像。"

④ 该条规定："被告人及其辩护人申请排除非法证据，应当提供相关线索或者材料。'线索'是指内容具体、指向明确的涉嫌非法取证的人员、时间、地点、方式等；'材料'是指能够反映非法取证的伤情照片、体检记录、医院病历、讯问笔录、讯问录音录像或者同监室人员的证言等。"

⑤ 该款第 2 款规定："驻看守所检察人员在重大案件侦查终结前未对讯问的合法性进行核查询问，或者未对核查询问过程全程同步录音录像，被告人及其辩护人在审判阶段提出排除非法证据申请，提供相关线索或者材料，人民法院对证据收集的合法性有疑问的，应当依法进行调查。"

⑥ 该条规定："在庭前会议中，人民检察院应当通过出示有关证据材料等方式，有针对性地对证据收集的合法性作出说明。人民法院可以对有关材料进行核实，经控辩双方申请，可以有针对性地播放讯问录音录像。"

第 20 条①、第 21 条②、第 22 条③、第 26 条④，以及 2021 年《刑诉法解释》第 135 条第 1 款⑤ 2021 年 12 月，最高人民检察院印发《人民检察院办理认罪认罚案件听取意见同步录音录像规定》，共 16 条，明确人民检察院办理认罪认罚案件，针对检察官围绕量刑建议、程序适用等事项听取犯罪嫌疑人、被告人、辩护人或者值班律师意见、签署具结书活动，应当进行同步录音录像。

2. 讯问同录制度运行实践及突出问题

一方面，讯问同录制度正式入法以来，已经给刑事司法实践带来

---

① 该条规定："公诉人对证据收集的合法性加以证明，可以出示讯问笔录、提讯登记、体检记录、采取强制措施或者侦查措施的法律文书、侦查终结前对讯问合法性的核查材料等证据材料，也可以针对被告人及其辩护人提出异议的讯问时段播放讯问录音录像，提请法庭通知侦查人员或者其他人员出庭说明情况。不得以侦查人员签名并加盖公章的说明材料替代侦查人员出庭。"

② 该条规定："被告人及其辩护人可以出示相关线索或者材料，并申请法庭播放特定讯问时段的讯问录音录像。被告人及其辩护人向人民法院申请调取侦查机关、人民检察院收集但未提交的讯问录音录像、体检记录等证据材料，人民法院经审查认为该证据材料与证据收集的合法性有关的，应当予以调取；认为与证据收集的合法性无关的，应当决定不予调取，并向被告人及其辩护人说明理由。"

③ 该条规定："法庭对证据收集的合法性进行调查的，应当重视对讯问录音录像的审查，重点审查以下内容：（一）讯问录音录像是否依法制作。对于可能判处无期徒刑、死刑的案件或者其他重大犯罪案件，是否对讯问过程进行录音录像；（二）讯问录音录像是否完整。是否对每一次讯问过程录音录像，录音录像是否全程不间断进行，是否有选择性录制、剪接、删改等情形；（三）讯问录音录像是否同步制作。录音录像是否自讯问开始时制作，至犯罪嫌疑人核对讯问笔录、签字确认后结束；讯问笔录记载的起止时间是否与讯问录音录像反映的起止时间一致；（四）讯问录音录像与讯问笔录的内容是否存在差异。对与定罪量刑有关的内容，讯问笔录记载的内容与讯问录音录像是否存在实质性差异，存在实质性差异的，以讯问录音录像为准。"

④ 该条规定："经法庭审理，具有下列情形之一的，对有关证据应当予以排除：（一）确认以非法方法收集证据的；（二）应当对讯问过程录音录像的案件没有提供讯问录音录像，或者讯问录音录像存在选择性录制、剪接、删改等情形，现有证据不能排除以非法方法收集证据的；（三）侦查机关除紧急情况外没有在规定的办案场所讯问，现有证据不能排除以非法方法收集证据的；（四）驻看守所检察人员在重大案件侦查终结前未对讯问合法性进行核查，或者未对核查过程同步录音录像，或者录音录像存在选择性录制、剪接、删改等情形，现有证据不能排除以非法方法收集证据的；（五）其他不能排除存在以非法方法收集证据的。"

⑤ 该款规定："法庭决定对证据收集的合法性进行调查的，由公诉人通过宣读调查、侦查讯问笔录、出示提讯登记、体检记录、对讯问合法性的核查材料等证据材料，有针对性地播放讯问录音录像，提请法庭通知有关调查人员、侦查人员或者其他人员出庭说明情况等方式，证明证据收集的合法性。"

新的挑战和值得肯定的积极变化,结合成都地区刑事庭审实质化改革实践来看,主要反映在:一是刑事诉讼参与各方对讯问同录的重视程度普遍增强。检察机关对讯问同录制度率先探索,规范完善流程制度和系统建设,同时公安机关也在探索实践;在涉及排除非法证据程序的刑事案件中,部分辩护律师明确要求控方出示讯问同录资料;甚至在未提出排非申请案件中,辩护律师也提出类似要求,这反映出辩护律师对讯问同录证据能力和证明力重要性的认识不断增强。二是讯问同录质证方法的针对性有所增强。如马某某被控犯诈骗罪一案庭审中,辩护律师当庭针对讯问同录提出如下质证意见:

讯问过程没有全程不间断录像,违反了法律规定,不具有合法性……本案涉案金额高达 1,080 万元,根据《刑法》规定的应当判处无期徒刑以上刑罚,因此应当全程不间断录像,保持完整性。而本案的讯问录像中,有且仅有被侦卷一的第 11 次讯问和第 12 次讯问有全程不间断的录像,其他的要么不录像,要么录像不完整,不能如实地反映讯问过程。特别是已有的录像清楚反映出侦查员存在威胁被告人、不如实记录、胁迫被告人违反自己意愿按照侦查员陈述签字的现象。

另一方面,从庭审实质化要求和视角来看,讯问同录制度实际运行情况还存在一些突出问题:一是选择性、片段性、非同步性录音录像仍有存在。从部分案例情况看,在侦查阶段多次讯问中,侦查人员往往只对其中某次或几次讯问进行录像,导致讯问同录的真实性、完整性和同步性受到削弱①。如江苏省高级人民法院再审的沈某某、林某

---

① 一项针对 C 市 2013 年讯问同录运行情况的实证研究发现,在 23 件样本案件中,应当录音录像的有 14 件,庭审中实际出示讯问同录的为 6 件,此 6 件案件的讯问同录均未覆盖每一次讯问,如高某被控故意伤害案件,总共 6 次讯问笔录中仅第二次讯问附有讯问同录材料[参见马静华:《讯问录音录像:从第二级证据到证据之王》,载左卫民等:《中国刑事诉讼运行机制实证研究(六)——以新〈刑事诉讼法〉实施中的重点问题为关注点》,法律出版社 2015 年版,第 170 页]。对此问题,一名基层警官称:"唯一的问题就是它不是全部。你懂我的意思吧,它不是整个讯问的全程录音录像,只是部分。它有一次讯问是全程的,认罪全面的就录,不是每一次都录。不是全面供述的就不录。"(前书第 169 页)

军、林某亮被控犯寻衅滋事罪一案,再审判决书指出:

原一审法院第一次庭审笔录显示,辩护人针对播放公诉机关提交的同步录音录像问题指出,沈某某的讯问同步录音录像没有制作过程的证据材料,视频时间20分钟,对应的讯问笔录时间超过2小时。录像背景环境与看守所实际环境不符,沈某某讲到作案工具刀具时说"大约是三十公分,对不对"。林某军的录像没有关于制作的证据材料,录像时长仅为9分钟,而两天的有罪供述笔录时间均在8小时以上。林某亮的录音录像只有6分钟,林某亮在录像中的眼睛睁不开,而林某亮的两次供述笔录都是一个多小时。

二是讯问同录与讯问笔录内容不一致的现象较为普遍。主要反映在:涉及定罪量刑的关键情节表述不一致;与主观心理状态、犯罪动机、过程等直接相关的关键用语不一致;讯问状态与讯问内容不一致等。[1] 三是对讯问同录资料的法律属性与功能认知和证明力审查判断尺度不统一。讯问同录资料究竟是证据类型之一还是质证手段,是直接证据还是间接证据,其证明力如何判断,与讯问笔录的关系如何等,司法实践中都存在分歧。[2] 四是庭审中针对讯问同录资料的举证质证未能充分实现。由于种种原因,实践中播放同录案件数较少,庭审出示率较低。[3]

---

[1] 参见龙宗智等:《司法改革与中国刑事证据制度的完善》,中国民主法制出版社2016年版,第298页。

[2] 一项实证研究成果发现,在一起受贿案中,法官认为"讯问录音录像不属于视听资料,而是作为被告人供述和辩解使用";在一起强奸案中,法官将讯问同录作为讯问笔录内容的一个间接证明对象;在一起受贿、贪污案中,法官认为同录瑕疵不影响被告人供述的证据能力(参见刘君瑜、肖慧:《有排除与采集之间:讯问录音录像瑕疵的检视与改造》,载《法律适用》2016年第1期)。

[3] 如某地公诉机关2007年至2010年期间当庭播放同录仅有5件,约占总数的2.3%[参见孙洪刊、韦成虎:《检察机关全程同步录音录像制度实证研究》,载《淮北煤炭师范学院学报》(哲学社会科学版)2010年第5期]。一项针对C市2013年同录情况的实证研究发现,23件样本案件中,应当录音录像的有14件,庭审中实际出示同录的为6件,约占样本案件的26%,超过1/4,相比前引数据,此比例已有显著提升,但整体仍然较低[参见马静华:《讯问录音录像:从第二级证据到证据之王》,载左卫民等:《中国刑事诉讼运行机制实证研究(六)——以新〈刑事诉讼法〉实施中的重点问题为关注点》,法律出版社2015年版,第161页]。

如被告人郎某被控危险驾驶案中,被告人声称在侦查阶段接受讯问时遭到侦查人员的非法取证,辩护人据此向法庭申请调取第一次讯问的同步录音录像,但因"客观原因",第一次讯问的同步录音录像未能成功调取,何谓"客观原因"庭审中未予调查,判决书中也未作出说明。五是针对讯问同录该如何举证、质证还缺乏切实可行的成熟经验和操作规则。对庭审调查中讯问同录证据出示的具体条件、标准、方法和程序如何把握,如何做到围绕焦点既有效举证、质证又兼顾庭审效率,目前的理论与实务研究、典型案例指导和规则总结提炼仍然不够。六是判决书针对被告人及其辩护人提出的讯问同录质证意见的回应不够。比如马某某被控诈骗案中,辩护人虽然针对讯问同录发表了有力的质证意见,但在判决书中并没有得到足够的实质性回应。七是裁判标准参差不齐。如一份判决书认定:

关于辩方所称文字记录与音像记录同步性、同一性存在不一致的问题,相关法律对此并未作出禁止性规定,以此推断供述笔录并非被告人真实意思表达,显属理由不足。

另一份判决书认定:

相关讯问同步录音录像和情况说明证实,因侦查人员工作失误,在讯问笔录中漏记了讯问地点。鉴于侦查机关已对该瑕疵作出合理解释,对该证据不应予以排除。[1]

上述两份判决书都涉及讯问笔录的证据能力和证明力问题,且作出了予以采纳或不予排除的结论,但其理由似乎存在差异。前一份判决认为法律对讯问同录与讯问笔录的一致性并无禁止性规定,因此即使存在不一致也不能以此为由否定讯问笔录的真实性;后一份判决似乎认同讯问同录与讯问笔录应当保持一致性的要求,但同时认为侦查机关已对相关瑕疵作出合理解释,故而对该讯问笔录不予排除。

---

[1] 刘君瑜、肖慧:《在排除与采信之间:讯问录音录像瑕疵的检视与改造》,载《法律适用》2016年第1期。

3. 进一步推进和完善讯问同录制度实施的对策建议

推进和完善讯问同录制度的建议主要包括以下方面。

第一,进一步增强对讯问同录在刑事庭审调查中重要性的立法与司法共识。首先,建议《刑事诉讼法》修订时明确规定,对所有刑事案件被告人均应实现讯问同录。① 其次,法、检、公、司等各职能机关要高度重视,并就工作机制层面达成共识,以推进讯问同录制度的畅顺实施和讯问同录证据作用的有效发挥。最后,加强对讯问同录问题的理论研究和实证分析,强化理论引导和经验示范。

第二,强化对讯问同录形成过程的监督和对被告人及其辩护人权利的依法保障。目前对如何防止选择性讯问同录以及讯问同录做假等问题还缺乏有力有效的约束机制,但加强对讯问同录形成过程的监督和强化被告人、辩护人的有效实质参与无疑是值得肯定的努力方向。一方面,推行审录主体分离,即讯问部门、讯问人员与录制部门和录制人员、保管部门和保管人员相分离,最大限度地保障讯问同录资料的客观性与真实性②;另一方面,借鉴英国《警察与刑事证据法守则F》的规定,明确规定公安机关在讯问结束后较短期限内应当向被讯问人提供与讯问同录原件完全相同的复制件,同时明确规定辩护人在审查起诉和审判阶段有权查阅和复制讯问同录资料,相关机关应当提供相关资料,同时辩护人应遵循保密义务③。

第三,结合庭审实质化改革加快形成切实可行的讯问同录举证质证规则体系和操作技术。建议法、检、公、司等相关职能机关就涉及讯问同录的收集、固定、出示、质证和审核判断等具体操作问题形成可操

---

① 参见陈光中主编:《非法证据排除规则实施问题研究》,北京大学出版社 2014 年版,第 24 页。
② 参见王忠良:《论统一的同步录音录像制度构建——以新〈刑事诉讼法〉的实施为逻辑起点》,载《西南政法大学学报》2013 年第 4 期。
③ 参见瓮怡洁:《英国的讯问同步录音录像制度及对我国的启示》,载《现代法学》2010 年第 3 期。

作性意见和具体规则。①

第四,进一步明确讯问同录的审查判断标准。在确立讯问同录与讯问笔录的实质同一要求的前提下,对讯问同录应重点审查以下内容:讯问同录资料是否依法制作,包括制作的主体、地点、流程等是否合法;讯问同录内容是否完整和同步;讯问同录内容与讯问笔录内容是否存在实质差异。②需要特别指出的是,针对讯问同录要结合个案情况进行冷静、理性地实质判断,不能简单地根据讯问同录显示表象轻易下结论,也不能将讯问同录与其他证据或者视频证据简单等同。例如,一起案件的犯罪嫌疑人在监视居住期间做了有罪供述,讯问同录画面中的嫌疑人神情也较自然。报捕后嫌疑人翻供,称虽无刑讯逼供但公安机关饿了其几天,其没办法只能做有罪供述。③

第五,强化判决书对被告人及其辩护人针对讯问同录质证意见的有效分析和实质回应,加强成功运用讯问同录案例的分析研究和规则提炼,有效发挥典型成功案例的示范引导作用。

需特别指出,借鉴针对被告人的讯问同录制度,应当积极探索、逐步推广并实现侦查、审查起诉阶段针对所有证人的询问过程同步录音录像。在推进庭审实质化改革的背景下,积极探索、构建询问证人同步录音录像制度,具有重要意义:其一,有助于进一步强化证人作证意识,促进其依法履行作证义务;其二,有助于增强证人作证的可靠性和真实性情境保障,并为法官结合询问证人同录对证人当庭证言或庭前书面证词进行评判提供有效支持;其三,在证人因客观原因不能到庭作证或者控辩双方均同意其不到庭作证的情况下,法庭可播放询问证

---

① 目前,实践中讯问同录资料被归入侦查卷而难以有效移送,应将其归入公诉卷和审判卷,按照庭审实质化改革要求实现有效移送,为庭审举证、质证和认证奠定坚实基础。
② 参见戴长林:《非法证据排除制度的新发展及重点问题研究》,载《法律适用》2018年第1期。
③ 参见陈光中主编:《非法证据排除规则实施问题研究》,北京大学出版社2014年版,第24页。

人同步录音录像,并组织双方进行质证;其四,有助于防止证人翻供,并为依法追究证人作伪证的法律责任提供依据。

(六)强化排除非法证据规则实施的对策建议

排除非法证据制度虽备受关注,但刑事司法实践中实际申请排非率、启动排非程序、实际决定排除率等指标均较低,学者称为"在众声喧哗的热闹话语背后,非法证据排除规则却在中国刑事司法实践中鲜见适用,从而呈现出'话语热闹'与'实践冷清'之间的强烈反差"①,其原因复杂多样,与司法机关的理解偏差和适用走样也有关联。因此,要改进排非程序实施状况,各司法机关要进一步深化对排除非法证据程序重要意义的认识,准确把握《刑事诉讼法》相关规定的立法意旨和适用要求,确保在具体案件中得到严格执行。

1. 坚决纠正刑事诉讼实践中的理念偏差

排除非法证据难,很大程度上难在理念认识。部分司法机关和司法人员的刑事诉讼价值观"还停留在以打击犯罪为主的实质正义"②,忽视被告人人权,为追诉犯罪而放宽取证合法性要求,降低证据合法性标准,放任非法证据"带错"入卷、"带错"上庭。要始终坚持证据裁判原则,严格证据合法性标准和证明力标准,真正做到定罪量刑都要有证据证明,据以证明的证据确实充分,证明过程排除合理怀疑,最大限度地降低和杜绝刑事诉讼前端环节成为非法证据后门漏洞的程序风险,最大限度地发挥庭审对非法证据的依法查验和排除功能。

2. 切实落实庭审对非法证据的程序审查功能和实质裁决功能

当前排除非法证据的实际情况还是反映出法官在庭审阶段不敢

---

① 左卫民等:《中国刑事诉讼运行机制实证研究(五)——以一审程序为侧重点》,法律出版社 2012 年版,第 152 页。

② 左卫民等:《中国刑事诉讼运行机制实证研究(五)——以一审程序为侧重点》,法律出版社 2012 年版,第 156 页。

排的畏惧心理、不愿排的躲事心态、不善排的能力短板仍然比较明显。要真正落实排除非法证据规则,就必须克服上述心态症结和能力短板,真正做到及时受理和审查排非申请、依法启动排非程序并作出决定,切实使申请排除非法证据权受到充分保障,排除非法证据程序常态化运行。当然,必须指出,排除非法证据难,远不只是法院和法官自身原因,来自审判程序外的种种现实制约和障碍同样需要破解,各相关职能机关同样需要引起重视,共同推进排除非法证据规则和程序的落实落地。

3. 修改完善排除非法证据规则的立法和司法解释

我国《刑事诉讼法》和相关司法解释虽然在形式上确立了被告人及其辩护人申请排除非法证据的权利,但在实质上又为行使这一权利施加了过于严苛的限制条件,同时在细化操作程序方面又不够具体,使得"非法证据排除规则某种程度上成为一个有着保障个人权利的外衣但实质上却是国家权力优先的规则"①。为此,建议对《刑事诉讼法》和相关司法解释进行修改完善,重点包括:一是适度降低被告人申请排非和提供非法证据线索、材料的义务标准。只要被告人明确提出其供述系侦查机关刑讯逼供或变相刑讯逼供所得,原则上视为提出排除非法证据申请②;同时,只要被告人提出的排除非法证据申请具有明确指向和事实理由,其理由陈述具备一定的情境合理性,就可以认定为排非申请具有合理理由,即可决定启动排非调查程序。二是进一步强化、细化并严格落实控方针对证据合法性的举证责任,不能将此责任弱化或变相弱化甚至转移给被告人及其辩护人承担,也不能以被告

---

① 左卫民等:《中国刑事诉讼运行机制实证研究(五)——以一审程序为侧重点》,法律出版社2012年版,第152页。

② 如任某、梅某被控抢劫案件中,被告人及其辩护人在庭前均未申请排非,但在庭审中,被告人梅某突然提出其供述系公安机关刑讯逼供所得,并就刑讯逼供的时间、地点和方式作了说明。对此,法庭重新对被告人供述收集的合法性进行了审查。公诉机关出示了被告人梅某的体检记录,显示其"无传染病,无伤病情,准予收押",直接否定了被告人所称受到刑讯逼供的辩解,法庭据此决定不予启动排非调查。

人及其辩护人没有证据证明遭受了刑讯逼供等为由而轻率驳回排非申请,更不能不当转移举证责任而纵容非法证据。正如学者所指出的,"以非法方法获得的嫌疑人(被告人)有罪陈述成为起诉的主要证据,表明控方的指控是在以不合法的手段取得被告人的帮助下完成的,实际上使被告人承担了证明自己有罪的责任……这种非法证据理应排除"[1]。三是细化排除非法证据程序的操作流程,特别是当庭认证及其理由阐释。四是明确确立法官在裁判文书中应当对排除非法证据申请、调查和决定情况予以完整记载和充分理由论证的法定义务。

---

[1] 牟军:《英国非法证据的处理规则与我国非法证据取舍的理性思考》,载《法律科学》2000年第3期。

第四章 刑事庭审实质化的调查程序

一、庭审实质化与法庭调查的顺序和方法

如何了解和查明事实真相,与其所采用的顺序和方法紧密相关,作为纠纷解决程序核心的审判程序也不例外。美国心理学家曾经做过一个实验,他们找了一群模拟裁判者来审判一起模拟谋杀案,控辩双方分别以不同方式出示证据,一种采取故事顺序,另一种采取证人顺序。结果表明,采取故事顺序出示证据容易使裁判者认为被告人有罪。这个实验表明,法官重构案件事实的过程会在很大程度上受制于证据出示的顺序和方法。实证研究表明,仅仅是传唤和询问证人的先后次序,都可对诉讼进程产生巨大影响。[①]

法庭调查的顺序和方法,可以从宏观、中观、微观三个层次来理解。就宏观层次而言,是指法官主持法庭调查时的基本顺序和相应的引导方法;就中观层次而言,是指法庭调查中多个证据组以及具体证据的出示和质证顺序、出示方法;从微观层次而言,是指针对同一个待证事实,单个证据出示与其他关联证据出示的相互关系和顺序。另外,向证人发问的顺序本质上也属于法庭调查顺序范畴。本书侧重于

[①] 参见〔德〕阿克赛尔·文德勒、〔德〕赫尔穆特·霍夫曼:《审判中询问的技巧与策略》,丁强、高莉译,中国政法大学出版社2012年版,第15页。

第二个和第三个层次使用这一概念术语,就第一个层次而言,从成都地区改革实践情况看,法官和控辩双方对法庭调查的基本顺序和方法的总体把握较好,但后两个层次似未引起足够重视,相关法律规定和司法解释亦不够明确具体,可操作性有待增强。

(一)法庭调查顺序和方法在庭审实质化改革中的重要价值

刑事诉讼以审判为中心,审判以一审庭审为中心,庭审则以证据调查为核心。法庭调查的顺序和方法,实属影响和决定庭审实质化、程序精密化的重要因素之一。庭审调查的顺序和方法固然不能机械、死板,但也绝非全无讲究、随意安排。① 法庭调查技术的规范化和体系化,体现的主要是其在展示程序公正、促进实体公正方面的工具价值,而这种价值正是维护和实现庭审实质化的重要条件。

1. 实现刑事庭审控辩平等对抗的内在之义

庭审重心在于法庭调查,法庭调查的顺序和方法直接涉及双方诉讼权利的平等、攻防武器的平等。由此,合理确定法庭调查的顺序和方法,乃是确保刑事庭审公平进行、有效对抗的底线和基础。离开合理的法庭调查顺序和方法,将难以保障庭审的公平有序,损害庭审功能的有效发挥。在一次成都地区刑事庭审实质化改革座谈会中,一名律师曾反映称,在其代理的一件刑事案件审理过程中,控辩双方虽在庭前会议中就法庭调查的顺序和方法达成一致,但在庭审调查阶段控方突然改变出示证据顺序,导致其措手不及。由此,合理确定法庭调查的顺序和方法应当成为确保公平诉讼、平等对抗的重要条件和底线保障。

2. 排除非法证据和预防冤假错案的必然要求

法庭调查的核心是证据调查,因此法庭调查的顺序和方法在很大

---

① 参见龙宗智:《刑事庭审制度研究》,中国政法大学出版社2001年版,第203页。

程度上也就是证据调查的顺序和方法。对刑事庭审而言,排除非法证据既是基本原则,又是法定程序。在具体案件庭审中,确定合适的法庭调查顺序和方法,直接涉及排除非法证据程序的启动、审查、调查和决定。成都地区刑事庭审实质化改革中总结形成的"两步法"排非程序,确立了区分证据合法性调查与证据证明力调查两类不同程序,对被告人及其辩护人提出排除非法证据申请的,将其归入对证据合法性等证据资格和证据能力的前置调查范畴,首先通过庭前会议进行梳理和初步过滤,对经审查需要启动调查的,在庭审法庭调查阶段前置进行,这本身就是证据调查顺序和方法的具体规则。研究并细化法庭调查的顺序和方法规则,不仅有利于证据调查的分类处理,而且有利于从程序机制上有效监督和检验侦查公诉阶段取证行为和证据形式的合法性,最大限度地发挥庭审调查的审核证据和查验事实功能,确保法庭的证据采信和事实认定建立在实质化调查基础之上,从根本上、源头上最大限度地预防冤假错案。

3. 认定事实、发现真相的重要手段

这一意义涉及一个重大前提问题,即刑事诉讼的目的究竟是什么,刑事诉讼是否能够发现真相?为发现真相而不计代价是否必要?对上述问题一直存在复杂争论。① 一方面,有观点认为,刑事诉讼的目的在于查明事实,并就被告人是否构成犯罪、是否承担刑事责任以及如何承担刑事责任作出裁判。持此种观点者倾向于认为刑事诉讼能够通过证据调查发现真实,因此"法律诉讼的目的是获取事实真相并得出正确的判决结果。这是法官的唯一目的"②。美国联邦法官弗兰克尔认为,刑事诉讼应当明确将追求真相置于最高目标,他还批评美

---

① 还需说明,此问题还牵涉英美法系对抗制诉讼模式与大陆法系纠问制诉讼模式的比较和优劣判断问题。

② 〔美〕马文·E. 弗兰克尔:《追求真实:一个裁判的观点》,转引自〔美〕虞平、郭志媛编译:《争鸣与思辨:刑事诉讼模式经典论文选译》,北京大学出版社 2013 年版,第 329 页。

国对抗制诉讼结构下的律师对追求事实真相完全不感兴趣。① 日本学者认为,查明事实真相是刑事诉讼的基本理念之一,这被称为"实体真实主义"②。另一方面,也有观点认为,无论刑事庭审的法庭调查规则如何细致可行,都不可能在一种绝对或终极意义上实现对客观真相的还原。我们通过学习刑事诉讼特别是刑事庭审调查所得到的,不过是事实信息的碎片或局部而已,而不可能是事实真相本身。据此,刑事诉讼的目的不在于发现真实、查明真相,而是通过庭审,针对控方对其指控的犯罪有没有足够证据予以证明作出判断。因此,刑事诉讼的真正目标和价值追求在于权利保障和程序监督,而非追求绝对真实。同时,实现有效率的公正同等重要,不应为了真实而不顾效率、成本等其他价值。美国学者弗里德曼强调指出,"在一个尊重个人尊严的社会,追求真实不可能成为绝对性的价值,有时候需要服从其他价值,尽管服从其他价值可能有时会扭曲真实"③。大陆法系国家和地区也持有类似观点,德国上诉法院认为,不计代价地发现事实真相,不是刑事诉讼的基本原则。有德国学者甚至断言,在当前的司法制度中,没有哪一个司法制度仍然坚持无条件地发现真实④;与此类似,有美国学者声称,"司法审判中的事实发现程序从来就不以真相为唯一取向,并且也不能声称事实发现是一项直截了当、价值无涉的作业"⑤,这足以表明

---

① 参见〔美〕马文·E.弗兰克尔:《追求真实:一个裁判的观点》,转引自〔美〕虞平、郭志媛编译:《争鸣与思辨:刑事诉讼模式经典论文选译》,北京大学出版社2013年版,第344页。

② 宋英辉、孙长永、朴宗根等:《外国刑事诉讼法》,北京大学出版社2011年版,第433页。

③ 〔美〕蒙罗·H.弗里德曼:《弗兰克尔关于探求真实的观点》,苑宁宁译,转引自〔美〕虞平、郭志媛编译:《争鸣与思辨:刑事诉讼模式经典论文选译》,北京大学出版社2013年版,第352页。

④ 参见〔德〕托马斯·魏特根:《刑事诉讼致力于事实真相么——一个德国人的视角》,吴宏耀译,载何家弘主编:《证据学论坛(第十卷)》,中国检察出版社2005年版,第517、518页。

⑤ 〔美〕P.S.阿蒂亚、〔美〕R.S.萨默斯:《英美法中的形式与实质——法律推理、法律理论和法律制度的比较研究》,金敏等译,中国政法大学出版社2005年版,第132页。

在两大法系中,对此问题存在诸多争议。

同时,这一问题还直接牵涉到如何理解和解释我国《刑事诉讼法》规定的"以事实为根据"原则,即这里的"事实"究竟是客观事实还是法律事实,是一种绝对真实还是一种相对真实。① 笔者认为,刑事诉讼既担负着查明犯罪事实、依法惩治犯罪的国家责任,也承担着保障人权的法定职责,二者之间本质上并无矛盾。同时,在刑事诉讼中,通过证据调查应当能够查明事实、发现真相。所谓刑事诉讼不可能真正查明事实的观点和主张,其实是一种哲学层面的形而上论争,对刑事诉讼的实践展开并无实质意义,相反却可能模糊甚至混淆对刑事诉讼制度和程序运行的理念共识和操作要求。基于刑事诉讼能够发现真实的立场和角度而言,如何发现、是否有利于发现在很大程度上取决于法庭调查的顺序和方法。没有一个科学化的法庭调查顺序和方法规则,庭审调查就可能发生审理方向偏差、庭审重点迷失和调查对象错位等问题,甚至导致庭审随意、为我所取等规范性缺失。

4. 强化刑事诉讼被告人权利保障价值的合理要求

"现代刑事诉讼的伟大成就之一就是,将嫌疑人以及被告人视为刑事程序的主体(当事人),而非仅仅作为审讯的客体。"② 如前所述,刑事诉讼承担着依法惩治犯罪和实现人权保障的双重价值和功能,二者缺一不可。法庭调查的顺序和方法直接体现着刑事诉讼中被告人的诉讼主体资格,反映出对被告人基本人权和诉讼权利的尊重保障程度,尤其是反映了刑事辩护权利的实质化水平。因此,加强对法庭调查的顺序和方法的研究,进一步细化、完善我国刑事庭审

---

① 周洪波教授认为,对"以事实为根据"原则,不仅应从"绝对真实"的意义上理解,也要承认其"相对真实"的含义,只有这样才能减少和避免因传统合法性话语来理解这一原则所导致的司法困境(参见周洪波:《刑事证明中的事实研究》,上海人民出版社 2016 年版,第 92、93 页)。

② 〔德〕托马斯·魏根特:《德国刑事程序法原理》,江溯等译,中国法制出版社 2021 年版,第 9 页。

的调查顺序和方法,正是在刑事诉讼中加强和彰显人权保障的必然要求。

5. 确保刑事庭审顺畅和快捷进行的现实需要

对大陆法系国家和地区的法官而言,法庭调查的顺序、范围和方法还是诉讼指挥权的核心内容之一,对庭审程序的有序进行、法庭调查各环节相互衔接以及程序性事项的临场处断都具有重要意义。在征求控辩双方意见基础上作出合理决定,有利于庭审重点突出、方法得当、顺畅快捷。① 相反,如果对法庭调查顺序和方法在庭前不征求双方意见、不做必要准备,庭审中不做及时引导和合理控制,则可能导致庭审进程拖沓甚至中断。即使是在传统上强调控辩双方积极主动和法官消极中立的美国,在联邦法院的陪审团审判中,法官并非仅仅作为一个主持人,更是一个以确保庭审顺利进行和解决法律争议为目标的主导者②,法官对法庭审理的主导职责已然彰显;1992 年,英国上诉法院判例指出,审判法官负有对适用法律、诉讼程序、审判方法进行持续改进的责任,以便将对无辜者定罪的危险降到最低③。就此而言,法庭调查的顺序和方法,不仅直接影响到庭审程序的规范有序和快捷高效,也是控辩双方的职责所系。

(二) 相关国家和地区立法情况及其借鉴意义

相关国家和地区立法对此问题比较重视,并有具体规定,值得借鉴。从大陆法系国家和地区情况看,大致有三种模式:一是当事人决定模式。例如,意大利《刑事诉讼法》第 497 条第 1 款规定,"询问证

---

① 参见林国贤、李春福:《刑事诉讼法论(下册)》,三民书局 2006 年版,第 337 页。
② See Marvin E. Frankel, "The Search For Truth: An Umpireal View", University of Pennsylvania Law Review, 1975(123), p.1041.
③ 参见〔英〕麦高伟、〔英〕杰弗里·威尔逊主编:《英国刑事司法程序》,姚永吉等译,法律出版社 2003 年版,第 312 页。

人,依照当事人各方确定的顺序逐一进行"①。二是征求控辩双方意见下的法院职权决定模式。例如,《日本刑事诉讼法》第 297 条第 1 项规定,"法院可听取检察官及被告人或辩护人的意见,确定调查证据的范围、顺序和方法",第 3 项规定,"法院在认为适当时,随时可以听取检察官及被告人或辩护人的意见,变更由第 1 项规定所确定的调查证据的范围、顺序和方法";第 304 条第 3 款规定,法院认为适当时,可以听取检察官和被告人或者辩护人的意见,变更由前两款规定的人证询问顺序②;同时,明确将法庭调查顺序和方法列入庭前准备阶段争点及证据整理程序内容,第 316 条之 5 规定,"在公审前整理程序中,可以处理下列事项……九、对裁定进行调查的证据,决定调查的顺序及方法"。韩国《刑事诉讼法》第 266 条之 9 规定,"法院在公审准备程序中可以作出下列行为……9. 规定证据调查顺序和方法的行为"③。我国台湾地区 2003 年修订后的"刑事诉讼法"第 273 条针对庭审准备程序,也有类似规定④。三是折中模式,即原则上由当事人决定,但法院可依当事人申请进行变更。如《西班牙刑事诉讼法》第 701 条第 5、6 款规定,"对各当事人提交证据的查证顺序根据其所提交的书面材料的顺序进行。对证人的询问顺序根据证人名单上的顺序进行。但是,审判长认为更有利于澄清案件事实或者更能保证查明真相时,可以应当事人的请求或者依职权对顺序进行变更"⑤。

从英美法系国家和地区情况看,美国《联邦证据规则》第 611 条

---

① 孙谦主编:《刑事审判制度:外国刑事诉讼法有关规定(下)》,中国检察出版社 2017 年版,第 1106 页。

② 参见孙谦主编:《刑事审判制度:外国刑事诉讼法有关规定(下)》,中国检察出版社 2017 年版,第 1106 页。

③ 孙谦主编:《刑事审判制度:外国刑事诉讼法有关规定(上)》,中国检察出版社 2017 年版,第 129—131 页、第 134、135 页。

④ 参见樊崇义主编:《诉讼法学研究》(第五卷),中国检察出版社 2003 版,第 579 页;林钰雄主编:《刑事诉讼法》(下册 各论编),元照出版有限公司 2006 年版,第 177 页。

⑤ 孙谦主编:《刑事审判制度:外国刑事诉讼法有关规定(下)》,中国检察出版社 2017 年版,第 1037 页。

(a)规定,"法庭应当对询问证人和出示证据的方式和顺序进行控制,以达到以下目的:1.有效证明案件事实真相;2.避免不必要的时间消耗;3.使证人免于不适当的尴尬或为难"①。该规定后两项分别对诉讼效率和发问方式作了规定。在美国刑事诉讼中,法庭调查顺序和方法属于当事人主导范围,并不属于法官职权范围,但上述规定仍然明确法官负有职责对询问证人的方式和顺序进行控制,以避免诉讼拖延。在英国刑事诉讼的起诉书审判程序中,有关证据的调查顺序主要是对到庭证人证言的调查,如果被告人答辩无罪的,控辩双方需要在审前答辩和指令听审阶段就若干事项通知法院,其中包括出庭证人的数目和顺序等,表明有关证人出庭的顺序和方法基本上仍由控辩双方主导。②

比较大陆法系与英美法系国家和地区的做法可以发现,英美法系国家和地区基于当事人主义传统的对抗制诉讼结构,仍将法庭调查主导权视为控辩双方职责范围,因此确定法庭调查的顺序和方法原则上并不属于法官职责,但法官可以基于防止诉讼拖延和诉讼不公之需,对双方确定的调查顺序和方法进行一定的监督控制。而大陆法系国家和地区基于职权主义传统的纠问式诉讼结构,将法庭调查的顺序和方法归入法官职权范畴,同时吸纳当事人主义的积极因素,在充分尊重双方意见的基础上合理确定法庭调查顺序和方法,并可结合审理实际情况灵活变更,典型者如日本《刑事诉讼法》的规定兼顾了尊重控辩双方主体地位和法官职权因素,亦具一定弹性,可为我国借鉴。

(三)我国刑事庭审法庭调查顺序和方法的立法与司法实践状况

相对而言,我国法律和司法解释对刑事庭审法庭调查的顺序和方

---

① 王进喜:《美国〈联邦证据规则〉(2011年重塑版)条解》,中国法制出版社2012年版,第184页。

② 参见〔英〕约翰·斯普莱克:《英国刑事诉讼法》(第九版),徐美君、杨立涛译,中国人民大学出版社2006年版,第333页。

法的第一个层次有所规定,如我国《刑事诉讼法》第 191 条第 1 款规定,法庭调查开始,"公诉人在法庭上宣读起诉书后,被告人、被害人可以就起诉书指控的犯罪进行陈述,公诉人可以讯问被告人"。这就是有关调查基本顺序的规定。但从整体上看,《刑事诉讼法》从第 190 条到第 198 条,用了 9 条对法庭调查与辩论程序进行规定,但大多是原则性、框架性规定,但真正涉及法庭调查的具体顺序和方法的规定其实不多,特别是缺乏针对第二个层次和第三个层次意义上的法庭调查顺序和方法方面的规定,也没有明确对法庭调查的顺序、范围和方法进行控制是哪一方的职责。值得注意的是,《刑事诉讼法》对法庭调查证据出示规定其实有一个立法顺序,即证人证言、鉴定人意见(第 192—194 条);物证、未到庭的证人的证言笔录、鉴定人的鉴定意见、勘验笔录和其他作为证据的文书(第 195 条);新证据、有专门知识的人的意见(第 197 条)。过去刑事司法实践中也确实有法院机械地按照《刑事诉讼法》庭审条文顺序来组织举证质证,甚至认为这种操作方法体现了立法本意。其实,这是把《刑事诉讼法》庭审条文顺序简单等同于调查顺序,既不符合人类认识论的本质,也不符合刑事诉讼运行规律,不仅在程序法理上难以成立,实践操作上也难谓妥当。一方面,这种做法"表面上看可能使庭审显得层次分明,但却可能割裂庭审调查的内在联系,破坏案件证据事实的整体性,使紧密相关的案件构成要素被疏离,损害举证方的证明体系。另一方面,这种做法还可能使控诉方或辩护方难以充分质证"[①]。《庭前会议规程》第 20 条第 2 款首次对法庭调查的顺序和方法作了规定,"人民法院可以组织控辩双方协商确定庭审的举证顺序、方式等事项,明确法庭调查的方式和重点。协商不成的事项,由人民法院确定"。此规定似乎借鉴了日本《刑事诉讼法》的做法,是一种兼容当事人合意与法庭决定的折中模式,相比

---

① 龙宗智:《刑事庭审制度研究》,中国政法大学出版社 2001 年版,第 202 页。

过去确有进步。但由于此规定不是在有关庭前会议内容事项的第 10 条之中，并非庭前会议的程序裁决事项，所以难以引起关注。

从近几年来刑事庭审实质化情况来看，刑事庭审法庭调查的基本顺序和方法已形成共识，体现为"三阶段"调查顺序，即先由公诉方宣读或简要介绍起诉意见，然后由公诉方、辩方分别就被告人是否承认指控、有何异议等向被告人发问，之后由公诉方、被告人及其辩护人先后分别出示相关证据并进行质证。同时，近几年来刑事庭审实质化改革实践中，对法庭调查顺序和方法也有新的探索实践，主要体现在：一是结合具体案件情况和需要，将法庭调查分为定罪情节事实调查和量刑情节事实调查，先调查定罪事实，再调查量刑事实；二是对法庭调查与法庭辩论的顺序不作机械理解，结合具体案件需要灵活处理，如将调查与辩论有机结合，在事实调查阶段特别是在关键证据质证中融合辩论。但对本书所称第二、三层次意义上的法庭调查的顺序和方法，仍有待深化认识和实践。

（四）确立证据调查的举证顺序和操作模式的总体要求

《刑事诉讼法》第 50 条规定了证据的 8 种类型。对证据调查的顺序，主要有四种标准：（1）按照犯罪行为发生的时间顺序；（2）按照事实要素在案件中的重要程度；（3）按照案件事实之间的因果关系；（4）按照共同被告人在犯罪中的主次地位和作用。[①] 总体而言，法庭调查的顺序，应当以待查事实和证据的时间顺序为基础，以重要程度为主线，以证据与待证事实的内在关联为标准，综合进行把握，确定最相适宜的调查顺序。

大致可以把法庭调查证据的模式划分为以下三种：（1）人证集中模式：将全部证据分为证人证言和其他证据，对所有证人集中逐一出

---

① 参见高憬宏：《刑事案件开庭审理的证据调查》，载《人民司法》2007 年第 1 期。

庭,对证言集中调查。该种模式还可分为前置性与后置性两种具体模式。(2)立法顺序模式:按照《刑事诉讼法》第48条的规定,将全案证据按照法定证据种类和顺序分组出示和调查。(3)案情发生模式:根据案情发生的自然顺序和证明案情的逻辑过程,依次调查包括证人证言在内的证据。相对而言,案情发生模式最为符合刑事诉讼事实证明规律和司法权力运行规律。

笔者认为,确定具体个案庭审中证据调查的顺序、方法模式的总体思路,关键是要坚持"两次区分"。首先要区分控辩双方有无实质性争议和争议大小,其次在有实质性争议案件中再区分有无证人到庭作证,在此基础上,按照最具逻辑关联性原则,在尊重控辩双方主体性的前提下,以案情发生模式为主线,同时适度结合其他两种模式,妥善处理具体个案的调查顺序范围和方法问题,是比较切实可行的操作模式。具体而言,如果被告人认罪认罚,控辩双方没有争议或者没有实质性争议,则控辩双方可以按照先客观证据、后主观证据的顺序,归类分组概括出示并简要说明其与待证事实的关系,而无须逐一出示、逐一说明证据内容及其证明目的,待统一出示完毕后再由对方集中发表质证意见;如果控辩双方存在实质性争议且争议对定罪量刑具有重大影响,则应当对有争议证据逐一重点出示,并说明其与待证事实的关系,然后由对方逐一发表质证意见。需要强调的是,在存在实质性争议案件中,如有证人到庭作证,应当充分评估证人证言与其他证据的逻辑关联,合理确定证人出庭作证的具体顺序和向证人发问的顺序①,不应简单照搬先客观证据、后主观证据的顺序。例如,一起被控犯贩卖毒品罪案件的庭前会议笔录:

审:关于本案的举证顺序,需经控辩双方协商,法庭有两个方案:一是按照事件的发展顺序;二是从侦查机关介入取得证据的破案经过

---

① 参见张建伟:《司法竞技主义:英美诉讼传统与中国庭审方式》,北京大学出版社2005年版,第249页。

来出示证据。

公：按照案情自然发生顺序来举证。

辩：同意。

审：具体处理情况，鉴于案件发生的事实，这一过程中有多种类证据，多种证据是否需要穿插出示？

公：穿插出示。

辩：同意穿插出示。对有证人证言，对这个证人证言举证，对笔录和视频类的证据也需要详细举证。

审：确定由穿插的方式出示证据。

公：已经能基本确定出证证据，后会根据相应的证据进行补充，但不会打乱现在的证据顺序。

公：证据有八组，具体详见举证提纲。

审：辩护人是否听清楚？

辩：清楚了。

公：稍后将举证提纲提交法庭。

辩：举证提纲最后一份提供的被告人庭前供述，被告人接受调查，供述及辩解是否需要单独出示？

审：法庭认为，如在法庭讯问阶段，被告人内容一致，则不详细出示；如不符，则详细出示。

辩：两个程序是否可以合二为一？

公：被告人的供述涉及了案发后一系列事实，包含了整个案件事实，若不按顺序出示举证质证，可能会显得案件没有基础和不客观，先把客观的出示了，再由李某的供述来进行印证，如倒置出示证据不利于旁听群众了解案情，若李某的庭上和庭后一致，可以不详细出示，如不符再进行详细的举证和说明。

审：举证顺序方式需要控辩双方协商，辩护人的建议可由辩护人和公诉人再进一步协商确定。

公：同意再协商一下。

审：关于举证顺序，庭后再协商。关于公诉人的举证顺序初步先定，辩护人有无证据在庭上出示？

辩：辩护人没有独立的证据，但是公诉人在出示视频证据时若是不完整的，辩护人会加以出示，如果公诉人播放的视频是23日投递物品的过程，辩护人认为涉及取证合法性的过程，辩护人希望是在辩护人举证后质证出示。

审：按照辩护人的意见举证。

公：好的。

考虑到此案证据众多，法官对法庭调查的顺序和方法问题非常重视，在庭前会议中主动征求控辩双方对举证质证顺序的意见，公诉方建议按照案情自然发展顺序举证质证，辩护方表示同意，之后双方又在法官引导下继续协商，使法庭调查顺序问题得到妥善处理，这对保障法庭审理的有序进行发挥了重要作用。

另外，该案法官对法庭调查方法特别是视频证据举证方法的处理值得借鉴。如该案庭前会议笔录：

审：公诉人认为视频类证据重要且应当出示，但视频内容较长，如连续播放可能会影响庭审时间。

公：有些视频可能会较长，对于案件没有帮助的视频，公诉人会作一个节点处理。辩护人认为需要补充的，公诉人会以要求的时间点为法庭进行补充播放。

审：视频的播放问题，可以以时间节点为标准，选取重要节点播放。

辩：没有问题。我可以列一个时间点，由公诉人截取，在需要质证阶段播放。

此案视频证据较多且类型多样，如何举证质证缺少成熟经验和可行规则。视频证据常常可以起到其他物证、书证和言词证据无法代替的作用,但视频证据往往只是其中部分片段具有关键价值。如果不加区别全部播放,不仅耗时费力,还可能偏离法庭调查重点,导致庭审拖沓。该案法官在双方就法庭调查顺序问题达成共识基础上,主动提出视频证据的举证方法,并促成双方很快达成共识,妥善处理了视频证据的举证质证问题。

相较之下,在另一起被告人被控犯非法收购国家野生动物肉制品罪的案件中,法官对举证顺序问题的处理似乎存在问题。法庭调查阶段数个证人先后出庭作证,而侦查人员最后出庭作证以证明被告人是被现场挡获而不是自首,也就是作为量刑情节的证人出庭。但侦查人员出庭适用的是《刑事诉讼法》第192条第2款,即侦查人员就其执行职务时目击的犯罪情况作为证人出庭作证。从逻辑关联性角度而言,作为目击证人的侦查人员其实应该最先出庭,就其所目击的犯罪情况作证并接受双方询问,首先解决定罪事实的查证问题,同时可就相关量刑事实问题作证,这样操作既符合法庭调查先定罪事实、后量刑事实的调查顺序,证人作证的作用和价值也能得到更有效和充分的体现。

在曾某被控抢劫案件中,控方指控被告人在某小区盗窃电动车被保安和巡逻民警发现后,当即掏出随身携带的一把弹簧刀进行威胁,控方认为盗窃已转化为抢劫,故以抢劫罪提起公诉。因此,该案的关键证据是目击证人和刀具,如何确定举证质证顺序对案件定罪量刑乃至庭审效率都具有重要影响。该案法庭调查中,控方宣读公诉书并讯问被告人后,集中出示了多组证据,其中包括刀具,还有两个目击证人即保安、巡逻民警到庭作证,此外还有一位鉴定人出庭就刀具情况及其杀伤力出庭作证。刀具是先放在客观证据部分集中出示的,后来目击证人出庭作证时再次提到该刀具,之后鉴定人出庭作证又就刀具杀伤力等情况作证。如此,该刀具先后在法庭调查中三次被提到,两次被出示。其实,比较自然、可靠的操作方式,可以考虑先让目击证人出庭就看到犯罪事实作证,通过言词证据自然而然地引出刀具这一关键物证,出示刀具并经被告人现场辨认,然后请鉴定人到庭就刀具杀伤力等情况作证,之后组织双方质证。这样的举证质证顺序,既符合案情发生模式,也与证据出示的内在关联契合,更有利于双方充分质证,有利于法庭审核证据、认定事实。

(五)妥当把握个案法庭调查中的举证顺序与方法

前已述及,应当首先区分控辩双方有无实质性争议和有争议案件中有无证人到庭作证两方面因素,原则上以案情发生模式为主线,组织举证质证;对同一个待证事实有多个证据的,应结合最具关联性要求,合理确定举证顺序和举证方法,对双方没有争议的事实和证据,概括举证质证,只需要揭示证据名称和待证事实;对双方存在较大争议的关键事实与证据,原则上应当一证一举一质,做到申请方有效举、对方充分质、法庭及时认。另外,要充分结合不同类型证据的特征,确定个案中最相适宜的举证顺序和方法。

1. 证人证言、被害人陈述

庭审调查中,就证人证言、被害人陈述与物证、书证的关系而言,如可由证人、被害人陈述而自然引出关键物证、书证的,可以采取先人证再物证、书证的方式,更利于充分举证质证;有多个关键证人且指向不同待证事实的,原则上归入各自分组举证;数个证人证言指向同一待证事实的,则按与待证事实的逻辑关联的紧密程度确定作证顺序。在方法上,原则上以当庭陈述为主要方式,一般不允许以宣读庭前书面证言代替,如在周某某被控犯贩卖毒品罪案件中,控方申请两名证人出庭作证,但因无法取得联系而出庭未果,庭审中控方宣读其庭前书面证词。合议庭经评议认为,现有证据不能证明被告人构成贩卖毒品罪,而只能以非法持有毒品罪定罪量刑,这反映出证人到庭作证与否对庭审审核证据、认定事实和作出裁判具有重要影响。

2. 物证、书证

物证、书证原则上应出示原物、原件，在关键物证、书证对定罪量刑具有重大影响的案件中，原物、原件出示尤其重要，其主要理由在于：第一，从诉讼法理来看，证据是刑事诉讼的基石，证据调查是刑事庭审的核心，证据裁判是刑事审判的灵魂，故此，证据的原物、原件出示有利于控辩双方最大限度地通过举证、质证揭示证据的实质特征和重要内容，查清案件事实，这既是刑事诉讼公开、公平、公正进行的内在之义和必然要求，也是刑事庭审实质化改革的重要抓手。第二，从诉权保障来看，要求原物、原件出示，是所有诉讼参与方特别是被告人、辩护人不可剥夺的基础性诉讼权利，如随意以其他方式替代出示，实质上则构成对被告人、辩护人质证权的漠视和侵犯。同时，基于诉讼快速、便捷的需求，控辩双方也有权处置或放弃要求出示原物、原件的权利。如对双方没有争议的证据，则可通过多媒体方式快速和集中出示，而无须逐一出示原物、原件；对双方存在重大争议的关键证据，仍应以原物、原件出示为主。第三，从证据出示规定来看，如前所述，对证据出示是否须原物、原件，虽然《刑事诉讼法》和《刑诉法解释》未作要求，但《法庭调查规程》第 32 条明确规定应当出示原物、原件，仅在取得原物、原件确有困难情形下，方可出示足以反映原物、原件外形和特征以及真实内容的材料，且须说明理由。据此可以明确，法庭调查中的证据出示应以原物、原件出示为原则和一般情形，而以替代出示为附条件的例外性补充。

申请方对原物、原件的出示、质证，应当把握以下要求：首先，说明物证、书证的来源；其次，将物证、书证交对方辨认、确认，出示书证的还应同步宣读书证内容；再次，出示时可配套使用相关笔录予以补充说明；又次，出示时可以使用多媒体示证技术和平台，对相关物证、书证予以同步展示，以强化出示的充分性，并方便对方辨认、确认和发表质证意见；最后，说明物证、书证与待证事实的关系，这里需要特别强调的是,除了应展示物证、书证的外观特征,更要注重说明仅通过目视难以发现的原物、原件的隐蔽性、动态性和使用性特征。例如曾某、焦某被控犯抢劫案庭审中,控方指控被告人在盗窃电动车被发现后,为抗拒抓捕而用另一只手掏出并打开刀具进行威胁,应定抢劫罪,刀具成为该案关键证据。庭审中控方出示了刀具原物并交被告人辨认,鉴定人出庭接受双方询问。鉴定人经现场反复试验,认定该刀具除非非常熟悉,否则难以用单手打开,辩方据此认为不能认定被告人持刀威胁,指控抢劫罪不能成立,只能成立盗窃罪,并得到法庭采纳。又如范某某被控非法制造枪支案庭审中,控辩双方质证陷入僵局,法官依职权要求控方在安全前提下展示作为物证原物的射钉枪,公诉人当庭演示其工作原理,并让审判员、陪审员、被告人及辩护人逐一传看,对锁定案件关键事实发挥了重要作用。原则上不能以出示照片代替,除非因原物自身原因不适宜出示(如不能移动或搬动,原物系不适宜久存之季节物、易腐物等),但如控辩双方无异议,亦可以出示物证照片或扣押物等物证清单目录代替。①

3. 视频证据

从刑事庭审实质化实践情况来看,目前刑事庭审中的视频证据主要包括固定监控视频、人工或自动拍摄视频等。对存在实质性争议案件,庭审中组织视频证据的出示和质证,应当遵循以下要求:首先,说明载体,如监控探头、执法记录仪、手机、相机、电脑或其他介质形式等;其次,说明提取的主体(由谁提取)、来源(从哪里提取)、时段(视频的具体时段);再次,如有相关检查笔录,可以同步出示并宣读;又次,说明与待证事实的关系;复次,播放视频;最后,由对方质证。在出示方法上,申请方原则上应当不间断完整播放,但视频过长的,也可以采取总体说明加关键节点和关键时段播放的方式处理。在刘某、张某

---

① 参见黄朝义:《刑事诉讼法》,新学林出版股份有限公司2014年版,第431页。

被控贩毒案件中,现场抓获视频的播放成为庭审调查中的重要内容之一,公诉人质证中认为:

第一,现场抓获视频证明公安机关没有实施违法暴力行为,被告人伤情系其在被抓获过程中反抗所致,视频内容与被告人当庭供述遭公安机关殴打相矛盾,公安机关执法过程符合法律规定;第二,当庭播放的现场抓获视频是同卷宗材料一并移送至检察院,并由公诉人一并移送至人民法院,该视频来源合法。庭审中,本案公诉人采用多媒体示证方式,当庭全程播放视频证据而非片段式播放,区别于以往视频证据截图展示的方式,能够非常直观地向法庭呈现当时公安机关抓获被告人的具体情况。

在该案中,正确把握视频证据的播放方法对促进有效举证、充分质证、准确认证发挥了重要作用。

如系事实调查,原则上以与待证事实直接相关的关键节点播放为主要举证方式,防止游离调查主题和导致不必要的拖沓;对视频证据的质证和审核判断,目前法律和司法解释没有作出具体规定,主要突出三个方面的审查:一是来源可靠性,主要审查其提供主体、制作主体;二是形式规范性,主要审查是否有现场证人佐证、是否有人为处理痕迹、视频环境等;三是内容真实性,主要审查视频内容相对于无法重现的案件真实过程的客观程度等。① 如李某某被控犯贩卖毒品罪一案庭审中,辩护律师针对控方提供的情况说明,结合警方的物品检查视频提出如下质证意见:

情况说明的内容为当时设备故障没有保存视频,这一情况与实际情况不同,后面的视频证据能证明审讯室是有正常监控视频的,由此可产生疑问,为什么没有在设备正常的房间进行检查而要在一个不能监控的房间,这一点说明当时没有保存视频资料的情况与实际不

---

① 参见龙宗智等:《司法改革与中国刑事证据制度的完善》,中国民主法制出版社2016年版,第292、293页。

一致。

同时针对人身检查笔录提出如下质证意见：

检查笔录上的时间和播放的物品检查视频存在时间的交叉，人身检查笔录的真实性值得怀疑。

在这里，警方物品检查视频不仅作为独立和直接证据接受双方质证，还作为弹劾证据对其他证据的有效质证发挥了重要作用。

（六）法官的职权调查和引导义务

长期以来，受职权主义诉讼模式的潜移默化，我国刑事庭审的三角结构是不均衡的，法官在庭审中始终居于主导地位，不仅负责指挥审判进程特别是庭审过程，在法庭调查中也往往处于强势角色，依职权发问次数较多。对我国长期存在的这种"法官主导庭审"模式，有学者认为，这种做法和提法与确认检察官承担法庭举证责任并实行控辩式调查程序制度的基本法理相悖，宜称其为主持庭审而不能是主导庭审，"法官主导庭审的说法，在法理上是难以成立的，在实践中也是弊大于利"①。

笔者认为，称之为法官主持并引导庭审更妥，也更符合改革要求。刑事庭审实质化改革实践中，要特别注意防止法官过于主动、依职权调查和发问过多的问题。在一起被告人被控非法收购国家野生动物肉制品案庭审中，审判长进行了三次补充发问，其中第三次发问其实应该由辩护人发问，前两个问题应由控方来问。笔者认为，在理想状态下，控辩双方如果已充分履职，法官应无或者很少有依职权补充发问的必要性。

如上所述，笔者不赞同法官主导法庭调查这一提法，主张法官在庭审中的主要职责是主持庭审、中立听审，充分保护控辩双方的诉讼

---

① 龙宗智：《刑事庭审制度研究》，中国政法大学出版社2001年版，第206、207页。

权利,最大限度地发挥控辩双方在法庭调查中的主动性和积极性,努力营造让控辩双方平等对抗、实质对抗和充分对抗的诉讼环境和庭审氛围。为实现上述目标,确立并积极履行法官在庭审中不同阶段的引导义务尤为重要。如在一起被告人被控犯贩卖毒品罪、容留他人吸毒罪案件中,合议庭注重在庭审不同阶段关键环节对控辩双方的提示和引导,对确保庭审有序进行、公正裁判发挥了重要作用。如一件案件的庭审笔录片段:

审:现在开始法庭调查。法庭调查分为三个阶段,第一阶段由公诉人宣读起诉书,第二阶段由公诉人、辩护人向被告人提问,第三阶段由公诉人、辩护人出示证据。

……

审:现在进行法庭调查的第二阶段,由公诉人、辩护人向被告人提问。在提问阶段,控辩各方需要注意三点:一是公诉人、辩护人的提问,都需要经过审判长许可。二是公诉人和辩护人提出的问题,应当围绕起诉指控的事实、指控罪名的构成要件;提问内容与本案无关的,法庭将予以制止。三是被告人要如实回答,回答的内容应当简洁;回答内容与提问无关的,法庭也将制止。

……

审:现在进行法庭调查的第三个阶段,由控辩双方就指控的犯罪,举证、质证。举出证据的一方,应当说明证据的种类、来源和要证明的内容。经审判长许可,出示的证据可以交对方辨认、提出质证意见。

首先由公诉人出示指控证据。公诉人出示证据时,要根据庭前会议达成的意见,区分详略,先出示容留他人吸毒的证据,再出示在新都区制造毒品的证据,最后出示在遂宁市制造毒品的证据。

审判长在法庭调查的三个阶段关键环节,都作了必要提示引导,提示词紧扣该阶段庭审调查重心,简明扼要地提出调查包括发问应当遵循的要求,既突出了对控辩双方调查程序中主体地位的确认和尊重,也强调了法官的引导职责。

(七)对完善法庭调查顺序和方法的主要思路

1. 健全我国刑事庭审法庭调查顺序和方法的制度化、规范化体系

具体路径可以考虑三步走:第一,在现行《庭前会议规程》基础上,明确将法庭调查顺序和方法列入第10条庭前会议内容事项范围,指导和促进全国法院刑事庭审实质化改革有序深化。第二,对涉及规范公诉方、辩护方举证质证顺序和方法事项,建议最高人民法院可以在征求最高人民检察院、司法部和全国律协意见的基础上,及时通过司法解释对有关问题作出更具操作性的具体规定。第三,对《刑事诉讼法》及时作出修订,在刑事庭审程序部分就法庭调查的顺序和方法增列具体规定,同时保留必要弹性和空间,由最高人民法院通过司法解释予以调整,进一步丰富我国刑事庭审调查的顺序和方法体系。

2. 加强庭审调查顺序、方法的专题研究、规则制定和试验示范

要纠正过去对法庭调查顺序和方法不够重视的认识偏差,高度重视和准确把握法庭调查顺序和方法对深化庭审实质化改革的重要工具价值,围绕改革实践中反映出的共性突出问题强化专题研究、规则制定和试验示范,结合不同案件类型、不同证据特点,总结提炼可操作性强的法庭调查顺序和方法体系,为不断完善我国刑事庭审调查顺序和方法制度奠定坚实的实践基础,也为进一步修订《刑事诉讼法》提供相关改革经验和操作智慧。

3. 将法庭调查顺序和方法事项纳入程序化机制并征求控辩双方意见

其要点包括:一是将法庭调查顺序和方法明确列入庭前会议重要内容,要求法官主动提示并征求控辩双方意见。二是借鉴日本做法,在充分征求双方意见基础上,尽量促成双方就法庭调查顺序和方法达成一致意见并记入庭前会议笔录;达不成一致意见的,由合议庭作出

决定,并明确告知双方,在法庭调查中应当按照庭前会议确定的顺序和方法进行举证质证。如有违反的,合议庭将予以提醒和纠正。三是在庭审中法庭调查开始前,宣布庭前会议情况时,要将法庭调查顺序和方法列入宣布内容,对其程序效力再一次予以固定。四是法庭调查中,控辩双方中任一方违反庭前会议决定,改变法庭调查顺序和方法的,合议庭应及时提醒并有权纠正。五是庭审调查中控辩双方任一方对法庭调查顺序和方法提出异议或调整建议的,应当说明理由,理由不正当或不充分的,不予支持。

4. 稳妥推进多媒体示证方式

在刑事庭审中积极探索和推广多媒体示证,已经成为近几年来刑事司法改革中备受关注的热点之一,"多媒体示证对于以看得见的方式实现司法公正具有重要意义"[①]。总的来看,在刑事庭审中引入多媒体示证方式的益处十分明显,主要体现在:一是举证过程的可视性大大增强,有利于充分举证;二是传统的人工举证方式费时费力的弊端能够得到有效克服,举证效率明显提高;三是刑事庭审的公开性得到新的深化和拓展,特别是专业性、技术性较强的举证质证过程更容易让诉讼各参与方和旁听群众理解和接受。与此同时,多媒体示证方式运用中的相关问题还需要作进一步研究,主要反映在:一是与诉讼原则和程序法理是否完全契合;二是多媒体示证方式是否完全契合刑事庭审的实质化要求;三是多媒体示证与传统人工示证方式之间的关系如何维持合理平衡。

《刑事诉讼法》和《刑诉法解释》对多媒体示证问题均未作规定。2015 年 11 月,某省高级人民法院、人民检察院和司法厅《关于积极推进刑事案件庭审多媒体示证工作的会议纪要》(以下简称《多媒体示证纪要》)率先就此问题提出指导性意见,其中第 2 条规定,"刑事案件

---

① 熊焱主编:《刑事庭审实质化改革:理论、实践、创新》,法律出版社 2017 年版,第 333 页。

庭审中应积极采用多媒体示证。以下案件应当进行多媒体示证：（一）可能判处无期徒刑、死刑的案件；（二）职务犯罪、危害国家安全犯罪、黑社会性质组织犯罪、严重暴力犯罪案件；（三）其他案情重大复杂、影响广泛、社会关注度高的案件"；第7条规定，"开庭审理时，法庭应当告知控辩双方有权查阅多媒体示证的材料原件，并结合证据展示提纲引导控辩双方有序展示"[1]。2017年12月，最高人民法院《法庭调查规程》第33条第2款首次就此作出原则规定，"出示证据时，可以借助多媒体设备等方式出示、播放或者演示证据内容"，表明了最高人民法院对刑事庭审中引入多媒体示证方式的肯定态度，但对多媒体示证的具体范围、方式、要求以及配套均无具体要求。对比分析上述规定，最高人民法院《法庭调查规程》与某省法检司《多媒体示证纪要》之间似存差异。一方面，从诉讼理念来看，《法庭调查规程》更强调应以原物、原件出示为原则，以多媒体示证为补充，更侧重于程序公正和权利保障；《多媒体示证纪要》似采以多媒体示证为优先，以原物、原件出示为补充的立场，更侧重于程序运行效率。相较之下，《法庭调查规程》更符合程序法理，更有利于权利保障，且效力位阶更高。另一方面，从可操作性来看，《多媒体示证纪要》是针对此问题的专门性规定，内容务实具体，可操作性更强，实践中自有适用空间。

2021年5月，最高人民法院《在线诉讼规则》首次就电子化材料视同原件的效力内涵、限制以及审核规则等重大问题予以界定，第12条规定当事人提交的电子化材料，经人民法院审核通过后，可以直接在诉讼中使用，同时明确了人民法院应当要求当事人提供原件、原物的四种限制情形：对方当事人认为电子化材料与原件、原物不一致，并提出合理理由和依据的；电子化材料呈现不完整、内容不清晰、格式不规范的；人民法院卷宗、档案管理相关规定要求提供原件、原物的；人

---

[1] 熊焱主编：《刑事庭审实质化改革：理论、实践、创新》，法律出版社2017年版，第330、331页。

民法院认为有必要提交原件、原物的。第13条首次提出了电子化材料视同原件、原物的五条审核判断标准:对方当事人对电子化材料与原件、原物的一致性未提出异议的;电子化材料形成过程已经过公证机构公证的;电子化材料已在之前诉讼中提交并经人民法院确认的;电子化材料已通过在线或者线下方式与原件、原物比对一致的;有其他证据证明电子化材料与原件、原物一致的。最高人民法院参与起草人员特别强调,上述方式只是帮助审判组织审核电子化材料的指引性规则,如果审判组织认为即便采取上述举措,也不足以确保材料形式真实性时,应当要求当事人提供线下实体材料。就此而言,电子化材料视同原件、原物的效力是相对的、有条件限制的。同时,刑事庭审要求原件、原物出示优先的基本理念并未过时,亦无实质改变,只是对在线诉讼背景下原件、原物出示的具体方式作了弹性拓展,对审核判断标准予以重新调整。

多媒体示证直接涉及法庭调查程序和刑事诉讼法理,应就多媒体示证方式对刑事庭审举证质证程序以及控辩双方诉讼权利的影响作进一步剖析。从多媒体示证方式的性质和特征来看,应属于辅助性、替代性出示方式,而非原物、原件出示本身。多媒体出示有助于直观、具体展示物证、书证等证据类型的外观、局部以及可视性内容等情况,但对证据原物、原件的隐蔽性(如笔迹的新旧程度)、动态性(如刀具的开合)和实质性(如物品的用途)特征则未必能予以反映或反映不充分,故仍需通过原物、原件出示并辅以合理说明。在不损害诉讼各参与方特别是被告人、辩护人重要诉讼权利的前提下,应当积极引入和充分运用多媒体示证方式,加快庭审进程,提高诉讼效率,但应满足一定程序条件:一是将多媒体示证方式纳入庭前会议内容,法官或法官助理在主持庭前会议时应当主动询问控辩双方对多媒体示证方式的意见和建议,应将协商情况记入庭前会议笔录并纳入报告内容,为庭审有效使用多媒体示证方式提供程序依据,排除可能妨碍,同时也有利于防止"证据突袭"。一方需要采取多媒体示证方式的,应当提交书面的多媒体示证提纲或包含该内容的举证提纲,并针对拟示证的证据名称或种类、播放方式、播放时长等事项作出必要说明,听取对方意见建议。二是双方在庭前会议中就多媒体示证方式达成一致意见的,庭审中双方均应按达成的一致意见组织举证质证,任何一方不得翻悔,但有正当理由的除外。三是多媒体示证要区分证据有无争议情形,以作出合理安排,不应有无争议一个样、一种方式用到底。

5. 完善法官的依职权调查和发问权

依大陆法系传统和职权主义诉讼模式,发现真实并非控辩双方专属领地,法官仍对通过刑事诉讼发现真实负有特殊义务,毕竟"法院为发现真实,终究无法完全豁免其在必要时介入补充调查证据之职责"①。原因在于,现实中,由于控辩双方举证能力仍存差距,控强辩弱的基本态势尚无明显改观,为保障诉讼公平公正之需,法官仍应重视并合理运用依职权调查和发问职责。②

值得注意的是,近些年来,鉴于大陆法系与英美法系国家和地区刑事诉讼制度的相互借鉴和渗透趋势,在一些英美法系国家或受其传统影响的国家,法官的传统角色也在悄然发生变化,倾向于认为应当加强对诉讼程序的职权引导和控制。比如美国《联邦证据规则》第614条规定,"(a)法院得依职权自行或依当事人申请传唤证人;(b)无论证人是由法院传唤或系当事人申请,法院均可询问"③。"事实上,

---

① 李知远:《刑事诉讼法释论》,一品文化出版社1998年版,第519页。

② 有人认为法院依职权取证存在四大弊端:与"谁主张,谁举证"存在冲突;可能导致诉审控审职能不分;导致法庭质证困难;可能加剧法官与当事人之间的对立(参见张保生主编:《证据法学》(第2版),中国政法大学出版社2014年版,第376—377页)。笔者认为,对法院依职权取证而言,问题不是是否需要和保留,而是如何把握尺度和分寸。

③ Michael H. Graham, "Federal Rules of Evidence in a Nutshell", West Publishing Co. 1981, p.193. 对比2011年经美国联邦最高法院批准的修正后的《联邦证据规则》条文,该条含义无变化,但行文更简洁。委员会注释及,"这些变化仅为风格上变化,我们无意改变任何证据可采性裁决的结果"[参见王进喜:《美国〈联邦证据规则〉(2011年重塑版)条解》,中国法制出版社2012年版,第200页]。

法院不仅'可以'自由询问证人,而且在某些情况下,询问证人还是法院之职责,即法院需要进一步进行澄清,以进行准确评估"①。正如一名法官所指,"刑事审判不是一场游戏……法官的立场……不仅仅是要作为一名裁判看到诉讼双方对比赛规则的遵守,法官同时也是司法管理人员,他不只是一个名义上的指挥者,他不仅要根据公认的程序规则指导和控制诉讼程序,而且要确保正义得到伸张"②,因此,"法官有权利而且也有义务向证人、包括被告提出他认为必要的其他问题,以便更充分地揭示、阐明案件的事实真相"③。

  一方面,加强和完善法官的职权调查,应遵循一定条件,一是庭审调查中控辩双方有所遗漏而确需补充调查;二是对被告人有利的,法庭不得进行可能不利于被告人的职权发问;三是法庭认为必要;四是法庭依职权调查的证据仍应在法庭上出示并经控辩双方质证。对于此点,我国台湾地区判例亦认为,"证明被告有罪既属检察官应负之责任,基于公平法院原则,法院自无接续检察官应尽之责任而依职权调查证据之义务。则'刑事诉讼法'第163条第2项但书所指法院应依职权调查之'公平正义之维护'事项,依目的性限缩之解释,应以利益被告之事项为限,否则即与检察官应负实质举证责任之规定及无罪推定原则相抵触,无异回复纠问制度,而背离整体法律秩序理念"④。另一方面,在依职权通知证人出庭情形下,法官主导发问更属应当;当然这种情形应从严掌握,以少而精为原则⑤。在多数实质化试验示范庭

---

  ① Clifford E. Elias, Federal Rules of Evidence Handbook, 2003, p. 171.
  ② Petro Swanepoel,"Criminal Procedure", S. Afr. J. Crim. Just. 2013(26), p. 202.
  ③ Petro Swanepoel,"Criminal Procedure", S. Afr. J. Crim. Just. 2013(26), p. 202.
  ④ 转引自陈宏毅、林朝云:《刑事诉讼法新理论与实务》,五南图书出版股份有限公司2015年版,第9页。
  ⑤《法庭调查规程》第19条第3款规定,"法庭依职权通知证人出庭的情形,审判人员应当主导对证人的询问"。此条隐含如下意旨,即区分两种情形下的询问主导:在控辩双方申请证人出庭情形,应由控辩双方主导发问;在法庭依职权通知证人出庭情形,则由法庭主导向证人发问。

审中,审判长对庭审的把控总体上比较到位,但也有一些庭审法官的职权发问显得过多,且存在不当打断辩护方发言的情况。其实保障这个阶段的充分流畅非常重要,因为这个阶段不仅是法律适用的说理,而且还要将法庭调查阶段展示的证据共同形成锁链。

二、庭审实质化与庭审对质

从日常生活经验而言,当面对质本身即属澄清事实、还原真相的有效方法。通过对质以求真相,作为一种裁断技术有着悠久历史。《圣经》中不乏诉讼事例,其中记载有两女公堂争子的故事,双方均称自己是孩子之母且争执不下,所罗门王假意令人取刀欲劈而分之,一女大惊失色且表示愿意放弃母权,另一女则无动于衷,所罗门王由此判定谁是生母。从证据裁判角度看,这是运用了证据判断中的情理法则[①],因为"虎毒不食子""忍痛割爱"是大家认同的日常情理;当然,即使日常情理也不一定可靠,所罗门王的判断也未必当然正确。[②] 另一故事为苏珊娜被控通奸案,两老者向苏珊娜求爱遭拒,遂诬告其通奸。负责审判的人民会议欲处其死刑,此时丹尼尔受神示而介入此案,要求分别诘问两位老者看到苏珊娜在什么树下通奸,结果二人说法不一,人民会议终还苏珊娜清白。从诉讼角度看,前案中两女当堂对诘与后案中分别诘问两位老者,均有程序对质的性质和功能。欧洲古代至近代,虽然并无制度意义上的对质程序规范,但却存在对质的具体案例,如16世纪法国图卢兹地区的"马丁·盖尔案件"庭审中,先后有

---

① 参见龙宗智:《上帝怎样审判》,法律出版社2006年版,第191页。
② 有学者认为,无动于衷者也可能是生母,反过来,忍痛割爱未必一定是,她可能只是单纯同情,甚至可能是一种欺骗性"表演"(参见周洪波:《刑事证明中的事实研究》,上海人民出版社2016年版,第89页)。

150个人到庭作证并与被告人对质,在上诉审阶段,约有25~30名证人到庭作证并对质。① 中国古代也有类似案例,如西汉郡守黄霸巧断"妯娌争子案",北魏时期扬州刺史李崇智判"苟泰失子案",北宋包公运用"拉胳膊法"妙审"妻妾争子案",也都用到了对质方法和情理法则;我国古代有"相告者对讯"的说法和传统②,秦汉时期的刑事审判活动中即有诘问、诊问的分工,前者主要针对犯罪嫌疑人或被告人,后者则不限于此,还包括可能知道情况的相关人员及调查人员。③ 有学者指出,中国古代即有职权性质证制度,并以诘问、对质为主要形式,质证对象兼顾言词证据与实物证据。④ 文学作品中也有对质描述⑤,反映出我国古代向有重视对质的传统。当然,这与作为现代刑事诉讼重要程序与权利的对质不可同日而语。

程序法律意义上的对质,是刑事诉讼中裁判证据、认定事实的一种重要方法、程序,同时也是被告人和其他诉讼参与人的基本诉讼权利。美国学者认为,"对质须由被告人与指控者在法庭上面对面目视,被告人有权诘问指控者,审理者有权在指控者的宣誓和被告人的诘问

---

① 参见〔美〕娜塔莉·泽蒙·戴维斯:《马丁·盖尔归来》(第二版),刘永华译,北京大学出版社2015年版,第96—102页,第110、112页。

② 参见邱汉平:《历代刑法志》,商务印书馆2017年版,第128页。

③ 参见〔日〕宫宅洁:《秦汉时期的审判制度》,徐世虹译,转引自杨一凡、〔日〕寺田浩明主编:《日本学者中国法制史论著选·先秦秦汉卷》,中华书局2016年版,第282—289页。

④ 参见尚华:《论质证》,中国政法大学出版社2013年版,第43—46页。如清光绪五年(1879年),四川南部县蒲清平告周宗福等私铸毛钱案,县批:"准唤讯,并传该管牌头周兆田、甲长周宗才质究"(参见里赞:《晚清州县诉讼中的审断问题——侧重四川南部县的实践》,法律出版社2010年版,第74页)。

⑤ 如《二刻拍案惊奇》卷4中:"廉使叫押到尸场上认领父亲尸首,取出金事对质一番"〔参见(明)凌濛初:《二刻拍案惊奇》,斯范注,崇文书局2015年版,第54页〕;《水浒传》第46回中,杨雄之妻潘巧云私通和尚,为石秀所察,石秀遂提醒杨雄,不料遭潘巧云反诬,称石秀调戏了自己。石秀设计杀死和尚,并在翠屏山上与潘巧云、迎儿对质,戳穿其谎言,并将其杀死(参见施耐庵:《水浒传》,上海古籍出版社2004年版,第403、404页);《倚天屠龙记》第4章中,当少林弟子慧风等指称武当七侠之一的张翠山屠杀龙门镖局数十口人而张翠山不承认时,少林寺僧圆音即叫出慧风等四人"跟张五侠对质"(参见金庸:《倚天屠龙记》,广州出版社2013年版,第120—123页)。

中观察其言谈举止"①。台湾地区判例也对对质作过如下定义,"所谓对质权,系指二人以上在场,彼此面对面、互为质问之权利。依'刑事诉讼法'第97条、第184条之规定,可分为被告与被告、证人与证人、被告与证人间之对质;其中证人与被告间互为质问之权利,实与被告诘问权为一体之两面"②。对质权内容有二:一是对视权,被告人与证人或共同被告同时在场彼此面对面,并有目视对方且要求对方目视自己之权利;二是互问权,被告人与证人或共同被告互为质问。此互问权与诘问权极相近,故也可认为广义的对质权包括诘问权。③ 过去,由于证人实际出庭率很低,对质询问规则在我国刑事诉讼中客观上难有生存空间。

需要特别强调的是,构建完善以审判为中心的刑事诉讼制度,大力推进庭审实质化改革,客观上不仅要求强化证人出庭制度的完善和实施,也需要引入证人对质询问制度,应当通过修改《刑事诉讼法》,建构遵循司法规律、适应民众需求并具备我国特色的对质询问制度,对对质主体、对质程序、对质方式和对质禁止事项作出明确和具体规定。

(一)构建并完善庭审对质制度对庭审实质化改革的重要意义

如前所述,我国刑事诉讼特别是刑事庭审功能虚化的根本症结,与三个层面因素的缺失密不可分。在微观的实践操作层面,反映为科学化、体系化、精密化法庭调查方法和技术尚未真正形成;在中观的程序制度层面,反映为刑事庭审阶段法庭调查程序制度的粗糙设计和粗

---

① Frank T. Read, "The New Confrontation—Hearsay Dilemma", Southern Calfornia Law Review, 1972(45), p. 6.
② 王兆鹏:《刑事诉讼讲义》,元照出版有限公司2009年版,第730页。
③ 对质权与诘问权尽管类似,实为不同之权利,其最根本区别在于对质为被告人与证人同时在场面对面互相质问(参见王兆鹏:《刑事诉讼讲义》,元照出版有限公司2009年版,第730页)。

放运行;在宏观的理念权利层面,反映为对被告人基本人权和诉讼权利的尊重和保障还远不到位。而刑事庭审对质制度,与上述三个层面的因素都紧密相关。进一步强化刑事庭审对质制度建设,由此也成为破解上述三个层面的短板、推进并深化以审判为中心的刑事诉讼制度改革的重要举措之一。

第一,就方法视角而言,对质旨在使在同一特定事实或证据上存在不同甚至相反陈述的双方(包括控辩双方、被告人、证人、被害人等),在法官主持下,在法庭当面互相诘问,以澄清疑点,获致真相。对就同一事实或证据问题作出不同甚至相反陈述的双方而言,必有一方说法为假或部分失真,而最具实质意义的查证方法就是给予双方平等机会,并令双方于法庭上当面互相诘问,以最大限度地揭穿谎言、发现真实。就此而言,对质是刑事庭审审核证据、认定事实中最为重要且不可或缺的方法之一。因此,建构我国刑事诉讼的对质权制度,无疑是我国刑事庭审法庭调查方法的核心内容和重要组成部分,对确立和完善我国刑事诉讼的司法技术体系特别是法庭言词证据调查方法具有特殊的重要价值。但需要指出的是,运用对质方法对查明真相诚然至关重要,但并不意味着通过对质必定能获致真相,也不保证通过对质获得的事实信息绝对为真。发生在法国的一件父亲被控强奸其亲生女儿的案件中,法庭在征得女孩同意后安排她与父亲当面对质一个多小时,其间女孩一直昂着头,极为详细地讲述了"遭受粗暴行为"经过;不出所料,父亲失去了对孩子的监护权,女孩则被送到寄宿学校。15 个月过后,当女孩祖母去看望她时,女孩突然泪如雨下,承认自己撒谎,并揭发了其母欺骗法医的罪恶勾当。此案后来通过再审,父亲终于无罪释放。事情真相是,女孩母亲因出轨离婚,希望带走女儿一起生活,为达此目的,遂编造丈夫奸污女儿的谎言,并骗取了法医信任。①

---

① 参见〔法〕勒内·弗洛里奥:《错案》,赵淑美、张洪竹译,法律出版社 2013 年版,第 12 页。

即使有这样的个案,我们仍然看重对质权的方法论意义和权利保障价值,因为没有针对同一问题的有效和充分对质,我们也很难找到更好的方法获得真相。

第二,就程序视角而言,对质是刑事庭审调查阶段具有独立价值的程序,对质双方均有同等机会陈述己方意见、听取对方意见并进行质疑或反驳,法庭应确保双方在此程序中获得公平对待。对质权在法庭审理阶段的展开,具体表现为一整套程序规则相互衔接。因此,建构和完善刑事庭审对质权制度,同时也是我国刑事庭审程序进一步完善的重要环节,对实现刑事诉讼特别是庭审程序规则的体系化、精密化运行具有重大推动作用。

第三,就权利保障视角而言,对质首先是受到刑事指控者不可剥夺的基础性人权和诉权,其次也是参与刑事庭审各方都享有的一项诉讼权利。① 对质的充分和有效程度,在很大程度上决定了刑事诉讼人权保障价值的实现程度。因此,建构和完善刑事庭审对质制度,本身就是对被告人基本人权和诉讼权利的承认、尊重和保障②,同时也是对刑事诉讼所有参与方诉讼权利的保护,在体现现代刑事诉讼在依法惩治犯罪、保护社会秩序的同时,更加注重人权保障的根本价值追求和司法理念引领,有利于进一步拓展刑事诉讼的社会基础,增进刑事司法公正的公众认同。

需要特别指出的是,考虑到刑事诉讼中冤假错案产生的根源之一在于对被告人基本人权和诉讼权利的认识不深和保障不力,重视对被

---

① 有学者提出应当确立"对质权"概念,赋予对质一种权利属性……目前,人们越来越认识到当面对质的证据学功能和权利保障意义,因此,在建立"对质权"的理念与制度的基础上,促使证人出庭,是完善中国刑事诉讼制度与证据制度的现实要求(参见龙宗智:《论刑事对质制度及其改革完善》,载《法学》2008年第5期)。

② 欧洲人权法院认为,公平公正的刑事诉讼要求,证据须于公开庭审中,于被告人在场时出示,且被告人有权质疑和诘问控方证人,因为赋予被告人质疑证据的机会,通常是了解证据是否有问题的最好方法之一[See David Alan Sklansky, "Confrontation and Fairness", Texas Tech Law Review, 2012(45), pp. 104 – 105]。

告人对质权的依法保障和充分保障,对有效排除非法证据、最大限度地防范冤假错案至为重要。

(二)相关国家和地区的庭审对质制度

对质权是刑事诉讼中被告人享有的一项基础性、核心性权利,其地位和价值无可替代。英美法系国家和地区和大陆法系国家和地区也都承认并保障对质权,但两大法系处理这一问题的制度模式存在差异,大致可分为两种类型:一种是与直接言词原则相结合,作为查明事实的证据方法规定对质制度,常见于欧洲大陆法系国家和地区①;另一种是与传闻排除规则相结合,以对质权制度为基础,通过对质权规范来实现对质要求,常见于英美法系国家和地区②。

——美国。对质权在美国刑事诉讼中一向备受重视,美国《宪法第六修正案》规定,"所有刑事被告人有与证人对质诘问的权利",该规定的要旨与文义"不仅聚焦于促进可预审判结果的程序机制,同样也专注于重申被告人有权作出个人选择的法定程序"③。该权利主要针对的是可能不利于被告人的证人,包括两个方面:一为诘问权,即对证人证言进行诘问;二为对质权,其核心是在法庭审理现场与证人面对面对质的权利④,又包括有权目视证人,亦有权使证人目视自己(此项权利为美国联邦最高法院 1988 年的一份判决所确认)。对质权的主要目的"是通过在对抗式诉讼中证人与被告方之间的交叉询问,以

---

① 如《欧洲人权公约》第 6–3d 条规定,"任何被告人均有权询问或提请法院询问对其提供有罪证词的证人,并且有权获准按照对其提供有罪证词的证人相同的条件,传唤并询问提供其无罪证词的证人"[参见〔法〕贝尔纳·布洛克:《法国刑事诉讼法》(原书第 21 版),罗结珍译,中国政法大学出版社 2009 年版,第 490 页]。

② 参见龙宗智:《论刑事对质制度及其改革完善》,载《法学》2008 年第 5 期。

③ Pamela R. Metzger, "Confrontation Control", Texas Tech Law Review, 2012(45), p.100.

④ Roger C. Park, "Is Confrontation the Bottom Line?", Regent Uneversity Law Review, 2006(19), pp.262–461.

确保证人证词的可靠性"①,具体内容有三:证人宣誓后作证、被告人有机会询问证人、陪审团能够亲自观察评估证人的行为举止②。为什么对质权如此重要?美国联邦最高法院认为理由有三:一是对质为人之本能,正如斯卡利亚大法官在 Coy v. Iowa 案的多数意见中指出,对质之所以对于刑事诉讼公正必不可少,乃是因为它是植根于人性深处的基本需求③;二是有助于使被告人充分感受到法庭审判之公开与公正性,因而更易接受审判;三是根据生活经验,普通人一般长于在人之后捏造诬陷,而短于在人面前如此,使其在法庭上与被告人面对面,更易于揭示真相,戳穿说谎者。美国法中,不仅证人不到庭者其庭前证言不得作为证据;到庭作证而非经当事人对质诘问者,其当庭证言仍不得作为证据。美国法中对被告人诘问权如此重视,以致联邦最高法院 1970 年在 Cal. v. Green 一案中判决,审判外之陈述者若于庭审中宣誓并作证,且经被告人当庭诘问,则使用审判外的陈述也并不违反被告人的诘问权。④ 与此相应,如果被告人根据《宪法第六修正案》获得律师辩护权利并在法庭审理中得到诘问证人的机会,那么除非被告人是在律师协助下当庭对证人进行诘问,否则该证人的庭外陈述仍然不可接受。⑤ 换言之,当庭诘问和对质,具有治愈或补正证人庭前证言过去未接受诘问之瑕疵的功能。在 1980 年俄亥俄州诉罗伯茨案中,联邦最高法院有条件允许在法庭上使用证人庭外陈述,前提是证人因客观原因无法到庭且庭外陈述具有"充分的可靠性"。⑥ 值得注意的是,

---

① Christine Chambers Goodman,"Confrontation's Convolutions",Loyola University Chicago Law Journal,2016(47),p. 819.
② 参见熊秋红:《刑事庭审实质化与审判方式改革》,载《比较法研究》2016 年第 5 期。
③ David Alan Sklansky,"Confrontation and Fairness",Texas Tech Law Review,2012(45),p. 104.
④ 参见王兆鹏:《美国刑事诉讼法》(第二版),北京大学出版社 2014 年版,第 456 页。
⑤ Todd E. Pettys,"Counsel and Confrontation",Minnesota Law Review,2009(94),p. 259.
⑥ John D. King,"Privatizing Criminal Procedure",The Georgetown Law Journal,2019(107),p. 573.

美国联邦最高法院以前对适用对质条款的标准秉持"真实性理论",但在 2004 年的克劳福德诉华盛顿州案中,联邦最高法院九位大法官一致裁定,华盛顿州最高法院在法庭上采纳证人的庭外证词,侵犯了宪法赋予被告人与证人对质的权利;如果被告人不能在法庭上与证人对质,检方就不得将证人证词提交给法庭。法院进一步认为,只有在证人无法出庭作证,且被告人事先有机会就证词与证人对质的情况下,法庭外的证词才可以提交法庭。① 自此案之后,证人证言能否成为呈堂证供,不再取决于其所谓的"真实性",而在于其能否满足程序上的要求。②

——法国。《法国刑事诉讼法》规定,证人以向法庭口头作证为原则,但在轻罪法院和违警罪法院,审判长可以例外地允许证人以书面形式作证。庭审阶段,审判长讯问,各方当事人及其律师陈述,审判长、检察官与律师向证人提问及各方相互提问,都应当以言词方式进行。检察院、被告人、民事当事人在庭审中享有相同的权利,尤其是享有向证人提出问题的权利。③ 尤其重要的是,根据《法国刑事诉讼法》第 338 条、第 454 条第 3 款之规定,证人口头作证之后,各方当事人有权向其提问,在证人之间、证人与被告人之间或民事当事人之间均可以进行对质。④ 同时,陪审员、其他法官、检察官、被告人、民事当事人、律师还可以提出建议或请求,由审判长向证人提问。

——德国。在德国刑事诉讼中,诉讼参与人出示证据的顺序由审

---

① John D. King, "Privatizing Criminal Procedure", The Georgetown Law Journal, 2019 (107), p.573.

② Kevin C. McMunigal, "Crawford, Confrontation, and Mental States", Syracuse Law Review, 2014(64), pp.220 – 221. 另参见何帆:《大法官说了算——美国司法观察笔记》,中国法制出版社 2016 年版,第 296、297 页。

③ 参见宋英辉、孙长永、朴宗根等:《外国刑事诉讼法》,北京大学出版社 2011 年版,第 231 页。

④ 参见〔法〕贝尔纳·布洛克:《法国刑事诉讼法》(原书第 21 版),罗结珍译,中国政法大学出版社 2009 年版,第 492 页。

判长决定。证人和鉴定人需要像被告人一样接受询问和质疑。除在场律师外,被告人也有权亲自向证人和鉴定人发问,但对于不满16岁的证人,只能由审判长单独询问。同时,参加审理的法官、检察官、被害人的代理人和被告人的辩护律师,都有权要求审判长向证人进一步询问。此外,如果审判长依据符合其义务的裁量,认为不存在损害证人利益之虞时,可以允许上述人员直接向证人提问。一方当事人提名的证人和鉴定人,也可以接受另一方当事人的交叉询问。对滥用讯问权的当事人,审判长可以剥夺其讯问的权利,审判长也有权驳回那些被认为不合适的问题或与案件无关的问题。

——日本。在日本刑事诉讼中,询问证人在调查证据方面居于重要地位。《日本刑事诉讼法》第304条原规定先由审判长询问,再由请求调查的当事人询问,最后由对方当事人询问。后来改为首先由当事人询问,如有必要再由审判长补充询问;诉讼关系人经许可,可以再次询问证人。诉讼关系人就特定书面材料或物品询问证人时可以出示该书面材料或物品,但不得对证人陈述产生不当影响;经审判长许可,诉讼关系人还可以通过图片、照片、模型和装置等对证人进行询问。

在日本刑事庭审中,询问证人对证实真实的作用,在很大程度上取决于主询问和反询问是否适当而有效地进行。在此意义上,学习询问技术是法律工作者的必修课。① 当然,也允许被告人对证人进行主询问和反询问。除了没有辩护人的案件,实际上大多由辩护人代表被告人进行询问。需要特别指出的是,刑事被告人对不利于己的证人的反询问权受到《日本宪法》第37条第2款的保障,因此,被告人的质证权不仅是刑事诉讼法上的权利,更是宪法性权利。由此,如果控方证人回答了控方的主询问而没有回答被告人的反询问时,法院如认为采用对主询问所作的陈述可能不当地侵害被告人的利益时,必须依照职

---

① 参见〔日〕松尾浩也:《日本刑事诉讼法(上卷)》,丁相顺译,中国人民大学出版社2005年版,第54页。

权或根据请求作出规定,从主询问中排除该陈述。甚至证人在主询问终了后死亡或失踪,或因疾病不能回答反询问时,也应当作出上述决定。

另外,被告人一般是通过直接听取证人的到庭陈述而提出反询问,但在某些情况下,被告人可能不出庭或不在法庭:一是依照法律规定轻微案件中被告人可以不出庭;二是为保护证人而让被告人暂时退庭;三是被逮捕的被告人无正当理由拒绝出庭;四是未经审判长许可而退庭;五是为维护法庭秩序而命令被告人退庭。其中,第二种情形是法律规定以辩护人出庭为要件,而且在证人陈述之后让被告人回到法庭,然后将证言主要内容告知被告人,并给予其提问机会,是一种兼顾宪法要求和实践操作的两全之策。第三种和第四种情形只限于在预定的程序中放弃权利。最容易出现问题的是第五种情形,被告人的反询问权可能会因此受到不公平的剥夺。由此,法院考虑证言内容重大性的程度、辩护人行使反询问权的充分性等情况,认为是不当侵害被告人的利益时,也应该从证据中排除该证言。

下面是日本一起刑事案件庭审笔录中辩护人、被告人与证人之间的对质情况片段:

辩:你后来在警察局也见过被告,对不对?

证:不,不能说是见过。在我报案后经过5天,警察局通知我说,"捉到犯人了",所以我就到了警察局。到了警察局后,警察就叫我从犯人所在的房间的隔壁房间的玻璃窗来指认犯人。

辩:你所说的玻璃窗,是不是像咖啡馆的玻璃那样,从里面可以看到外面,但从外面就看不到里面的玻璃窗?

证:是的。

辩:从玻璃窗看了以后,你认为怎么样?

证:我认为没有错,就是那个人。

辩:但是,你以前所看的,是他的后背,而在警察局所看到的,是他的正面,所以你怎么能够断定就是他?

证(倾斜着头):对,你说得对,怎么能够那么容易就认得出来就是他。不过,在感觉上,我认为好像很像。

辩(加重语气):不要随便乱认人。你因为听警察说捉到犯人,所以就先入为主地认为被捉到的人一定是犯人,所以就使你在感觉上认为很像。对不对?

证人倾斜着头不回答。

此时,被告人加入辩护人之反对询问。以下是反对询问片段:

被:你看到犯人时,附近有没有路灯?

证:没有路灯,但因为远方的霓虹灯的反射光,以及附近的店的灯光,所以我记得当时那个地方是相当光亮的。

被:当时你可以看到多远?

证(倾斜着头而注视被告的脸):我想大概可以看到二三十公尺远。

被:刚才你说,当时你看到犯人面对着电线杆自言自语,你记不记得他在说什么?

证(在努力地回想并倾斜着头):当时我也相当醉,所以记不清楚……(稍为思索之后)噢,对了,想起来了。那个人做着要击打电线杆的姿势,而且说"他妈的","混蛋"等,诸如此类的话。

被:是大声地说,或者小声地说?

证:是小声。

被(反射性地):小声地说"他妈的","混蛋",是不是?

证(突然改变态度):审判长,就是这个声音。那一天晚上我所听到的,就是这个声音。当时我所看到的就是这个人。

被(着急地加强语气):你只要回答我的询问就可以,不必要多说。

审:斟酌询问证人情况,依据《刑事诉讼规则》第124条之规定,命证人与被告人进行对质。任何一方都可以先发问。

证:你就是当时我所看到的醉汉,不是吗?为什么不坦白说,就是你放的火?

被(脸上发青,而以颤抖声音):不要乱说……我不愿意跟你多说。

证(更加得势地):我是现在听了你的声音,看了你的脸以后才想出来的。你当时面对着电线杆自言自语之后,点燃了香烟,对不对?

被(更加恐慌似地):我不必要回答你。你所说的,是跟我无关的。

证:你一边点燃香烟,一边自言自语地说,"真不甘心""可恶",对不对?

被(低着头)……

上引庭审笔录片段有几点值得关注和借鉴:从质证类型看,主要涉及被告人与证人之间的对质,相较而言,对彰显刑事庭审对质制度的重要性和多重价值尤具典型意义;从方法技术看,法官在庭审调查中通过主持引导,充分展示了对质程序的操作流程和方法要领;从权利保障看,在辩方询问环节,法官不仅保障了辩护人的询问权,而且对被告人与证人之间的对质也给予了足够保障,彰显了刑事诉讼的程序正当价值和人权保障价值;从质证效果来看,此案如果仅靠证人出庭作证,而没有被告人与证人之间就案发现场当时情况(尤其是被告人的当场反映)进行的当面对质,不仅证人自身记忆很难被及时和充分唤醒,在法庭审理这个特定时空有效揭穿被告谎言的效果更难以达到。

——我国台湾地区。学理认为,"为确保被告对证人之诘问权,证人于审判中,应依法定程序,到场具结陈述,并接受被告之诘问,其陈述始得作为认定被告犯罪事实之判断依据"[1]。我国台湾地区"刑事诉讼法"对当事人之对质权的规定严密具体而自成体系,其中第166条第1款规定,"当事人、代理人、辩护人及辅佐人声请传唤之证人、鉴

---

[1] 陈宏毅、林朝云:《刑事诉讼法新理论与实务》,五南图书出版股份有限公司2015年版,第238页。

定人,于审判长为人别讯问后,由当事人、代理人或辩护人直接诘问之。被告如无辩护人,而不欲行诘问时,审判长仍应予询问证人、鉴定人之适当机会"。该条第3款规定,按第2款规定之次序诘问完毕后,"当事人、代理人或辩护人,经审判长之许可,得更行诘问"。同时,为提高效率,避免重复等诉累,该条第5款规定:"同一被告、自诉人有二名以上代理人、辩护人时,该被告、自诉人之代理人、辩护人对同一证人、鉴定人之诘问,应推由其中一人代表为之。但经审判长许可者,不在此限。"此外,第166条之6第1款规定,"法院依职权传唤之证人或鉴定人,经审判长讯问后,当事人、代理人或辩护人得诘问之,其诘问之次序由审判长定之"。对此项权利,第167条规定:"当事人、代理人或辩护人诘问证人、鉴定人时,审判长除认其有不当者外,不得限制或禁止之。"为保障当事人之对质权,第168条规定,"证人、鉴定人虽经陈述完毕,非经审判长之许可,不得退庭",第168条之1规定:"当事人、代理人、辩护人或辅佐人得于讯问证人、鉴定人或通译时在场。前项讯问之日、时及处所,法院应预行通知之。但事先陈明不愿到场者,不在此限。"第169条规定:"审判长预料证人、鉴定人或共同被告于被告前不能自由陈述者,经听取检察官及辩护人之意见后,得于其陈述时,命被告退庭。但陈述完毕后,应再命被告入庭,告以陈述之要旨,并予以诘问或对质之机会。"同时,第196条规定,"证人已由法官合法讯问,且于讯问时予当事人诘问之机会,其陈述明确别无讯问之必要者,不得再行传唤",以此作为质证权保障的配套。第288条之2规定,在法庭审理中,"法院应予当事人、代理人、辩护人或辅佐人,以辩论证据证明力之适当机会"[①]。值得注意的是,我国台湾地区"刑事诉讼法"对诘问程序的规定比较具体详尽,对对质程序的规定则相对弹性,主要是规定行使条件,即因发现案件真实之必要,法院得命证人与

---

① 本段我国台湾地区"刑事诉讼法"条文,均转引自樊崇义主编:《诉讼法学研究》(第五卷),中国检察出版社2003年版,第553—582页。

其他证人或被告人对质,亦得依被告人之申请,命他们与证人对质(第184条第2款)。台湾地区判例原对对质持消极态度,认为对质权属于法院自由裁量权而非被告人诉讼权利,后随着台湾地区相关规定修正而改采积极立场。①

——相关国际性和区域性公约及判例。1976年生效的联合国《公民权利和政治权利国际公约》第14条第3款规定,"在判定对他提出的刑事指控时,任何人都有权询问或业已询问对他不利的证人,并使对他有利的证人在与对他不利的证人相同的条件下出庭和接受讯问"。此外,《联合国少年司法最低限度标准规则》第7条、《欧洲人权公约》第6条第3款、《美洲人权公约》第8条第2款等亦有类似规定。值得注意的是,欧洲人权法院判例认为,对质权并非绝对权,被追诉者未能与证人对质,也并不必然影响公正审判;法庭可根据被害人向警察所作陈述认定案件事实,同时可将主持询问的警察所作证言作为补强证据;被追诉者可以放弃对质权,但须以明确方式作出,同时控方仍须做出必要努力促使证人出庭接受辩护方质证。②

总体而言,英美法系和大陆法系国家和地区均承认并保障被告人对质权,但在价值取向与具体操作模式上存在差异。20世纪以来,被告人诉讼权利保障已经成为刑事庭审对质制度最重要的价值取向,不

---

① 如2007年台湾地区"最高法院"判例认为,"被告有与证人对质或诘问证人之权利;对质诘问权为'宪法'所保障之基本人权及诉讼权之一。被告之对质诘问权,乃其重要之诉讼防御权利。借由对质诘问程序,法院得以观察其问答之内容与互动,亲身感受而获得心证,有助于真实之发现。是证人于审判中作证,除非当事人舍弃,否则非经当事人对质诘问,其证词不得作为判断之依据。本诸发现真实及维护被告利益下,法院自亦不得拒绝被告对质诘问之请求。若法院认为待证事实已臻而无对质之必要……亦须于判决理由内予以说明,否则即有理由不备之违法"(参见王兆鹏:《刑事诉讼讲义》,元照出版有限公司2009年版,第729页)。

② 参见刘静坤:《刑事程序的权利逻辑——国际法和国内法的比较考察》,法律出版社2021年版,第262—264页。

少大陆法系传统国家和地区亦对此明确作出规定①,被告人对质权已经获得普遍认可,"成为国际社会的共识,无关乎意识形态、法律传统和诉讼模式"②。构建完善我国庭审对质规则,既要保留大陆法系国家和地区对质的方法技术,也应借鉴英美法系国家和地区对被告人诉讼权利的保障功能。

(三)我国对庭审对质的法律和司法解释规定

我国古代虽有对质之事,但无对质之法。清末《大清刑事诉讼律草案》对对质问题亦无规定。民国时期《刑事诉讼法》第 171 条规定,因发现真实之必要,得命证人与被告对质,第 184 条对数名证人之对质亦有类似规定,但司法实务实质上采否定态度,认为《刑事诉讼法》虽有规定,但被告与证人对质与否,乃事实审理法院之自由裁量权,而非被告之权利。③

在现代,对质权已被公认为是刑事被告人的基本诉讼权利,也是通过举证、质证和辩论依法审核证据、认定事实的重要程序装置,对确保刑事诉讼特别是庭审程序公平公正和保障人权意义重大。新中国成立后,早在 1956 年,最高人民法院发布的《各级人民法院刑、民事案件审判程序总结》就对证人作证及对质提出要求,"讯问证人的时候,

---

① 如《日本宪法》第 37 条第 2 款、《墨西哥宪法》第 20 条第 4 款、《德国刑事诉讼法》第 250 条、《意大利刑事诉讼法》第 211 条等。

② 魏晓娜:《以审判为中心的诉讼制度改革:实效、瓶颈与出路》,载《政法论坛》2020 年第 2 期。

③ 如 1938 年民国时期最高法院判例认为,《刑事诉讼法》虽规定得命证人与被告对质,唯应否对质,"在事实审理之法院,本有自由裁酌之权,如果询问证人后,已依同法第二百七十六条之规定,将其陈述之要旨告知被告,予以辩解之机会,即使该证人未予对质,亦非违法",直到 1990 年,仍适用民国刑事诉讼法的台湾地区判例坚持认为,"应否命上诉人等与承办警员对质,乃诉讼法赋予事实审法院就调查事项得予自由裁量之事项,不得仅以未予对质,即指原审为违法",在此期间有其他多个判例亦持类似见解。上述判例均于 2007 年后在台湾地区不再援用(参见王兆鹏:《刑事诉讼讲义》,元照出版有限公司 2009 年版,第 727 页)。

应当指出本案需要他证明的问题,并让他作充分的陈述。证人有数人的时候,应当隔离讯问,必要时可以让他们互相对质"①。1976年生效的《公民权利和政治权利国际公约》第14条第3款第(E)项规定,"在判定对他提出的刑事指控时,任何人都有权询问或业已询问对他不利的证人,并使对他有利的证人在与对他不利的证人相同的条件下出庭和接受询问"。我国已于1998年签署该公约,2008年时任总理温家宝也承诺将尽快实施该公约。

过去由于刑事庭审证人出庭率很低,对质询问规则客观上难有生存空间。现在构建完善以审判为中心的诉讼制度,大力推进庭审实质化改革,客观上不仅要求强化证人出庭制度的完善和实施,也需要引入证人对质询问制度,应当通过修改《刑事诉讼法》,增加对质询问制度,对对质主体、对质程序、对质方式和对质禁止事项作出规定。2012年修订后《刑事诉讼法》首次就证人出庭作证作出规定,但没有对刑事庭审中的对质问题予以明确,不过现行《刑事诉讼法》仍有相关规定可供依据,主要有第61条②、第194条③,其中的当事人显然应当包括被告人,上述两条均隐含了被告人的对质权利。2012年《刑诉法解释》第199条规定,"讯问同案审理的被告人,应当分别进行,必要时,可以传唤同案被告人等到庭对质"④。但这仅属于同案被告人特殊情形下的对质,对更具普遍性情形的证人之间、被告人之间的对质则并无规

---

① 转引自陈光中主编:《证据法学》(第三版),法律出版社2015年版,第49页。
② 该条规定:"证人证言必须在法庭上经过公诉人、被害人和被告人、辩护人双方质证并且查实以后,才能作为定案的根据。法庭查明证人有意作伪证或者隐匿罪证的时候,应当依法处理。"
③ 该条规定:"证人作证,审判人员应当告知他要如实地提供证言和有意作伪证或者隐匿罪证要负的法律责任。公诉人、当事人和辩护人、诉讼代理人经审判长许可,可以对证人、鉴定人发问。审判长认为发问的内容与案件无关的时候,应当制止。审判人员可以询问证人、鉴定人。"
④ 学理认为,共同被告人之所以有对质权,本质上源于其针对其他被告人案件而言,应属证人身份,应立于证人之地位而为陈述(参见陈宏毅、林朝云:《刑事诉讼法新理论与实务》,五南图书出版股份有限公司2015年版,第238页)。

定,对质的方法技术更无从谈起。相较之下,2021年《刑诉法解释》第243条规定,"讯问同案审理的被告人,应当分别进行",但将传唤同案被告人对庭对质的规定删除。2012年《刑诉法规则》第438条第4款对对质权作了明确规定。①《法庭调查规程》第8条对对质询问作了具体规定:"有多名被告人的案件,对被告人的讯问应当分别进行。被告人供述之间存在实质性差异的,法庭可以传唤有关被告人到庭对质。审判长可以分别讯问被告人,就供述的实质性差异进行调查核实。经审判长准许,控辩双方可以向被告人讯问、发问。审判长认为有必要的,可以准许被告人之间相互发问。根据案件审理需要,审判长可以安排被告人与证人、被害人依照前款规定的方式进行对质。"《法庭调查规程》第19条第3款规定:"审判人员认为必要时,可以询问证人。法庭依职权通知证人出庭的情形,审判人员应当主导对证人的询问。经审判长准许,被告人可以向证人发问。"第24条规定:"证人证言之间存在实质性差异的,法庭可以传唤有关证人到庭对质。审判长可以分别询问证人,就证言的实质性差异进行调查核实。经审判长准许,控辩双方可以向证人发问。审判长认为有必要的,可以准许证人之间相互发问。"上述规定不仅就被告人向证人的发问权首次明确作出规定,还专门就证人之间的相互对质作出规定,无疑是我国构建和完善刑事诉讼被告人质证权制度进程中的一次重要突破。

梳理上述规定可以发现,我国刑事被告人对质权的现行法律规定存在以下问题②:一是《刑事诉讼法》对对质权没有作出完整而具体的

---

① 该条规定"被告人、证人对同一事实的陈述存在矛盾需要对质的,公诉人可以建议法庭传唤有关被告人、证人同时到庭对质"。

② 我国目前刑事诉讼对质有以下四个特点:一是法律缺乏规定,对质制度通过司法解释而确立;二是"两高"解释有矛盾,有效的解释规范中对质主体仅为共同被告;三是采共同被告对质与证人出庭作证(单向对质)并行的所谓"二元制"模式,但因不能强制证人出庭,被告人与证人对质不能保证、难以实现;四是侦查程序中没有对质制度(参见龙宗智:《论刑事对质制度及其改革完善》,载《法学》2008年第5期)。

界定,但相关条款隐含了对质权的精神实质和立法意旨。二是"两高"司法解释对对质权的一些特殊情形有所规定,但并未确立起对质权制度的基本架构和具体规范。三是"两高"司法解释对对质权的规定存在一定差异。最高人民法院《刑诉法解释》只规定同案被告人对质权这一相对特殊的情形,而对更为一般化状态的被告人对质、证人相互对质未作规定,但通过《法庭调查规程》,最高人民法院首次对被告人对质权、证人相互对质作出明确规定,较之最高人民检察院《刑事诉讼规则》相对更为进步。四是对对质权的基本理念、制度架构、方法技术等仍然缺乏深入研究和系统规定,尚未形成可操作性较强的体系化格局。上述问题的存在,加之其他因素的影响,导致刑事司法实践中被告人对质权被忽视,对刑事诉讼特别是庭审功能的发挥造成了消极影响。

(四)实质化改革背景下的庭审被告人对质权运行现状

一方面,成都等地刑事庭审实质化改革中对庭审对质权的探索实践已经取得初步进展。2015年2月以来,成都法院率先开展刑事庭审实质化改革,积极推进关键证人出庭制度。笔者从2015年至2018年成都法院实质化庭审案件中抽样调查了101件案件,其中证人出庭的为94件171人,案均1.69人;控方申请证人有75人,辩方申请证人有12人,控方处于绝对优势;未到庭证人(庭前人证)共有617人,案均6.11人,为到庭证人的3.61倍,而出庭证人仅约占证人总数的21.7%。从对质情况看,被告人向证人发问的有30件,约占有证人出庭案件数的31.9%;被告人未发问的有71件,其中审判长征求意见后放弃发问的有29件;辩护人向证人发问的有66件,约占65.34%。一些法院对被告人对质权进行了积极探索,并取得了初步效果,为构建切实可行的庭审对质规则积累了宝贵经验,主要体现在:一是对被告人对质权的重视意识普遍增强,部分法院结合改革实践,探索尝试对质规则的积极性、主动性较强;二是将被告人行使对质权的主要内容确定为被告人与证人、被告人与鉴定人、被告人与被害人以及证人与证人之间等四种类型,并探索构建共同而有差异的类型化对质规则;三是部分法院着力针对上述四种类型对质大胆探索实践,相继推出一批效果较好的试点示范庭审,具有一定的引导示范价值;四是有的法院结合改革实践开展专题研究,加强对质权和对质规则的研究指导,推动对质权理论研究与对质规则改革实践的双向互动。近几年来,全市法院相继推出一批试点试验对质程序比较规范、效果较好的案例,并在这些案例中有针对性地围绕对质的主要类型作了积极探索,积累了有益经验。2019年,成都市双流区法院率先启动刑事庭审对质改革试点,在总结改革实践和加强理论研究的基础上,于2020年10月出台《刑事庭审对质规则》,近两年来对12件案件进行庭审对质试点试验,并得到上级法院的充分肯定;2021年年初,成都市中级法院联合市级司法机关出台《刑事庭审对质规则》,在全市部分基层法院推进此项改革试点。

——被告人与证人对质。被告人与不利于己的证人当庭对质,既是被告人对质权的核心,也是构建完善刑事庭审对质程序的重点和难点。从成都地区的实践情况看,在试点试验案件中,有被告人与证人对质的庭审仍然较少,但有一些试点试验庭审已经显示出控辩审三方对探索、构建庭审对质操作规则的切实重视和可喜进展,也表明刑事庭审实质化改革实践已经不再满足于初期的"架梁立柱",正在向庭审操作中以前关注较少的小程序规则的进一步细化和完善推进,这是值得肯定的积极变化。下面是被告人周某某被控犯盗窃罪一案庭审中被告人与不利于己的证人龚某某对质片段:

审:被告人发问。

被:胖大姐,你认识我吗?

证:不认识。

被：你老公李老鬼抓我到北干道的时候，你还打了我两耳光。

证：不知道。

被：14年的时候。

证：之前我根本就不认识你。

被：我认识你，你是胖大姐，你老公是李老鬼。

证：没有人这么称呼我，认识我的人都喊我嫂子，没人喊我胖大姐。

被：那天你离我多远？

证：到书记员那么远。

被：我是用啥子偷的？

证：用夹子。

被：你是咋个看到的，当天人多不多？

证：没有多少。

被：当天是什么时候？

证：9到10点钟左右。

被：10点正是菜市人多的时候。

证：你偷的地方不是很热闹。

被：当天你最先抓的我吗？

证：是小谭，谭德平和吴昌华。

被：错，是你先抓的我。我问你干什么，你说我偷东西。

证：你撒谎。

被：你撒谎还是我撒谎？

在笔者调查的试点试验庭审中，法庭准许被告人直接向证人发问的案件总体上较少，经审判长征求是否发问后，被告人实际发问的情形同样偏少。从上述对质情况看，应当承认，在法庭的主持下，本案被告人对不利于己的证人进行了较为充分的诘问，其发问重点直击要害，发问语句比较自然甚至较有个性，一问一答简洁明了，表明被告人的对质权得到了初步保障。但类似案例明显偏少,反映出刑事司法实践中被告人的庭审对质权客观上仍受诸多限制,庭审对质规则亦有待细化。

——被告人与被害人对质。英美法系与大陆法系刑事诉讼对待被害人的态度和做法存在明显差异,总的来说,被害人在英美法系对抗式诉讼中并无相应的地位,其作用也不受重视;相较之下,被害人在大陆法系职权式刑事诉讼中的地位和作用较高。以我国为例,被害人兼具证人和当事人双重身份,《刑事诉讼法》第50条明确规定被害人陈述为独立证据种类,因此被害人可以在刑事庭审中当庭作证;同时,被害人作为当事人有权参加刑事庭审,如第191条第1款规定,"公诉人在法庭上宣读起诉书后,被告人、被害人可以就起诉书指控的犯罪进行陈述,公诉人可以讯问被告人"。但被害人的当事人身份并不完整,其享有的诉讼权利尚不充分。从实际情况看,被害人的出庭身份和角色更接近于证人。如在被告人张某某被控犯敲诈勒索罪、危险驾驶罪一案庭审中,被害人作为证人出庭。法庭调查中,经审判长征求意见,辩护人表示对被害人无问题发问,但被告人明确表示需要发问,下面是被告人与被害人的对质片段:

审:被告人有无问题需要发问?

被:是你开车走的是吗?

证:是。

被:我和土狗聊天,你们走时,有没有通知我?

证:没有,不关你的事,我怎么会通知你?

被:在河边我有没有打过你,骂过你?

证:没有,你只是来劝架,你把棒抢了。

被:是你们先走还是我先走的?

证:你没和我们一起。

被:我是否给你们说过,"事情与我无关,我不参与",钱是谁说的?

证：是，钱是胖娃儿说的。

被：当时你同意给多少？

证：只同意给5,000元。

被：我有没有给你提过钱？

证：没有。

被：通过你的朋友打电话，8,000元谈到5,000元的大概时间是多久？

证：这个不清楚了。

被：你的朋友打电话通知我过来的，是否属实？

证：是。因为你认识胖娃儿，我不认识，让你帮我说一下。

被：你说的是5,000元，还有一个叫闷墩儿的，我说一个加点一个少点，说成6,000元，后你让我把钱交给胖娃儿？

证：是。

被：11号不管12号，12号不管13号，13号不管14号，我是否说过？

证：说过。

被：你为什么取钱？

证：我想的是当时把事情解决了算了。

被：是不是你让我点钱的？

证：是我取完钱让你帮我点的。

被：拿钱之后，我是否不让你走？

证：没有。

从上述对质片段可以看出，虽然辩护人没有发问，被告人不仅对被害人进行了诘问，而且还做了一定准备；被告人诘问围绕证人陈述且重点突出，并试图找出被害人证言漏洞，证人回答也围绕事实问题，没有进行猜测或评论；双方发问和回答基本上采用的是封闭式方式。总体上看，法庭对被告人对质权比较重视，操作规范，过程顺畅。笔者

担任审判长审理的一起口罩诈骗案庭审中,被告人申请被害人出庭作证,下面是被告人与被害人对质片段:

被:胡某某,你下了500元定金之后,说第二天一早把尾款全部打过来对不对?

证:对。

被:然后你没有一次性付完,也没有当天一早打过来,你下午第一次给我打款,我一直都没有收款,你让我收的是不是?

证:我是说第二天一早给你打过来,但是后来因为资金一直没有到账,我跟你说了一部分一部分地给你转过来,从3,500元开始我一共给你转过几次,总共转了53,500元,转给你后你都立马收了的。

被:有一次我没有及时收,是你让我收的是不是?

证:我这儿都有你收款的时间以及我转账的时间,我手机里面都还有。

被:对,当初在500元定金过后,然后第二天下午给我转了一次,我很久没有收,然后你让我收款我才收款的对不对?

证:我是让你收款呀,我让你收完之后好给我发货啊。

被:在下500元定金之前,我在"发型不乱一切好办"上面跟你说了全国都在缺货对不对?

证:但是你跟我说的时候,我把钱给了你,这个货就是我的,而且你说在给完钱之后你就会立马安排车子从遂宁给我拉到成都来是不是?

被:是,但是是你所有的尾款结完之后,我这边尾款是晚上11点左右才收到。

证:对。

被:我并没有失去联系,我那段时间没有回你信息,你跟我打了语音电话我接完挂了之后一直没接也没回你对不对?

证:我平均发20个信息给你,你可能才会回我一个,至少我转钱给你的那个账号"发型不乱一切好办"是从来没有回过我消息,自从我把钱给你转完之后对不对?

被:对。

证:然后是你本人的微信,你跟我说这个人与你无关,只是你介绍我找的,他与你无关,我让你把他的电话号码给我,你说你都没有他的电话号码对不对?

被:对。

证:你推给我的微信是不是也是你本人?

被:对,我之前为什么跟你说我姓李,就是因为我的上家姓李,所以我就把上家的名字透露给你的。

证:那是因为你害怕我给你转钱的时候,发现那个微信也是你本人,所以你肯定就会这样子说,我给你转钱的时候我也没有在意,因为你背后的那个字显示的是荣。我问你,你就说不让我转,然后发个二维码给我扫,叫廖某某是不是?

被:对,因为我另外一个号码如果再收款需要验证码,我之前的那个手机没有用了,所以就收不到验证码,所以才让廖某某帮我收的。

证:然后你收到钱之后,我开始问你什么时候可以拉货来,从第二天开始你收我钱的那个账号从来没有回过我消息。

被:那个号自从我退了之后,我就一直登都登不上去了,第二天一早我和文某在营业厅里面去补办那张卡,但是补办不了,所以一直就没有办法回你。

证:但是我联系你胡某的微信号,你基本上都不回我,你回我就是说你在国外或者在其他地方,根本不在国内,让我不要影响你,而且你说那个人是你给我介绍的,与你无关,你也不熟,对不对?

被:对,但是我和文某一直都在给你找口罩,不信你可以问下文某,文某你也认识对不对,文某和我回家之后,我一直都在寻找口罩。

被告人与被害人当庭对质,围绕被告人是否诈骗被害人货款的主要事实争点,双方发问均直击要害,令对方无从回避,只能正面应答,做到了对质内容重点突出、问答方式开门见山、对质过程紧凑有序。被告人虽辩解一直在组织货源,但对被害人陈述的诸多事实细节均只能承认,当庭对质对核实证据、查清事实发挥了书面证言无法替代的重要作用,取得了较好效果。

——证人与证人对质。当不同证人就同一待证事实的陈述出现实质性不一致甚至直接矛盾时,证人之间的对质同样构成刑事庭审对质的重要内容,这对控辩双方围绕诉争焦点充分发问,保障最大限度地澄清疑点、查明真相具有重要作用。下面是一件故意伤害案庭审中控辩双方证人的对质片段:

公:证人刘某,案发后不久120救护车就来了,是谁打的电话?

控证:文某打的。

公:那又是谁打110报的警呢?

控证:也是文某。

……

辩:证人文某,案发后120急救电话和110报警电话是谁打的?

辩证:120急救电话是我打的,110报警电话是被告人打的。

……

公:鉴于控辩双方证人对该情节所作证词存在差异,故申请法庭传双方证人进行对质。

审:传控辩双方证人到庭。

审:刚才控辩双方证人就案发后打120急救电话和110报警电话事实分别接受询问,存在如下矛盾:控方证人称两个电话都是文某(辩证)打的,辩方证人称120急救电话是自己打的,110报警电话是被告人打的。请你们分别作出解释。

控证:当时我问文某打120没有,他说他打过了,我又问报警没有,他说他正在打。过一会120急救车就来了,我跟着120急救车把人送走了。

辩证：刘某问我打过120没有,我说我刚打过,他又问我打110报警没有,我说正在打。

控证：那为什么说是被告人打的呢？

辩证：我打两次都在占线,这时120急救车就来了,现场警笛声很大,我换了个地方继续打,发现被告人在旁边打电话,说他把人打伤了,然后说具体的地点和位置。等他打完了,我问他跟谁打电话,他说跟110打电话。

控证：那是他自己说的,不能说就是他本人打的。

辩证：你走后,他说警察来了肯定要收我的手机,他让我帮他保管手机,我翻过通话记录,上面显示拨打号码110,现在还留在手机上。

在本案中,控辩双方证人针对报警电话是被告人打的还是证人打的这一事实问题陈述直接矛盾,控方证人称是文某打的,以此证明被告人并无自首情节,而辩方证人称是被告人打的,以证明被告人构成自首。据此,法官主持双方证人进行对质,引导双方证人紧扣究竟是谁打的报警电话这一问题展开对质,较好地运用了对质的功能价值,对审核证据、查清事实发挥了积极作用,同时较好地保障了控辩双方的平等对抗。需要说明的是,该案是证人之间的对质,至于更具重要意义的被告人与证人、被告人与同案其他被告人之间的对质,实例仍不多。

另外,成都等地庭审对质权的实践探索也反映出以下不足和问题：一是对对质作为诉讼权利与程序制度的双重价值缺乏深入认识,对对质权重视不够、保障不力,存在削减当事人对质权利现象。[1] 比如在一件案件庭审中,公诉人在法庭调查阶段质证中称被告人"装疯卖傻",之后审判长问被告人有无异议,被告人异常愤怒：

---

[1] 参见陈光中主编：《证据法学》（第三版）,法律出版社2015年版,第264页。

被:你凭什么说我装疯卖傻?!

公:你无权质问公诉人!

审判长当庭并未对公诉人予以适当提醒,只是要求被告人不要提问,直接表明意见即可。① 二是有实践无规范。虽有个案庭审实践但未能形成可操作性程序规范。三是配套不够,缺少系统的措施支撑。对对质权行使的条件、情形、主体、程序及救济等问题思考不深不细,对质权的制度化配套明显不足。四是实践效果欠佳。以笔者旁听的一件庭审为例,控方申请一名警方人员出庭就目击和现场挡获犯罪情况作证。经控方询问后,审判长告知被告人可以进行反询问。该被告人直接发问:

你说你亲自抓获我,你是在哪天、几时、在哪里把我抓到的?

由于被告人发问时声音较大、气势较足,而警方人员相对准备不够,回答问题稍显犹豫,导致旁听现场观感不佳,甚至有旁听群众认为这是"罪犯在审警察"。

按照《刑事诉讼法》和相关司法解释规定,控辩双方对鉴定意见持有异议,需要鉴定人出庭的,鉴定人应当出庭就鉴定意见作出说明,并接受双方发问,其中包括被告人的诘问。下面是被告人胡某被控犯交通肇事罪一案庭审中被告人试图与鉴定人对质的片段:

审:被告人有无向鉴定人发问?

被:我遇到的巡逻人员说他是推行的,鉴定人说是骑行。

审:被告人,就鉴定人员的说明你有没有问题需要询问?

被:我觉得鉴定人说是骑行。

审:有没有问题要问,不是让你对鉴定人员的说明发表评论。

被:就是想问一下(鉴定人),鉴定出来是骑行(有什么依据)。

审:鉴定人员已经作出了详细的解释。

---

① 据事后访谈,审判长亦认为公诉人回应欠妥,故采取庭后沟通方式淡化处理。

被:他说从后面撞击的话肯定会把人弹开。

审:现在不是让你发表意见,有没有问题需要询问鉴定人的?

被:没有了。

本来是被告人向鉴定人的对质发问,结果变成了审判长与被告人之间的对话,被告人虽然对鉴定意见持有异议,但其对鉴定人的对质却未能如愿。其中虽有被告人自身理解欠准、表达失当等原因,但也与审判长对被告人对质权的保障不够、引导不细有关。

被告人对质权受限的情况在其他案件中也存在。如被告人付某某被控贩卖毒品一案庭审中,控方申请侦查人员出庭,在侦查人员接受控方发问并作陈述之后,审判长讯问被告人对侦查人员的陈述有无意见,以下是被告人与到庭侦查人员之间的对质片段:

被:我不同意警察说的一两分钟的时间差,我认为不止一两分钟。我当时在吃锅盔,听到有人在敲门,我来开门的,我还说请问是谁,后来还招呼请你进来。你记不记得?

侦:我记不得你在吃锅盔的事,卢亮第一个到门口,脚跨在门口上。

被:是的,我后来过来开的门。

侦:我记得我们很快就进来了,就一两、两三分钟时间。

被:不可能,我当时在吃锅盔,你看到了吗?我后来开门了,记不记得?我吃锅盔也不止一两分钟。

审:(敲击法槌)!

在该案庭审中,审判长当时只是讯问被告人对侦查人员陈述有无意见,而并非直接准许被告人向侦查人员发问。因此,当被告人表现出强烈的对质愿望,并直接向侦查人员发问和等待回答之际,审判长以敲击法槌的方式直接阻止了被告人的对质要求,尽管被告人与侦查人员之间的对质实质上已经开始。

(五)进一步完善刑事庭审对质权的操作思路

1. 将被告人与证人之间、证人之间以及被害人与证人之间的相互对质作为构建和完善刑事庭审对质制度的核心内容

就广义而言,对质包括被告人与证人之间的对质、被告人与被害人之间的对质、证人与证人之间的对质、证人与被害人之间的对质以及共同被告人之间的对质等五种情形,这五种情形都应当列入构建刑事庭审对质权操作体系的范畴。如在薛某被控敲诈勒索案件庭审中,法庭组织了两次对质:先由一般证人于某陵与被告人就转账手机的控制时间问题进行对质。被告人对私自使用被害人手机向自己转账的事实难以作出合理解释,而这部分事实与银行柜台的监控录像和证人于某陵的当庭陈述得到印证,强化了法官对该部分事实的心证形成;后由被害人赵某与被告人就被害人是否自愿出具收条和给予财物进行对质,进一步证实了被告人以不正当男女朋友关系为由行敲诈勒索之实的动机,有效补强了证据信息,法庭依法认定被告人行为构成敲诈勒索罪。就刑事庭审对质权对发现真实、保障人权、公正裁判的作用而言,其中被告人与证人之间的对质、证人之间的对质无疑更具特殊的重要价值,理应成为下一阶段深化刑事庭审实质化改革的重要内容。

被告人与证人对质程序具体操作规则的构建和完善,尤其应当列入下一步改革的重中之重,理由如下:第一,考虑到长期以来刑事司法实践中事实上存在的因"被告人客体化"导致的主体地位虚化、诉权保障弱化的现象,构建和完善被告人对质权,可以更充分地体现对刑事诉讼被告人以及其他诉讼参与人主体地位与诉讼权利的尊重与保障;第二,更好地体现和落实刑事诉讼兼顾和平衡惩治犯罪与人权保障的双重价值追求;第三,进一步提升我国刑事庭审程序规范化、精密化水平。特别需要指出的是,被告人发问是对质的必然要求和表现形式,

至于发问需要得到审判长许可固属诉讼指挥权内在之义,但绝非否定被告人对质权,而是旨在确保对质程序有序和顺畅进行的必要举措,二者不能混为一谈。①

同时,同为大陆法系的一些欧陆国家,在对刑事庭审对质制度作出立法规制时,通常也将被告人与证人对质作为对质制度的重要内容,形成具有可操作性的规则体系。因此,被告人与证人之间的对质应当成为刑事庭审对质最为核心的重要内容,2018年1月起实施的《法庭调查规程》已对此作出原则性规定,相比过去是值得肯定的巨大进步,但仍需在庭审实践中形成比较成熟的对质规则体系。

2. 构建切实可行的对质权操作模式

过去由于实际证人出庭率很低,对质询问规则客观上难有生存空间。现在构建完善以审判为中心的诉讼制度,大力推进庭审实质化改革,客观上不仅要求强化证人出庭制度的完善和实施,也需要引入证人对质询问制度,应当通过修改《刑事诉讼法》,增加对质询问制度,对对质主体、对质程序、对质方式和对质禁止事项作出规定。

结合成都法院的刑事庭审实质化改革试点,实践中存在三种操作模式:(1)被告人直接发问和对质模式,即通过直接由被告人本人向证人发问来行使对质权;(2)辩护人发问和对质模式,即在征得被告人同意后由辩护人询问证人并进行质证;(3)法官依职权发问和组织对质模式,即由法官在征求被告人意见后,依职权询问证人,并组织控辩双方质证。

上列三种模式,都以承认和尊重被告人对质权为前提,并基于操作方便而采取了不同方法,旨在切实保护被告人对质权,其方向值得肯定。但从实践情况看,三种模式的操作效果确有差异。被告人直接行权模式的好处在于最能充分体现被告人对质权的制度本意和法理

---

① 参见杨宇冠、刘曹祯:《以审判为中心的诉讼制度改革与质证制度之完善》,载《法律适用》2016年第1期。

价值,但由于受被告人自身能力、条件,特别是文化程度和法律知识因素影响,往往不能开门见山,甚至问不到点子上,导致一些庭审按第一种模式操作的公众观感和实际效果其实并不好。同时,在一些试点庭审中,由于侦查人员出庭接受双方交叉询问,并允许被告人直接对侦查人员发问,难免使人产生所谓的"罪犯审警察"的观感,甚至引发消极反应。第二种模式由于有律师的专业素养作保障,对质权的行使比较充分也更能实现澄清和证伪作用,其现场观感和实际效果也好于第一种模式,但需要建立相应的辩护人事前征询和事后告知反馈规则,同时也面临如果被告人坚持自行行使对质权应当如何处理的问题。至于第三种模式,鉴于法官是庭审主持者和中立裁判者,一般情形下不宜直接询问证人,确有必要时法官依职权向证人发问的除外。

应当指出,被告人的对质权既属刑事诉讼法理内在之义,也为相关国际公约所采纳,我国《刑事诉讼法》也有具体规定,应予充分尊重和维护。而被告人的对质权不仅针对普通证人,也必然包括侦查人员,因此,以可能产生所谓的"罪犯审警察"的不良观感为由限制甚至排除被告人的对质权,无论于理于法均有不合。从长远来看,被告人在庭审中对侦查人员发问应当逐步成为社会各方认同的常态。[①] 综上所述,比较妥当的操作方式是以保障被告人对质权为宗旨,结合案件具体情况,既充分尊重和保障被告人对质权,又融合辩护人的职业技能和专业优势,形成对质程序的"综合模式",具体包括如下做法:

(1)在庭前会议阶段,由法官主动征求被告人和辩护人的意见,以确定被告人是否自行行使对质权,同时鼓励和引导被告人通过辩护人

[①] 针对庭审中被告人是否有权向出庭侦查人员发问,最高人民法院《排非规程》未予明确。主持起草的最高人民法院原刑三庭庭长戴长林认为,被告人不宜直接向侦查人员发问,如果其质疑,审判长可要求侦查人员作出说明(参见戴长林:《非法证据排除制度的新发展及重点问题研究》,载《法律适用》2018年第1期)。

行使对质权。

（2）在庭审调查阶段，对被告人要求自己行使对质权的，一般应当允许，但可以结合庭审调查具体情况对被告人进行适时和适度指导，或者建议辩护人对其进行指导和沟通，以保障庭审对质顺畅进行和庭审功能有效发挥。

（3）在庭审调查阶段，如被告人因自身原因确实存在理解和表达困难的，或者其直接对质可能导致庭审严重拖沓的，法官可以直接建议由辩护人进行对质询问，但法庭应当询问被告人对辩护人对质情况的意见，以确保被告人的对质权利实质上得到维护。

3. 细化刑事庭审对质程序的具体操作规范

具体包括：刑事庭审对质规则、被告人与证人对质规则、证人与证人对质规则。这里需要解决几个问题：首先，对质的启动条件。原则上，只有当针对同一争议事实问题存在不同甚至完全相反的陈述，且该争议事实对定罪量刑具有重大影响时，才有必要启动对质。其次，对质的启动主体。原则上，应当赋予被告人、申请证人出庭方申请对质权，并且以申请对质为主要情形。确有必要时，法庭可以依职权启动对质程序。再次，对质的启动期间。可考虑将申请对质要求纳入庭前会议，征求控辩双方的意见并记入庭前会议笔录，达成一致的可按双方共识安排，达不成一致的由法庭决定。不过，庭前会议阶段还难以对庭审调查中可能发生的情形准确预判，庭审中控辩双方结合法庭调查实际提出对质申请且理由正当的，笔者认为亦应准许。复次，对质的内容。应当直接针对同一争议事实，由此前存在不同甚至相反陈述的双方当面、直接进行对质。最后，对质的记录。对质如系在庭审程序中进行，可直接列入庭审笔录；如系单独对质程序，可制作专门的对质笔录。

4. 对证人作证予以适度指导

应当指出，由于证人自身情况的差异对作证能力及实际效果影响很大,因此,对证人作证进行指导及培训是非常有必要的。在英美法系国家,律师们往往要进行模拟法庭演练,也就是既站在申请方立场对证人模拟主询问,也站在对方立场模拟反询问。在1969年的一起强奸案中,法庭判定检察官在审判前教刚满9岁的未成年被害人如何作证的做法并无不当。美国某个州的律师协会认为,律师在审判前就证人如何作证进行准备不违反职业纪律,而没有精心准备证人证言才是违反职业纪律的行为。① 在很大程度上,律师与证人之间就如何作证进行的沟通和准备,也是律师对证人进行指导和培训的过程,其目的在于使证人成为一个"审判舞台上可信的表演者",不仅如此,律师还可能向证人建议关于审判时适当的着装和举止;实际上,"律师与证人之间不充分的庭审准备意味着证人席上的尴尬和惊讶"②。我们可以借鉴这一做法,由控辩双方对本方申请作证证人进行必要的指导,以更好地实现作证效果,有利于法庭查明案件事实。

当前的刑事庭审实质化改革实践中,证人素质和证人能力问题带给庭审的影响已经显现。实证研究发现,"出庭作证的人士(包括证人、鉴定人、被害人甚至被告人)常常难以充分理解、回应专业法律人士(控、辩、审)以'法言法语'提出的问题,不能准确给出有法律意义的回答与证词,从而使得口头化的证据调查进行得不顺利,进而还影响到证据调查具体化的实际价值与效率"③。在笔者观摩的若干件实质化试验示范庭审中,确实发现出庭证人自身素质和表达能力对庭审节奏、效率和实际效果有着很大影响,有的证人因自身素质、表达能力等,难以准确理解和把握作证要求,答非所问的现象屡屡出现。对此情况,有人认为这本来就是证人出庭作证的原生态,没有必要大惊小

---

① 参见易延友:《证据法的体系与精神——以英美法为特别参照》,北京大学出版社2010年版,第173页。
② 〔美〕爱伦·豪切斯泰勒·斯黛丽、〔美〕南希·弗兰克:《美国刑事法院诉讼程序》,陈卫东、徐美君译,中国人民大学出版社2002年版,第449—450页。
③ 左卫民:《地方法院庭审实质化改革实证研究》,载《中国社会科学》2018年第6期。

怪,对证人进行培训指导既可能拔苗助长,扭曲庭审程序,还可能产生"寻租"风险,影响司法公正[1];也有人认为,证人素质能力差必然会影响刑事庭审实质化改革的实际效果,有必要加强对证人作证的法律知识普及和作证要求培训。

从总体上讲,证人出庭作证能力是庭审整体水平的重要组成部分。在制定并严格执行证人作证规则、告知作证义务和法律风险的情况下,只要不影响司法的公开公正,对出庭证人进行必要的指导培训不仅可能,而且可行。但必须明确的是,对证人进行必要和适度的培训指导,绝不意味着具有较低知识水平的人就不能作证,也不意味着他们的陈述不具备证据能力或证明力,同样,不应当认为文化水平低者的陈述比文化水平高者的陈述更不可靠。实际上,有研究表明,"相反的情况是,如果一个人越是不能独立地杜撰和描述故事,他的陈述反而越是可信的。如果仅对陈述内容进行肤浅的分析,那么陈述人不同的智力水平和语言能力就有可能导致错误的结论"[2]。正如贝卡里亚所指出的,衡量证人可信程度的真正尺度,仅仅在于说真话或不说真话[3],而不是他的受教育程度或表达能力。回到问题的原点,能不能作证、其当庭证言的可信度,本质上并不完全取决于证人的智力水平和受教育程度,更重要的是他们针对案件特定事实有没有真实的经历;至于表达能力,主要涉及的是充分程度的技术性问题。值得注意的是,如前所述,证人的知识水平和受教育程度并不构成作证的障碍,但证人的精神状态对其能否作证和判断其证言的证明力具有重要影

---

[1] 德国有学者认为,对抗制刑事诉讼中,"每方律师在审判开始之前,必须会见'他的'证人,搞清他们在法庭上会怎样讲和怎样做,鉴于此种做法有施加不当影响之虞,德国的律师认为这样做近于违反职业道德"(参见〔德〕K.茨威格特、〔德〕H.克茨:《比较法总论》,潘汉典等译,贵州人民出版社1992年版,第479页)。

[2] 〔德〕阿克赛尔·文德勒、〔德〕赫尔穆特·霍夫曼:《审判中询问的技巧与策略》,丁强、高莉译,中国政法大学出版社2012年版,第108—109页。

[3] 参见〔意〕切萨雷·贝卡里亚:《论犯罪与刑罚》,黄风译,北京大学出版社2008年版,第30页。

响,法庭应当要求控辩双方采取必要措施,确保证人处于可作证的良好精神状态。同时,这种培训属于申请出证方的附随义务的一部分,谁申请证人出庭谁负责指导培训。以指导培训为名指使证人违背法律规定的作证义务、故意作伪证或者妨害作证的,法庭应当依法予以制裁。

5. 对被告人对质权设置必要限制

需要特别指出,对质权固为被告人的重要诉讼权利,但基于公平保障各方诉讼权利并确保刑事庭审顺畅推进之虑,仍应允许在一定条件下对被告人对质权予以必要限制。就限制的操作模式,英美法系国家和地区与大陆法系国家和地区有所不同,英、美大体上采取具体限制模式,大陆法系相关国家和地区采取概括限制模式。"美国有些州为保护少年证人或性犯罪的被害人,以立法规定此类证人得于法庭外作证,透过电视传讯,将证人的陈述现场转播至法庭,裁判者及被告人则在法庭通过电视直接听取观看证人作证,并通过电视对证人讯问或诘问。"①1988 年,美国联邦最高法院在 Coy v. Iowa 案判决中认定,上述保护证人的方式虽不违反被告人的诘问权,但可能违反被告人的对质权,唯须注意者,联邦最高法院并未认为不能对被告人要求证人目视自己的权利施以限制,但认为相关州法律未依个案情形妥当权衡,而不加区别地采取概括规定方式限制乃至剥夺被告人的对质权利,故属违宪。1990 年,美国联邦最高法院在 Maryland v. Craig 案中认定,因个案特殊情形而限制被告人与证人面对面对质的权利,并不违宪。②1999 年《英国年轻人司法和刑事证据法》规定,在涉及强奸及其他性

---

① 王兆鹏:《美国刑事诉讼法》(第二版),北京大学出版社 2014 年版,第 448—449 页。
② 在 Coy v. Iowa 案中,两名证人为 13 岁的性犯罪女性被害人;在 Maryland v. Craig 案中,证人为一名小女孩,法院发现证人看到被告人时,会因激动而无法陈述,但其激动非因紧张、兴奋所致,亦非证人不愿陈述,完全是"被告人的出现造成的创伤",故确有对被告人的面对面对质权予以限制之必要[参见王兆鹏:《美国刑事诉讼法》(第二版),北京大学出版社 2014 年版,第 449 页]。

犯罪、暴力、绑架、非法监禁或诱拐等刑事案件中,可以对被告人与被害人或证人对质的权利进行限制。① 总体上看,美、英等国虽然认同对被告人对质权进行适度限制,但限于少数特定犯罪类型案件,且需结合个案情况,不得予以概括限制。

大陆法系国家和地区的做法有所不同。如《法国刑事诉讼法》第338条规定,审判长可以应检察院以及民事当事人、被告人之请求,或者依职权,在任何情况下均可命令证人作证后暂时退庭,并且可以进行或者不进行对质。②《德国刑事诉讼法》第247条规定,讯问共同被告人或证人时,如果因为被告人在场而有不会据实陈述之虞的,法院可以命令被告人在讯(询)问期间退庭;询问未满18岁证人时,如因被告人在场对证人身心有带来严重不利影响之虞,或者询问其他证人时因被告人在场对证人的健康存在严重不利的急迫危险的,亦可命令被告人退庭;待重新出庭后,审判长应当告知退庭期间证人陈述内容和其他审理情况;第247a条还规定,如果证人、鉴定人在庭审中接受询问,将对其健康产生严重不利的急迫危险,则法院可以命令证人、鉴定人于其他地点接受询问,并就其陈述应同步向法庭传送音像。③《日本刑事诉讼法》第295条第2款规定,审判长在询问证人、鉴定人、口译人或者笔译人的场合,认为可能发生加害上述人员及其亲属的身体或财产的行为时,或者有可能发生使上述人感到恐惧或难以应付的行为时,可以限制被告人或辩护人的询问,但此种限制有可能对被告人的防御产生实质性不利时,不在此限;第316条之39还规定,如果被害人于被告人面前询问、质问或陈述时有可能受到压迫而显著损害其精神平稳,认为适当时,听取检察官及被告人或辩护人的意见,以辩护

---

① 参见〔英〕约翰·斯普莱克:《英国刑事诉讼程序》(第九版),徐美君、杨立涛译,中国人民大学出版社2006年版,第422、423页。

② 参见孙谦主编:《刑事审判制度:外国刑事诉讼法有关规定(下)》,中国检察出版社2017年版,第851页。

③ 同前书,第690、691页。

人在场为限,可以在被告人与该被害人之间,采取使被告人不能知悉被害人的状态的措施。① 总体上看,大陆法系国家和地区对限制被告人对质权规定了具体措施,但并未限定于特定的犯罪类型案件,而是赋予法官结合具体案件情况合理确定是否及如何限制。

鉴于我国对质权制度和程序处于初创阶段,庭审对质实践尚不完善的情况,笔者认为可以借鉴上述相关国家和地区的制度和实践情况,以具体限制模式为主、兼容概括模式之优,对我国刑事被告人对质权限制问题作出具体规定。在一些特定犯罪类型案件中,基于防止和减轻被害人或证人因与被告人面对面对质可能难以正常作证,或者复生精神痛苦之需,可以限制被告人与被害人或证人当庭面对面对质。例如,被告人被控犯强奸罪或其他性犯罪的;被告人被控犯严重暴力犯罪的;被害人或证人系未成年人的;其他确需禁止被告人对质且不影响刑事诉讼公平、公正和公开进行的个案情形。在上述限制或禁止被告人直接和面对面行使对质权情形下,为保障公平诉讼之需,可以考虑由其辩护人与相关被害人或证人对质;没有辩护人的,可以由法官对被害人或证人进行询问;被害人或证人到庭作证的,可以设置物理遮蔽措施,使被告人无法看见被害人或证人;也可以安排证人于视频作证室,通过视频作证方式,接受控辩双方发问。在规定形式和路径上,可以先通过最高人民法院司法解释予以规定,待实践经验成熟时及时修订《刑事诉讼法》,对上述问题予以进一步明确。

---

① 参见孙谦主编:《刑事审判制度:外国刑事诉讼法有关规定(上)》,中国检察出版社2017年版,第128、129页、第143、144页。

附：

刑事庭审对质规则（建议稿）

第一章 总　　则

第一条　【目的和依据】为适应刑事庭审实质化改革的需要，全面落实公开、公平、公正的诉讼活动原则，保证人民法院准确、及时地查明案件事实，维护诉讼参与人的合法权益，根据《中华人民共和国刑法》《中华人民共和国刑事诉讼法》和最高人民法院、最高人民检察院相关司法解释的规定，结合刑事案件审判实践，制定本规则。

第二条　【对质概念】对质是指刑事庭审中，人证之间因案件事实的陈述存在实质性矛盾，在法庭安排下相互面对，通过质问、质疑、反驳、辩解等形式，帮助法官判断人证陈述真实性的一种庭审证据调查方式。

第三条　【对质主体】对质在参加庭审的被告人、证人、被害人、侦查人员、鉴定人及有专门知识的人员之间进行。

第四条　【基本要求】对质应当遵循以下要求：

（一）必要对质，人证当庭陈述并经分别询问后法官仍无法对争议事实形成合理心证和内心确信的，可以组织对质，一般不得径行对质；

（二）当庭对质，对质主体须亲自到庭，在法庭调查中进行对质；

（三）言词对质，对质主体面对面互为诘问，不得以书面形式代替；

（四）职权对质，对质应在审判长主持下进行，公诉人、辩护人可以协助对质。

第五条　【适用案件范围】本规则适用于公诉案件中的普通程序案件，简易程序案件、速裁程序案件不适用本规则。自诉案件参照适用本规则。

第六条　【适用条件】案件同时具备以下情形时，可以适用对质：

（一）人证对同一事实的陈述存在实质性差异，且不可能是感知、记忆、表述等认知因素导致；

（二）人证争议的事实对定罪量刑有重大影响；

（三）法庭通过其他途径难以判断人证陈述的真实性；

（四）人证已出庭作证并同意对质。

第二章 对质的启动

第七条 【权利告知】在庭前会议中或庭审前，法庭依法告知被告人及其辩护人有申请启动对质程序的权利。

第八条 【申请对质】庭前会议中或庭审前，公诉人、被告人、辩护人可以申请法庭传唤人证出庭作证并对质。

公诉人、被告人、辩护人也可以在人证出庭作证后，根据人证作证情况当庭向法庭申请对质。

申请对质可以采用书面或者口头形式提出，但应当说明对质的理由和目的。

第九条 【决定对质】人民法院经审查认为符合本规则第六条规定的适用条件的，可以决定法庭对质。

第十条 【职权对质】控辩双方未申请对质的，人民法院可以根据案件情况决定庭审对质。

第三章 对质程序与方式

第十一条 【对质程序】指控犯罪事实两起以上或涉及两个以上罪名的案件，应当围绕每笔指控的事实、罪名分组进行对质，但重复的内容可以不再组织对质。

对质一方发问与争议事实无关，或者进行人身攻击以及威胁、侮辱对方的，审判长应当及时制止并予以训诫。

第十二条 【同案被告人的对质】共同被告人的对质应当遵循以

下要求：

（一）对质应当在法庭对各被告人分别讯问、发问完毕后进行；

（二）对质可由提出异议一方的被告人及其辩护人先行质询发问，然后由对方发问；

（三）多名被告人提出异议的，按起诉书顺序逐一进行或由审判长确定对质顺序。

第十三条 【被告人与证人的对质】被告人与证人的对质应当遵循以下要求：

（一）对质在证人已出庭作证，经控辩双方对证人证言质证完毕后进行；

（二）可由控辩双方中提出异议的一方先行质询发问，审判长认为有必要的，可以准许被告人、证人之间相互质询；

（三）多笔事实或多名人证进行对质的，由审判长决定对质人员和对质顺序，案件事实一经查清，其余人证可不再组织对质；

（四）多人对质展开后可交叉质询。

第十四条 【证人与证人的对质】证人到庭对质应当遵循以下要求：

（一）证人之间的对质应在证人全部出庭作证后，由控辩双方申请后展开；

（二）可由提出异议的申请人先行发问质询，另一方可以反询问；审判长认为有必要的，可以准许证人之间相互发问；

（三）多名证人之间对质的，经控辩双方申请后由审判长确定参与对质的人员和对质的顺序，在查明案件事实后应当及时终止对质。

第十五条 【被告人、证人与被害人的对质】被告人与被害人之间、证人与被害人之间的对质分别适用第十三条、第十四条的规定，对涉及被害人个人隐私的质询，被害人可以不作回应。

第十六条 【鉴定人与有专门知识的人的对质】鉴定人与有专门

知识的人的对质应当遵循以下要求：

（一）鉴定人当庭陈述与有专门知识的人陈述意见存在分歧，经分别向鉴定人和有专门知识的人询问仍不能明确的，应当通知到庭对质；

（二）鉴定人与有专门知识的人对质应围绕鉴定分歧焦点进行，互相阐述各自认定的专业理由；

（三）经法庭同意，鉴定人与专门知识的人可以相互质询发问。

第四章　文书记载

第十七条　【庭前会议笔录】庭前会议中，控辩双方提出庭审对质申请的，法庭应当听取申请内容以及控辩双方意见，并在庭前会议笔录中记明对质申请方、申请出庭证人、理由及对方意见等事项。

第十八条　【庭审笔录】庭审调查中，书记员应当完整、准确记录对质经过和内容，对证人表情、动作等情况亦应记入庭审笔录。

庭审笔录依法应当在庭审结束后五日内由证人签字确认。证人核对笔录时拒绝签字捺印的，书记员应当载明相关情况，并将庭审录像光盘刻录备卷。

通过远程视频方式对质的，未到庭证人可以不对庭审笔录进行核实，书记员应当载明该相关情况，并将庭审录像光盘刻录备卷。

第十九条　【评议笔录】合议庭应当对庭审对质情况进行评议，并将评议结果记入评议笔录。

第二十条　【裁判文书】在裁判文书审理经过部分，应当简要表述证人出庭情况。

在裁判文书事实和证据评析部分，可以按照证据分组，针对每组证据进行评判时结合对质评析，也可以另起一段对证人出庭和对质情况单独进行评析。

在裁判文书理由部分，应当围绕争议焦点，对控辩双方对质意见进行分析论证,阐明采信或不采信人证当庭陈述的意见及主要理由。

第五章 对质保障

第二十一条 【对质限制】对涉黑涉恶、毒品犯罪、公职人员出庭作证及涉及个人隐私的案件,或者证人、被害人为未成年人的,对质一般应征得证人、被害人的同意,必要时可以另设证人室进行对质,并对声音或画面作技术处理后传送至法庭。

第二十二条 【安全保护】被害人、证人、鉴定人、有专门知识的人因出庭对质而致本人或其近亲属人身安全可能面临危险的,经核对身份无误后另设证人室,通过技术处理后以视频同步传输或电话询问方式对质,并可以对声音或画面作必要技术处理。

第二十三条 【未到庭人证】证人、被害人因客观合法原因不能出庭的,可以通过远程视频进行对质,并应当遵循以下要求:

(一)说明证人、被害人的基本信息及与案件的关系;

(二)说明证人、被害人不能出庭的原因;

(三)说明庭前书面证词的制作主体、时间、地点及形成情况;

(四)说明庭前书面证词与待证事实的关系;

(五)全文或摘要宣读庭前书面证词的内容,宣读时可以借助多媒体进行展示和说明。

第二十四条 【经费保障】对人证出庭对质所产生的合理差旅费用,根据相关规定予以保障。

第六章 附 则

第二十五条 【概念】本规则所称人证,包括被告人、证人、被害人、侦查人员、鉴定人及有专门知识的人。

第二十六条 【解释】本规则由本院审判委员会负责解释。

第二十七条 【试行时间】本规则自下发之日起试行。

三、庭审实质化与关键证人出庭

证人出庭作证是现代刑事诉讼的核心理念和重要制度之一①,是刑事庭审直接言词原则的本质要求和直接体现,也是推进刑事庭审实质化改革的关键举措。证人出庭率的高低、到庭证言的证明力及其对裁判心证形成的影响度,是评价庭审实质化实现程度最直观、最重要的指标之一。对应当出庭作证的关键性证人、鉴定人、侦查人员等,做到"应出尽出";让证人在法官面前陈述案件事实,接受控辩双方及被告人的质询,改变过去仅宣读书面证言的传统做法,使证人证言回归其言词证据的本质特征,对于审查证词的客观真实性、发掘案件事实真相具有重要意义。②

众所周知,证人出庭难、关键证人出庭率低,一直是困扰我国刑事庭审的瓶颈症结,也是导致庭审虚化的重要原因。就此而言,推进关键证人出庭是庭审实质化改革的一项关键举措,是横亘在庭审实质化改革面前必须正视并下大力气解决的核心问题。如果把庭审实质化要做的工作浓缩为一件最本质的事情,那就是关键证人到庭作证。在很大程度上

---

① 要求证人出庭并与之对质,逐渐演变为被告人的重要权利,起源于 1603 年英国罗利案件。在该案中,检察官完全依赖审判外的证人询问笔录进行指控,罗利抗议并强烈要求证人出庭对质,法庭以依当时英国法律被告人无此权利为由予以拒绝(参见王兆鹏:《刑事诉讼讲义》,元照出版有限公司 2009 年版,第 726 页)。罗利主张每个被告人都有权与不利于他的证人对质,而刑事审判是对证词有效性的公开辩论,此于近现代刑事诉讼固属必然,但在当时却石破天惊(参见〔英〕萨达卡特·卡德里:《审判为什么不公正》,杨雄译,新星出版社 2014 年版,第 83—88 页)。

② 证人出庭代表性实证研究,如左卫民、马静华、胡建萍:《刑事证人出庭作证试点调研报告》,载左卫民等:《中国刑事诉讼运行机制实证研究》,法律出版社 2007 年版,第 301—354 页;郭彦主编:《理性 实践 规则:刑事庭审实质化改革的成都样本》,人民法院出版社 2016 年版,第 136—194 页;熊焱主编:《刑事庭审实质化改革:理论、实践、创新》,法律出版社 2017 年版,第 61—82 页。

可以说,推进证人出庭就是推进庭审实质化改革,推进庭审实质化改革,就不能没有证人出庭。实现刑事庭审的实质化,就必须抓住证人出庭的实质化这个关键不放,着力完善证人出庭制度,细化出庭作证规则,提高关键证人出庭率。同时,几年来的庭审实质化改革实践表明,尽管试验示范案件庭审证人出庭率相对较高,其效果也得到多方面认同,但在具体操作中仍然存在诸多难题,特别是一些老问题还没有解决好,又产生出一些新问题,推进关键证人出庭仍然任重道远。

(一)刑事庭审实质化改革中证人出庭作证的突出问题

近六年来,成都法院全部试验示范庭审中关键人证出庭作证率约为 31.99%。其中,2015 年 2 月至 2018 年年底的 2,084 件试验示范庭审中,人证出庭作证的为 994 件,约占庭审总数的 47.70%[①],接近一半,共计 1,469 名人证出庭,案均 1.48 个证人。其中一般证人有 818 人,鉴定人有 114 人,侦查人员有 455 人,有专门知识的人有 17 人,被害人有 65 人;当庭认证案件有 1,538 件,当庭认证率约为 73.80%。2019 年、2020 年,全市法院按照实质化方式开庭的案件中,人证出庭作证率分别约为 27.92%、20.36%,当庭认证率分别约为 82.51%、76.08%,均有所下降。成都地区刑事庭审实质化改革实践情况,主要反映了以下几个方面问题。

1. 部分案件证人出庭作证不够规范严谨

主要反映在:一是少数庭审存在非必要出庭情况。[②] 有些司法机

---

① 2016 年浙江温州两级法院证人出庭作证率约达 73.1%,同比提高 31 个百分点(参见周强:《最高人民法院关于人民法院全面深化司法改革情况的报告——2017 年 11 月 1 日在第十二届全国人民代表大会常务委员会第三十次会议上》)。

② 一项实证研究发现,"示范案件中关键且有争议的证人出庭比例约为 49.18%,约占全部出庭证人的一半。但属于非争议且非关键的证人类型比例约为 4.1%,属于非争议且关键的证人比例约为 20.49%,属于非关键且有争议的证人比例约为 26.23%。这一数据表明,虽然在示范庭案件中有价值且有必要出庭的证人出庭比例较高,但仍有约一半的证人无必要出庭或出庭价值有限"(参见左卫民:《地方法院庭审实质化改革实证研究》,载《中国社会科学》2018 年第 6 期)。

关和诉讼参与人片面理解证人出庭制度,甚至将是否有证人出庭以及出庭证人数量作为评价试验示范庭审质量和效果的主要标准。一些试验示范庭审虽有多名证人出庭,但其实际作用十分有限。如周某被控贩毒案案情简单,被告人对罪名及事实均无异议,无委托或指定辩护人,由一名法官适用简易程序审理,但仍有证人出庭,证人陈述后双方均无异议,基本上没有对质和对抗,法庭当庭判处被告人9个月有期徒刑,被告人随即表示服判不上诉。此类简单案件中,证人出庭实无必要,类似情况在其他案件中也有反映。相反案例也有,如王某某等五被告人被控抢劫、敲诈勒索案,案情复杂且争议较大,其中四人均提出无罪抗辩,但仅有辩方申请两名证人到庭作证,控方未申请。在黄某等六人被控四个罪名案件中,案情复杂且争议较大,但仅有一名证人到庭作证。还有的案件中出庭证人对案件事实既未亲历也不了解,作证过程中一问三不知,质证更无从谈起。二是公职人员出庭占一定比例。前期改革过程中,出庭人证比较多,但其中侦查人员、鉴定人等公职人员占了一定比例,与相关单位做动员说服工作有一定关系。三是判决书与庭审笔录记载不一致。如在兰某被控危险驾驶案中,判决书记载证人吴某某到庭作证,但庭审笔录中并无证人作证记录。

2. 对关键证人的标准把握不当

实践中,对关键证人的标准把握过严导致该出未出,把握过宽导致不必出而出,两种情况都有存在。前者如周某被控贩毒案,下面是庭审笔录片段:

审:被告人周某对公诉人出示的上述证据有无质证意见?

被:有,我要求证人出庭,说我卖给他毒品的那个证人出庭。

审:对被告人口头提出的证人出庭申请,合议庭认为《刑事诉讼法》并未要求所有证人必须到庭作证,如果证人已在公安机关作过详细陈述或该陈述并无其他证据证明是虚假的,那么合议庭可以决定不再通知证人出庭,因此对被告人的口头申请当庭予以驳回。

审判长当庭驳回了被告人的口头申请,但其理由并非围绕《刑事诉讼法》及相关司法解释规定的关键证人标准,也不是因为庭前会议中已经就申请出庭证人名单作出决定,而是认为证人庭前已在公安机关作过详细陈述或该陈述并无其他证据证明为虚假。很明显,审判长对关键证人的把握标准是有问题的,照此逻辑,则几乎所有证人都无须出庭;至于并无其他证据证明该证言虚假的说法,因法庭调查尚在进行当中,这个说法实属证据预判,程序和实体上均欠妥。

又如被告人倪某某被控危险驾驶一案庭审片段:

审:被告人,对刚才公诉人宣读的以及交与你辨认的证据有无异议?

被:有,可以让当时那些证人过来和我对质。

……

审:被告人有无对你有利的证据出示?

被:证人我都有啊。

审:申请证人出庭作证应在开庭前五日申请,本院并没有收到你的申请。

……

审:辩护人,有无证据出示?

辩:请求法院调取倪某甲、倪某乙等人的证言。

审:有几个证人?

被:有龚某一个人。

审:公诉人有无异议?

公:龚某已经在侦查阶段都作了证,况且倪某甲等人都是被告人倪某某的亲戚,他们的证人证词本来就有一定瑕疵。

辩:我们申请证人出庭作证。

审:鉴于以上情况,现在休庭,复庭时间另行通知。

(以下是复庭片段)

审:现由公诉人继续出具证据。

公:现出具公安机关三份到案经过情况说明;第二份是被告人申请的两位证人龚某和倪某乙出庭作证的情况说明。

审:现在传证人徐某(刑警中队民警)到庭作证。现在由证人针对被告人到案情况作陈述。

该案庭审中,被告人明确要求证人出庭对质,并提供了具体证人名单;辩护人也要求申请证人出庭作证。当时控方并未申请新的证人出庭。审判长据此宣布休庭,以便对被告人和辩护人提出的证人出庭申请和具体名单进行了解和评议,并作出决定。休庭后,法官召集庭前会议(被告人未参加),并说明辩护人申请的证人何某某不愿作证,另一名证人龚某经公安机关多次联系未果亦无法出庭。同时,控方申请民警王某出庭作证,说明到案经过。令人惊讶的是,该案复庭后,被告人和辩护人申请的证人并未到庭,而是以控方出具被告人和辩护人申请的两位证人出庭作证的情况说明代替。不仅如此,复庭后确有证人出庭作证,但既非被告人和辩护人提出的证人名单,也不是庭前会议中控方申请的侦查人员王某,而是另一名侦查人员徐某。审判长既未说明为什么没有准许被告人和辩护人申请的证人出庭,也未解释徐某出庭系控方申请还是法庭依职权通知。法庭对被告人和辩护人提出的证人出庭作证申请实际上作了失权处理,限制了被告人和辩护人的举证权。

后者如唐某、陈某被控贩毒案,以下是证人出庭作证片段:

辩1:申请证人陈某出庭。

审:证人身份信息?

证:(略)。

审:证人宣读保证书并签字。

证:(略)

审:证人须如实作证,否则将承担举证不能的法律责任,听清楚没有?

证:听清楚了。

审:公诉人发问?

公:无问题发问。

审:辩护人发问。

辩1:3月24日前后这段时间,陈某是否缺钱?

证:不缺钱。

辩2:无问题发问。

审:你是否知道陈某贩毒?

证:不知道。

审:证人退庭。

在此案中,证人系辩护人申请出庭作证,一般应由举证方即辩方首先询问,但审判长先征求的是控方意见;作证情况是控方和一名辩护人无问题,另一名辩护人提出一个问题但与案情无关,法官也只问了一个问题。作证过程如此之短,亦无对质对抗,难免使人怀疑证人出庭有无必要。

3. 对证人属性和类型的认知存在偏差

在另一件被控犯生产不符合安全标准食品罪案件中,控方在庭前会议中申请专家证人出庭,法庭予以同意。但该出庭证人身份其实是政府食品药品监督管理局行政执法大队的工作人员,庭审调查中经辩护人询问,该证人自己也承认不是专家,作证目的限于陈述现场执法情况,并不涉及专门问题和专业知识。下面是该案庭审笔录中证人作证片段:

审:证人,作为检方申请的专家证人,应当就你的专业知识如实阐述,不能作虚假陈述,你是否清楚?

证:清楚。

审:下面由证人宣誓。

（证人当庭宣誓……）

审：下面由控方公诉人向证人发问。

公：C市食药局怎么认定J市食药局上交的虫草伟哥是假药的？

证：虫草伟哥说明书上表明了应当是药品，但在国家食药局官网上没有查询到数据，属未经批准，根据《药品管理法》第48条的规定，虫草伟哥应当以假药论处。

公：C市食药局认定是假药的程序是怎么样？

证：根据J市食药局上报的情况，市局组织了相关专家和稽查办案人员征求了法律顾问的意见，综合会商，依据《药品管理法》作出的认定。

审：被告人及辩护人是否向专家证人询问？

辩：请问专家资质证明是哪方面的专家？

证：我们是作为C市局的监管人员。

辩：那就是监管人员而不是专家。

证：专家可能要根据国家的认定吧，我们主要是C市局的监管人员。

专家证人，一般是指在特定专业、行业或事项领域具有专门知识或专门技能的人，我国《刑事诉讼法》称为"有专门知识的人"。《美国联邦证据规则》第702条规定，一个人可以因知识、技能、经验、训练或者教育而具备专家资格。对专家证言的资格条件，结合2000年修正后的《美国联邦证据规则》的规定，必须达到三个标准：第一，证言基于充足的事实或者数据，即专家对其证言有足够的铺垫；第二，证言是可靠的原理和方法的产物；第三，证人将这些原理和方法可靠地适用于案件事实。[①]

我国1979年《刑事诉讼法》即对"有专门知识的人"作了规定，但

---

① 参见王进喜：《美国〈联邦证据规则〉(2011年重塑版)条解》，中国法制出版社2012年版，第216页。

实质上属于鉴定人范畴。2012 年修订后的《刑事诉讼法》第 192 条第 2、3、4 款规定,公诉人、当事人和辩护人、诉讼代理人可以申请法庭通知有专门知识的人出庭,就鉴定人作出的鉴定意见提出意见。法庭对于上述申请,应当作出是否同意的决定。有专门知识的人出庭,适用鉴定人的有关规定。据此,有专门知识的人与鉴定人分属不同证人类型。①《法庭调查规程》第 12 条、第 13 条也对"有专门知识的人"出庭作证作了规定。在此案中,控方对"有专门知识的人"标准的理解把握似乎是形式上的,当庭并没有提供证据证明该"有专门知识的人"的专业资格和专业能力;后经辩护人发问,才得知出庭人员的真正身份是行政执法人员,证人对控方问题的回答实质上是说明其行政执法行为的法律和事实依据,同时也兼有现场目击证人的作用,但并非作为"有专门知识的人"就特定专业问题发表专门意见。

4. 证人出庭的保护、保障机制不足

一方面,保护不足,目前法院、检察院能对证人采取的保护措施仅限于法院、检察院的空间范围之内;公安机关虽然方式方法较多,但也难以满足现实需要。另一方面,保障不足,一些地方对证人出庭作证予以补贴的财政专项经费没有落实或标准较低,甚至法院自己掏钱支付证人作证补贴;证人单位、地区或基层组织对证人作证义务不够重视,甚至克扣其物质待遇。

5. 对无故拒绝出庭证人的强制力度不够

《刑事诉讼法》第 193 条规定,"经人民法院通知,证人没有正当理由不出庭作证的,人民法院可以强制其到庭,但是被告人的配偶、父

---

① 2012 年《刑诉法解释》第 87 条规定:"对案件中的专门性问题需要鉴定,但没有法定司法鉴定机构,或者法律、司法解释规定可以进行检验的,可以指派、聘请有专门知识的人进行检验,检验报告可以作为定罪量刑的参考。对检验报告的审查与认定,参照适用本节的有关规定。经人民法院通知,检验人拒不出庭作证的,检验报告不得作为定罪量刑的参考。" 2021 年《刑诉法解释》第 100 条第 1 款规定,"因无鉴定机构,或者根据法律、司法解释的规定,指派、聘请有专门知识的人就案件的专门性问题出具的报告,可以作为证据使用"。上述条文中"有专门知识的人"实质上相当于准鉴定人。

母、子女除外。证人没有正当理由拒绝出庭或者出庭后拒绝作证的,予以训诫,情节严重的,经院长批准,处以十日以下的拘留。被处罚人对拘留决定不服的,可以向上一级人民法院申请复议。复议期间不停止执行"。虽然此条规定提供了对无故拒绝出庭证人的强制程序,但目前法院对于强制出庭措施普遍有所顾忌,同时也担心强制证人出庭可能打击和挫伤证人出庭积极性,导致相关法律条文实际上成为"休眠条款"。

(二)证人出庭作证的法律和司法解释规定评析

新中国成立后,我国最早涉及证人作证的司法文件是 1956 年最高人民法院发布的《各级人民法院刑、民事案件审判程序总结》。[①] 1979 年《刑事诉讼法》及 1996 年第一次大修均未对证人出庭作出规定,2012 年修订后的《刑事诉讼法》对证据制度作了重大修改,正式确立了非法证据排除规则,首次规定了证人出庭作证制度,现行《刑事诉讼法》的出庭作证规定主要有第 61 条[②]、第 62 条[③]、第 192 条[④],这三条成为我国刑事诉讼制度证人出庭作证规则的基本规定。直接涉及证人出庭作证制度的司法解释主要包括:《实施刑诉法规定》《刑诉法解释》《刑事诉讼规则》《排非规定》《死刑案件证据规定》《防范冤错意

---

① "讯问证人的时候,应当指出本案需要他证明的问题,并让他作充分的陈述。证人有数人的时候,应当隔离讯问,必要时可以让他们互相对质"[转引自陈光中主编:《证据法学》(第三版),法律出版社 2015 年版,第 49 页]。

② 该条规定,"证人证言必须在法庭上经过公诉人、被害人和被告人、辩护人双方质证并且查实以后,才能作为定案的根据。法庭查明证人有意作伪证或者隐匿罪证的时候,应当依法处理"。

③ 该条规定,"凡是知道案件情况的人,都有作证的义务。生理上、精神上有缺陷或者年幼,不能辨别是非、不能正确表达的人,不能作证人"。

④ 该条规定,"公诉人、当事人或者辩护人、诉讼代理人对证人证言有异议,且该证人证言对案件定罪量刑有重大影响,人民法院认为证人有必要出庭作证的,证人应当出庭作证。人民警察就其执行职务时目击的犯罪情况作为证人出庭作证,适用前款规定。公诉人、当事人或者辩护人、诉讼代理人对鉴定意见有异议,人民法院认为鉴定人有必要出庭的,鉴定人应当出庭作证。经人民法院通知,鉴定人拒不出庭作证的,鉴定意见不得作为定案的根据"。

见》《保障律师权利规定》《保障律师诉权规定》《刑诉改革意见》《全面推进意见》《严格排非规定》《律师辩护全覆盖办法》《庭前会议规程》《排非规程》《法庭调查规程》①。

总体上看，我国证人出庭作证规则的法律和司法解释体系反映出以下特点：一是起步较晚。我国过去虽早有证人出庭实践，但直到2012年才从立法上正式确立证人出庭作证制度，较之刑事诉讼制度建构已久的西方国家和日本、韩国等亚洲邻国，起步确实较晚。二是进展较快。从2012年以来，我国刑事诉讼制度的立法和司法解释进程明显加快，其中证人出庭作证规则从无到有，到2018年1月《法庭调查规程》实施，证人出庭制度已经基本形成体系。三是有所创新。近几年来，一批来自基层实践的刑事诉讼制度改革创新举措相继推出，如证人范围的拓展、询问证人录音录像的举证、视频远程作证等，推动了以审判为中心的刑事诉讼制度改革的不断深化。四是短板突出。我国刑事诉讼迄今尚未从立法上正式确立直接言词原则、传闻证据规则，相反还仍然为被告人庭前供述、证人庭前证词保留了重要的后门入口②，证人出庭制度呈现出集新旧于一体的复杂面相。

（三）证人出庭作证的主要难点

从庭审实质化改革实践情况看，证人出庭制度运行的难点集中在

---

① 如《法庭调查规程》第13条规定，"控辩双方对证人证言、被害人陈述有异议，申请证人、被害人出庭，人民法院经审查认为证人证言、被害人陈述对案件定罪量刑有重大影响的，应当通知证人、被害人出庭。控辩双方对鉴定意见有异议，申请鉴定人或者有专门知识的人出庭，人民法院经审查认为有必要的，应当通知鉴定人或者有专门知识的人出庭。控辩双方对侦破经过、证据来源、证据真实性或者证据收集合法性等有异议，申请侦查人员或者有关人员出庭，人民法院经审查认为有必要的，应当通知侦查人员或者有关人员出庭。为查明案件事实，调查核实证据，人民法院可以依职权通知上述人员到庭。人民法院通知证人、被害人、鉴定人、侦查人员、有专门知识的人等出庭的，控辩双方协助有关人员到庭"。

② 如《刑事诉讼法》第195条规定，"对未到庭的证人的证言笔录、鉴定人的鉴定意见、勘验笔录和其他作为证据的文书，应当当庭宣读。审判人员应当听取公诉人、当事人和辩护人、诉讼代理人的意见"。

以下几个方面。

1. 关键证人的含义和范围

关键证人是指控方或辩方对证人证言有异议,且该证人证言对案件定罪量刑有重大影响,法院认为有必要出庭作证的证人。根据《刑事诉讼法》及其相关司法解释的规定,出庭的人证包括被害人、证人、鉴定人员、有专门知识的人、侦查人员等。其中,侦查人员出庭主要是就取证的合法性进行说明。被害人本人申请出庭作证的,法庭一般应当准许。但被害人在5人以上,且犯罪事实属于同类涉众型的,应推选3名以内代表出庭作证。控辩双方未提出人证出庭申请,但法庭认为人证需要出庭作证的,可以依职权作出要求关键证人出庭的决定。警方人员出庭有几种类型,其相应规则也有所区别,主要包括排非程序中的证据合法性情况说明人,其依据是《刑事诉讼法》第59条第2款;现场目击证人,其依据是《刑事诉讼法》第192条第2款;鉴定人,其依据是《刑事诉讼法》第192条第3款;相关情况说明人,比如破案经过、挡获经过等。

需要指出的是,《刑事诉讼法》对关键证人的界定与最新司法解释有着微妙差异。根据《刑事诉讼法》第192条的规定,关键证人的条件依序有三:一是公诉人、当事人或者辩护人、诉讼代理人对证人证言有异议;二是证人证言对案件定罪量刑有重大影响;三是人民法院认为证人有必要出庭作证。其中,"有异议"和"有重大影响"属于客观性实质条件,"有必要"则属于主观性酌定条件。根据《法庭调查规程》第13条的规定,关键证人条件则表述为:一是控辩双方对证人证言、被害人陈述有异议;二是控辩双方申请证人、被害人出庭;三是人民法院经审查认为证人证言、被害人陈述对案件定罪量刑有重大影响。两相对比,第一个条件相同,第二、三个条件有异。司法解释的规定一方面明确和强调了控辩双方申请启动的职责,另一方面适当弱化和调整了人民法院依职权审查并作出决定的自由裁量权。按《刑事诉讼法》

规定,证人是否属于应当出庭作证的关键证人,法院拥有最终裁量权和决定权。而司法解释虽然在形式上保留了"人民法院经审查认为"的职责,但实质上弱化了法院的"有必要"主观性酌定权,只要符合两项实质性条件,法院即应当通知证人出庭作证。① 由此,证人出庭作证的主导权实质上已经转移至控辩双方,法院只是起引导作用而已。

针对前期改革实践中有所冒头的"表演性作证"现象,推进关键证人出庭作证,重点是要正确理解、准确把握关键证人的出庭条件,特别是对双方确实存在争议和对定罪量刑有重大影响这两个实质条件要从严掌握,既要做到关键证人应出尽出,又要防止为改革搞"凑数"。同时,对控辩双方在庭前会议中申请证人出庭的,法庭还要主动了解证人与事实争点、证据争点的联结紧密程度,尽量确保最具实质意义、最具紧密关联的证人出庭。比如贩毒案件中买卖过程往往无第三人在场,证明案件事实难度较大。但在王某某被控贩毒案中,交易时第三人余某某在场,控方申请其作为关键证人出庭作证,对查明事实发挥了重要作用。但该案未申请另一名关键证人杨某某出庭作证。根据民警说明,现场抓获过程中被告人将装有毒品的烟盒扔出,并被杨某某直接扫入垃圾铲,然后警察向杨某某要回该烟盒,因查获毒品和现场抓获并非同一时间同一地点完成,该烟盒是否系被告人扔出存疑,杨某某证言至关重要,但庭审中仅宣读了杨某某书面证言,而未要求其到庭作证。

2. 证人的宣誓或保证问题

目前,《刑事诉讼法》和最高人民法院《刑诉法解释》均未对证人出庭的宣誓或保证义务作出规定。《法庭调查规程》第18条规定,证人、鉴定人出庭,法庭应当当庭核实其身份、与当事人以及本案的关系,审查证人、鉴定人的作证能力、专业资质,并告知其有关作证的权

---

① 参见龙宗智:《庭审实质化的路径和方法》,载《法学研究》2015年第5期。

利义务和法律责任。证人、鉴定人作证前,应当保证向法庭如实提供证言、说明鉴定意见,并在保证书上签名。此条系最高人民法院对证人作证义务承诺的最新规定,但似乎有意回避了是否宣誓的问题,而以"法官主动提示+证人保证书"代替。

不少国家都从立法上要求证人到庭作证前履行一定的宣誓、保证义务或通过其他方式,旨在通过宣誓或保证使证人充分明了其证言的严肃性和法律后果,同时对宣誓词或保证词也作了统一规定,略分述如下:(1)采宣誓方式者,如《瑞典刑事诉讼法》第11条,《荷兰刑事诉讼法》第215、216、216a条,《土耳其刑事诉讼法》第55、56条。(2)采法官提示+证人宣誓、保证或具结方式者,如《美国联邦证据规则》第603条规定,"在作证前,证人必须宣誓或者郑重声明将如实作证。该宣誓或者郑重声明必须以某种旨在以该职责触动证人良知的方式进行",这样做的目的有两个:一是唤醒证人的良知,并使其铭记如实作证的意愿;二是在证人故意提供虚假证言的情况下,可以对其处以伪证罪。① 《挪威刑事诉讼法》第128、131条也作了规定。宣誓、保证、具结的目的都在于强化证人对证言真实性义务的遵守,但其方式有异,宣誓多以当庭口头为之,保证或具结则可以书面形式为之。② (3)采结合方式者,如《葡萄牙刑事诉讼法》第91条规定,普通证人应作出宣誓,鉴定人和翻译人员应作出承诺。(4)采酌定方式者,如《德国刑事诉讼法》第59条规定,"除非法院经斟酌认为陈述起决定作用,或为取

---

① 参见王进喜:《美国〈联邦证据规则〉(2011年重塑版)条解》,中国法制出版社2012年版,第159页。该条曾于1987年修正,2011年规则重塑对此条并无实质修改。但易延友教授在《证据法的体系与精神——以英美法为特别参照》中所引该条译文如下:"在作证之前,法庭对任何证人都应当要求其宣布如实地作证。这种保证可以以法庭认为可以唤醒证人的良心并在证人心中留下其应当履行如实作证义务之印象的方式,通过宣誓或具结来进行"(参见易延友:《证据法的体系与精神——以英美法为特别参照》,北京大学出版社2010年版,第173页),似与王本译文差异较大,包括对术语的翻译也有不同,如affirmation,易本译为具结,有保证之意;王本译为郑重声明,侧重于承诺。

② 参见黄朝义:《刑事诉讼法》,新学林出版股份有限公司2014年版,第437页。

得真实陈述而有必要,否则证人不用被要求宣誓",采取了一种视案件需要的灵活态度。

如前所述,证人作证是一项重要的法律权利和义务,作证将对控辩双方产生重要影响和法律后果,同时也是法庭审理公开、公平和公正的直接体现,本身兼具重要的实体价值和程序价值。成都地区刑事庭审实质化改革实践表明,法庭环境、作证仪式和后果谕知有利于强化其作证责任,实质上形成了对伪证动机的抑制机制,促使证人如实陈述和回答双方发问。① 由此,为进一步强化证人出庭制度,建议《刑事诉讼法》修订时增加证人宣誓保证义务的规定,确立以宣誓为主、保证为补充的证人承诺和宣誓模式,同时就证人宣誓词、保证词作出统一规定。

3. 明确证人因客观原因不能按时出庭的处理方式

证人依法院通知出庭作证,但因客观原因可能造成无法作证情形,应作妥善处理。这既是现代刑事诉讼善待证人理念的具体体现,同时也是尽量减少此种因素影响庭审有序进行的现实需要。具体简述如下:一是证人因下列情形之一无法出庭作证的,法庭可以准许其不出庭:(1)在庭审期间身患严重疾病或者行动极为不便的②;(2)居所远离开庭地点且交通极为不便的;(3)身处国外短期无法回国的;(4)有其他客观原因,确实无法出庭的。二是证人延时出庭的处理原则。关键证人、侦查人员和其他人员确有客观困难或正当理由,短期

---

① 参见马静华:《庭审实质化:一种证据调查方式的逻辑转变》,载《中国刑事法杂志》2017年第5期。

② 生病未必不能陈述,但重病者心智、思维、记忆和表述能力均可能受到影响,导致其作证能力、证言可信度和证明力降低,证据学大师威格摩尔将持续疾病直接归入妨碍出庭的法定无行为能力情形(See John Henry Wigmore, A Treatise on the System of Evidence in Trials at Common Law: Including the Statutes and Judicial Decisions of All Jurisdictions of the United States, 1904, p. 1405)。实际上,一方面,免除严重疾病期间的作证义务,意味着证据法意义上的当庭证言应当是证人正常状态下的行为,故控辩双方均有义务保障到庭证人处于正常状态。另一方面,严重疾病者作证也可能加重其疾病或精神痛苦,免除其患病期间的作证义务,也是善待证人理念的要求。

内无法出庭,但能确定可出庭时间的,法庭可以在合理范围内推迟开庭时间,为证人出庭提供时间条件。三是证人无法出庭的后续处理。关键证人、侦查人员和其他人员确有客观困难或正当理由,在较长期限内无法出庭或不能确定可出庭时间的,法庭应当同意证人不出庭,并将该情况告知控辩双方。

4. 鉴定人不能出庭的处理原则

鉴定人由于不能抗拒的原因或者有其他正当理由无法出庭的,法庭可以根据情况决定延期审理或者重新鉴定。但对其拒不出庭的,按照《刑事诉讼法》第192条的规定,其鉴定意见不得作为定案根据。

5. 证人无故拒不到庭作证时应如何处理

证人出庭作证,兼有权利义务二重属性。众所周知,长期困扰我国刑事审判的突出症结是证人出庭难、证人出庭率低,证人无故拒绝出庭,其中既有作证权利保护与保障不到位的原因,但也有义务落实不够、强制机制缺失的问题。《刑事诉讼法》第193条规定,经人民法院通知,证人没有正当理由不出庭作证的,人民法院可以强制其到庭,但是被告人的配偶、父母、子女除外。证人没有正当理由拒绝出庭或者出庭后拒绝作证的,予以训诫,情节严重的,经院长批准,处以10日以下拘留。被处罚人对拘留决定不服的,可以向上一级人民法院申请复议。复议期间不停止执行。但就如何强制以及拒绝出庭或作证的法律后果,《刑诉法解释》第255条虽规定"强制证人出庭的,应当由院长签发强制证人出庭令",但如何执行尚无下文。《法庭调查规程》第15条规定,人民法院通知出庭的证人,无正当理由拒不出庭,可以强制其出庭,但是被告人的配偶、父母、子女除外。强制证人出庭的,应当由院长签发强制证人出庭令,并由法警执行。必要时,可以商请公安机关协助执行。总体上看,《刑事诉讼法》和司法解释对此问题虽然明确了可以强制,但对实践中如何处理并无切实可行的操作办法。

相关国家对证人经合法传唤不到庭问题的处理思路和模式各有不同。① 处理较轻者如《瑞典刑事诉讼法》第 7 条的规定,证人无故不出庭者处罚金;较重者如《德国刑事诉讼法》第 51 条的规定,证人无故不到庭者,应承担一种或多种法律后果,包括负担相关费用、罚款、拘留、强制拘传等,再次传唤不到者可再次处罚;更重者如《瑞士刑事诉讼法》第 176 条规定,任何不享有拒绝作证权而拒绝作证的人都有可能被判处罚金,并承担相关费用;如其坚持拒绝作证,将被再次要求作证,并被告知可能承担刑事责任;如其继续拒绝,应对其启动刑事程序。

笔者认为,妥善处理这一问题,重点要抓住以下几个方面:一是确立证人出庭的分层策略,即明确法院通知出庭是基础,控辩协助出庭是保障,强制出庭是底线。做好前端工作,用足前端手段,最大限度促成和保障证人主动出庭。非属确有必要,不得轻易适用拘传等强制措施。二是对无故不到庭者要求说明理由,并明确告知无正当理由不到庭者将受处罚。三是对确属无正当理由不到庭者,庭审调查中对其庭前证言不予宣读、不予采信。四是对无正当理由不到庭、但其证言对案件定罪量刑具有决定性影响者,要敢于依法适用强制拘传措施,同时明确其不到庭或拒绝作证的法律后果由申请作证方负担。② 如在一起被控犯贩卖毒品罪案件中,作为关键证人的购毒者经法院通知后拒不出庭,法院依法签发强制出庭令并由公安机关协助执行,但均未查找到该证人。最终,法庭判决认定因证据不足,指控的贩卖毒品罪不

---

① 《美国联邦证据规则》对证人出庭作证义务及其强制未作规定,主要源于与大陆法系国家和地区的处理思路差别,简而言之即程序的归程序、证据的归证据,有关作证义务及其强制属程序范畴,通过刑事诉讼规则和相关判例处理(参见易延友:《证据法的体系与精神——以英美法为特别参照》,北京大学出版社 2010 年版,第 190 页)。

② 参见顾永忠:《庭审实质化与交叉询问制度——以〈人民法院办理刑事案件第一审普通程序法庭调查规程(试行)〉为视角》,载《法律适用》2018 年第 1 期。

能成立,被告人仅构成非法持有毒品罪。①

6. 证据的动态性与情态性问题

刑事庭审实质化改革前期,各方对证人出庭的关注点主要集中在证人"说什么",而证人"怎么说"似乎被认为不属于证据范畴而没有受到应有重视。其实,从证据角度讲,要求证人当庭作证还有一个重要理由,即作为直接言词证据的证人证言实际上系综合证据,除了其证言内容本身,其在法庭上的情绪神态、表情眼神、语气语速、声音强弱、肢体动作、站姿坐姿等,同样构成证据,是广义上的证人证言的组成部分,也是证人证言作为直接言词证据的必然要求,日本刑诉法上将其列入非言词证据。② 通过综合判断其证言内容和现场反应,能够更好地利于控辩双方最大限度地发现真实,帮助法官审查认定证据。英国一名法官在庭审中对陪审团进行指导时讲道,"你们要经常问自己,当证人作证时,根据证人的举止行为,结合他或她正在说的话,是否能够推断或者正确推断出什么"③。换言之,既要重视证人"说什么",又应兼顾"怎么说",特别是"控方证人的当庭作证使陪审团能够直接观察到证人的言谈举止和其他肢体语言,这将有助于陪审员综合评估其证词的可信度"④。同时也需要指出,重视证据的动态性与情态性,既不是说证人当庭证言必定比庭前书面证言更为可信;也并不表明身体语言一定比口头语言更不会撒谎。因此,身体语言诚然重要,但并非绝对可靠,法官不应简单地根据讲述者的自信程度和身体语言来判断其证言的可信性,而应当保持清醒认识,综合

---

① 参见郭彦、魏军:《规范化与精细化:刑事庭审改革的制度解析——以 C 市法院"三项规程"试点实践为基础》,载《法律适用》2018 年第 1 期。

② 参见〔日〕松尾浩也:《日本刑事诉讼法(下卷)》,张凌译,中国人民大学出版社 2005 年版,第 106 页。

③ 〔英〕詹尼·麦克埃文:《现代证据法与对抗式程序》,蔡巍译,法律出版社 2006 年版,第 118—119 页。

④ Christine Chambers Goodman, "Confrontation's Convolutions", Loyola University Chicago Law Journal, 2016(47), p.819.

予以判断。①

(四)庭前书面证词与当庭证言的效力关系

1. 庭前书面证词的性质

从本质上讲,庭前书面证词不能称为证人证言,英美法上称为"传闻"。据《美国联邦证据规则》第801条(c)规定,系指"除陈述者在审理或听证时所作陈述以外的陈述,行为人提供它旨在用作证据证明所主张事实的真实性"。《日本刑事诉讼法》没有采用"传闻"一词,而称为"庭审外的陈述",但两者本质含义基本一致。庭前书面证词具有如下特点:第一,本质上属于传闻证据而非言词证据;第二,是审判外的陈述而不是庭审中的陈述;第三,是在侦查或公诉审查期间向警官或公诉人而不是向法官所作的陈述;第四,作出陈述的空间是侦查场所或检察场所而非法庭。

2. 我国《刑事诉讼法》及相关解释对庭前书面证言的态度

我国《刑事诉讼法》对庭前书面证言的态度呈现出复杂的双重面相:一方面,基于因借鉴英美当事人主义诉讼而进一步强化控辩双方举证责任的改革导向,要求符合条件的关键证人应当出庭作证(《刑事诉讼法》第62条、第192条第1款);经通知无正当理由拒绝到庭者,可强制其出庭;拒不出庭或者当庭拒绝作证的,依法予以训诫或者拘留(《刑事诉讼法》第193条);证据必须经过查证属实,才能作为定案

---

① 国外曾有人做过录像实验,请两位女士分别讲述同一个真实事故(男友独自在厨房烹炸薯条引起火灾),但其仅一人为事故经历者。测试表明,其中一人讲述自信自然,伴有从容且和谐的身体语言动作;另一人讲述时则因紧张而断断续续,且几乎不带任何身体语言动作。但她讲出了三个重要细节:被烧掉的菜谱集、枕头及火灾气味。讲述完毕,讲述自然者赢得大多数人的信任而被认为是事故亲历者;另一人则因讲述不自然、身体语言动作反常而不被信任。实际情况与评价相反,未被信任者才是事故亲历者,该实验似乎再次印证了莎翁名言:"世上还没有一种方法,可以从一个人的脸上探察他的内心"(参见〔德〕阿克赛尔·文德勒、〔德〕赫尔穆特·霍夫曼:《审判中询问的技巧与策略》,丁强、高莉译,中国政法大学出版社2012年版,第132页)。

根据(《刑事诉讼法》第50条第3款);证人证言必须在法庭上经过公诉人、被害人和被告人、辩护人双方质证并且查实以后,才能作为定案根据(《刑事诉讼法》第61条);证人当庭作出的证言与其庭前证言矛盾,证人能够作出合理解释,并有相关证据印证的,应当采信其庭审证言;不能作出合理解释,而其庭前证言有相关证据印证的,可以采信其庭前证言;经人民法院通知,证人没有正当理由拒绝出庭或者出庭后拒绝作证,法庭对其证言的真实性无法确认的,该证人证言不得作为定案的根据(《刑诉法解释》第91条)。

另一方面,又为庭前书面证言打开了一道后门,主要反映在:从程序上,不仅不禁止甚至还要求在法庭上宣读未到庭的证人证言(《刑事诉讼法》第195条、《刑事诉讼规则》第405条第1款);从实体上,不禁止采信庭前书面证言(《刑诉法的解释》第90、91条)。因此,确立我国的传闻证据排除规则,仍是以审判为中心的诉讼制度改革的重大现实课题。值得注意的是,《法庭调查规程》第34条规定,"控辩双方对证人证言、被害人陈述、鉴定意见无异议,有关人员不需要出庭的,或者有关人员因客观原因无法出庭且无法通过视频等方式作证的,可以出示、宣读庭前收集的书面证据材料或者作证过程录音录像。被告人当庭供述与庭前供述的实质性内容一致的,可以不再出示庭前供述;当庭供述与庭前供述存在实质性差异的,可以出示、宣读庭前供述中存在实质性差异的内容"。此条规定虽属于司法解释,但为法庭调查宣读未到庭证言增加了限制条件,即无异议、有关人员不需出庭,或者因客观原因无法出庭的,才可以宣读,这实际上已经对《刑事诉讼法》第195条作了某种修正,也为未来进一步修订《刑事诉讼法》,真正确立我国刑事诉讼的传闻证据规则奠定了实践基础。

还值得注意的是,《全面推进意见》第29条规定,"证人没有出庭作证,其庭前证言真实性无法确认的,不得作为定案的根据。证人当庭作出的证言与其庭前证言矛盾,证人能够作出合理解释,并与相关证据印证的,可以采信其庭审证言;不能作出合理解释,而其庭前证言与相关证据印证的,可以采信其庭前证言。经人民法院通知,鉴定人拒不出庭作证的,鉴定意见不得作为定案的根据"。第 29 条第 1 款内容来源于《刑诉法的解释》第 91 条,第 2 款来源于《刑事诉讼法》第 192 条第 3 款和《刑诉法解释》第 99 条,主要是技术性整合,难谓实质性大改。同时此条内容传递出的信息似有矛盾。证人不出庭的,其庭前证言真实性无法确认的,不得作为定案根据,2012 年《刑诉法解释》第 78 条将其置于最后一款(2021 年《刑诉法解释》第 91 条),《全面推进意见》将此条改置为第 1 款,应有突显当庭证言证明力优先之意。但第二种情形"证人当庭作出的证言与庭前证言矛盾,证人能够作出合理解释,并与相关证据印证的,可以采信其庭审证言"直接来源于2012 年《刑诉法解释》第 78 条第 2 款,原文是应当采信,但此条把原来的"应当"改成了"可以",似乎立场有所后退。① 直到 2017 年年底《法庭调查规程》出台,其中第 48 条规定,"证人没有出庭作证,其庭前证言真实性无法确认的,不得作为定案的根据。证人当庭作出的证言与其庭前证言矛盾,证人能够作出合理解释,并与相关证据印证的,应当采信其庭审证言;不能作出合理解释,而其庭前证言与相关证据印证的,可以采信其庭前证言",采取了与现行《刑诉法解释》第 91 条第 2 款一致的内容和立场。

3. 以审判为中心的诉讼制度改革背景下对庭前书面证词与当庭证言的重新定位

总体要求是:坚持直接言词原则,突出庭审的言词审功能,以当庭证言为审理主线和法庭调查的对象,并进一步树立当庭证言证明力优先理念;庭前书面证词回归其审判外陈述的传闻证据性质,限制其在法庭上使用的资格条件,作为当庭证言的辅助性手段发挥其必要的弹

---

① 龙宗智教授曾对此作过分析(参见龙宗智:《庭审实质化的路径和方法》,载《法学研究》2015 年第 5 期)。

劾、澄清、证伪和补充功能。

4. 进一步完善证人出庭作证立法和司法解释的建议

通过修改《刑事诉讼法》和相关司法解释,明确确立遵循现代刑事诉讼理念、符合我国实际并具有中国特色的传闻证据排除规则,是下一步推进以审判为中心的刑事诉讼制度改革的重点之一,主要包括以下方面:一是坚持直接言词原则,明确法庭庭审以参与者当庭直接言词为一般性审理对象。[1] 借鉴《德国刑事诉讼法》第 250 条关于"如果事实的证明基于人的感知,应当在庭审中询问此人。询问不得以宣读先前的询问笔录或书面陈述代替"之规定,在我国刑事诉讼中确立法庭直接询问且不得以宣读未到庭证人书面证词代替的一般性要求,同时允许在特殊情形下,将庭前书面证词作为例外纳入法庭调查范围,主要作为弹劾、澄清之用。二是在法庭没有进行交叉询问之前,原则上不得先行宣读未到庭证人的书面证词,以避免形成先于当庭证言的不利成见。三是对当庭证言通过控辩双方交叉询问进行质证。四是有条件许可宣读庭前书面证词,主要应当符合以下情形:(1)控辩双方均同意证人不出庭且可以通过宣读庭前书面证词代替;(2)证人因死亡、受伤、重病、距离遥远等客观原因长时间无法出庭;(3)证人当庭翻证;(4)证人当庭证词存在重大遗漏,且书面证词对证实案件相关事实不可替代;(5)证人当庭证言不明确、不清晰;(6)当庭证言存在前后矛盾等。如在卞某某被控犯组织卖淫罪一案庭审中,被告人当庭供述其对该餐饮公司存在卖淫嫖娼行为并不知情。公诉人当即讯问被告人于 2010 年被取保候审期间向侦查机关所作供述的内容是否属实,该份供述中被告人直接承认了其对某餐饮公司存在卖淫嫖娼行为知

---

[1] 证人出庭接受控辩双方发问,是直接言词原则的表层含义或者形式含义,刑事庭审实质化改革已积累大量实践;直接言词原则的深层含义或实质含义在于"彻底否定公诉方案卷笔录的证据能力,保证法官从当庭的言词陈述和辩论中形成对案件事实的内心确信",从根本上改变审判活动对侦查卷宗材料的高度依赖。据此,刑事庭审实质化改革仍然任重道远(参见陈瑞华:《司法体制改革导论》,法律出版社 2018 年版,第 395 页)。

情,公诉人就被告人当庭供述与庭前供述有实质性差异部分进行宣读,被告人不能作出合理解释,法庭经审理对庭前证言依法予以采信。《刑事诉讼规则》第 406 条第 5 款规定,证人进行虚假陈述的,应当通过发问澄清事实,必要时还应宣读证人在侦查、审查起诉阶段提供的证言笔录或者出示、宣读其他证据对证人进行询问。证人无正当理由拒绝到庭,或到庭后拒绝作证的,原则上不得宣读庭前书面证词。五是进一步明确和完善当庭证言证明力优先原则,对采信庭前书面证词的条件作出具体规定,同时也是旨在正确引导关键证人出庭。《刑诉法解释》第 91 条规定实际上体现出对庭前书面证词的证明力予以合理限制的导向,同时也没有简单推崇当庭证言,在一定条件下亦承认庭前证言的证明力。如在詹某某、刘某被控犯妨害作证罪一案中,关键证人宋某某在庭前证言中指认王某引诱其改变证言,而在当庭证言中又指证被告人詹某某引诱其违背事实改变证言,前后矛盾且未作出合理解释。尤其是律师制作调查笔录的两个关键细节即被告人詹某某、刘某是否同时在场、笔录由谁记录,宋某某的当庭证言和庭前证言与调查笔录之间存在重大矛盾,另外四名关键证人当庭证言也存在类似问题,法庭经审理对上述当庭证言未予采信。

同时,借鉴美国法和日本法对审判外陈述证明力的限制,对庭前书面证词的证明力予以采信的,应当符合以下限制性条件:其一,对证人未出庭原因要有合理解释;其二,该庭前证词对证明案件事实至为重要且不可替代;其三,庭前证词是在特别可信的状况下作出的,亦即庭前书面证词的自愿性、真实性具备充分的可信性情境保障。因此,只有在庭前书面证词确实真实可信,且能排除对其可靠性的合理怀疑的情况下,才能采信其书面证词而否定当庭证言。在庭前证词和当庭证言均有印证的情况下,原则上应当采信当庭证言,除非证人对当庭翻证不能作出合理解释,且发现证人有作伪证的明显迹象。①

还应指出,以审判为中心的诉讼制度改革,固然反对"侦查中心主义",但并不能就此理解为完全排斥法官查阅和使用案卷证据材料包括书面证词。更不能由此认为,证人在法庭上所作证词一定比庭前书面证词更真实、更可靠。应当认识到,证人在法庭上作证是一个基于主观视角和以个人经验为出发点的事实和情境陈述,而他所陈述的事实细节往往发生在开庭前较早时间,他在很大程度上是凭着记忆进行口述。问题在于,人的记忆并非如摄像机那样对所拍对象的直接和完全还原,实质上,"证人在任何特定时间看到或听到什么,依赖于他或她正在看什么或听什么,还有当时实际上发生了什么,以及证人当时的思维和注意力究竟有多集中",同时"即使证人声称准确看到和听到了事实上发生的一件事,证人在法庭上所忆起和作证的内容也可能受到证人在事件发生后和审判前所看到或听到的其他事情的影响,或只是简单受到时间推移的影响"②。因此,"指望任何证人在法庭上对案件重要事实能够做到完整记忆和准确叙述是不公平的"③,指望法官只通过证人在法庭上的陈述就能准确无误地认定案件事实也是有风险的,甚至是不切实际的。在此情形下,合理而有条件、有限度地使用庭前书面证词就成为一种必要,查阅使用案卷书面证词,实际上是辅助法官进行证据审查、判断的一种重要手段。因此,当前刑事诉讼实务中迫切需要的是通过司法解释的方式明确规定书面证词等使用的条件和方式,并建立相应的证据审查判断规则。④

---

① 参见龙宗智:《庭审实质化的路径和方法》,载《法学研究》2015 年第 5 期。
② Tom Singer,"To Tell the Truth, Memory Isn't That Good", Montana Law Review, 2002(63), p. 371.
③ Tom Singer,"To Tell the Truth, Memory Isn't That Good", Montana Law Review, 2002(63), p. 371.
④ 参见万毅:《以审判为中心的诉讼制度改革:三重困境及其破解》,载卞建林,韩旭主编:《刑事庭审实质化和有效性问题——第九届中韩刑事司法学术研讨会论文集》,法律出版社 2018 年版,第 30 页。

(五)证人出庭的保护和保障

根据《法庭调查规程》第 16 条规定,对证人出庭的相关保护和保障主要有以下几个方面。

1. 出庭时人身安全保护

相关案件的证人、鉴定人、被害人因到庭作证,本人或者其近亲属的人身安全因此面临一定危险的,人民法院应当采取必要保护措施,如不公开其真实姓名、住址和工作单位等个人信息,或者不暴露其外貌、真实声音等。[①] 在罗某、曾某某被控犯贩毒罪一案庭审中,被申请出庭作证的是侦查人员,为减少侦查人员出庭作证的顾虑,法院采用了隐蔽作证方式,侦查人员在屏蔽真实面貌、改变真实声音的情况下接受了控辩审三方询问。又如在林某被控盗窃、抢劫案庭审中证人隐蔽作证的片段:

审:法警,传证人马某到庭作证。

法警:报告审判长,证人已到庭就位。

审:请书记员把庭审画面切换到作证室。

审:证人马某,本案公诉机关申请你作为控方的人证出庭作证,本庭今天依法通知你到庭作证,在庭前已对你的身份进行核实,同时根据你方请求对本次你的到庭作证采取不暴露外貌、声音的证人保护措施。证人马某,是否清楚?

证1:清楚。

审:根据法律的相关规定,本庭现向你告知,作为证人,应当向法庭如实提供相应的证言,有意作伪证或隐匿罪证的需要承当相应的法律责任,严重的需承担刑事责任。证人是否听清?

证1:听清。

---

① 日本法律电影《正义之裁》中,对到庭作证的女中学生被害人采取现场使用活动挡板遮蔽其人身,但不改变其真实声音的做法,亦具类似效果。

审:证人马某,在你面前有一份保证书,请你向法庭宣读保证书的内容,宣读后在保证书上签名、捺指印。

证1:(宣读)

审:证人,请你在保证书上签名捺印。

证1:(捺印)

审:鉴于人证出庭对于控方指控有利,首先公诉人请根据本案指控事实向证人进行发问。

……

在庭前会议阶段,控方申请证人马某等三名证人到庭作证,并申请在作证时不予暴露外貌和声音,法庭依法予以准许,并在证人到庭时依法告知相关事项,值得肯定,但也存在瑕疵。庭前会议笔录中对控方申请马某到庭作证作了记载,但并未记载控方提出了隐蔽作证申请。由于没有前端程序的准备和铺垫,庭审中审判长告知"你方请求对本次你的到庭作证采取不暴露外貌、声音的证人保护措施"就成了无源之水,而且法庭也没有告知依法予以准许。据调查,此类情况在其他一些涉及证人特殊保护的案件中也有反映,需要切实改进,将其纳入庭前会议内容,提前了解情况、征求意见,并做好庭审衔接。

2. 专门保护

相关案件审判期间,证人、鉴定人、被害人向人民法院提出保护请求的,人民法院应当立即审查,确有必要予以保护的,应当及时作出决定并采取相应的保护措施。必要时,人民法院可以商请当地公安机关采取专门性保护措施。

3. 文书技术处理

人民法院决定对出庭作证的证人、鉴定人、被害人采取不公开个人信息的保护措施的,审判人员应当在开庭前对其身份进行核实,同时对证人、鉴定人如实作证的保证书亦不得公开,在判决书、裁定书等相关法律文书中可以使用化名等,以替代其个人信息。

4. 经费保障

证人、鉴定人、有专门知识的人因出庭作证所支出的交通、住宿、就餐等费用,人民法院应当给予适当补助。被害人被申请出庭作证,且未以当事人身份参与庭审的,人民法院可以参照证人出庭作证的补助标准适当给予相应的补助;但如果出庭作证被害人系刑事附带民事原告且参与庭审的,不应给予出庭相关补助。为保障作证补助制度切实落实,人民法院应当建立证人出庭作证补助的专项经费机制。

四、庭审实质化与庭审询问证人技术

刑事庭审证人出庭作证并接受控辩双方询问,法官在此基础上对作为直接言词证据的到庭证言进行审查判断,既是现代刑事诉讼的基本理念,也是一项重要的诉讼制度和诉讼程序。在刑事庭审实质化改革的大背景下,除加强证人出庭制度的细化完善和严格执行外,加强庭审中不同主体询问证人技术的研究并形成可操作的具体方法规则,已经日益显得必要和迫切。

(一)庭审实质化改革实践中询问证人的突出问题

从近几年庭审实质化改革情况看,实质化庭审中证人出庭数量明显增多、比例上升,但部分案件庭审调查中针对证人如何发问方面的突出问题也很快暴露出来:一是不会问、不敢问现象仍然存在,如发问问不到关键点、抓不住要害、发问与待证事实无关,导致问答脱节、答非所问。二是法官针对如何问的引导不力,对不当发问未及时提醒或制止,对针对发问异议的当庭处理也存在问题,应支持而未支持、该制止而未制止两方面的问题都有。三是针对到庭证人证言的质证把握不当,如证人尚未退庭就征求各方质证意见,或者证人退庭后未征求各方意见,还有的没有告知和提醒证人不得旁听庭审。四是对被告人发问权、质证权的保障不充分,不注重征求被告人有无发问和质证意见,实质上限制和损害了被告人的诉讼权利等。上述问题导致部分案件庭审中证人出庭作证的实际效果差强人意,并未发挥通过言词审、直接审认定证据、查明事实的效果,还可能导致庭审拖沓、效率低下等问题。

(二)庭审实质化改革亟待建构专门化的询问证人技术

证人调查的核心是如何询问证人问题。"询问证人对证实真实发挥的作用,在很大程度上取决于当事人的主询问和反询问是否适当而有效地进行。学习询问技术,是法律工作者的必修课。"[①]对询问证人技术问题,我国《刑事诉讼法》虽有原则要求但长期缺乏具体性操作规定,2012年《刑诉法解释》也只有第212—216条总共五条与此有关且不够具体,在中央提出构建完善以审判为中心的诉讼制度大背景下,特别是基于推进刑事庭审实质化改革试点的实践需求,对出庭证人的询问方式与询问技术,大有深研必要。2021年《刑诉法解释》对询问证人作了较为具体的规定,包括第246—266条。在英美法系,询问证人的重要性自不待言,其中的方法与技巧在不少名案、名律师传记乃至法律电影中都能见到;即便如此,针对询问证人技术的抱怨仍时有可见,甚至连联邦最高法院首席大法官也体验到了对刑事庭审中询问证人质量的焦虑和担忧,并深感"加强刑事司法管理下的娴熟法庭辩

---

① 〔日〕松尾浩也:《日本刑事诉讼法(下卷)》,张凌译,中国人民大学出版社2005年版,第54页。

护的需求远未充分实现"①。在大陆法系传统的德国和具有混合刑事诉讼模式特征的日本等国,询问证人已经发展成为不同的技术性专门学科即所谓的"询问学"②以及证言心理学③,而且取得了比较成熟的研究成果,值得参考借鉴。

长期以来,由于受事实上的侦查中心主义审理模式影响,我国刑事庭审功能虚化,刑事庭审所需要的专门化技术未受重视,刑事诉讼实践并没有发展出一整套刑事庭审技术的规范化体系。其中,特别是没有真正建构足以推动、支撑和保障刑事庭审控辩双方平等、充分对抗的法庭调查和法庭辩论技术。仅就证人作证而言,我们虽然在理论上承认刑事诉讼言词审的法理价值和目标意义,但在实践中由于长期以来证人出庭率偏低,刑事诉讼各环节特别是作为裁判者的审判环节大量使用书面证据,并不依靠证人到庭作证来澄清疑点、形成和固化心证,因此刑事证人出庭既无制度支持,又无实践需求,控辩双方在法庭上均概问简答,难以形成实质交锋,精密化、体系化调查技术难有存在的内在需求和外在压力。④ 既未建构支持证人到庭作证的一系列操作性程序机制,也未形成适用于控辩双方以及法官等不同主体的针对

---

① 美国联邦最高法院前首席大法官伯格曾将联邦法院刑事庭审中询问证人存在的不足归纳为五个方面:欠缺对"形易实难问题的发问技巧";不理解"交叉询问的真正技巧,包括何时不交叉询问的高级技巧";一些欠缺经验的律师倾向于通过"对简单且可接受及无争议事项作出机械反对来浪费时间";一些欠缺经验的律师"不知道诸如武器、血衣之类带有'煽动性'的证据,其实不应在举证之前出现在陪审团的视野之中";在无关紧要的非实质事实陈述上耗费时间等[See Burger, Warren E., "The Special Skills o Advocacy: Are Specialized Training and Certification of Advocate Essential to Our System of Justice?", Fordham Law. Review, 1973(42), p. 227]。
② 〔德〕阿克赛尔·文德勒、〔德〕赫尔穆特·霍夫曼:《审判中询问的技巧与策略》,丁强、高莉译,中国政法大学出版社2012年版,第1—5页。
③ 〔日〕松尾浩也:《日本刑事诉讼法(下卷)》,张凌译,中国人民大学出版社2005年版,第57页。
④ 参见张建伟:《司法竞技主义:英美诉讼传统与中国庭审方式》,北京大学出版社2005年版,第525—526页。

性询问证人的方法体系。① 庭审专门技术的缺失,实属我国刑事庭审功能虚化的重要原因之一,也是推进刑事庭审实质化改革必须突破的一大瓶颈。

当前,构建完善以审判为中心的诉讼制度,大力推进刑事庭审实质化改革试点,证人出庭制度的完善和落实已经成为学界和实务界公认的核心之一。因此,结合改革试点实践深入研究询问证人的方法技巧并在此基础上形成可操作且配套化的规则机制,既是改革试点工作的必然要求,也是刑事诉讼法学研究进一步向实践方向迈进的应有之义。在刑事庭审中,即使是诸如传唤和询问证人的次序这样的纯粹技术性问题也会对诉讼进程产生巨大影响②,更不用说事实真相。毕竟,隐藏在技术背后的,是更为重要的价值与目标。

为什么我们需要建构专门化的询问证人技术?其根本原因有:第一,询问证人是在庭审这一特定时空中进行,而《刑事诉讼法》规定所有证据必须经庭审质证、经查证属实后才能作为定案依据,这使得询问证人技术具有特殊的重要功用和实践价值。实际上,侦、检、辩三方在审前阶段均可能对证人进行调查发问,但此种询问都不是在庭审程序中进行的,其所形成的书面证言并不符合刑事诉讼的直接言词原则,都应当通过出庭作证和接受双方交叉询问甚至诱导询问,以验证其证言的证明力,因此庭审中对证人的询问技术的重要性绝非庭前询问可比。第二,询问是在公开的状态下进行的(除不公开审理案件外),包括控、辩、审三方以及旁听民众,这使得庭审询问证人的内容及过程都必须接受各诉讼参与方及旁听民众的见证和监督,从而使询问

---

① 我国古代历来倚重口供,所谓"无供不录案",讯问技术亦复杂多样,湖北云梦睡虎地出土的秦竹简《封诊式》中有《治狱》《讯狱》《有鞫》等多条涉及如何讯问犯罪嫌疑人或被告人,《唐律疏议·断狱》也有具体规定(参见李敖主编:《睡虎地秦墓竹简》,转引自李敖主编:《唐律疏议·佐治药言》,天津古籍出版社 2016 年版,第 249—251 页;另参见何永军:《中国古代司法的精神》,中国政法大学出版社 2016 年版,第 201—214 页)。

② 参见〔德〕阿克赛尔·文德勒、〔德〕赫尔穆特·霍夫曼:《审判中询问的技巧与策略》,丁强、高莉译,中国政法大学出版社 2012 年第 14 页。

技术本身具有了超越工具手段而与内容及过程同样重要的制度价值。第三,过去长期存在证人出庭难的问题,这使得在司法实践中询问证人技术在客观上既无存在必要,也没有发展空间。当前推进以审判为中心的诉讼制度改革,对真正确立庭审的中心地位,通过"四个在法庭"实现刑事庭审实质化,各方已经达成共识并正在积极推动。询问证人技术不仅是改革的大势所趋,而且在实践上刻不容缓。第四,结合2015年以来成都法院刑事庭审实质化改革试点中证人出庭情况看,部分案件中证人出庭作证的实际效果并不理想,其原因多样,但大多与询问证人的方法技术不当或者缺失有关。[①] 左卫民教授主持的实证研究也表明,"虽然示范庭关键性证人出庭作证相对较多,但从庭审记录反映的情况看,辩方对其质询的力度与效果并不理想。同样,控方对如何询问辩方提出的证人也无成熟、有效的机制。事实上,为什么要调查证人证言、怎么样调查证人证言以及取得什么样的效果,这是一个关涉庭审实质化改革效果的关键性技术问题。从实践看,证人证言的调查方式因人而异、因案而异;同时,主询问和反询问区分不明确,询问与质证也没有差异化、有效化的规范机制"[②]。可以说,询问证人技术的欠缺,已经成为制约刑事庭审实质化改革的一大症结。

(三)关注不同事实认定模式对询问技术的差异性影响

必须承认,在刑事诉讼的事实认定过程中,当事人对事实认定的影响力大小与法官职权因素的介入强度如同硬币的两面相辅相成,二者都受制于诉讼程序本身的对抗性程度。达玛什卡认为,英美对当事人控制型事实认定模式的普遍依存,与其实现法律程序之使命的独特

[①] 如在孙某某被控开设赌场案中,控辩双方庭审准备不足,未能紧扣争议焦点举证质证,导致庭审效率降低。

[②] 左卫民:《地方法院庭审实质化改革实证研究》,载《中国社会科学》2018年第6期。

方法紧密相关。① 在事实认定活动中，司法介入越多，当事人双方的对抗紧张性就越低，对一方歪曲信息的担心就不那么直接，而将证明手段提交审查的必要性也就不那么迫切了。在英美对抗制诉讼制度下，当事人及其律师要负责寻找作为证据的材料，为审判时使用该材料做准备，并将该材料提交法庭，其事实认定模式属于当事人控制型，或称为竞争性事实认定机制。正因为如此，经由这种竞争性事实认定机制的压力和动力，才发展出了极富戏剧性的询问技术，这种技术的复杂程度虽然在司法实践中司空见惯，但"足以令局外人叹为观止"②，有人甚至还建议，"人们会自然而然地想象，可靠的证据应当来自于处境安全、思想未经荼毒的证人之手。然而事实并非如此，要让证人作有利的陈述，他一定会遭到这样那样的骚扰……他一定会被折磨得直到左右不分、大脑一片混乱……在这种濒临崩溃的惨状中突然迸发出的词一定具有非凡价值，因为法庭辩论的精英们最擅长引发出这样的词来"③。而在大陆法系国家和地区，过去的传统是不太重视对提交法庭的证据进行直接——"当面"——质证的问题。由此，不能在法庭上直接审查原始证人的做法，在职权化证明制度下的弊端也不像在当事人控制型的事实认定和证明制度下那么严重，传闻证据的反对方不大可能将传闻的原始陈述者视作"庭外的敌人"④。因为，当事人在事实认定上对抗性的欠缺所可能带来的风险，在某种程度上已经由法官的职权介入因素弥补或代替。由此得到的启发如下。

第一，不同类型诉讼制度及其所形成的刑事诉讼事实认定模式，

---

① 参见〔美〕米尔建·R.达马斯卡：《漂移的证据法》，李学军等译，中国政法大学出版社 2003 年版，第 104 页。
② 〔美〕米尔建·R.达马斯卡：《漂移的证据法》，李学军等译，中国政法大学出版社 2003 年版，第 109 页。
③ 〔美〕德博拉·L.罗德：《为了司法/正义：法律职业改革》，张群等译，中国政法大学出版社 2009 年版，第 159 页。
④ 〔美〕米尔健·R.达马斯卡：《漂移的证据法》，李学军等译，中国政法大学出版社 2003 年版，第 111—112 页。

对证人出庭的内在需求及询问证人的方法技术均有着不同的影响。尽管英美对抗式诉讼中证人出庭制度已经比较完善,询问证人技术和方法也足够发达,却并不意味着可以简单照抄照搬其询问证人的方法体系。我们需要在认识借鉴他国经验的基础上,发展并形成我们自身的询问证人的技术性体系及其操作规则。应当指出,对抗性诉讼程序及其相伴生的竞争型事实认定机制较之大陆法系是否更有利于发掘事实真相和调动证人作证的积极性,已经争论很久,也难有确切定论。但值得指出的是,即使在美国,也有不少学者对对抗制诉讼程序的弊端进行了深入的剖析[1],有人就认为,"一种更多依靠法官的中立,而不是依靠有偏向的律师追求真相的制度,可能更有助于发现真相"[2];埃尔曼也指出,"在两种审判模式下,都可以得出一个公正的裁断",而职权主义的法官调查制度"更易准确地区分有罪和无罪的界限"[3],上述观点对我国刑事诉讼制度改革而言,值得深思和借鉴。

第二,对询问证人技术特别是交叉询问、诱导询问规则的构建完善,有利于辩方辩护权的行使得到强化,也意味着诉讼程序中控辩双方的对抗性有所增强,但并不等于不会导致诉讼模式从根本上转向对抗式,把推进庭审实质化改革与采用对抗性诉讼模式直接等同起来,

---

[1] 在对抗制诉讼理念与当事人主义诉讼模式下,诉讼参与人的自身偏好、常规事项的辅助优势、程序信息知情权、程序选择权事实上难以被充分考虑,多少导致了所谓"太少公正、太少改革"以及"律师之外别无他途"等问题(参见〔美〕德博拉·L.罗德:《为了司法/正义:法律职业改革》,张群等译,中国政法大学出版社 2009 年版,第五章有关内容)。约翰·格斯菲斯在分析美国少年法庭运动失败教训时曾指出,少年法庭的理念要求具备一种富有真诚爱心的家庭模式精神以及来自政府官员和普通公众的持续关怀,但对抗制诉讼模式的绝对主导地位,实质上阻碍了少年法庭类似制度的设立[See John Griffiths,"Ideology in Criminal Procedure or A Third 'Model' of the Criminal Process",Yale Law Journal,1970(3),pp. 400、401]。

[2] 〔美〕德博拉·L.罗德:《为了司法/正义:法律职业改革》,张群等译,中国政法大学出版社 2009 年版,第 159 页。

[3] 〔美〕H.W.埃尔曼:《比较法律文化》,贺卫方、高鸿钧译,生活·读书·新知三联书店 1990 年版,第 177 页。

并不符合我国诉讼制度的基本理念和实践需求。①

第三,询问证人技术的发展完善不会减轻法官在事实认定上负有的职权性职责。法官仍然应当对案件事实的查明负有重要的职责,但前提是尊重控辩双方的举证质证权。正如龙宗智教授所言,"当确认控辩的举证和质证职能是推进诉讼的基本动力时,法官的主要角色是客观的听证者和中立的裁判者;但在控辩双方陷入误区、对抗违规以及事实真伪不明而控辩双方又不能有效查证时,法官就应当是积极的引导者、裁判者和案件事实的调查者"②。

(四)建构刑事庭审询问证人技术的相关条件

在刑事庭审中,控辩双方应当是询问证人的主要主体,因而也是询问证人技术最重要的使用者,法官仅仅在控辩双方遗漏重要事实的情形下才可能作补充性的职权发问。因此,构建我国刑事庭审中的询问证人技术,也应以控辩双方为主体,并适当兼顾法官的职权询问需要。为此,构建适应我国以审判为中心的刑事庭审询问证人技术体系,应当遵循以下几个基本要求。

第一,真正确立以人证调查为主线的刑事庭审证据调查模式。过去以被告人口供和书面证言为主线的调查模式,并非完全符合现代刑事司法理念和言词审理原则,实际上将证人证言从言词证据降格为书面证据,对庭审功能发挥构成了实质性妨碍。推进以审判为中心的诉讼制度改革,客观上要求重视言词证据在庭审程序中的核心地位,确立以人证调查为主线的证据调查模式。③

---

① 美国交叉询问规则是基于案卷材料不移送及陪审团审理模式下所为的设计,但我国大陆及台湾地区均无此环境及制度,所以询问诘问规则当然有所不同[参见林钰雄:《刑事诉讼法(下册 各论编)》,元照出版有限公司2006年版,第190页]。

② 龙宗智:《上帝怎样审判》,法律出版社2006年版,第257页。

③ 参见左卫民等:《中国刑事诉讼运行机制实证研究(五)——以一审程序为侧重点》,法律出版社2012年版,第142—143页。

第二,目击者认知优先。基于直接证明的要求,犯罪过程或现场的目击者对证明案件事实具有不可替代的关键性作用,《德国刑事诉讼法》第 250 条规定,"如果证明的事实取决于目击者的认知,那么应在法庭审理中询问此人,而宣读过去的询问笔录或书面陈述都不能替代法庭询问"。因此,存在目击证人的刑事案件,应当尽可能通知并保障目击证人出庭作证,充分体现直接证据在认定事实上的关键性作用。

第三,充分认识警方证人、专家证人的特殊重要性。我国《刑事诉讼法》对警方证人给予了高度重视,并规定了三种不同类型:一是基于《刑事诉讼法》第 59 条第 2 款的适用于排除非法证据程序中的"说明情况人";二是基于《刑事诉讼法》第 192 条第 2 款的目击证人;三是基于第 192 条第 3 款的鉴定人。但上述类型的警方证人出庭在实践中的落实情况并不理想,应当成为推进以审判为中心的刑事诉讼制度改革中落实证人出庭作证的重点之一,因而也是建构询问证人技术的重要内容。

第四,庭审各参与方均应善待证人。我国古代,刑事诉讼中的证人地位低下,与当事人实质无异,同属刑事诉讼客体,仅有作证义务而无诉讼权利。例如证人需与当事人一同被拘押,堂上跪着听审,法官可对证人予以逮捕、刑讯和治罪等①,民间一直存在的"厌讼"心理似与此相关。西方古代刑事诉讼亦有类似情况,刑事诉讼应当善待证人理念之确立当属近代以来之事。现代刑事诉讼强调善待证人,既属司法人文关怀所系,亦为刑事庭审功能所需,因为"可靠的证据来自于处境安全、思想未经荼毒的证人之手"②。证人证言往往只是有利于控、辩其中一方,任何一方证人均可能被对方视为敌方证人,庭审法官的

---

① 参见李文玲:《中国古代刑事诉讼法史》,法律出版社 2011 年版,第 506—507 页。
② 〔美〕德博拉·L. 罗德:《为了司法/正义:法律职业改革》,张群等译,中国政法大学出版社 2009 年版,第 159 页。

职责在于通过指挥、引导和释明,提醒并促使控辩双方善待证人,营造有利于证人自愿讲出真相的情境氛围。主要包括:一是尊重证人作为庭审的平等参与主体的人格尊严;二是依法保障证人的各项诉讼权利和救济权;三是遵循证人作证规则,特别是在发问过程中不得威胁证人,不得损害证人的人格尊严,不得侵犯证人的名誉权、隐私权;四是确保证人处于身体、心理安全且可靠状态,不得以恶意追求或导致证人情绪崩溃、状态失控为目标[①];五是借鉴日本刑事诉讼的做法,建立我国的陪伴证人作证制度,即考虑证人年龄、身心状态及其他情况,如果证人有可能感到显著不安或紧张时,于其到庭作证时,允许有能够缓和其情绪的陪伴人在场,但陪伴人不得妨碍证人陈述或者法官、诉讼关系人询问证人,也不得对证人陈述内容施加不当影响。[②]

第五,保障证人安全。构建体系化的询问证人技术,长远来讲取决于关键证人出庭制度能否常态化运行,而证人的人身安全和相关待遇能否得到切实保障,则是重要的支撑条件之一。证人既是普通人,也是经济人,如果其安全得不到保障、出庭作证的合理费用得不到补偿、出庭作证的正向激励机制匮乏,证人出庭制度就无法落实,实现庭审功能的实质发挥必然成为一句空话。

(五)询问证人技术的具体操作

从实践需求来看,刑事庭审询问证人技术的难点集中在以下几个方面。

1. 明确发问共同规则

一是符合实质关联,向证人发问的内容应当为与本案事实、证人

[①] 美国刑事审判中,"要让证人作出有利陈述,他一定会遭到这样那样的骚扰……他一定会被折磨得直至左右不分、大脑一片混乱"(参见〔美〕德博拉·L.罗德:《为了司法/正义:法律职业改革》,张群等译,中国政法大学出版社2009年版,第159页)。

[②] 参见宋英辉、孙长永、朴宗根等:《外国刑事诉讼法》,北京大学出版社2011年版,第483—484页。

作证能力或取证合法性等与法庭查明案情有关的问题。二是尊重证人尊严，不得曲解证人原意，不得威胁证人，不得损害证人的人格尊严，使其处于不适当的尴尬为难境地。三是禁止评价或议论。向证人发问不得掺杂个人意见和评论，不得询问意见或提出议论性发问。四是确保针对性，一般不得向证人提出其没有直接经验事项的询问，向鉴定人、有专门知识的人发问时应限于鉴定内容涉及的专业性问题、该证人的专业知识水平及相关资质，不得就案件其他事实或法律定性进行发问。五是尽量避免重复，对在同一次庭审已经提出并回答的问题一般不得再行提出。值得注意的是，符合以下四种情形的，仍应允许运用"重复"方法进行发问：对关键问题予以强调时；对证人无正当理由拒绝回答问题的；证人思路不清时，通过重复发问促使其理清；证人对相关事项记忆模糊不确时，通过重复发问帮助其澄清。①

2. 细化发问方式

证人作证时是先陈述后发问，还是直接进行一问一答，各有优劣。一方面，"科学实验表明，自发性陈述更准确，因为它较少受他人暗示的影响"；另一方面，一问一答式相对更能确保证人有条不紊地提供复杂证言，直接补充和修改证言，同时也避免证人证言冗长乏味、偏离重点。② 相较之下，采取证人先陈述后发问方式的更为妥当，亦可兼顾作证真实和作证效率。根据最高检《刑事诉讼规则》第406条第1款的规定，可以要求证人先陈述所知道的案件事实，也可以直接发问，持两可策略，第4款明确规定对证人发问采取一问一答的闭合式方式。但据最高人民法院《法庭调查规程》第19条第1款规定，"证人出庭后，先向法庭陈述证言，然后先由举证方发问；发问完毕后，对方也可以发

---

① 参见张建伟：《司法竞技主义：英美诉讼传统与中国庭审方式》，北京大学出版社2005年版，第250—251页。
② 参见龙宗智：《我国刑事庭审中人证调查的几个问题——以"交叉询问"问题为中心》，载《政法论坛》2008年第5期。

问。根据案件审理需要,也可以先由申请方发问"。对此条有三点值得注意:一是证人先陈述后发问,而上列最高检司法解释采两可立场;二是未对发问方式采取闭合式还是开放式作出规定;三是条文中同时出现"举证方"和"申请方"两个术语,需特别注意。

3. 制定可操作异议规则

异议规则是控辩双方在法庭审理中的共同行为准则,是确保法庭审理顺畅有序的重要程序机制。对法庭和控、辩、审三方而言,异议规则的重要性有如裁判规则之于足球比赛。由于过去刑事庭审对抗性弱,控辩双方都习惯于简略表达本方意见,缺少实质对抗,因而异议规则客观上既无存在必要,也无施展作用的有效空间。在推进以审判为中心的刑事诉讼制度改革背景下,庭审作用进一步突出,构建切实可行的异议规则、确保庭审的有序进行和充分平等对抗,已经成为当下的迫切需要。控辩双方的发问存在以下情形之一的,对方可以提出异议,申请审判长制止:一是发问内容与案件无关;二是发问内容重复或为双方明确没有争议事项;三是发问方式不当,如进行诱导性发问,进行人身攻击、侮辱威胁,或者质疑本方证人;四是发问顺序不当,比如主询问尚未完毕,反询问方即开始发问等。在此情形,发问方应当向法庭说明发问目的和理由,审判长应当判明情况并决定予以支持或者驳回;对方未提出异议的,审判长也可以根据情况予以提醒。

下面是一件案件庭审笔录中辩护人对被告人的发问片段:

辩:你是戴着手铐在等待讯问吗?

被:是。

辩:你是正面戴手铐,还是反面戴?

被:反面戴。

公:反对,辩护人在诱导发问。

审:反对有效,辩护人注意发问方式。

辩:被告人,你将当时戴手铐的情形描述一下。

被:我当时坐在凳子上,手铐是背铐着的。

辩:你当时有条件睡觉吗?

被:没有条件。

辩:公安机关第一次讯问是什么时候,是黑夜还是白天?

公:反对,辩护人发问具有诱导性。

审:反对有效,辩护人注意发问方式。

辩:你被铐在凳子上多久以后侦查人员开始对你讯问?

公:反对,辩护人在诱导发问。

审:反对有效,辩护人注意发问方式。

辩:公诉人刚才问你的时候,你说自己记性不好,但是在第一次讯问笔录中,你把每一次毒品交易的时间和地点进行了详细供述,你怎么解释这个情况?

被:(沉默)

公:反对,辩护人在诱导发问。

审:反对有效,辩护人注意发问方式。

从以上发问情况可以看出,辩护人对被告人的询问基本上是在公诉人的反对声中进行。客观分析,其中多数异议其实是有问题的,甚至明显不应支持其异议。由于审判长不加区别均予以支持,导致辩护人排除侦查阶段供述的意图彻底落空。这个实例说明,一方面,必须加快制定科学合理的一整套异议规则;另一方面,控、辩、审三方,特别是审判长要在全面、准确地理解掌握异议规则的基础上,充分结合庭审调查中发问的实际情形予以恰当处理,才能真正起到保护双方诉权,保障庭审公平公正的作用。

4. 完善主要发问类型的操作要求

笔者认为,了解和借鉴相关国家在法庭调查方法方面的规定、经验,有利于构建和完善我国刑事庭审的发问技术体系。但考虑到这是一个带有一定法律移植性质的改革,需要充分考虑和尊重我国与相关国家法制历史、文化传统、诉讼心理、审判模式等方面的差异,而不能搞简单化的照搬照抄。众所周知,交叉询问法则和相应技术在很大程度上源自美国诉讼程序,而这一程序的制度基础和文化土壤是其当事人主义的对抗制诉讼结构、言词审理方式、陪审团裁决模式以及判例法传统。由此,美国刑事审判中的相关规则甚至术语,不一定能够直接对应并表述我国刑事庭审中的相关情况。比如美国刑事诉讼中基于申请主体而将证人明确区分为控方证人与辩方证人,并在此基础上发展出一整套针对性询问规则。而在我国,控辩双方虽有权申请证人出庭,但该证人并不简单等于本方证人,其在法庭上的作证内容也未必一定有利于本方,同时通知证人出庭的责任也在法院,控辩双方对证人出庭仅负有协助义务。但基于论证和讨论交流之需,也考虑到行文方便,本书在涉及我国刑事庭审询问技术构建时,如有必要仍会使用控方证人、辩方证人、直接询问、反询问、交叉询问、诱导性询问等术语。

(1)强化直接询问。主要指证人出庭后是由证人直接陈述后再询问还是由申请出证方询问引出回答,最高人民法院刑诉法司法解释对此未作规定,实践中也有不同做法。二者各有其利,但从法理上讲,证人因刑事诉讼当事人一方基于特定待证事实之证明需要而申请传唤出庭,由申请方在说明出证目的并经审判长许可后,直接向证人发问,证人在其询问范围内回答,更为妥当,同时也可避免证人在不经直接询问而先行陈述时可能陷入的漫无边际、偏离主题等情况。因此,为强化庭审证人作证质证的针对性,同时也防止庭审调查陷入无关细节而导致拖沓,应当由申请出证方直接向本方证人提问并引出回答,为交叉询问奠定基础。这就需要对直接询问规则作出明确具体的规定。

下面是一件案件庭审中公诉人对本方申请证人的询问片段:

公:证人郭某,你们当时怎么确认放火的人就是黄某?

证:我们让施某当着我们三位民警的面给黄某打电话,黄某在电话那头很激动。我们跟施某打手势,说让她在原地不动等我们过去。于是我和所里另一位民警徐某到达现场,并将其传唤到派出所进行讯问。开始时被告人情绪仍然比较激动,后来我们给她做思想工作,等她情绪稳定之后,就主动交代了事情的来龙去脉。

在此段询问中,公诉人对本方申请证人的发问直截了当,且紧扣问题要害,目的性很强,有助于证人在正确理解基础上正面回答,有效避免偏离主题。同时采取开放式发问方式,让证人结合具体情况进行比较自由的综合陈述,不轻易打断或插话,以使其提供信息更为集中、清晰,更有利于达到澄清事实的目的。不过值得注意的是,控方发问语句为"你们当时怎么确认放火的人就是黄某?",此句实际上已经包含了一个事实前提,因而涉嫌带有一定的诱导性,但当时辩方未提出异议,审判长也未予提醒。

下面是另一件案件庭审笔录中辩护人对本方申请证人的直接询问片段:

辩:证人陈某,你是否认识本案被告人黄某?是什么关系?

证:认识,她是我女朋友。

辩:你把1月13日晚(案发时间)的经过说一下。

证:1月13日晚,她(黄某,开理发店)给我打电话约我吃饭,我就过去了,她理发理到10点多,我们就去休息了。

辩:大概几点过去的?

证:7点。

辩:你们在哪里吃饭?

证:就在她铺面上。

与上段询问相比,在此段询问中,辩护人对本方申请证人的询问则在很大程度上从细节入手,并将询问目的有意隐藏起来,既避免误导证人,也避免过早亮出询问底牌而可能在后面质证环节陷入被动。同时采取闭合式发问方式,问题包含的信息量尽量集中优化,基本上都是一问一答,发问语句简短,回答也同样简短,易于各方明确把握,有利于庭审审核证据、认定事实,同时也确保了庭审的顺畅有序。

(2)优化反询问。一般由申请方的相对方发起反询问,其目的主要不在于通过证人的当庭陈述来重构特定事实过程,而是旨在检验证人陈述是否真实、合理。反询问的范围包括但不限于:一是证人与当事人及本案的利害关系,以揭示证人可能存在的偏见、动机、敌友意识等,防止伪造、掩饰真相;二是与证人的感知能力和感知环境相关的问题,包括证人年龄、知觉、记忆力、判断力以及现场环境等是否会给证人造成感知障碍,以致影响其证言的客观性、真实性和准确性;三是与证人性格特征相关的问题,以揭示其是否诚实;四是证人当庭陈述与庭外证词的矛盾之处;五是能够证明证人的陈述本身存在前后矛盾。基于反询问所持的质疑和证伪立场,同时往往会通过主询问发现和锁定主要疑点,因此反询问方式宜以一问一答的闭合式为主,以求发挥突破对方防线、揭穿证言漏洞、排斥证言效力的最大效用。反询问可以进行诱导性发问,但审判长认为不适当的,可以予以限制或制止。[①]

下面是一件案件庭审笔录中辩护人对控方申请证人的反询问片段:

辩:证人王某(教师),案发时你是否在现场?

证:是。

辩:确切的发案时间你是否记得?大概是几点几分?

证:记得,晚上8点5分左右。

辩:为什么记得那么清楚?

证:因为案发时正好是晚自习第二节课下课时间。

[①]《韩国刑事诉讼规则》第76条、我国台湾地区"刑事诉讼法"第166条之二对此均有规定;另参见陈卫东:《模范刑事诉讼法典》(第二版),中国人民大学出版社2011年版,第398页第400条。

辩:你是否亲眼看到被告人手持凶器砍杀被害人?

证:是,亲眼看到。

辩:案发时你是面向被告人还是背向被告人?

证:背向被告人。

辩:既然背向被告人,你是哪只眼睛看到被告人砍杀被害人?

证:……

在此段反询问中,控方申请证人属于现场目击证人,辩护人的发问紧扣证人陈述情况,从是否在现场这一前提入手,抓住具体时间、手持凶器、相互位置等关键问题,不露声色、层层设问,且均采取闭合式一问一答方式,既简明扼要又重点清晰,到最后一问水到渠成,证人回答背向被告人,辩护人此时放出"大招":"既然背向被告人,你是哪只眼睛看到被告人砍杀被害人?"证人一时语塞而陷入尴尬。辩护人较好地运用反询问的技巧和方法,迫使证人回答出现漏洞,有效动摇了证人当庭证言的真实性和可信度,反映出辩护律师良好的专业素质和庭审调查技能。

(3)做实交叉询问。美国刑事诉讼有着比较典型的交叉询问制度和相应程序规则。威格摩尔曾声称,交叉询问是普通法诉讼中人们为探明事实真相所发明的最伟大的发动机。① 从形式上讲,我国刑事诉讼中也存在对到庭证人的依序询问,有学者认为属广义上的"交叉询问"②,也有学者认为并不能简单等同于英美法对抗制诉讼中的交叉询问,"法官对质证过程的职权渗透使质证模式仍旧具有一定程度的审问式特征"③,而更接近于德国式的轮替询

---

① 转引自〔美〕米尔建·R.达马斯卡:《漂移的证据法》,中国政法大学出版社2003年版,第109页。有意思的是,威格摩尔也曾说过,交叉询问在制造假象,同样威力相当(参见同页)。

② 参见龙宗智:《论我国刑事审判中的交叉询问制度》,载《中国法学》2000年第4期。

③ 参见左卫民等:《中国刑事诉讼运行机制实证研究》,法律出版社2007年版,第333页。

问制度①,我国台湾地区称为"交互诘问"②。针对控辩双方的轮替询问,《刑诉法解释》第259条虽然规定对方可以询问,但如何询问却无下文,规定过于简单,亟待建构完善。主要包括:一是轮替询问的范围,主要是对交叉询问的范围是否限制在直接询问的范围内需要予以明确,在此问题上英国采取开放性规则,允许在交叉询问中就任何与当事人争议有关事项对证人进行反询问,《美国联邦证据规则》第611条(b)则规定原则上不应当超越直接询问的主题及影响证人可信性之事项。二是轮替询问的顺序和方法。原则上可以本方询问、对方询问、再本方询问、再对方询问的顺序进行。三是发问方式和内容的禁止。《刑事诉讼法》第194条只规定庭审中法官可以制止无关性发问,对发问禁止性事项没有更为具体的规定。《刑诉法解释》第261条规定了四种禁止发问情形:无关性、诱导性、威胁性以及侮辱性发问,但对重复性发问、议论性发问以及针对证人无直接经验事项的发问是否禁止则未作规定。借鉴《韩国刑事诉讼法》第74条的规定,可采取一般禁止、具有正当理由时除外的司法策略。

5. 突出向鉴定人发问的针对性

鉴定意见属于科学证据,是《刑事诉讼法》规定的独立证据类型。鉴定意见等科学证据是近现代科学知识和专业技能介入证据法领域而产生的新型证据,对此类证据的举证质证具有较强的专业性和技术性,这也可能导致一种潜在倾向,即认为科学证据的客观性和证明力天然或明显强于其他证据类型。笔者认为,第一,作为主观见之于客

---

① 德国刑事诉讼不采对抗制,所有证人都可说是"法庭的证人"而非当事人一方的证人;法庭所关心的重点在于"什么事实被澄清了"而不是"什么人澄清了此事",因此对证人的询问均由法庭指挥之,并无主询问、反询问、交叉询问之限制[参见林钰雄:《刑事诉讼法(下册 各论编)》,中国人民大学出版社2005年版,第164页。]相较而言,我国刑事庭审中的证人出庭及询问模式更近于德国。

② 参见王兆鹏:《刑事诉讼讲义》,元照出版有限公司2009年版,第777页。

观的产物,科学证据中的主观性、环境性因素难以避免,其关键仍在于科学证据的形成主体、根据、方法和过程的合法性、正当性①;第二,科学证据的核心内容也并非对案件事实的直接证明,而只是针对案件争议事实涉及特定技术性、专门性问题的分析和说明意见,自应允许质疑和反驳;第三,受制于科学技术发展水平的时代性、区域性限制,科学证据对相关问题的分析意见未必能够达到排除例外的程度。

应当指出,作为鉴定意见的作成者,鉴定人并非必须出庭。按照《刑事诉讼法》第 192 条第 3 款规定,其出庭作证条件有二:一是公诉人、当事人或者辩护人、诉讼代理人对鉴定意见有异议;二是人民法院认为鉴定人有必要出庭。但对鉴定人出庭的,《刑事诉讼法》及司法解释对如何向鉴定人发问并无具体规定,原则上可参照对普通证人的发问处理,但仍应有所区别。在日本刑事诉讼中,大多数鉴定人是由法院委托的,鉴定人到庭是否直接由控辩双方发问值得研究。日本学者认为,可以考虑先由审判人员发问后再由控辩双方发问为妥;同时,鉴定人作为专业人士出庭,在运用专业知识就相关特定问题进行陈述方面无疑较常人具有优势,与严格的一问一答的闭合式发问相比,对鉴定人的发问可以采用开放式发问方式。②

我国刑事诉讼中多由侦查机关、公诉机关委托鉴定人进行鉴定,此点不同于日本,但日本对向鉴定人发问的针对性做法仍有可借鉴之处。笔者认为,刑事庭审中向鉴定人发问,要区分发问主体、发问目的、针对问题等因素,实行区别化策略:第一,申请方对鉴定

---

① 美国一项研究表明,法医学证据并非唯一不受操纵风险影响的证据类型。在美国,相当部分制作和提供法医证据的实验室由警察局等执法机构管理,实验室管理员要向警察局负责人汇报。同时,法医时常受到解答特定案件问题需要的驱使,有时会面临为成本而牺牲性方法的压力,难免从控方角度去收集或形成证据[See Paul C. Giannelli, "Right of Confrontation: Lab Reports", Criminal Justice, 2009(24), p.75]。

② 参见〔日〕松尾浩也:《日本刑事诉讼法(下卷)》,张凌译,中国人民大学出版社 2005年版,第 96 页。

人发问一般集中在鉴定人依据、理由方面,对此问题的回答主要涉及专业和技术问题,宜采取开放式发问方式,由鉴定人综合相关情况和专业知识,采取针对性陈述方式,才能更好地达到作证目的。第二,非申请方对对方申请鉴定人的发问具有质疑性质,主要目的在于通过质疑鉴定人的当庭证言发现鉴定结论的依据、程序和理由等方面的疑点,以达到辩驳目的。因此其发问宜采取闭合式的一问一答方式,便于发问方有效掌控发问方向和节奏,最大限度地实现质证目标。

下面是一件案件庭审笔录中辩护人对鉴定人的发问片段:

辩:该检材来源何处?

鉴:受害人家仓库。

辩:该送检轮胎由谁提取的?

鉴:受害人自行提取,送往鉴定机构的。

辩:鉴定机构是否派员全程跟踪?

鉴:没有,是受害人自行送往鉴定机构的。

辩:发问完毕。审判长,基于本案鉴定结论中的检材系受害人自行提取并送往鉴定机构,且鉴定证机构未派员全程跟踪,不能保证该检材是从受害人仓库提取,更不能证明该检材系本案被告人销售给受害人的,因此,对该鉴定结论与本案的关联性我们持有异议。

在此段询问中,控方作为申请方已经先对鉴定人进行了直接发问,之后辩护人紧扣鉴定人到庭证言的质证需要,结合鉴定结论的专业性和程序性要素要求,逐一针对检材来源、提取、送交、监督等环节,采取一问一答的闭合式提问,且问题简洁精练,较好地达到了质证目的。

6. 适度引入诱导性询问规则

诱导性询问问题的原意其实是指"引导性问话",贝卡里亚称之为"提示性询问",即指讯问直接针对犯罪,提示被询问人作出直接的回答,并明确提出法律应当禁止提示性询问。① 按照英国证据法学者斯迪芬的定义,诱导性问题是指暗示了提问者希望的回答或者暗示了证人尚未作证证明的争议事实上之存在的问题。我国台湾地区学者陈朴生将诱导询问分为三种:虚伪诱导、错误诱导和记忆诱导。② 诱导询问是一种客观存在而不是臆想,问题在于如何为询问中的诱导性确立可约束、可控制的具体规则及相关例外。同时,诱导性询问不仅涉及轮替询问,也可能存在于本方询问中。

《刑事诉讼法》对诱导询问并未作出规定,《刑诉法解释》第 261 条"不得以诱导方式发问"的规定,采取了一种原则上禁止的态度,如此处理可能是考虑到我国并无交叉询问的制度规定,也没有对直接询问、反询问作出细致区分,同时也与我国刑事庭审控辩的适度对抗不够有关,有其客观理由。在当前推进以审判为中心的诉讼制度改革背景下,如何理性审视诱导性询问的利弊,是否应借鉴诱导性询问制度,确有必要深入研究。③

笔者认为,在充分尊重我国刑事诉讼制度属性的基础上,确有借鉴之必要性与可能。有人认为,直接询问中禁止诱导询问与诉讼模式有关,英美法采取彻底的当事人主义,证人由申请传唤方自行发问,如果允许直接发问者可为诱导发问,则极可能产生使证人因其暗示作有利于该方当事人陈述的危险,因此才有禁止直接发问者为诱导发问的规则。亦有人认为,我国刑事诉讼应当确立对任何原始人证都禁止提出诱导性问题的原则规定,仅针对明确表现出对立性的当事人与证

---

① 参见〔意〕切萨雷·贝卡里亚:《论犯罪与刑罚》,黄风译,北京大学出版社 2008 年版,第96页。
② 参见王进喜:《美国〈联邦证据规则〉(2011 年重塑版)条解》,中国法制出版社 2012 年版,第 187 页。
③ 刑事庭审中的诱导性询问在所难免,法官予以调控诚属必要。一般认为,诱导性询问之弊有三:一为造成错误之记忆;二为不知是否为真实之事实;三为不全之事实(参见王兆鹏:《刑事诉讼讲义》,元照出版有限公司 2009 年版,第 780 页)。

人,可以使用诱导性问题进行询问。① 我国并不采取当事人控制型事实认定模式和对抗制诉讼程序,是否还有必要确立诱导询问规则？笔者认为仍然有此必要,原因在于申请出证方享有先行且直接询问的特权,容易利用此权利使证人故意作偏向本方的陈述,从而使对方当事人处于不利境地或面临不公平危险,客观上存在滥用权利的可能性,通过原则上禁止直接询问人进行诱导性发问,同时结合发问情况,有条件和适度允许对方当事人基于质疑和反驳之需而在一定范围内依一定方式进行诱导询问,既能促进庭审证人作证质证的有序进行,又能防止一方通过不公平询问进行诉讼袭击。

结合上述分析,笔者建议合理借鉴相关国家的禁止诱导询问制度,通过修改刑事诉讼法和制定相关司法解释,构建和完善我国刑事庭审的诱导性询问规则。总体要求是:第一,在申请方对申请证人的询问中一般不允许提出诱导性问题,但以下情形可例外:一是因到庭证人证言与庭前书面证言矛盾而进行的弹劾性询问;二是基于需要预先揭示证人的经历、交友关系等前置性问题而进行的预备性询问;三是基于固定双方无争执事项的目的而进行的询问等。第二,在非申请方针对对方申请证人的询问中,可适度附条件允许其针对证人先前陈述,基于反诘需要提出诱导性问题。第三,在法官依职权询问中,可以使用诱导性询问,但应遵守以下条件:一是控辩双方均未发问、其他证人也没有提及,且法官认为确有必要调查;二是不损害控辩双方的实质平等对抗;三是不得针对明显对被告人不利的问题发起诱导性询问。同时,法官依职权询问的情况仍应组织控辩双方质证,并征求被告人意见。

在德国一件被控强奸案件庭审中,被告人声称,被害人从未坐过他的车,她在警察面前也没有讲副驾驶座位旁的车门只能从外面打

---

① 参见龙宗智:《我国刑事庭审中人证调查的几个问题》,载《政法论坛》2008 年第 5 期。

开。这个细节被害人确实没有提到。如果她在汽车里被折磨,试图逃跑,那么她必然能记起这一点。法庭询问时该细节也被控辩双方忽略,于是法官决定对证人进行依职权询问:

法:车上有什么特别之处吗?

被害人:没有。

法:你再考虑一下。

被害人:就我知道的,没有什么特别的。

法:也许汽车的某个位置有毛病?

被害人:我想尾灯不亮。(停顿)而且车窗玻璃摇不下来。(本能地)不,现在我又想起来了,为了打开车门,我肯定是把车窗玻璃摇下来了。车门从里面是打不开的。①

在此段询问中,汽车门窗只能从外面打开是一个关键情节。由于此前控辩双方均未问及,被害人也未主动陈述。在此情形下,法官认为确有必要依职权就此问题发问。法官的发问旨在唤醒被害人的记忆,而并未直接明示或隐含希望得到的特定回答。所以并不违反法庭调查规则,也没有损害法庭审理公开、公平和公正。

7. 妥善应对敌方证人问题

英美证据法上存在不得质疑本方证人规则,其申请传唤证人的基本要求是应当保证证人的可信性,因此不能就证人的可信性进行弹劾。但在现代该规则有所弱化,出现若干例外,主要包括证言意外、其回答证明其怀有敌意、经传唤不愿作证以及与对方当事人有特殊关系等。② 此即敌方证人问题又称为证人变节者,主要指旨在作为本方证人申请出证,但在出庭作证中因其陈述致本方处于不利地位而使其实际上转为对方证人。"当一方传唤的证人所提供的证言实际上使之大

---

① 参见〔德〕阿克赛尔·文德勒、〔德〕赫尔穆特·霍夫曼:《审判中询问的技巧与策略》,丁强、高莉译,中国政法大学出版社2012年版,第65页。

② 参见龙宗智:《刑事庭审制度研究》,中国政法大学出版社2001年版,第293页。

为扫兴时,该证人便被视为投靠对方的变节者。但是,因为对方并不会真心地接受其投诚,所以该证人便成为诉讼中的弃儿。"由于敌方证人系在出庭作证过程中表现出实际上的敌意,因此其与对方的关系仍然隐晦不明,本方当事人是否也可以对其交叉询问因此成为一个悬而未决、答案也不是很明确的问题。① 在这种情况下,传唤该证人的当事人可以申请法院宣告该证人"怀有敌意",如果法院同意,交叉询问者可以进行诱导性提问,还可以运用其他交叉询问技术。② 但要证明敌意,既要证明证人确实没有达到证明要求而使申请传唤方失望,还要证明证人系故意为之。③ 由此需要明确的是,从程序上讲,证人并不仅仅因为陈述了对本方不利的信息而必然属于敌方证人,这需要一种程序机制的转换。④

我国《刑事诉讼法》虽然没有敌方证人概念,但证人基于种种原因或受多种因素影响而在庭审作证中实质上变节同样可能存在,需要引起重视,并确立相应的规则:一是敌方证人的标准或者条件如何满足,实践中如何判定原属本方证人的特定证人属于敌方证人其实并不容易,需要结合具体情况合理裁量;二是判定权由谁掌握,考虑到此种情形发生在庭审中,应由法官掌握并作出决定为宜;三是谁来发动认定程序,原则上应以当事人申请为主,一般不应允许法官依职权认定敌方证人。认定敌方证人的直接后果是赋予本方当事人可以在经审判长许可后对该证人进行诱导询问。

---

① 参见〔美〕米尔建·R. 达马斯卡:《漂移的证据法》,李学军等译,中国政法大学出版社 2003 年版,第 106 页。
② Kevin C. McMunigal, "Crawford, Confrontation, and Mental States", Syracuse Law Review, 2014(64), p. 251.
③ 参见〔英〕詹尼·麦克埃文:《现代证据法与对抗式诉讼程序》,蔡巍译,法律出版社 2006 年版,第 136 页。
④ 参见王进喜:《美国〈联邦证据规则〉(2011 年重塑版)条解》,中国法制出版社 2012 年版,第 188 页。

(六)对询问证人技术的合理限制

一方面,法院在询问技术问题上值得注意的事项包括:第一,为保障刑事诉讼的有序进行和庭审功能的实质性发挥,应当明确法院有必要对法庭调查特别是询问证人的范围、顺序和方式进行合理调控,但应当以适当方式征求控辩双方意见。第二,法官有权询问证人,但应当有所限制和克制。我国法院在事实认定上相较英美法院负有更重的责任,但不意味着法官依职权询问证人不受限制。第三,法官询问证人属于依职权询问,与控辩双方对证人的询问存在实质性差异,其询问技术也应有所不同。原则上,法官依职权询问应限于确属控辩双方遗漏事项而法庭认为确有必要补问者。在此情形下,应当允许法官作尽量没有暗示性意味的提示引导询问。

另一方面,对控辩双方询问证人技术应把握好以下差异性限制:一是原则上不应对证人诚实品格进行证明,借鉴《美国联邦证据规则》第608条(b)之规定,为避免庭审节外生枝和费时费力,应当明确只有该证人的品性受到对方当事人质疑,申请传唤方才可以就该证人品性提出证据予以证明或者予以澄清。二是对特殊类型证人的询问技术应有差别,比如对强奸案件受害人、儿童证人以及专家证人等。三是对证人的询问应不损及其尊严和诉讼权利。四是应有完善的证人保护措施,以保障证人出庭且能在尽量自然状态下陈述。

(七)完善证人到庭作证对庭审笔录制作的要求

强化询问证人技术,最终必须体现在庭审过程中并通过庭审笔录反映出来。因此,改革现行庭审笔录模式,确立符合庭审实质化改革需求的庭审笔录规范,十分必要。具体而言,改进后的庭审笔录对记录询问证人情况的具体要求包括五个方面:一是完整性,即庭审笔录应当将询问证人情况作全面、真实记录;二是准确性,即庭审笔录必须真正符合询问人和被询问人的本意,最大限度地准确反映询问情况;三是情态性,即不仅要记录证人说什么,也要记录怎么说;四是及时性,即庭审笔录必须尽可能同步记录询问和回答情况;五是独立性,对证人作证应形成单独的证人作证笔录,而不应包含在庭审笔录中,如此也便于质证、二审和再审审查。

第五章　刑事庭审实质化的配套机制

刑事庭审实质化改革是一项系统工程,一方面需要科学的理念引领、理性的制度设计、务实的操作规则、庭审的实践积累,另一方面需要内外一系列资源和机制的配套支撑。有学者指出,庭审实质化需要加强四个方面的配套要素改革,"在诉讼程序上,需要庭前准备程序予以配合;在诉讼要素上,需要强化辩护功能予以支持;在司法能力上,需要案件的繁简分流予以保障;在审决机制上,需要落实司法责任制,以提供程序运行的基本条件"①。从有利于改革措施的实践操作角度出发,笔者认为,需要提供配套支持的要素改革,主要包括以下方面:(1)案件繁简分流与程序简化机制;(2)专业化类案审判机制;(3)法官助理协助办案机制;(4)辩护权利保障机制;(5)裁判文书制作改革机制;(6)审判流程监督管理机制;(7)审判辅助事务外包和委托机制;(8)信息化支持机制。结合成都地区刑事庭审实质化改革实践和下一步推进改革重点,本部分将着重针对案件繁简分流和程序简化、辩护权利保障、一审裁判文书改革以及现代科技对庭审程序和司法技术的挑战应对等方面进行分析。

---

① 龙宗智:《庭审实质化的路径和方法》,载《法学研究》2015 年第 5 期。

一、庭审实质化与案件繁简分流和程序简化

繁简分流,是指在现行诉讼法框架下,在审判权运行机制改革基础上,根据案件难易、刑罚轻重等因素,分别采取更具针对性、科学性的资源配置机制、诉讼程序制度、审判流程简化优化机制,以实现"繁案精审,简案快办"的系统性制度创新。

繁简分流对庭审实质化改革具有重大意义。从微观层面上讲,繁简分流机制要着力解决的是三个层面的问题:一是案件如何分流才能实现和有利于审判流程运行快捷高效;二是庭审实质化审理方式究竟适用于哪些类型的案件;三是审判程序和流程如何简化和优化,使刑事诉讼的公正与效率达致可持续的良性状态。从宏观层面上看,繁简分流直接涉及的也是三大难题:一是相对有限的司法资源与绝对无限的司法案件之间的复杂关系;二是司法职能在社会治理中的定位作用;三是司法理念、工作模式与流程机制的再造重塑。由此,繁简分流既是推进刑事庭审实质化改革的基础前提,也是以审判为中心的刑事诉讼制度改革的重要内容,其核心包括案件资源的繁简分流和审判程序的简化优化。① 就此而言,没有案件的繁简分流,就没有刑事庭审实质化改革。

---

① 繁简分流与程序简化代表性实证研究,如左卫民等:《简易刑事程序研究》,法律出版社2005年版;左卫民:《中国简易刑事程序改革:一个初步的反思——以S省S县法院为主要样板》,载左卫民等:《中国刑事诉讼运行机制实证研究》,法律出版社2007年版,第282—300页;李本森:《刑事速裁程序试点研究报告——基于18个试点城市的调查问卷分析》,载《法学家》2018年第1期;李本森:《刑事速裁程序试点实效检验——基于12666份速裁案件裁判文书的实证分析》,载《法学研究》2017年第5期;陈瑞华:《"认罪认罚从宽"改革的理论反思——基于刑事速裁程序运行经验的考察》,载《当代法学》2016年第4期。

(一)相关国家改革情况及其启示

进入 20 世纪下半叶以来,相关国家面临日益加剧的案件压力和民众对司法程序的不满,相继对刑事诉讼程序进行改革,普遍增设新的快速程序,这对我国刑事诉讼制度改革是一个重要启示。

——日本。一方面,日本比较重视案件繁简分流,并针对简案构建了多通道程序:(1)即决审判程序,于 2004 年设立,适用要件主要包括:案件轻微且案情明确、对事实没有争议、犯罪嫌疑人同意等;判决一般当日作出,宣告惩役或禁锢刑时须缓期执行。(2)略式程序(简易命令程序),适用要件为轻微犯罪案件且嫌疑人没有异议,由简易法院根据检察官提出资料,不经开庭而以略式命令形式科处罚金或罚款。与即决审判程序相比,略式程序的最大特点是不开庭、不调查证书、不使用判决。(3)简易公审程序,适用要件为可能处死刑、无期或最低刑期高于 1 年的惩役或禁锢刑以外的案件,且被告人认罪。该程序是对公审程序的简化,大量程序被省略,但实务中适用很少。(4)交通案件即决审判程序,针对交通案件设立的一切程序当天终结的迅速且简易的审理方式。① 另一方面,2001 年日本发布《司法制度改革审议会意见书——支撑 21 世纪日本的司法制度》报告,简化优化刑事诉讼成为改革重点之一。为提高刑事审判的效率,要求法庭辩论原则上必须连日开庭、不予中断(集中审理),并设立由法院主持的新的准备程序,以便在第一次公审之前整理所争执的焦点问题、制订审理计划,特别重要的是为缺乏财力的嫌疑者设立公共辩护制度(过去只有受到起诉的被告人才有权请求国选辩护人),使嫌疑者和被告人的辩护权从制度上获得一贯性的保障。需要指出的是,引进连日开庭的集中审

---

① 参见张凌、于秀峰编译:《日本刑事诉讼法律总览》,人民法院出版社 2017 年版,第 7、8、236 页;宋英辉、孙长永、朴宗根:《外国刑事诉讼法》,北京大学出版社 2011 年版,第 486—489 页。

理制度和嫌疑者公共辩护制度是这次刑事制度改革的划时代性成果。①

——意大利。长期以来意大利存在严重的诉讼拖延,一件普通刑事案件审判周期可能拖至 10 年甚至更长,导致大量刑事案件积压和被告人羁押时间延长,欧洲人权法院曾多次予以批评。② 1989 年颁布新《意大利刑事诉讼法》,大力推进案件简繁分流和程序简化改革:一是针对侦查卷宗的快速书面审程序,又分为两种:第一种是直接审判程序,主要针对四类案件:(1)现场挡获案件,检察官可以证据充分为由,在 48 小时内将被告人带至法庭并要求直接审判;(2)虽非现场挡获但检察官已掌握充分证据,检察官提出直接审判要求且被告人未表示异议;(3)现场挡获但需进一步调查案件,检察官可在 15 天内要求直接审判;(4)被告人彻底供述案件。第二种是迅速审判程序。侦查开始后 90 天内,检察官如已收集到足够证据,即可直接交付审判而无须预审。二是可替代审判程序,包括:(1)刑事命令程序,其实质是检察官提出的减轻处罚以了结案件的建议;借鉴美国辩诉交易程序而设立的基于控辩双方要求对刑罚适用的程序,适用于法定刑不超过 3 年监禁的案件。(2)简易审判程序或即决审判程序,法官不举行公开审判,而仅通过审查检察卷宗材料即可作出判决,可适用案件范围很广甚至包括重罪案件,但前提是被告人作有罪答辩。从立法立场来看,意大利推进刑事审判程序简化走的是灵活性优先的多通道模式,通过一系列特殊程序来避免完整的对抗式诉讼程序,从而提高诉讼效率。但是,新《意大利刑事诉讼法》实施的实际状况表明,立法与实践常常并非完全一致,甚至产生了相当大的背离,有人称为"实践反对立法"③。其中最突出的问题莫过于既要引入"权利主导型"的对抗式诉

---

① 参见季卫东:《世纪之交日本司法改革的述评》,载《环球法律评论》2002 年第 1 期。
② 参见陈瑞华:《比较刑事诉讼法》,中国人民大学出版社 2010 年版,第 411 页。
③ 参见左卫民等:《简易刑事程序研究》,法律出版社 2005 年版,第 122 页。

讼程序,又要解决刑事诉讼效率低下的艰巨难题,加之意大利悠久的大陆法系传统特别是法官的程序主导权,导致二者之间始终存在内在的紧张关系。①

——德国。自 20 世纪 80 年代以来,刑事案件发案率显著上升,"司法机关已经处于工作负荷极限,用传统方法已不能获得更多的人力资源,因此必须尽一切可能以使法院的程序更简化、更紧凑",德国开始谋求简化刑事程序,从而达到迅速处理案件。② 德国于 1987 年公布《德国刑事程序修改法》,对刑事程序作了较大范围修改;1993 年公布《德国减轻司法负担法》,进一步拓展处罚令适用范围;2004 年又公布了《德国司法现代化法》,促进刑事程序更加简化。到 2018 年,德国刑事诉讼中正式指控和程序完备的"完整审判"已经成为例外,检察官驳回了 2/3 有明确嫌疑人的刑事起诉,被起诉案件中只有不到一半得到了"完整审判",甚至在被起诉案件中,审判在某种意义上变成了审前调查结果的传递。这是出于节约司法成本、优化司法资源配置的考虑。一方面不需要"完整审判"的不太严重的犯罪越来越多;另一方面复杂的、有争议的案件,尤其是经济犯罪案件也越来越多。为此需要对简单案件和被告人认罪案件程序进行进一步简化,由此产生了几种替代审判或折中的处理方式:一是没有审判结果的释放;二是交纳一定金钱后获释;三是被告人认罪以获取量刑优惠(即协商性司法,类似于美国的辩诉交易),德国的辩诉交易主要是由法官出面向辩方施压以促使被告人尽快如实认罪,不同于美国的控辩双方主导模式。据估计,德国约有 20%～30% 的刑事案件都进行过某种形式的协商。③ 上述折中处理方式是有条件的,其中最重要的是被告接受,同时一些非

---

① 参见〔意〕马可·法布里:《意大利刑事诉讼程序与公诉改革之回顾》,叶宁译,载《比较法研究》2010 年第 5 期。
② 参见左卫民等:《简易刑事程序研究》,法律出版社 2005 年版,第 26、27 页。
③ 参见左卫民等:《简易刑事程序研究》,法律出版社 2005 年版,第 37 页。

常严重或争议很大的案件仍必须经历完整审判程序。总体而言,德国刑事诉讼当今发展的突出特征是它的经济性。它不再只表现为对于公正的追求,而是表现为对于刑事案件的有效、迅捷而又低成本的"处理"。重要的是结果,而不是过程。①

从上述国家情况,可以得出如下启示:

一是案件的繁简分流和审判程序的简化优化已经成为相关国家刑事司法改革中的共同潮流和普遍趋势,且案件分流与程序简化两个方面缺一不可,前者涉及案件资源如何分类和配置,后者涉及审判流程如何因应案件特点和审理需要进一步简化程序环节,缩短诉讼周期,减少成本内耗,提高诉讼效率。

二是恢复性司法理念导引下的建构多通道审判程序分流机制成为刑事诉讼制度改革中引人注目的重点亮点。其中一个突出变化是,传统意义上的"完整审判程序"仍然保留但仅适用于极少数复杂疑难和争议较大案件,绝大多数简单案件、轻微案件则通过灵活多样的各类简化程序通道解决,其中既有审判程序内的分流,也有审判程序外的分流。尤其是审判程序外的分流,实质上借鉴了民事案件前端分流、诉非衔接的诉源治理思路,将恢复性司法理念引入刑事审判,在很大程度上突破了长期以来刑事审判程序的单向刚性结构,成为20世纪下半叶以来西方国家刑事司法改革中的一种突出现象,值得我们特别关注和积极借鉴。②

三是难案程序走向相对"同质化",简案程序在不同国家呈现出特色鲜明、多元多样的发展格局。传统意义上的刑事审判程序几乎只有

---

① 参见〔德〕托马斯·魏根特:《德国刑事程序法原理》,江溯等译,中国法制出版社2021年版,第316页。

② 有学者将刑事诉讼程序分流的发展趋势归纳为四个特征:恢复性司法蔚然兴起、非刑事司法化手段得到普遍采用、程序分流措施呈现多元化、程序分流阶段不断扩展延伸。参见顾永忠等:《刑事诉讼程序分流的国际趋势与中国实践》,方志出版社2018年版,第23—30页。

普通程序,而当代的刑事审判程序不仅有简易程序,而且简易程序的本国化、本地化实践日益多元多样,如日本简易刑事程序包括略式程序、即决审判程序、简易程序,且另有单独的《交通案件即决裁判程序法》,意大利的简易刑事程序更是多达五种,德国的简易刑事程序也呈现明显的多样化趋势。

四是在充分把握和尊重本国国情基础上的合理借鉴成为改革成功的关键一招。20世纪下半叶以来的刑事司法改革实践表明,脱离国情、远离需要的简单移植式改革往往难以真正奏效,意大利刑事司法改革中引入对抗式诉讼程序的经验教训就是一个典型例子,类似情况在东欧国家、西班牙、俄罗斯等也不同程度地存在,其经验教训值得认真吸取。刑事司法改革一旦背离自身法律传统和司法实践等制约条件和关联要素,犹如"兰花长在卷心菜地里",实质上难以成功。[①]

(二)我国简易刑事程序的现行规则体系

长期以来,我国刑事诉讼制度并无简易程序设置。1996年,修订后的《刑事诉讼法》首次设立简易程序,实现了历史性突破。其后"两高一部"发布《关于适用简易程序审理公诉案件的若干意见》,对刑事简易程序作出细化规定;2003年"两高一部"发布《关于适用普通程序审理"被告人认罪案件"的若干意见(试行)》,首次确立"普通程序简化审"制度。2014年6月,全国人大常委会通过决定授权"两高"在北京等18个城市开展刑事速裁程序试点,随后"两高两部"发布《关于在部分地区开展刑事案件速裁程序试点工作的办法》,试点工作正式启动。[②]

---

① 参见〔意〕简玛利亚·阿雅尼、魏磊杰编:《转型时期的法律变革与法律文化》,魏磊杰、彭小龙译,清华大学出版社2011年版,第21页。

② 截至2016年6月30日,各地确定试点基层法院共217个,适用刑事速裁程序审结案件共52,540件涉及54,572人,占试点法院同期判处1年有期徒刑以下刑罚案件的35.88%,占同期全部刑事案件的18.48%(参见蔡长春:《最高法:刑事速裁程序试点两年办案质效双升》,载《法制日报》2016年9月5日)。

2016年7月,中央全面深化改革领导小组通过《关于认罪认罚从宽制度改革试点方案》;同年9月,全国人大常委会通过决定授权"两高"在前述18个地区开展刑事案件认罪认罚从宽制度试点工作,将速裁程序纳入其中继续试行。2016年9月,最高人民法院发布《繁简分流意见》,着重针对完善从立案到二审衔接的诉讼程序环节、优化内部资源配置与充分利用外部资源等问题作出进一步规定。2017年2月,《全面推进意见》提出扩大速裁程序适用范围,完善速裁程序运行机制;推进认罪认罚从宽制度改革;强化当庭宣判,速裁程序案件一律当庭宣判,简易程序案件一般当庭宣判,普通程序案件逐步提高当庭宣判率。

2018年10月,《刑事诉讼法》再次迎来大修,认罪认罚从宽制度和刑事速裁程序被一并纳入《刑事诉讼法》,认罪认罚从宽作为我国刑事诉讼的一项基本原则正式被确立。同时,《刑事诉讼法》第222条规定,"基层人民法院管辖的可能判处三年有期徒刑以下刑罚的案件,案件事实清楚,证据确实、充分,被告人认罪认罚并同意适用速裁程序的,可以适用速裁程序……"即对于认罪认罚案件中的轻微、简单案件可以适用速裁程序进行审理,这是我国简易刑事程序立法的又一次突破。

(三)推进刑事案件繁简分流与审判程序简化的形势背景

一是日益突出的人案矛盾。司法案件持续上升,审判负荷日益加剧,是当今世界不少国家普遍面临的巨大压力。纵向来看,四十年来我国司法案件量上涨30多倍,而法官人数仅增长3倍多,与案件增幅明显不成比例[①];2013—2017年,全国四级法院共受理案件8,904.94万件,较上一个五年上涨59%。而成都又是其中案件压力尤其突出者,五年来共受理各类案件1,112,944件,同比上升101.28%,远超全

---

① 参见最高人民法院司法改革领导小组办公室:《新时代深化司法体制综合配套改革前沿问题研究》,人民法院出版社2018年版,第450页。

国平均增幅;其中共受理刑事案件76,063件,同比上升40.54%,也呈现持续快增态势。2017年,全市法院共受理案件354,952件,比2014年上升102.54%,3年时间受理案件数量翻了一番。横向来看,成都两级法院案件总量已经在全国各中级法院系统排名第一,而且用全省法院1/8的人员、1/6的法官,办理了全省1/3的案件,案件压力之大可见一斑。同期全市两级法院审判人员只有小幅微增,加之立案登记制和法官员额制改革的不断推进,全市法院人案矛盾日益加剧。如何应对空前的案件压力,已经成为全国四级法院不可回避的严峻课题。

二是资源配置的效用需求。从诉讼资源配置规律来看,在确保刑事诉讼公正的前提下,越简单的案件耗用的资源越少、成本越低,配置资源也应相应较少;越复杂疑难的案件耗用的资源越多、成本越高,配置资源也应相应较多。① 而长期以来部分刑事案件久拖不决、超审限,从某种意义上讲正是刑事司法资源配置不科学导致的结果。简单和疑难案件不加区分地占用有限司法资源,导致解决疑难案件的资源投入严重不足,一方面简单案件快不起来,当事人意见大;另一方面,疑难案件难以精细化审理,疑难案件质量难以得到保障。推行繁简分流,就是在不增加办理力量投入和压缩总体办案量的情况下,采取简案快办、难案精办的方法,进一步缩短简单案件办理时限,减少简单案件对司法资源的耗用,进而确保更多的司法资源审理疑难案件,实现提升审判效率、维护司法公正的目标。正如有学者指出,"遇案件至为轻微,事实复至为明显,倘必须依繁重程序从事审判,徒滋劳费,且鲜有实益。故为迅速之裁判讲,简化审理程序,从速结束刑案,不但对于被告无害,反而可以增进办案之效率,对于刑事裁判而言,有时亦不无必要"②。其目的在于用相当司法力量快速解决简单案件,从而将优

---

① 参见林钰雄:《刑事诉讼法(下册 各论编)》,中国人民大学出版社2005年版,第197页。

② 蔡墩铭:《刑事诉讼法概要》,三民书局股份有限公司2011年版,第317页。

势司法资源投入疑难案件,实现难案精审,带动刑事审判效率提升和质量提高。

三是庭审实质化改革专业化审判的现实要求。社会分工对于技术创新、效率提升和社会进步的促进作用不言而喻,在一定意义上可以说,人类社会的进步史就是社会分工的细化史。近年来,成都中院结合内设机构改革将原来的刑一庭和刑二庭进行整合,构建了七个专业化审判团队,承担审理专业化类型案件和统一审判尺度的双重职责。组建以员额法官为核心的新型专业化审判团队,推行类案专业化审判,是司法责任制改革的重要组成部分。而类案专业化审判只有与繁简分流结合起来,对所有案件既区分类型,也划分难易,专业化审判的优势才能真正发挥出来,有效促进类案法律适用的统一,最大限度地避免"同案不同判"。

四是满足人民群众多元司法需求的长远需要。从本质上看,不同难度的刑事案件,当事人的需求也各有不同。简案程序贵在简审便捷,难案程序重在细审详理,故推进案件繁简分流、程序全面简化,实现简案快办、难案精审,实质上是对人民群众多元司法需求的充分尊重和有效回应,是在司法领域问计于民的"民生工程"。[①]

(四)改革做法

近些年来,我国也正在加快刑事诉讼程序的简化优化改革,对进入法院审理程序的案件,在全面推行繁简分流的基础上,进一步加大力度推进刑事案件运行程序的全流程简化优化。2012 年修订后的《刑事诉讼法》增设了速裁程序,进一步优化了简易程序。

从成都法院情况看,通过司法资源的合理配置,实现让相对固定的合议庭分别办理较简单案件和较难案件,达到简案快审和难案精审

[①] 参见最高人民法院司法改革领导小组办公室:《新时代深化司法体制综合配套改革前沿问题研究》,人民法院出版社 2018 年版,第 451 页。

有机结合的办案模式,以推动刑事审判效率有效提升、缓解刑事审判案多人少的矛盾:(1)明确繁简标准。根据案件本身的难易程度、案件办理的公正风险、二审裁判对一审裁判的安定性等因素进行区分。(2)合理配置繁简合议庭及成员。结合办案数量、办案经历、工作经验等进行综合考虑,形成相对固定的简案合议庭和繁案合议庭,并根据实际情况,由较少的法官办理较多的简单案件,让较多的审判力量向疑难案件倾斜。(3)明确繁简案件的审理模式。对于确定为简案的案件,依法简化审理报告和裁判文书的制作。可以采取集中开庭、远程视频开庭、集中评议、集中宣判的方式节约时间、提升效率;对于不开庭的二审案件,可以集中提讯、集中送达,缩短审理周期。对于确定为繁案的案件,要按照庭审实质化的要求,严格按照各项操作规范开庭审理,并深入钻研具有代表性的个案,提炼审理规则,发挥示范效应。(4)完善案件转办机制。为准确划分繁简案件,弥补错分繁简对司法资源的不当占用,设立繁简分流的配套"转办机制",法官发现有错分案件后填写"转办审批表",层报庭领导审批后重新分案。目前,成都基层法院刑事案件繁简分流比例基本实现 8∶2 配比,成都中院这一比例为 76.2%,基本实现了用 1/3 的人力办 2/3 的"简案",用 2/3 的人力办 1/3 的"难案"。

同时,各地法院也在积极探索实践繁简分流和程序简化优化。如上海市法院积极推进繁简分流,改革审判方式、简化审理程序,加大速裁和当庭裁判力度,做到简案快审、繁案精审,全市法院的简易程序适用率约为 87.6%。[①] 广东省深圳市两级法院完善案件繁简分流的识别、分配、办理制度,努力实现简单案件程序简化、效率提升、公正提速。全市法院配备速裁快执法官共 166 名,约占全市法官的 18.3%,办结全市法院 64% 的案件,民商事速裁案件平均结案周期 45 天,刑

---

① 参见刘晓云:《上海市高级人民法院工作报告——2019 年 1 月 29 日在上海市第十五届人民代表大会第二次会议上》。

事、行政速裁案件不超过 10 天,快执案件不超过 50 天。① 吉林省吉林市两级法院推行简案快审,简案快审比率为 78%,当庭宣判率约达 84%,同比分别上升 48%、11.3%;桦甸法院当庭宣判率约高达 91.7%。② 各地法院的程序简化优化探索实践中,较为突出的有南京市中院的"刑拘直诉",北京市海淀区法院的"刑事诉讼全流程简化模式"。特别是海淀区法院的全流程简化模式尤具引领意义,其主要做法是:首先将速裁启动节点前移至侦查阶段;其次会同其他部门在看守所设立速裁办公区;最后是强化和促进诉讼环节减审和数据共享。据统计,2015 年 5 月至 2016 年 9 月,该院速裁程序案件占同期全部案件比约为 22.6%,占简易程序案件比约为 37.9%③;北京市海淀区法院探索全流程速裁模式,有效压缩案件流转各环节在途时间,被告人在押案件诉讼全程平均用时 33 天,比改革前适用简易程序审结的同类案件用时减少约 70%。全部速裁案件中,附带民事诉讼的原告上诉率为 0,被告上诉率为 2.01%,检察机关抗诉率仅为 0.01%,上诉抗诉率比全部刑事案件低 9.52 个百分点。④

(五)主要难点

1. 繁简标准

刑事案件存在难易之分、繁简之别,但要制定明确且具可操作性的繁简划分标准,却远非易事。根本原因在于:其一,案件的难易、繁简是多因素、多条件综合作用的结果,不能单纯根据金额大小、有无争议或者是否受到关注而草率地作出判断;其二,案件的难易、繁简是客

---

① 参见万国营:《深圳市中级人民法院工作报告——2019 年 1 月 18 日在深圳市第六届人民代表大会第七次会议上》。

② 参见姜富权:《吉林市中级人民法院工作报告——2019 年 1 月 15 日在吉林市第十六届人民代表大会第四次会议上》。

③ 参见陈瑞华:《司法体制改革导论》,法律出版社 2018 年版,第 449—452 页。

④ 参见中华人民共和国最高人民法院编:《中国法院的司法改革(2013—2018)》,人民法院出版社 2019 年版,第 22 页。

观见之于主观的过程,判断的主体、标准以及方法的不同,都可能导致并不一致甚至大相径庭的结论;其三,案件的难易、繁简还是一个动态而非静态的过程,案件的难易、繁简可能随时间、情况而变化,绝不是一成不变的固定状态。但从实际操作角度而言,我们仍然可以达成一个共识性框架,根据刑事审判工作实际,考虑案件处理涉及的证据审查、事实认定、法律适用、社会影响、舆论压力等因素,并综合案件争议焦点、适用程序、区域差异等情况合理确定。据此,繁简分流的主要考量因素包括以下四个方面:(1)立案案由,原则上《刑法》中规定的罪名法定最高刑在 3 年以下的,可以直接识别为简案;(2)被告人认罪认罚情况;(3)控方量刑建议,如果建议量刑在 3 年以下的,可以归入简案;建议量刑在 3 年以上的,视情况归入简案或者繁案;(4)其他情况。①

具体界定上可以有两种思路:一是列举法,即详尽规定哪些类型案件属于简案;二是排除法,即着重规定哪些案件不属于简案,类似于负面清单管理,这样更便于理解和操作。据此,具备以下情形的下列类型案件原则上不宜作为简单案件办理:(1)可能判处死刑立即执行的案件;(2)上级法院因事实不清、适用法律错误发回重审的案件;(3)适用审判监督程序的案件;(4)涉及国家利益、社会公共利益的案件;(5)可能影响社会稳定的案件;(6)社会影响大、引起社会舆论高度关注的案件;(7)新类型案件;(8)与本院或上级法院的类案判决可能发生冲突的案件。应当指出,审级因素当然与案件的难易、繁简有一定关系,按我国的审级制度设置,案件的总体难度与影响力与审级之间存在某种正相关关系,但不能据此简单认为中级法院管辖的都是

---

① 参见最高人民法院司法改革领导小组办公室:《新时代深化司法体制综合配套改革前沿问题研究》,人民法院出版社 2018 年版,第 463、464 页。

难案。①

2. 实质化审理方式适用的难案比例

这里要特别指出,繁简分流直接涉及庭审实质化审理方式究竟适用于哪些案件范围,需要深入研究、合理确定和灵活调整。总的要求是,对大量事实简单、证据没有争议或争议较小且被告人认罪的案件,不仅不应适用实质审理方式解决,相反应当尽可能充分适用简易程序、刑事速裁和普通程序简化审通道解决,以确保实质化审理只适用于数量极少、比例极低的少数复杂疑难案件,真正发挥实质化审理方式的功能与作用。结合成都地区刑事审判实践,基层法院刑事简案的比例一般不应低于90%,适用于实质化审理方式的难案总体上不应超出10%;中级法院的难案比例诚然高些,但以不超过50%为宜。左卫民教授分析指出,"对于被告人大部分认罪、具有一定争议的案件以及适用简易程序审理的案件,都不应纳入庭审实质化改革的对象范围。庭审实质化改革主要适用于被告人完全不认罪或者大部分不认罪的案件,而这类案件可能占所有刑事案总量的1%~10%"②。笔者建议,可以对中级法院和基层法院案件繁简分流的比例实行抓大放小、总体控制,即从目标上设定,基层法院适用简易程序、速裁程序和普通程序简化审的简案比例不能低于90%,适用于实质化审理方式的难案比例总体上不得超过10%;至于如何确定繁简标准,可以由各基层法院根据自身刑事案件实际情况合理划定分流标准,并结合实际需要及时调整。

可能有人会问,对基层法院而言,如果超过90%的刑事案件适用简易、速裁程序或其他庭前分流机制得以解决,而适用庭审实质化方式审理的案件不超过10%,推进刑事庭审实质化改革的价值何在?笔

---

① 如中级法院管辖的重大毒品案件人赃俱获,事实清楚,证据确凿,一些因职务职级因素而由中级法院管辖的职务犯罪案件被告人完全认罪,上述案件未必属难案。
② 左卫民:《地方法院庭审实质化改革实证研究》,载《中国社会科学》2018年第6期。

者认为,其价值主要体现在三个方面。

第一,在疑难案件中充分实现程序公正公平的根本需要。尽管大量刑事案件可能并非复杂疑难,争议也未必激烈,但始终会有一小部分刑事案件的控辩双方对主要事实和关键证据持有实质争议,且对定罪量刑具有重大影响。在此类案件中,人民法院有义务也有责任通过公开、公平、规范、精密的审判程序,充分保障双方特别是被告人和辩护人的诉讼权利,最大限度地促成在法庭上发掘和发现事实真相,确保公正裁判。尽管比例很小,在此类争议性复杂疑难案件中,实质化审理方式的价值和作用始终至关重要,不容置疑。就此而言,刑事庭审实质化改革的长远价值和重要意义,与复杂疑难案件的数量和比例无关,而与我们在此类案件中追求刑事司法公正的根本目标攸关。可以这样认为,控辩双方争议的强度、案件复杂疑难的程度,与刑事庭审程序规则的精度以及诉讼参与各方投入的力度成正比,越是复杂疑难、争议越大的案件,越需要适用实质化审理方式。

第二,追求司法成本效益的现实需要。相比其他纠纷解决机制和方式而言,国家提供并由国家强制力保证的刑事诉讼程序,始终存在成本短缺与需求扩张之间的紧张冲突,加之近些年来我国各地法院司法案件持续快增趋势迅猛、案多人少矛盾空前加剧,阶段性司法资源供给不足的困难更加突出。同时还必须认识到,司法程序运行的规律之一是,司法案件的复杂疑难程度与司法资源的投放规模之间呈现正比关系。越简单的案件,意味着可以在投入相对少资源的情况下就可以获得公正公平的裁决;而争议越大、复杂疑难程度越高的案件,意味着需要投入的司法资源越多、获致公正裁决的成本越高。在此情形下,大量简单案件既无必要也不可能照搬相对复杂的实质化审理方式,而应充分适用简易、速裁、认罪认罚从宽以及各类庭前分流机制,最大限度地实现简案快办。只有如此,我们才可能在少部分复杂疑难案件中投入优势资源和较高成本,确保在认定证据、查明事实的基础上作出公正裁判,实现难案精办。

第三,发挥司法裁判的规则形成和引导功能的长远需要。中外司法制度演进的历史表明,真正对司法程序的规范与完善、规则之治功能的确立与彰显、社会主流价值导向的弘扬与传承发挥深刻而持久影响的,其实正是那些为数较少、但复杂疑难程度较高的争议性案件。对此类案件加大程序资源的投放力度,依法保障诉讼各参与者特别是被告人和辩护人的诉讼权利,有效回应控辩双方的观点意见,有助于彰显刑事诉讼程序在促进公平公正方面的独立价值,昭示刑事诉讼对人权保障无可替代的不懈追求,也更有利于促进刑事裁判实体规则的传播和认同,在全社会最大限度地实现、维护和完善规则之治。

3. 分流模式

分流模式有两个层面的问题:(1)小分流与大分流的关系,小分流是指区分案件类型基础上的集中分流办理,是对繁简分流集中度的最低要求;大分流是指对案件总量不大或专业类型案件数量较小、难以分类组建繁案与简案团队的基层法院,或者繁简分流机制改革推进比较成熟的基层法院,可以跨审判类型成立速裁庭,集中分流办理简案。作为跨审判领域和类型的分流模式,大分流是繁简分流集中化、集约化更高层次的要求,即打破案件类型,也是繁简分流下一阶段的方向所在。(2)繁简分流与专业化审判的关系,即采取分流优先式还是分类优先式。分流优先式,是指对所有案件先进行繁简分流,再进行专业化分工;分类优先式,是指对所有案件先进行专业化分类,再在各个团队内进行繁简分流。

客观而言,分流优先式的优势在于:一是分案标准明确,操作规范,对分案人要求较低;二是有利于专业化团队实现难案精审,简案团队做到快审速结。分类优先式的长处在于:一是分类明确,操作简单;二是有利于充分挖掘和发挥专业化审判的优势。结合起来看,大分流模式与分流优先式紧密相关,而小分流模式与分类优先式关联,但大分流强调的是跨案件类型跨审判领域的综合性集成化繁简分流,而分流优先式和分类优先式更接近过去的类案条线内的小范围分流做法。原则上分流为繁案的,可以组建不同的专业审判团队实行精审细判;分流为简案的,不再实行专业化分工,而应尽量在简案团队内实行轮流分案。

4. 分流流程

这一问题涉及是一次分流还是两次分流,是随机分流还是人工分流。笔者认为,应当将"立案随机分流为主,二次人工分流为辅"确立为案件繁简分流的基本模式。繁简分流机制主要以立案分流为主,辅之以庭内审判经验判断二次分流,并强调逐步扩大立案阶段繁简分流的比例,最终实现"漏斗"式的分流方式。其主要理由在于:一是从案件进入法院开始,建立院级层面的繁简分流刚性识别和分流运行机制,有助于改变过去庭内分流标准不明确、分流不彻底等问题,推动繁简分流机制的良性运行;二是有利于充分发挥计算机识别优势,从根本上解决过去人工识别成本高、效率低的问题,同时又辅之以业务庭二次人工分流,通过必要的经验嵌入,弥补电脑自动分流可能带来的误差和错分。

5. "错分案件"是否转办问题

错分包括识难为简、识简为难两种,此外也有可能因办理过程中出现新情况而使难易发生转换。对此类情况是否转办,一直存在分歧。多数做法是保留出口,但施予某种限制条件。例如,简案团队(或速裁庭)收案后,在审理阶段出现新情况导致案件繁简程度发生变化,确属难案并需转交繁案团队办理的,经主管院长同意并报审判管理办公室备案后,可以移交繁案团队办理。其理由是:针对简案在审理过程中有可能出现的因诉讼请求、追加当事人等因素,转变为繁案的情形,简案法官花费大量时间和精力办理此类案件,进而导致影响手中其他简案周转速度,有违实行繁简分流的初衷。故根据审判实践,对审中退回留下出口,但审中退回情形原则上应把握较严格的标准,且应作为繁简分流的负向指标,因此应设置主管院长批准和审管办备案等流程要求。但笔者认为,除了简案团队(或速裁庭)收案后很快发现不适合快审且案件尚未进行实质审理的,可以退回案件由繁案团队审理,对分至简案团队且已进入实质审理阶段,因出现新情况而使案件转换为难案的,不宜转出再交由繁案团队办理。其理由在于:一是从制度逻辑上讲,如果一个员额法官有能力办理某类案件的简案,他也应该有能力办理该类案件较难者;二是由原团队继续办理,有利于最大限度地提高诉讼效率,节约诉讼成本;三是转办不符合诉讼经济原则,将增加时间、人力和流程耗费,徒增诉讼成本,降低诉讼效率,增加当事人诉累,而且还可能造成程序空转甚至回流。

6. 大力推进认罪认罚从宽制度

在全面总结前几年认罪认罚从宽和速裁程序改革试点经验的基础上,2018年10月修订后的《刑事诉讼法》完善了认罪认罚从宽制度的操作程序规则,新增了刑事速裁程序。探索推进认罪认罚从宽制度,是我国在借鉴其他国家相关制度和实践基础上结合我国刑事诉讼实际进行的重大创新。这一创新对传统的刑事程序理论也带来了新的挑战,程序不仅应该是公开和公正的,同时也应尽可能地经济和柔性,刑事审判可以成为一系列有机和可流动的安排,一个所有参与者共同推进的商谈性过程,"刑事判决将不再被看作法官审判权的垄断性象征,而是意味着具有可商谈性的刑事审判程序的合理终结"①。实践已经证明,认罪认罚从宽制度具有广泛的实践需求,有利于在确保底线公正的前提下最大限度地扩展程序协商空间,提高刑事诉讼效率,促进诉讼成本投入的最大化利用,充分实现诉讼分流,有效缓解越来越突出的案多人少矛盾,其综合价值极为重要。

下一阶段,一方面要结合大力推进认罪认罚从宽制度的实施,统

---

① Un Jong Pak, "Judicial Justice: From Procedural Justice to Communicative Justice", Journal of Korean Law, 2016(16), p. 158.

筹协调刑事速裁程序、简易程序和普通程序的适用,以是否认罪、认罚作为主要判断标准,不断拓宽简单轻微刑事案件的适用范围,进一步细化认罪认罚从宽制度的具体操作规则;同时结合贯彻落实修订后的《刑事诉讼法》,把新设立的刑事速裁程序用足、用好、用活,以充分发挥认罪认罚从宽、刑事速裁和简易程序的简便快捷优势。① 另一方面,在尊重被告人、被害人等诉讼权利、实体权利的基础上,进一步调动各方主体依法参与到刑事诉讼的程序协商和分流之中,促进我国多样化、多通道刑事诉讼程序体系不断完善。② 值得注意的是,2018 年《刑事诉讼法》修改中,虽然就认罪认罚从宽制度作了诸多针对性规定,但其采取的立法方式是将该制度的理念、原则和具体要求嵌入刑事速裁程序、简易程序和普通程序之中,形式上并没有确立独立和专门的认罪认罚从宽程序。从长远来看,在《刑事诉讼法》中"建构独立的认罪

---

① 2014 年 8 月 26 日开始,中国在北京等 18 个城市共 217 个基层人民法院开展为为期 2 年的刑事案件速裁程序改革试点。试点期间,试点法院适用速裁程序审结刑事案件为 52,540 件涉及 54,572 人,占试点法院同期判处 1 年以下有期徒刑以下刑罚案件的 35.88%,占同期全部刑事案件的 18.48%,10 日内审结的案件占 92.35%,比简易程序高 65.04 个百分点,当庭宣判率达 96.05%,比简易程序高 41.22 个百分点。北京市海淀区人民法院探索全流程速裁模式,有效压缩案件流转各环节在途时间,被告人在押案件诉讼全程平均用时 33 天,比改革前适用简易程序审结的同类案件用时减少约 70%。全部速裁案件中,附带民事诉讼的原告上诉率为 0,被告人上诉率为 2.01%,检察机关抗诉率仅为 0.01%,上诉抗诉率比全部刑事案件低 9.52 个百分点。中国政法大学开展的第三方评估显示,被告人对速裁程序运行效果满意度达 97.69%[参见中华人民共和国最高人民法院编:《中国法院的司法改革(2013—2018)》,人民法院出版社 2019 年版,第 22 页]。

② 2016 年 9 月至 2018 年 9 月,最高人民法院共确定试点法院 281 个,适用认罪认罚从宽制度审结刑事案件共 205,510 件,占试点法院同期审结刑事案件的 53.5%[参见中华人民共和国最高人民法院编:《中国法院的司法改革(2013—2018)》,人民法院出版社 2019 年版,第 22 页]。另据 2017 年 11 月周强院长的专题报告,"截至 2017 年 9 月,251 个试点法院审结认罪认罚案件 6.9 万件 7.8 万人,占同期全部刑事案件的 42.7%。其中,适用速裁程序审结的占 69.7%,非监禁刑适用率达 41.4%"(参见周强:《最高人民法院关于人民法院全面深化司法改革情况的报告——2017 年 11 月 1 日在第十二届全国人民代表大会常务委员会第三十次会上》)。另据了解,武汉两级法院改革试点以来,共审结罪认罚刑事案件 17,031 件涉及 18,379 人,占同期审结全部刑事案件的 68%,占审结 3 年有期徒刑以下刑罚案件数的 77%(参见秦慕萍:《武汉市中级人民法院工作报告——2019 年 1 月 7 日在武汉市第十四届人民代表大会第四次会议上》)。

认罚从宽协商制度和程序是必然趋势"①,为此,应当进一步推动认罪认罚从宽程序的专门化和精密化,力争尽快在《刑事诉讼法》中增设认罪认罚从宽程序,促进我国刑事诉讼程序的多元化体系不断丰富和完善。

值得注意的是,2019年10月,"两高三部"发布《认罪认罚指导意见》,首次明确认罪认罚从宽制度贯穿刑事诉讼全过程,适用于侦查、起诉、审判各个阶段;认罪认罚从宽制度无适用罪名及可能判处刑罚的限制,这意味着所有刑事案件均可适用。同时也强调,"可以"适用并非一律适用,是否从宽由司法机关根据案件具体情况决定。该意见对认罪、认罚、从宽的标准作了界定,强化了对被告人、被害人的权利保障,对侦查、公诉、社会评估以及审判等各方职责予以明确。这是目前为止我国对认罪认罚从宽制度的最新司法指导文件,也为《刑事诉讼法》再次修订奠定了基础。需要强调的是,根据该指导意见,人民法院对认罪认罚从宽案件负有全面和实质审查职责,"任何一种把认罪认罚从宽制度与辩诉交易混为一谈的观点都是不成立的"②。

7. 审判程序的全流程简化

我国《刑事诉讼法》规定的审判程序主要包括普通程序、简易程序、速裁程序。至于认罪认罚从宽,在很大程度上是对普通程序的简化和简易程序的再简化,其本身还难以构成独立的刑事诉讼专门程序。学者已经指出,我国刑事诉讼特别是刑事诉讼程序本身缺乏灵活多样的案件处理机制,审判程序存在通道少、程序繁、成本高、不经济的突出问题。由于种种原因,刑事审判程序处于一种既不能保障权利又不具有充分经济性的尴尬局面,是理性化司法体制对有限诉讼资源

---

① 樊崇义:《2018年〈刑事诉讼法〉最新修改解读》,载《中国法律评论》2018年第6期。
② 胡云腾:《正确把握认罪认罚从宽 保证严格公正高效司法》,载《人民法院报》2019年10月24日。

的严重内耗，亟待进一步改革。① 在推进刑事庭审实质化改革中，重要的程序配套措施之一就是在于审判全过程的程序简化、流程再造。具体而言，对分配至简案团队（或速裁庭）的简单案件，应当遵循"速送、速审、速判、速结"的工作模式，提倡"当天立案、当天移送、当庭（调解）宣判、当庭制作裁判文书"，固化并完善集中开庭、要素式审判、文书简化、示范诉讼等现有成果，全面推进简案提速，主要环节包括：一是简化庭前准备。收案2日内确定开庭日期并向被告人送达起诉书，并将同期轻微刑事案件尽量集中安排审理。二是推行要素式审判。梳理总结常见类型案件事实查明、法律适用等基本要素，制定标准化庭审提纲、审判指引，供法官、当事人使用，提升简案庭审和裁判效率。三是积极推行送达简易化。创新工作机制和方法，遵循合法、便捷、有效、集约的原则，探索更加高效的人员组合及工作模式，全面落实送达地址确认制度，引导当事人选择电子、电话送达，有效提升送达效率。四是集中办理案件。对同批案件采取"门诊式"庭审方式，将拟适用快审机制案件原则上分配到同一承办人，并推行"三个集中"，即集中送达、集中开庭、集中宣判，在同一时段内对多个案件实现连续集中审理。开庭审理前可以通过电子显示屏滚动播放或当庭以书面、播放视频等方式宣布法庭纪律，告知当事人有关诉讼权利义务。五是简化庭审环节。立案后，审判员制作简单的审理案件情况表，由检察机关制作举证清单，清单中就主要证据目录及证明问题作简要说明，法院在送达法律文书时一并送达被告人，对被告人无异议的，庭审时只就证据名称作说明，对被告人有疑问的证据详细举证。庭审中在征求控辩双方意见的基础上实行法庭调查与法庭辩论融合，针对争议焦点集中调查和辩论。在被告人同意的情况下，推广采用远程视频模式进行庭审，节约诉讼成本，提升庭审效率。

---

① 参见左卫民等：《简易刑事程序研究》，法律出版社2005年版，第18—20页。

(六)对进一步完善繁简分流和程序简化机制的对策建议

第一,重塑我国刑事诉讼程序的多通道、分层化、递进式格局。所谓"多通道",是指刑事诉讼程序应当充分关注刑事案件当事人和参与人的司法需求和刑事案件的变化趋势,设立多样化的诉讼程序,适应不同难易程度和不同类型案件的审判需要;所谓"分层化",是指刑事案件的程序选择适用要立足一审、重在一审,并与不同审级的功能定位实现有效对应和充分整合;所谓"递进式",是指刑事案件的程序适用要与案件难易、审级功能相匹配的金字塔形格局,即对大量简单刑事案件,立足在一审通过速裁和简易程序解决;在此基础之上,对少量相对疑难复杂、涉及公益以及影响较大案件,适用普通程序解决;只有对极少数特别疑难复杂和重大影响的案件,适用庭审实质化审理方式和程序解决。由此,在综合考量司法需求、案件数量、审级功能、适用程序等关键要素基础上,结合我国四级法院的差异化审级功能体制,形成和确立基层法院刑事案件原则上适用速裁程序和简易程序、仅极小部分案件适用普通程序,中级人民法院刑事案件适用普通程序,高级人民法院和最高人民法院刑事案件适用普通程序的合理格局。

第二,完善繁简分流、需求驱动的司法资源投放和配置模式。总体要求是:一方面,加大对大量简单案件所需资源特别是人力资源的投放配置,结合案件增势和审判任务,为负责审理简案的员额法官配足、配强法官助理和书记员,以确保简案快审,实现符合底线正义的快捷公正;另一方面,优化对少量疑难案件所需资源的投放配置,重在于质,确保难案精审,实现不打折扣的公平公正。通过合理配置和调整完善,真正形成科学的法官与案件比例(即员额法官年度案件任务数)、审判辅助人员与法官比例以及审判辅助人员与案件比例。

第三,实施兼容刚性与弹性的引导调控策略。其要点包括:一是简繁比例的倒挂式总控。可以考虑对基层法院刑事案件适用速裁程序、简易程序案件数不得低于90%，适用普通程序案件数不得高于10%；中级法院刑事简案比例不得低于50%，难案比例不得高于50%。二是繁简分流标准权下沉。比例总控原则确定后，如何划分繁简其实只是技术操作层面的问题，应当且宜交由审判业务庭根据繁简分流标准进行具体判断。三是阶段性同步调节。对繁简比例和繁简标准，要结合刑事审判工作实际情况特别是案件变化态势、重点突出类案、审判力量变化等因素及时动态调整，不能一成不变、一劳永逸。

第四，扩展中级法院刑事案件的程序选择。其中的关键在于中级法院能不能适用简易化程序，并用独任审判方式解决部分相对简单的刑事案件。从刑事司法实务情况看，中级法院刑事案件所涉犯罪的严重程度、证据数量、量刑情节等因素一般甚于基层法院，但案件本身的实际难度有时未必更高；二审刑事案件也是如此，虽然存在一方不服情形，但因一审已经做了大量的证据和事实查证工作，二审面临的难度和工作量往往小于一审。由此，中级法院刑事案件不仅同样可以划分繁简难易，而且实质上也同样具备适用简易程序的条件。研究和拓展中级法院审理刑事案件的程序选择空间，其实大有必要。

二、庭审实质化与律师辩护权利保障

(一)律师辩护制度历程简溯

刑事诉讼活动的历史，实质上是一部辩护权的扩张史。

作为现代刑事诉讼制度不可缺少的重要组成部分，刑事律师辩护被誉为"保障被告人程序性审判权利的'万能钥匙'"[1]。依法充分保

---

[1] John D. King, "Privatizing Criminal Procedure", The Georgetown Law Journal, 2019 (107), p.568.

障律师辩护权,是实现和促进刑事诉讼控辩平等对抗和公正裁判的关键要素之一。有证据表明,具有刑事辩护功能的诉讼活动产生的时间很早,但职业化的律师群体与体系化的律师辩护制度的出现则是近代之事。[1] 近现代意义上的刑事辩护权的确立与完善,经历了坎坷的历程并体现出三个明显转变[2]:一是从自我辩护到律师辩护。近代以前,无论是实行纠问式还是实行对抗式诉讼的国家,刑事被告人基本上依靠自行辩护对抗追诉[3];近代以来特别是进入19世纪后,制度意义上的律师辩护逐步确立,被告人获得委托律师辩护权。二是从委托辩护到指定辩护。进入20世纪后,各主要法治国家相继建立指定辩护、公设辩护和值班律师制度,联合国也于20世纪中叶确立法律援助准则。通过上述法律援助,刑事案件中的贫穷被告人开始获得免费律师辩护,刑事辩护从"为富人辩护"走向"为穷人辩护"时代。三是从有限辩护到普遍辩护。主要反映在辩护覆盖范围不断拓展,从轻罪扩展到重罪,从审判阶段延伸到侦查、公诉阶段,从出庭律师的法庭辩护到值班律师的初期帮助,律师辩护基本实现诉讼过程全覆盖。由此,刑事律师辩护的历史,本质上反映的是刑事诉讼从注重犯罪追诉迈向强化人权保障的变迁史,也是从权力共识迈向权利共识的演进历程。

我国最早的律师立法是1912年民国政府颁布的《律师暂行条

---

[1] 英国职业辩护律师群体产生于13世纪,14—15世纪形成较大规模,15世纪"四大律师学院"诞生,律师职业培训制度由此发端;法国12世纪开始出现大批世俗律师;德国15—16世纪逐渐产生"二元律师制",19世纪形成一元律师制;日本律师制产生于19世纪明治维新时期(参见阎志明主编:《中外律师制度》,中国人民公安大学出版社1998年版,第146—156页)。

[2] 参见左卫民等:《中国刑事诉讼运行机制实证研究(五)——以一审程序为侧重点》,法律出版社2012年版,第3—4页。

[3] 欧洲中世纪神明裁判终结、纠问式诉讼产生以来,辩护律师几乎不能参与审判。1539年,辩护律师被正式规定排除在大部分案件的审判阶段之外;1670年以后,所有死刑案件绝对禁止辩护律师参与(参见〔英〕萨达卡特·卡德里:《审判为什么不公正》,杨雄译,新星出版社2014年版,第59页)。

例》。1978年司法部出台《关于律师工作的通知》，律师制度开始恢复；1980年《律师暂行条例》颁布；1986年中华全国律师协会成立；1997年1月《律师法》施行（2007年第二次修订）；2015年"两高三部"发布《关于依法保障律师执业权利的规定》；2015年、2016年中央"两办"相继印发《关于完善法律援助制度的意见》《关于深化律师制度改革的意见》；2017年最高人民法院相继会同相关部门下发《关于开展法律援助值班律师工作的意见》《关于开展刑事案件律师辩护全覆盖试点工作的办法》；2018年4月最高人民法院、司法部发布《关于依法保障律师诉讼权利和规范律师参与庭审活动的通知》；2019年1月，最高院、司法部发布《关于扩大刑事案件律师辩护全覆盖试点范围的通知》；2019年2至10月，司法部相继印发《全国刑事法律援助服务规范》《关于扩大律师专业水平评价体系和评定机制试点的通知》《关于促进律师参与公益法律服务的意见》；2020年8月，最高人民法院、最高人民检察院、公安部、国家安全部、司法部印发《法律援助值班律师工作办法》；2021年9月，最高人民法院、最高人民检察院、司法部印发《关于进一步规范法院、检察院离任人员从事律师职业的意见》《关于建立健全禁止法官、检察官与律师不正当接触交往制度机制的意见》；2021年12月，最高人民法院、司法部印发《关于为死刑复核案件被告人依法提供法律援助的规定（试行）》；2022年1月，《法律援助法》施行；2022年10月，最高人民法院、最高人民检察院、公安部、司法部印发《关于进一步深化刑事案件律师辩护全覆盖试点工作的意见》；2023年3月，最高人民检察院、司法部、中华全国律师协会印发《关于依法保障律师执业权利的十条意见》。四十多年来，我国律师制度得到长足发展，在推进以审判为中心的刑事诉讼制度改革进程中发挥了重要作用。特别是律师辩护制度取得显著进展，集中反映在律师参与刑事诉讼的时间和环节不断提前，辩护范围和程序逐步实现全覆盖，律师辩护的主体地位和职责作用日益彰显，律师执业权利更趋完善，法律援助范围和案件不断扩展等。①

(二)庭审实质化与律师辩护

辩护律师无疑是实现公正审判、防范冤错案件无可替代的重要力量。一方面,刑事庭审实质化改革,在很大程度上体现为律师辩护的实质化;没有律师辩护的实质化,以审判为中心的刑事诉讼制度改革就不可能成功②,因为"审判实质化显然以辩护的实质化为条件,辩护缺乏实质化则审判很难实现实质化,以审判为中心也就失去了实质意义"③。另一方面,庭审的实质化同样构成辩护实质化的重要条件和保障,二者互为表里、紧密关联。④ 律师辩护的实质化与以下几个要素密切相关:一是立法与司法解释层面刑事辩护权利的完备程度;二是刑事庭审中控辩双方平等地位、对等对抗格局的实质确立;三是律师辩护权利在刑事诉讼各个阶段尤其是庭审阶段的实现程度;四是刑事辩护意见对刑事裁判的实质影响力,特别是在定罪量刑方面;五是各相关司法职能机关对辩护权利保障的制度化水平。结合我国长期以来刑事诉讼控强辩弱的现状,应当将强化辩护权利保障、提升律师辩护水平、增强律师辩护实质化作为推进刑事庭审实质化的核心内容和关键环节。⑤

---

① 参见樊崇义:《中国刑事辩护四十年的回顾与展望》,载《法制日报》2019 年 10 月 30 日。
② 参见"法庭是诉讼律师的'舞台',更是刑辩律师的'战场'。只有庭审实质化,律师作用才能实质化,刑辩律师与刑辩制度的价值才能实质化"(参见卢义杰、李彬彬:《全国律协副会长吕红兵委员:许多年轻律师不愿、不敢从事刑事辩护》,载《中国青年报》2018 年 3 月 4 日)。
③ 张建伟:《审判中心主义的实质内涵与实现途径》,载《中外法学》2015 年第 4 期。
④ 参见张建伟:《司法竞技主义——英美诉讼传统与中国庭审方式》,北京大学出版社 2005 年版,第 514 页。
⑤ 刑事律师辩护代表性实证研究,如陈瑞华:《刑事辩护的实证考察》,北京大学出版社 2005 年版;陈瑞华:《刑事辩护的艺术》,北京大学出版社 2018 年版;欧明艳、黄晨:《从形式到实质:刑事辩护对裁判结果影响力研究——以 C 市 Y 中院近 3 年 198 名被告人的律师辩护为样本》,载《法律适用》2016 年第 1 期;顾永忠:《我国刑事辩护制度的重要发展、进步与实施——以新〈刑事诉讼法〉为背景的考察分析》,载《法学杂志》2012 年第 6 期等。

近几年来，刑事辩护律师在成都地区庭审实质化改革中发挥了重要的建设性作用，主要体现在：一是促进了关键证人出庭。实践中，辩护人申请也是证人出庭的重要来源之一，关键证人出庭有利于法庭查明案件事实和厘清案件争议。如在詹某某、刘某被控犯妨害作证罪案件中，控方指控犯罪的主要证据是王某等多名证人的庭前证言，且相关庭前证言均指认 2 名被告人引诱 9 名证人违背事实改变证言，与被告人的庭前供述相矛盾。控辩双方均申请相关证人出庭作证，经法院依法通知，共计 11 名证人到庭作证并接受控辩双方询问，这对查明事实、公正裁判发挥了决定性作用，一审宣判后双方均未提出抗诉、上诉。二是倒逼刑事司法行为更加规范。律师的高水平辩护，同样会倒逼侦、控、审各方增强规范化诉讼能力。如在一件酒驾案件庭审中，辩方经反复仔细观看采血视频，发现护士将血液放错试管，导致血液样本出错，鉴定意见无法采信，且不具备再次鉴定条件，法院依法判决无罪。三是提高了审判质量。律师参与庭审，凭借其专业素养能充分获取案件关键信息，提出有针对性的辩护意见，庭审中的充分辩论最大限度展现案件事实，才能有效发挥庭审中查清案件事实的功能，提升庭审质量。在一件违规出具金融票证案件庭审中，辩护律师通过其专业研究准确阐述了案涉票据的法律关系，提出无罪的辩护意见被法院采纳。

（三）庭审实质化改革中律师辩护存在的突出问题

刑事庭审中律师辩护职能不受重视、辩护效果有限的问题由来已久，早在 1989 年就有学者对我国律师辩护职能的制度性缺陷进行过剖析，并将其归结为两个方面："一是刑事审判结构中庭前活动超强化，致使法庭审判沦为形式，以法庭为主要活动场所的辩护难以有效开展；二是审理主体与裁判主体分离，审、判权行使脱节，造成以直接的、言词的活动为表现形式的辩护职能效用大为降低。"①三十多年后,上述问题已有明显改善,特别是在庭审实质化改革背景下,律师辩护权利保障已经受到高度重视,律师辩护权利的保障制度和机制建设也在不断加强,但律师辩护职能的有效强化仍然任重道远。

1. 律师辩护率有所提升但仍然较低

六年多来,成都地区纳入实质化审理的试验示范案件均有律师辩护,对促进刑事庭审实质化改革发挥了重要作用。但从刑事案件整体上看,律师辩护率低是长期以来一直困扰我国刑事诉讼的一大突出问题。国内已有多项实证研究成果对此问题进行了分析,虽然各方数据有异,但律师辩护率低仍是不争的事实。② 律师辩护率低,意味着相当部分案件被告人无法有效享受律师提供的法律服务和有效辩护,在很大程度上只能靠自我辩护,在缺乏律师辩护的案件中,庭审控辩失衡尤其突出,对刑事司法公正造成的实质损害不言而喻。如在不属于试验示范案件的秦某被控贩毒案庭审中,控方申请 2 名侦查人员陈某、李某某出庭作证,在被告人对指控事实有异议但无委托

---

① 左卫民、高晋康:《律师刑事辩护职能的制度性缺陷》,载左卫民:《刑事程序问题研究》,中国政法大学出版社 1999 年版,第 146 页。

② 顾永忠教授的实证研究表明,2003 年至 2011 年的 9 年中,全国律师辩护率平均比例约为 14.5%。2012 年修订后的《刑事诉讼法》实施以来该比率虽有所上升,但也不高于 30%(参见顾永忠:《以审判为中心背景下的刑事辩护突出问题研究》,载《中国法学》2016 年第 2 期)。王禄生教授的课题研究成果则反映出情况有所改善,2013 年至 2017 年的 5 年间,律师辩护率从 19.07% 提升到 22.13%,增幅为 16.05%;其中委托律师辩护率从 16.07% 微升至 19.41%,增幅为 20.78%。2013 年至 2017 年的 5 年间,辩护律师与法律援助律师的配备情况有所下滑。按照 2013 年参与刑事辩护律师的人数以及当年的刑事被告人总数来看,每名刑辩律师只需要代理 6.65 名被告人即可实现全案覆盖,这个数据在 2017 年上升到 7.83。换言之,尽管全国律师总数持续增加,但刑事辩护律师却更加稀缺(参见王禄生:《论刑事诉讼的象征性立法及其后果——基于 303 万判决书大数据的自然语义挖掘》,载《清华法学》2018 年第 6 期)。另据一份"聚法案例"裁判文书数据库的大数据分析报告显示,2014 年 1 月 1 日至 2016 年 12 月 8 日间,中国裁判文书网共发布刑事案件一审裁判文书 2,172,100 份及二审裁判文书 1,551,209 份,共计 3,723,309 份,其中有律师代理的案件数量为 530,676 件,律师辩护率约为 14%。其中,四川省刑事案件总数为 156,126 件,有律师辩护案件数为 22,960 件,律师辩护率约为 14.71%,略高于全国均值。

或指定辩护人的情况下,虽经审判长提示,被告人本人也均未提出问题。①

2. 少数案件中律师辩护职责发挥有限

在大部分试验示范案件庭审中,律师主要以对控辩出示证据提出辩驳或质疑的方式进行辩护,提出证据的数量和效用均明显处于下风,部分案件中辩护人发问次数也少于控方,发问方式和效果不理想。在笔者抽样的 101 件案件中,从出庭证人的来源看,控方共申请 75 人,辩方共申请 12 人,控方处于绝对优势。在一件被控过失致人重伤罪案件庭审中,控辩双方各申请 1 名鉴定人出庭作证,辩护人对本方申请鉴定人发问中连续问出与案件无关问题,鉴定人两次称无法回答,甚至还纠正辩护人的不当提问,而控方提问则直击要害:

你可否就你的专业知识,对本案被害人致伤原因是病理原因或者是外力造成予以回答?

在针对控方申请出庭鉴定人的发问中,辩护人始终抓不住要领,发问之间连贯性不强,鉴定人甚至拒绝回答,庭审质证效果因此受到影响。在另一件刑事案件庭前会议中,当审判长征求辩护人是否有证据提出时,辩护人申请 2 名警方人员出庭作证,公诉人回应称,该 2 人并未到现场勘查,建议换为另外 2 人,并主动提供了 2 人的姓名。

3. 律师辩护意见的实效性有待提高

刑事庭审实质化改革更加注重控辩平等对抗的实质化、充分化。相比改革前,律师辩护意见的采纳情况、对定罪量刑的实际影响力均有所改善,主要体现在:辩方在庭审中的角色与作用更趋主动,控辩庭

---

① 同属于非试验示范案件的曾某被控非法持有毒品案在庭审中也存在类似情形,区别只在于曾某因自愿认罪而未向出庭作证的 2 名证人提出问题。

审对抗性有所增强,辩护无罪率、轻刑率、缓刑率等情况有所改善①,判决书回应律师辩护意见的针对性和充分性亦有强化。但从总体上看,大部分案件的裁判结果依然着重于采纳从轻处罚的辩护意见。与未纳入实质化审理方式的案件对比,试验示范庭审辩护实质性效果的差异性还不是特别明显。② 另外,辩护中的形式化、过场化痕迹仍有体现,有的辩护重场面轻效果,存在"表演性"问题。③

4. 律师辩护全覆盖有待扩展

《四川省关于开展刑事案件审判阶段律师辩护全覆盖试点工作实施办法》下发后,从 2018 年 1 月起,成都中院和三个基层法院已全面铺开试点,试点基层法院与同级司法行政机关已初步建立值班律师制度。目前存在以下突出问题:一是指定辩护案件基数大且保障不足。以成都地区情况为例,试点以来,全市两级试点法院指派法律援助、提

---

① 一项实证研究发现,"示范庭辩护意见全部采纳的比例为 15.07%、部分采纳的比例为 56.16%,未采纳的比例为 28.77%,而对比庭相应的数据分别为 43.21%、34.29% 与 22.5%……示范庭中采纳辩护意见案件中有 88.83% 的被告人最终得以从轻处罚,8.07% 的被告人得到减轻处罚,2.48% 的被告人被无罪释放,0.62% 的被告人免予刑事处罚;对比庭中采纳辩护意见后得以从轻处罚的被告人比例则高达 98.06%。这说明示范庭在无罪、免除、减轻方面的采纳率高于对比庭"(参见左卫民:《地方法院庭审实质化改革实证研究》,载《中国社会科学》2018 年第 6 期)。另据王禄生教授主持的大数据实证研究,律师辩护轻刑率从 2013 年的 42.67% 上升到 2017 年的 45.2%,增量 2.53%,增幅仅为 5.93%;律师辩护缓刑率从 2013 年的 27.93% 提升至 2017 年的 31.93%,增量 4%,增幅为 14.32%(参见王禄生:《论刑事诉讼的象征性立法及其后果——基于 303 万判决书大数据的自然语义挖掘》,载《清华法学》2018 年第 6 期)。

② 左卫民教授在剖析"尽职辩护""有效果辩护"弊端后提出,应将"有效果辩护"确立为我国律师刑事辩护的话语选择,认为"有效果辩护"应当不仅关注过程更关注结果,其价值追求本质上是实体主义,但也不能忽视程序主义价值,并提出了优化辩护效果的五大策略(参见左卫民:《有效辩护还是有效果辩护?》,载《法学评论》2019 年第 1 期)。但未对"有效果"的含义进行分析,亦未说明是否限于法律效果。从实践角度看,"有效果辩护"不仅指法律效果,还应包括政治效果和社会效果,尤其在部分争议性案件中更应强调"三个效果"统一。

③ 有学者将不以说服裁判者接受其辩护意见为目标的辩护活动称为"表演性辩护",并指出辩护表演化的根本原因在于刑事庭审的空洞化和刑事审判权的异化(参见李奋飞:《论"表演性辩护"——中国律师法庭辩护功能的异化及其矫正》,载《政法论坛》2015 年第 2 期)。

供法律帮助案件较去年同期增幅达十多倍,但由于各区(市)县推进力度不一,财政保障有别,多地无专项经费保证,极大降低了法律援助律师的工作积极性。二是指定辩护耗时较长影响审判效率。实践中从法院向援助中心发函到承办律师与法院联系,时长从3个工作日到1个月不等,导致适用"轻案快办"程序审理的案件难以实现"快办"、大量不需要开庭审理的二审案件难以快速审结,客观上导致被告人或上诉人的权益无法得到最大限度的保护,甚至因指定辩护耗时过长造成部分刑事附带民事诉讼案件先行调解无法进行而激化矛盾,严重影响审理效率与效果。三是值班律师制度运行不畅导致在押轻刑案件被告人权利缺乏保障。一方面值班律师少,且擅长刑事辩护的律师缺口极大;另一方面,若被告人为取保候审状态,则其可在庭前自主获得法律帮助,但若被告人为在押状态,则因驻院律师资源有限,很难真正获得法律帮助。四是部分规定可操作性不强,导致运行效果弱化。同时,对单位作为被告人未委托辩护人的情况是否需要指定辩护亦未作出规定,被控单位被告人的辩护权难以得到保障。

5. 律师辩护权利保障仍需加强

刑事庭审实质化改革以来,律师辩护权保障普遍得到加强,但仍然存在诸多不足:一是对律师阅卷、复制材料、会见被告人等相关具体权利落实不充分,方便律师出庭的休息准备、资料查询等必要物质条件配备也需要加强,特别是会见难有回潮之势,需切实重视和解决①;

---

① 数据显示,2018年中华全国律师协会维权中心及各地方律师协会共接收维权案件642件,其中涉及会见权受到侵害的为283件,约占总件数的44.08%,主要包括直接涉"黑"涉"恶"共68件,占24.03%;任意扩大法定"两类"(涉嫌国家安全与恐怖罪)案件范围共62件,约占21.91%;以所谓会见手续不完备为理由的共25件,占8.83%;以所谓督办、批示案件须上级领导批复的为24件,约占8.48%;因联合办案或监察机关办案的共21件,约占7.42%;以案件正在由办案机关提审为由的为11件,约占3.89%;因无法正常预约、看守所限定会见时间、网上预约难等的共9件,约占3.18%;干脆不告知犯罪嫌疑人关押地点的为8件,约占2.83%;另外,无任何事由不准会见的为39件,约占13.78%(参见何强:《全国政协委员吕红兵:律师会见难"回潮",应修法解决》,载《新京报》2019年3月2日)。

二是庭前会议对被告人及其辩护人的权利保障有待加强,有的律师反映个别案件中控方不遵守庭前会议达成的共识,庭审中突然改变举证顺序和方法,导致辩护人无法及时应变;三是控辩平等意识还没有牢固树立,庭审中的平等对抗格局还未能充分显现,如有的案件庭审中法官对律师发言往往要求偏严甚至不时打断,而对控方则比较宽和;四是案件评议和判决书对律师辩护意见的重视及回应仍有不足,其针对性、充分性仍需要进一步加强。

(四)进一步强化律师辩护权利保障的对策建议

1. 强化法律援助并确保每个刑事案件被告人都有辩护人出庭辩护

委托辩护体现的是律师辩护权的形式均等,即每个被告人均有权通过委托得到律师辩护,但委托辩护权容易受制于被告人自身经济状况;指定辩护权体现的律师辩护权的实质均衡,即强调穷人也应该享有同等且有效的律师辩护权。从根本上讲,穷人的辩护权更能体现现代刑事诉讼人权保障价值的核心要素。[①] 及时得到律师的有效帮助和实质辩护,是每一个刑事案件被告人的基本权利。基于人权保障的价值考量和实施律师辩护全覆盖的工作要求,对所有刑事案件,在保障被告人的自我辩护权的同时,必须确保及时得到律师的有效帮助[②];被告人未委托辩护人的,均应通知法律援助机构,指定责任心强、专业水平高的律师

[①] 经济困窘的被告人无法聘请律师辩护,实质上等于金钱会影响审判结果。美国联邦法院大法官布莱克曾言,依赖于其经济能力进行诉讼,即无公平诉讼可言。据统计,美国多达60%的刑事被告人无法负担律师费用,在某些大城市甚至高达80%(参见王兆鹏:《美国刑事诉讼法》,北京大学出版社2005版,第370页)。

[②] 在不属于试验试点案件的尹某某、周某、刘某某被控犯贩毒罪一案庭审中,被告人周某在面对出庭侦查人员说并不存在非法审讯行为时只是沉默,其在侦查人员退庭后即向审判长陈述刚才没意见是因为侦查人员已经说了不存在非法审讯行为,自己反驳无用只得保持沉默;由于被告人尹某某、周某均无律师辩护人,导致排非调查的实质化和被告人的质证权均受影响,实质上也削弱了侦查人员出庭作证的作用。

担任辩护人,保障被告人不因经济困窘而无法得到律师帮助。

2. 依法充分保障律师辩护权的各项具体权利

保障律师辩护权,就是保障庭审实质化改革。从刑事诉讼实务看,以下几个方面的权利受到限制的情况时有出现,尤其需要重点关注和加大保障力度。主要包括以下权利:一是保障律师约见法官和会见被告人的权利。律师书面申请会见法官的,法官应及时进行审查。同意会见的,应及时安排并通知律师与法官会见;同时加大对律师会见被告人权利的保障力度,让会见权真正落实落地。二是保障辩护律师的案件审判流程和重要程序事项知情权。个别案件中随意变更审判流程和重要程序事项、对变更情形不作及时告知等情况仍有发生,对律师的相关准备特别是庭审准备造成消极影响。因此,对审判流程和重要程序事项确需变更的,法庭应当及时告知并听取辩护律师的意见,尽量减少对律师辩护活动的消极影响。三是保障律师阅卷、复制案件材料的权利。应当特别强调,阅卷权不仅是辩护律师的一项重要权利,更是律师履行辩护职责有效到位的前提条件,但实践中律师阅卷权受到限制的现象仍然存在,必须切实改进,进一步加大对律师阅卷权的保障力度。除合议庭、审判委员会的讨论记录以及其他依法不能公开的材料外,对辩护律师通过合法方式复制案卷材料的,法庭应当允许并提供方便。同时,律师可以根据需要带律师助理协助阅卷,法院经核实身份后应予准许;还应积极依托信息化手段,大力推行电子化阅卷,允许律师刻录、下载相关材料。① 四是保障律师申请调取证据权和申请法院向被害人或者其近亲属、被害人提供的证人收集与本案有关的材料的权利。法庭应当在收到辩护律师提出的申请后 7 日

---

① 针对阅卷权的重要性,左卫民教授强调指出,"鉴于律师阅卷是律师发表辩护意见的前提,有必要强化保障律师阅卷权,让律师能够在控方决定起诉后即可全面、充分地接触案卷材料"[参见左卫民等:《中国刑事诉讼运行机制实证研究(五)——以一审程序为侧重点》,法律出版社 2012 年版,第 47 页]。

以内作出是否许可的决定,并通知辩护律师。辩护律师书面提出有关申请时,法庭不许可的,应当书面说明理由;辩护律师口头提出申请的,法庭可以口头答复。五是保障律师在庭审中的各项权利。法庭审理过程中,法官应当注重诉讼权利平等和控辩平衡。对于律师发问、质证、辩论的内容、方式、时间等,法庭应当依法公正保障,以便律师充分发表意见,查清案件事实。法庭审理过程中,法官可以对律师的发问、辩论进行引导,除发言过于重复、相关问题已在庭前会议达成一致、与案件无关或者侮辱、诽谤、威胁他人,故意扰乱法庭秩序的情况外,法官不得随意打断或者制止律师按程序进行的发言。① 同时,人民法院应当为律师在庭审中依法行使辩护权提供便利服务、强化平等保障②,如律师可以根据案件需要,向人民法院申请带律师助理参加庭审,从事记录等相关辅助工作③;设立律师出庭准备室、工作休息室;为律师提供电脑上网查询和图书资料查阅等条件。六是保障律师辩护言论豁免权。律师于审判活动中为履行辩护职责发表的言论不受法律追究,但发表危害国家安全、恶意诽谤他人、严重扰乱法庭秩序的言论除外,这是现代刑事诉讼理念及制度的重要内容,并为多数国家立法确认,

---

① 2019年2月27日,广东高院审判员罗某开庭主审一起刑事案件中,法庭调查阶段提醒辩护律师发言时,因三次用语不当、有失规范而引发争议,罗某后向有关律师道歉。该案出庭辩护律师和检察员均表示,虽然审判长个别用语有不规范情况,但全案不存在不公正问题,辩护律师依法充分发表了辩护意见。根据上述调查情况,经征求检察和司法行政机关意见,广东高院决定对罗某进行诫勉,并责成有关部门认真整改(参见倪艳楠:《广东高院:"三次打断律师发言"审判员被处诫勉》,载《新京报》2019年5月24日)。

② 2020年12月,最高人民法院、司法部发布《关于为律师提供一站式诉讼服务的意见》,人民法院律师服务平台同步正式上线,为律师提供35项在线诉讼服务。

③ 2015年9月"两高三部"《保障律师权利规定》明确律师助理可以协助参与刑事诉讼,其中第25条就律师可以申请带律师助理参加庭审作了规定;2019年5月最高人民法院办公厅《对十三届全国人大二次会议第6263号建议的答复》也再次予以明确。2021年《刑诉法解释》第68条规定,"律师担任辩护人、诉讼代理人,经人民法院准许,可以带一名助理参加庭审。律师助理参加庭审的,可以从事辅助工作,但不得发表辩护、代理意见"。

我国《律师法》第 37 条、《法国刑事诉讼法》第 41 条、《英格兰和威尔士出庭律师行为准则》以及《联合国关于律师作用的基本原则》等均有规定。考虑到我国律师执业权利保障机制仍存在不足，应进一步强化对律师此项权利的依法保障，切实推动刑事辩护的实质化。①

3. 进一步推进律师辩护全覆盖

一是完善操作机制，促进有效辩护。健全案件繁简分流机制，综合案件繁简程度、律师执业年限等指派援助律师、发放援助津贴；建立评价监督机制，对法律援助律师的辩护工作进行评价，作为律师年度考核参考；细化律师资源调配及经费保障机制；建立激励机制，经法院审理对被告人宣告无罪、免予刑事处罚、缓刑的，或被告人被减轻或从轻处罚的，给予援助律师相应奖励；完善值班律师制度，常态化提供法律帮助。在法院和看守所建立工作日全天候法律值班岗，派驻刑事辩护律师值班。建立司法局、法院双边联络机制，确定专门联络机构与联络人，负责协调落实工作中出现的问题。二是完善试点工作办法，提升审理效率与效果。明确法律援助机构作出法律援助决定和承办律师与人民法院联系的时限；明确指定辩护人阅卷时限，并对不同程序案件分别作出规定；明确对不需要开庭审理的二审案件提交书面辩护意见的时间；建议对基层法院审理的"事实清楚、被告人认罪、可能判处三年以下有期徒刑"案件，由值班律师为被告人提供法律帮助；建议明确单位犯罪中对被告单位是否指定辩护人等。三是探索重大案件侦查与审查起诉阶段律师辩护全面覆盖。目前律师辩护全覆盖的试点仅限于审判阶段，探索重大案件侦查与审查起诉阶段辩护全面覆盖，既是刑事庭审实质化的要求，能有效确保犯罪嫌疑人的权利得到充分保障，又能防止个别案件"带病起诉"，影响案件的审理效率与效果。

---

① 参见陈卫东主编：《模范刑事诉讼法典》（第二版），中国人民大学出版社 2011 年版，第 138、139 页。

4. 强化律师辩护权保障的约束机制

一是切实强化和落实庭前会议对被告人及其辩护人权利的保障功能。将被告人及其辩护人权利的保障列入庭前准备工作的重点内容,在庭前会议中切实体现;对庭前会议达成共识要提醒双方切实遵守并记入庭前会议笔录。二是牢固树立和坚持控辩平等理念。庭审中法官要真正做到"一碗水端平",依法充分保障各方诉讼权利,特别是对律师依法行使辩护权要充分尊重和切实保护。三是强化法官对庭审控辩平等的引导和维护。需要强调的是,这里的控辩平等理念应从实质上而不是从形式上理解,对庭审中被告人及其辩护人存在举证、质证不充分情形的,法官应当及时提醒辩方;对可能减轻和有利于被告人的相关证据和事实,法官必要时要敢于行使职权调查权,以确保控辩对抗的实质平等,充分体现刑事诉讼的人权保障价值;反之,对可能加重和不利于被告人的证据和事实,法官不得依职权主动进行调查。[①] 四是进一步强化案件评议和判决书对律师辩护意见的回应职责。要将律师辩护意见列入合议庭评议和审委会讨论的重要内容;对律师辩护意见不予采纳的,要在判决中进行充分说理论证[②];将实质回应、有效回应和充分回应确立为法官的审判职责和评判标准,判决书没有对律师辩护意见进行实质性回应的可以构成上诉和发回重审的理由;将判决书回应律师辩护意见情况列入案件质量评查内容,进行评查和通报;及时修订《刑事诉讼法》和相关司法解释,就法官对辩护

---

① "在民事诉讼中继续实行形式上的平等,必然意味着对所谓中立规则的实质性歪曲",在严守程序公正前提下更多地关注实质公正,对我国推进以审判为中心的刑事诉讼制度改革而言,确有借鉴价值[See Paul Stancil, "Substantive Equality and Procedural Justice", Iowa Law Review, 2017(102), p.1689]。

② 参见左卫民等:《中国刑事诉讼运行机制实证研究(五)——以一审程序为侧重点》,法律出版社2012年版,第47页;另参见陈卫东:《"以审判为中心"改革对侦查、公诉和辩护的影响》,载卞建林、韩旭主编:《刑事庭审实质化和有效性问题——第九届中韩刑事司法学术研讨会论文集》,法律出版社2018年版,第7页。

意见的回应职责作出明确规定。① 五是构建完善律师与法官的常态化沟通与履职互评机制。搭建法官协会与律师协会沟通平台,主动听取和收集律师的意见、建议,建立法官与律师双向互聘监督员机制,更好地保障和促进律师依法行使辩护权。

三、庭审实质化与一审裁判文书制作改革

裁判文书,是法院的司法作品,也是法官的职业名片。"唯一能够合理证明法官的工作质量者,就是他的判决。而能够对判决作出令人信服的论理者,只有法官本人,唯有这种经过论理的判决,才是一个法治国家的判决。"②故此,重视并用心制作裁判文书,意义至为重要。几年来的刑事庭审实质化改革实践,给刑事法律文书制作带来了新的挑战和要求,对裁判文书制作改革的研究和实践都有待进一步加强。

(一)庭审实质化改革给一审裁判文书制作带来的新挑战

刑事庭审实质化改革所倒逼的远不只是动态过程的变化,也包括作为静态载体的法律文书的变革,这种挑战要求主要反映在以下几个方面。

---

① 对法官在判决中实质和有效回应律师辩护意见的问题,2015 年 9 月"两高三部"《保障律师权利规定》第 36 条首次明确,人民法院适用普通程序审理案件,应当在裁判文书中写明律师依法提出的辩护、代理意见及是否采纳的情况,并说明理由。2021 年《刑诉法解释》第 300 条第 1 款规定,"裁判文书应当写明裁判依据,阐释裁判理由,反映控辩双方的意见并说明采纳或者不予采纳的理由"。成都中院结合改革实践制定下发了《关于依法保障律师执业权利的若干意见》和《刑事庭审实质化改革一审裁判文书制作规范》,并与市检察院和市司法局联合下发《关于保障和规范律师在刑事诉讼中依法执业的暂行办法》,其中有关条款对实质和有效回应要求予以了明确规定(参见郭彦主编:《理性 实践 规则:刑事庭审实质化改革的成都样本》,人民法院出版社 2016 年版,第 490—521 页)。

② 〔德〕托马斯·达恩史戴特:《失灵的司法——德国冤错案启示录》,郑惠芬译,法律出版社 2017 年版,第 8 页。

一是文书制作的效率化。其中最主要的是实现法律文书制作的繁简分流,切实做到当简尽简,该繁才繁,繁简结合,公正高效,这一趋势在国外亦有体现。① 所谓当简尽简,是指即使是难案裁判文书制作,也要充分体现效率要求,对应当简化、能够简化的部分尽量简化处理,坚决防止为繁而繁;所谓该繁才繁,是指要按照刑事庭审实质化要求,紧扣控辩双方关键证据争点、事实争点和法律适用意见争点,针对性回应控辩双方在法庭上提出的意见主张,强化说理论证,增强判决的说服力。同时,在当前日益突出的案多人少矛盾背景下,强调裁判文书制作的效率化,既有利于诉讼经济,合理分配司法资源,同时也有为法官有效减负的积极考量。②

二是文书制作的多元化。要结合案件的具体情况,研究和形成针对不同类型和复杂程度案件法律文书的表述形式,增强文书制作的针对性和说服力,比如针对轻微案件的略式文书格式、针对简单案件的简式文书格式、针对普通程序案件的标准式文书格式、针对疑难案件的繁式文书格式等。

三是文书制作的动态化。法律文书本身是审判动态过程的静态载体,担负着客观和恰当反映审判过程与结果的双重责任。当前刑事庭审实质化改革对文书制作的重要要求之一,就是裁判文书要对实质化审理方式的动态要素予以同步和有效叙述,充分展现刑事庭审实质化改革的要求和变化。

(二)庭审实质化改革中一审裁判文书制作存在的主要问题

1. 对实质化审理方式新要求的体现不到位

这是目前最突出的问题,主要反映在对庭前会议、证人出庭、非法

---

① 参见〔日〕松尾浩也:《日本刑事诉讼法(下卷)》,张凌译,中国人民大学出版社2005年版,第151页。

② 参见林国贤、李春福:《刑事诉讼法论(下册)》,三民书局2006年版,第420页。

证据排除等程序运行情况未作叙述或叙述过简。如前所述,笔者抽样调查的101件试验示范案件判决书中,在判决书前部叙述庭前会议情况的只有25件,约占24.75%,比例明显偏低,有相当部分案件召开了庭前会议,但判决书完全看不出来是否召开;叙述证人到庭情况的有53件,约占52.48%,刚刚过半。在判决书事实认定、证据分析和综合说理部分,有意识地突出对到庭证人证言的分析的有34件,占33.66%。

在庭前会议情况表述方面,相当一部分判决书要么没有记载,要么只记载召开了庭前会议,对庭前会议作出的重要程序事项、裁决没有提及,也没有进行争点归纳。

在非法证据排除规则适用方面,有的案件存在操作不规范、记载不完整等问题,如岳某某被控盗窃案中,该案适用简易程序,未召开庭前会议,被告人在第三次开庭中明确提出侦查人员采用欺骗和暴力手段逼迫其在笔录上签字,但法官既未告知其有权申请排除非法证据,也没有依职权决定启动调查程序,只是在判决中将其列入被告人辩解意见内容,并不予支持,实质上侵犯了被告人的申请权。

在证据分析方面,主要问题反映在,证据叙述和分析过于简略且高度程式化,体现不出个案特殊性和证据针对性。从成都地区的情况看,多数判决在证据分析上已经有了较大进步,比较注重证据分析,但仍有少数案件判决书的证据分析相对比较薄弱,主要反映在以下两个方面。

(1)单纯罗列,几乎没有证据分析,如被告人郭某某被控抢劫案判决书:

以上事实有受案登记表、到案经过、被告人供述、被害人陈述、证人证言、辨认笔录及照片、扣押决定书及扣押清单、涉案刀具认定书、华西医院病历、刑事判决书、成都精卫司法鉴定所法医精神病鉴定意见书、华西法医学鉴定中心等证据在案为证。

又如被告人冯某某被控信用卡诈骗案判决书:

上述事实,有经庭审举证、质证的下列证据予以证实:……

(2)过于简略,虽有证据分析但过简,如被告人吴某某被控非法出售珍贵、濒危野生动物(未遂)案判决书:

以上证据经庭审举证、质证,符合证据的客观性、关联性、合法性,且主要内容能相互印证,形成证据锁链,本院予以采信。

没有叙述证人到庭情况,有的案件判决书中提及有多名证人作证,但并未叙述有证人到庭情况;对证人到庭证言的分析评判或分析不完整,如一份判决书中同时有鉴定人和证人到庭作证,但判决书只重视分析鉴定人意见而忽视分析到庭证人证言。另一份判决书中同时有侦查人员和证人出庭作证,但在分析证据中遗漏了对侦查人员当庭证言的分析。

2. 对实质化审理要素的表述结构不一

目前对适用实质化要求审理的案件判决书没有统一的结构格式,实践中各地法院积极进行了探索,把握方式存在差异,比如对庭前会议情况,有的列入首部当事人基本情况后的审理情况概述部分。如被告人张某被控犯故意伤害罪一案的判决书在审理情况概述部分对庭前会议虽作了叙述,但对庭前会议讨论事项和决定情况只字未提:

本院于2015年4月14日受理后依法组成合议庭,于2015年5月25日召集了由公诉人、当事人和辩护人参加并就审判相关问题进行了解和听取意见的庭前会议,并于同年5月29日不公开开庭进行了合并审理。

有的则在概述之后另起一段叙述;对审理中存在非法证据排除情况的,有的判决书是在审理情况概述之后紧接着庭前会议情况叙述,有的则将其列入庭前会议内容叙述,还有的则将其列入证据分析部分。如被告人秋某某等被控盗窃案判决书的表述结构:

上述事实,公诉机关提供有……等证据在案为证……因被告人秋某某、龙某当庭提出其被公安民警殴打过,为此本院依法启动非法证据排除程序,并通知证人李某某、唐某某、熊某、唐某、杨某到庭作证。根据到庭证人的证词,结合3名被告人入所体检的情况,能够相互印证公安民警在对3名被告人进行讯问时没有刑讯逼供的事实,故对被告人秋某某、龙某提出的刑讯逼供的辩解意见,本院不予采纳。

3. 证据评判、判决说理及其对裁判结论的支撑能力还比较薄弱

判决理由对裁判结论的支撑能力主要体现在逻辑支持、观念支持和程序支持三个方面。① 总体上看,经过多年裁判文书改革的不断实践,加之法官文书制作能力的提升,判决书综合说理部分持续改进,对裁判结论的支撑能力有所增强,但裁判文书理由简单、说理不足的症结仍较突出②,"千案一理"、只有共性、不见个性的问题仍然存在③。同时,判决书针对非法证据排除的说理论证和不同类型证据(特别是证人当庭证言)的分析评判尤其薄弱,亟待加强。此外,体系化、精密化的分析评判技术与表述规范仍有待总结、提炼和完善。

4. 文书制作存在繁简失当问题

一方面,当简未简,如部分判决书不同程度地存在重复叙述,比如查明事实与公诉指控内容基本接近甚至完全相同,对不同证言涉及同一事实的叙述重复。另一方面,该繁未繁,突出体现为对控辩双方争议较大的事实和证据没有充分论证,对非法证据排除的说理也相对简单。

---

① 参见冯军、吴卫军:《理念、制度与实践:从司法制度到司法改革》,中国文史出版社2005年版,第242、243页。

② 1999年最高人民法院《关于印发〈法院刑事诉讼文书样式〉(样本)的通知》指出,裁判文书制作中存在"千案一面,缺乏认证断理,看不出判决结果的形成过程,说服力不强"的问题。龙宗智教授认为,刑事裁判最突出的问题表现在判决理由方面,缺乏对证据的分析论证、缺乏对控辩双方不同看法的分析辩驳以及总结性说理,裁决部分重视认定而忽视论证说理(参见龙宗智:《刑事庭审制度研究》,中国政法大学出版社2001年版,第424、425页)。一项针对2013—2015年间160份抽样刑事判决的实证研究表明,证据说理不充分、定罪说理不充分、量刑说理不充分以及对辩护内容的归纳回应不全面等问题仍较突出(参见熊焱主编:《刑事庭审实质化改革:理论、实践、创新》,法律出版社2017年版,第178—181页);另一项针对1999—2016年间某直辖市16个基层法院的共1600份生效刑事判决书的实证调查,亦反映出类似情况[参见贺荣主编:《深化司法改革与行政审判实践研究——全国法院第28届学术讨论会获奖论文集(上)》,人民法院出版社2017年版,第439页]。

③ 参见左卫民:《判决书的法理研究》,载左卫民:《刑事程序问题研究》,中国政法大学出版社1999年版,第83页。

(三)改革一审普通程序裁判文书制作的具体要求

1. 庭审实质化改革背景下文书制作改革的总体要求

可以概括为下几个方面:一是力推繁简分流,务求做到当简尽简,该繁才繁,分流分类,公正高效;二是彰显改革实质,对实质化审理方式的重点要素应当予以有效和充分反映;三是强化文书说理,重点针对非法证据排除、证据评判、控辩意见采纳等进行说理。

2. 设置多样化文书模式

形成多通道、多样化文书制作模式:

(1)略式文书。适用于按照速裁程序审理的轻微刑事案件,其特点是双方没有争议、案情简单、罪行很轻。完全采用模板化版块,部分格式化内容预先植入,法官或其助理结合个案情况填入少量要素,即可在庭审后同步生成填充式或表格式文书,当庭审理后判决半小时内可以送达。总之,这是一种要素高度简化、制作快捷方便、形式灵活变通的文书模式。

(2)简式文书。适用于按照简易程序审理的简单刑事案件,其特点是双方没有争议或争议较小、案情比较简单、罪行较轻。由此,简式文书主要简在对控辩双方陈述主张、事实和证据分析、裁判说理论证等方面可以有重点、有针对性地进行简化和概括处理。一审简单案件可以根据案件类型适用要素式、令状式等简式裁判文书,判决书正文只需列明主要事实、证据名称、适用法条及判决结果[1],对证据分析和裁判说理可简略处理甚至一笔带过。但是对被告有利的证据不予采信的,则不能简省,仍应说明理由。[2] 同时可以借鉴我国台湾地区的做法,对被告人认罪认罚案件,探索实践由法官助理或书记员将犯罪事

---

[1] 参见蔡墩铭:《刑事诉讼法概要》,三民书局2011年版,第323页。
[2] 参见陈卫东主编:《模范刑事诉讼法典》(第二版),中国人民大学出版社2011年版,第429、439页。

实概要、适用法条及判决结果记载于宣判笔录,当事人签字即可替代判决书;如宣判 10 日内被告人要求送达书面判决者,法院可制作判决书。① 此外,要探索类型化简单案件裁判文书智能生成系统,并逐步扩大裁判文书智能生成适用的案件类型。

(3)普式文书。适用于由合议庭按照普通程序审理的刑事案件,其特点是双方对定罪或量刑存在争议、案情相对复杂疑难。相较于略式和简式文书,普式文书在结构上是标准和典型的一种文书样式,其重点在于对证据的分析论证、认定事实的理由和处理意见的释明上。

(4)繁式文书。适用于少量按照庭审实质化要求审理的疑难刑事案件,其特点是双方对定罪量刑的事实或证据争议较大、案情复杂、法律适用较难、罪行较重的刑事案件。繁式文书实质上是在普式文书的基础上紧扣庭审争点对相关部分的强化处理,比如针对程序争议事项、非法证据排除、证人到庭证言、法律适用意见等。

一审刑事裁判文书模式的适用要求应当是,充分顺应刑事案件繁简分流和程序简化需要,在裁判文书制作上也要实行繁简分流和制作流程简化,真正形成超过 90% 的大量简单案件和速裁案件适用简式文书和略式文书,不超过 10% 的少量复杂疑难案件适用普式文书和繁式文书。

3. 裁判文书如何适应和体现实质化审理方式的具体要求

以普式文书和繁式文书为例,一审刑事裁判文书有效反映庭审实质化改革要求,应当着重体现在以下几个方面。

(1)完整记录庭审过程。裁判文书是庭审过程的实质化显现,庭审过程必须如实记载于裁判文书之中。② 顺应庭审实质化力推关键证人出庭常态化之需,在裁判文书前部审理情况概述部分,在当事人到

---

① 参见朱石炎:《刑事诉讼法论》,三民书局 2014 年版,第 582 页。
② 参见贺荣主编:《深化司法改革与行政审判实践研究——全国法院第 28 届学术讨论会获奖论文集》(上),人民法院出版社 2017 年版,第 439 页。

庭情况之后,接着增加叙述各类证人到庭情况,可表述为"证人某某到庭参加诉讼"。

(2)庭前会议情况单列。在文书中案件由来和审理经过部分之后、控辩主张概述之前另起一段叙述庭前会议情况,其中包括启动情况、会议内容、程序裁决事项等。如被告人周某某被控贩卖毒品案判决书对庭前会议召开情况作了如下表述:

在送达起诉书副本时,被告人周某某否认多次向周某贩卖毒品,鉴于本案存在事实争议,本院依职权决定召开庭前会议,由承办法官主持,召集公诉人黄某、被告人周某某及辩护人涂某参加。在庭前会议中,本院就控辩双方在管辖、回避、是否申请排除非法证据、是否申请证人出庭等方面了解情况,听取意见,梳理了事实和证据方面的争议点,确定了法庭调查的顺序和重点,并形成庭前会议报告,提交合议庭。

庭前会议报告的主要内容有:一、……二、……三、……

相比之下,此案判决书对庭前会议情况的叙述要素清楚,重点突出,值得称道。值得注意的是,针对在裁判文书中哪个部分及如何表述庭前会议,2017年3月四川省高级人民法院《庭前会议意见》第22条概括规定为,"对召开庭前会议的案件,在裁判文书中案件的由来及审理经过部分应予以表述"[1]。2016年成都市中级人民法院《刑事庭审实质化改革一审裁判文书制作规范》第4条第1款规定,"召开庭前会议的案件,除应当在审理经过部分予以简要提示外,还应当在审理经过部分之后,另起一段予以阐明";第2款重点针对如何表述,从召开原因、申请主体以及会议内容等三个方面作了较为具体的规定。[2] 相较而言,成都法院的规定更为具体,也更有可操作性。

---

[1] 参见熊焱主编:《刑事庭审实质化改革:理论、实践、创新》,法律出版社2017年版,第219页。

[2] 参见郭彦主编:《理性 实践 规则:刑事庭审实质化改革的成都样本》,人民法院出版社2016年版,第490页。

(3)对证据的叙述和分析应当突出证人到庭作证情况。可表述为"证人某某到庭作证称:……"必要时还应对查找和通知证人出庭情况作简要叙述,如一份判决书对查找证人情况作了如下叙述:

> 庭前会议后,公诉人多次联系证人周某、罗某某,本院也向2名证人发出强制证人出庭令,商请公安机关协助执行。开庭前,本院查找证人周某、罗某某未果,通过电话方式联系后,证人周某、罗某某已到外地,且不愿到庭作证。

(4)对宣判情况应当作必要说明。其重点在于:当庭宣判的,应当在判决书前部审理情况概述部分进行叙述。可表述为:

> ……到庭参加诉讼。本案经合议庭评议当庭作出裁判。本案现已审理终结。

(四)完善一审裁判文书制作的相关建议

对裁判文书的制作,日本法采取了程序基本法与法院诉讼规则相结合的模式,即通过《刑事诉讼法》确立裁判文书制作的实质要求(如《日本刑事诉讼法》第44条、第335条),通过最高法院刑事诉讼规则的形式对裁判文书制作作出具体规定(如日本最高法院《刑事诉讼规则》第53条至第61条)。我国《刑事诉讼法》第200条至第203条对裁判文书有所规定,但没有涉及裁判文书制作的实质要求。《刑诉法解释》第300条规定,"裁判文书应当写明裁判依据,阐释裁判理由,反映控辩双方的意见并说明采纳或者不予采纳的理由。适用普通程序审理的被告人认罪的案件,裁判文书可以适当简化",该条司法解释确立了裁判必须阐明理由的实质要求。裁判文书制作的技术规范主要体现在最高人民法院《法院诉讼文书样式(试行)》之中,但这个样式制定于多年以前,且主要是技术性规范,难以完全适应刑事庭审实质化改革对裁判文书制作的新要求。为此,应分五个层面明确裁判文书制作的规范和技术:

其一，完善对裁判文书制作的立法要求。主要包括：一是把裁判文书必须阐明理由确立为刑事诉讼的一项基本原则，至少应明确规定判决书应当说明理由①；未阐明理由的，可以构成上诉、申请再审、改判或发回的事由或原因②。二是裁判文书应当载明认定的事实、采信的证据和适用的法律；没有记载的，可以构成上诉、申请再审、改判或发回的事由或原因。三是裁判文书应当对控辩双方的意见和主张作出平等、实质且充分的回应；特别是不采纳的，应当说明不采纳的理由。四是裁判文书制作应当实行繁简分流，真正做到当简尽简，该繁才繁。

其二，通过司法解释对裁判文书制作进一步作出更为具体且可操作的规定。其中包括裁判书制作的基本结构、类型模式、构成要素、内容简化、文书署名等方面，并对适用速裁程序、简易程序、普通程序和实质化审理方式的四种类型案件的裁判文书结构模式分别予以规定。

其三，把握好专业化与大众化的平衡。裁判文书作为法官依赖法律思维、运用专业语体、评判事实证据、论证裁判理由的载体，交织着专业化与大众化(通俗化)的双重价值联结与风格浸润。当前的重要问题是在坚持专业化审判、规范化表达的前提下，如何通过裁判文书主动对接和有效回应民众的司法需求，做到既规范严谨，又通俗易懂，真正让民众了解司法、接近司法、信任司法。从长远来看，"裁判文书通俗与否，关系着民众了解法院的程度，一篇可读性、可亲近性、可利用性，有法律观念，不必专业人员解说的裁判文书，必然更接近民众，成为他们生活认知、行止遵循的准则。因此，裁判文书通俗化的工作，不单是便于

---

① 参见陈卫东主编：《模范刑事诉讼法典》(第二版)，中国人民大学出版社2011年版，第427、428页。

② 裁判文书需阐明理由，系审判制度尤其是刑事审判制度理性化、民主化发展的产物和重要标志(参见龙宗智：《刑事庭审制度研究》，中国政法大学出版社2001年版，第419页)。勒内·达维德称，"有很长一段时间，大家一致认为判决是行使权力，无须说明理由……判决必须说明理由这一原则今天是极为牢固地树立了"(参见〔法〕勒内·达维德：《当代主要法律体系》，漆竹生译，上海译文出版社1984年版，第132页)。

阅读的表面意义而已,对于建立法治社会,更具潜移默化的功效"①。

其四,尽快修订最高人民法院《法院刑事诉讼文书样式(样本)》。针对刑事一审裁判文书的略式、简式、普式和繁式四种类型,区分不同审级和案件类型,提供多通道文书样式模板,并提出具体详细的制作说明,以供法官和法官助理制作文书时准确理解和便于操作。

其五,建立裁判文书示范推广制度。不定期精选、发布具有示范意义的典型案例及裁判文书,并可以邀请理论和实务专家进行点评,供法官和法官助理学习借鉴。

四、庭审实质化与现代科技对庭审程序和司法技术的挑战及应对

我们生活在一个似乎无所不能而又难以预测的变革时代。电子数据、人工智能、大数据等现代科技发展对包括刑事诉讼在内的司法活动产生持续深刻的影响,其中在线诉讼、电子诉讼尤其引人注目,加之2020年年初新冠肺炎疫情突然爆发,客观上倒逼在线诉讼的加速推进。以信息化、人工智能为核心的现代科技对司法活动的影响如此巨大,以致有人问道,法院到底是一项服务还是一个地方?② 同时,相关研究对现代科技特别是人工智能给庭审程序、司法技术带来的深刻影响和挑战则似乎关注不够③,仍需学术界、实务界、技术界各方的深

---

① 翁岳生:《裁判书类通俗化研究汇编》,第1页。另参见苏永钦:《司法改革的再改革》,月旦出版社1998年版,第137—171页。

② 参见[英]理查德·萨斯坎德:《法律人的明天会怎样?——法律职业的未来》,何广越译,北京大学出版社2015年版,第11页。

③ 法律人工智能研究主要集中在以下几方面:人工智能对既有法学理论带来的问题与挑战;人工智能运用中的信息公开和透明化;智慧法院建设等(参见左卫民:《关于法律人工智能在中国运用前景的若干思考》,载《清华法学》2018年第2期)。相较之下,对程序和权利挑战应对的关注研究较少。

入思考和共同应对,"现代法律体系能否成功应对人工智能所带来的新的风险和不确定性……这是今天的法律人所必须面对的紧迫问题"①。

(一)新场景

近几年来,全国各地法院积极探索在线诉讼司法新模式、新实践②,取得重要进展。据最高人民法院新闻发布会透露,2020年1月至2021年5月,全国法院在线立案共1,219.7万件,在线立案约占全部立案数的28.3%;在线调解总次数为651.3万次、诉前成功调解案件共614.29万件;在线开庭共128.8万次,在线庭审平均用时42.3分钟;电子送达共3,383.3万次,约占总送达次数的37.97%。经全国法院不懈努力,在线诉讼适用规模和质量不断提升,线上线下双轨并行、有序衔接的在线诉讼模式初步形成。其中,以下几个方面尤为值得关注。

1. 电子诉讼

近几年来,电子诉讼从概念到探索、创新到推广,呈现出加速趋势。2017年8月至2018年9月,杭州、北京、广州互联网法院相继设立。2018年4月,最高人民法院网络安全与信息化领导小组会议提出打造标准化全国移动电子诉讼平台。2018年9月,最高人民法院印发《关于互联网法院审理案件若干问题的规定》,明确多项在线诉讼规

---

① 郑戈:《人工智能与法律的未来》,载《探索与争鸣》2017年第10期。

② 从国外情况看,20世纪70年代,美国联邦民事诉讼规则采纳电子信息发现程序;1993年,美国威廉与玛丽法学院启动利用信息网络技术来建构虚拟法院的研究项目;2000年,密歇根州大约70%的法院和律师事务所能够在电子或虚拟环境中处理事务;2001年,美国密歇根州议会通过《电子法院法》,次年正式成立并运作密歇根电子法院,目前美国联邦法院和各州法院的民事诉讼都使用电子诉讼;奥地利1990年建立了能够安全传输数据的电子诉讼系统,并自2000年起向所有当事人开放。此外,英国、德国、韩国、印度等国家均有关于在线诉讼的实践(转引自左卫民:《中国在线诉讼:实证研究与发展展望》,载《比较法研究》2020年第4期)。

则。2019年3月,最高人民法院召开移动微法院试点推进会,提出积极探索现代科技与司法工作深度融合的路径。2019年12月,最高人民法院发布《中国法院的互联网司法》白皮书,提出制定"电子诉讼法"。2020年1月,最高人民法院《民事诉讼程序繁简分流改革试点方案》将大力推进电子诉讼、健全电子诉讼规则作为五大重点之一。2020年5月,周强院长在全国人大会议上的报告指出,要推广"网上案件网上审理",推动电子诉讼服务向移动端发展。与此同时,最高人民法院指导推动全国法院部署网上立案、网上缴费、网上证据交换、网上开庭、电子送达等五个标准模块,吉林等地法院已建成投用。[①] 两年以来,受新冠肺炎疫情影响,在线诉讼需求呈现快增趋势。[②] 2021年6月,最高人民法院印发《人民法院在线诉讼规则》,自2021年8月1日起施行,该规则首次就在线诉讼的内涵、效力、原则、范围、条件、程序以及处罚等问题予以明确,其中第37条就刑事案件在线审理问题作出特别规定。

2. 庭审语音识别、电脑辅助速记、文件展示技术

国外有关研究和经验表明,上述技术的运用能将庭审时间缩短1/4到1/3[③],国内也有地方正在进行探索实践并取得积极成效,如江苏苏州中院使用庭审语音识别转化系统支持开庭共2.7万余次,语音识别正确率已达到90%以上,庭审时间平均缩短20%~30%[④],其在刑事庭审中的前景备受期待。

---

① 参见中华人民共和国最高人民法院编:《中国法院的司法改革(2013—2018)》,人民法院出版社2019年版,第60页。

② 以成都市为例,自2020年年初新冠肺炎疫情发生以来,该市两级法院网上立案通过数为130,787件,提供网上缴费通道案件数为71,558件,诉服平台电子送达595,914件,网络查控执行案件数共142,795件,开庭共109,038件(次),其中网上开庭共7,989件,占比7.33%,表明在线庭审的潜力和前景仍有待挖掘。

③ 参见〔英〕理查德·萨斯坎德:《法律人的明天会怎样?——法律职业的未来》,何广越译,北京大学出版社2015年版,第114、115页。

④ 参见中华人民共和国最高人民法院编:《中国法院的司法改革(2013—2018)》,人民法院出版社2019年版,第61页。

3. 电子证据与证据的电子化

至少在一些案件中,某些传统证据类型出现电子数据化趋势①,确立电子数据的审查判断规则,并最终形成一套完整的适用于互联网领域的证据规则,已成为诉讼制度面临的迫切课题。同时,证据形式与证据的举证、质证以及证明方式的电子化应用日益受到重视,对证据的收集、固定、质证和评判过程,特别是对法庭调查中举证、质证、认证的理念、程序和方法带来新的巨大挑战,尤其值得特别关注。

4. 电子卷宗生成和传输技术

与此相关的无纸化法院、无纸化诉讼正在成为新的关注热点,部分法院已经全部或部分完成技术和管理准备工作,进入全面应用状态。2016年7月,最高人民法院公布了《关于全面推进人民法院电子卷宗随案同步生成和深度应用的指导意见》。2018年1月,最高人民法院印发《关于进一步加快推进电子卷宗随案同步生成和深度应用工作的通知》,提出要加大工作力度,并同步印发了《电子卷宗随案同步生成和深度应用技术要求》及《电子卷宗随案同步生成和深度应用管理要求》。

5. 人工智能辅助办案技术

如上海"刑事案件智能辅助办案系统"、贵州证据指引系统以及检警APP模式等,主要通过创造性地运用大数据、云计算、人工智能等现代科技手段,制定统一适用的证据标准、证据规则,并嵌入公安、检察、法院、司法行政各机关的刑事办案系统中,帮助公安、检察、法院办案人员依法、全面、规范收集和审查证据,确保侦查、审查起诉的案件事实证据经得起法律检验,确保刑事办案过程全程可视、全程留痕、全程监督,以减少司法任意性,有效防范冤假错案产生。国外亦有不少探

---

① 有人预测未来办理刑事案件可能更多依赖电子数据的收集和运用,甚至认为电子数据正在成为互联网时代办案的"证据之王"(参见常锋:《改革背景下刑事诉讼制度的发展——中国刑事诉讼法学研究会2017年年会观点综述》,载《人民检察》2017年第23期)。

索,如美国一些州法院引入"风险评估工具"智能量刑系统,引发争议甚至诉讼①;虽然如此,但"法律人工智能对实际量刑决策的影响正在扩大"②。

6. 在线纠纷解决平台和网上法院

近十年来,在线纠纷解决方式得到快速发展,各种网上解纷平台陆续投用。前者如合肥蜀山法院和上海海事法院的"e调解"平台,成都法院的"和合智解"平台;后者如网上诉讼服务平台③、互联网法院、互联网法庭等④。2016年10月以来,最高人民法院启动统一在线调解平台,推动覆盖纠纷受理、分流、调解、反馈等流程,实现在线办理当事人诉前调解、诉中和解和司法确认等事项。截至2019年10月31日,最高人民法院在线调解平台有2,679个法院入驻,在线汇集21,379个专业调解组织和79,271名专业调解员,共调解案件1,369,134件。⑤ 与此相应,司法公开持续深化,庭审直播日益拓展。截至2018年年底,中国庭审公开网累计直播庭审230万余件,点击率超过138亿人次。⑥ 截至2020年12月,中国庭审公开网公开庭审总

---

① 参见左卫民:《热与冷:中国法律人工智能的再思考》,载《环球法律评论》2019年第2期。

② 左卫民:《关于法律人工智能在中国运用前景的若干思考》,载《清华法学》2018年第2期。

③ 成都地区网上立案等诉讼服务平台即有四川微法院、成都微法院、四川法院诉讼服务平台、成都法院诉讼服务平台等多种。

④ 据统计,截至2019年10月31日,杭州、北京、广州互联网法院共受理互联网案件118,764件,审结88,401件,在线立案申请率约为96.8%,全流程在线审结80,819件,在线庭审平均用时45分钟,案件平均审理周期约为38天,比传统审理模式分别节约时间约3/5和1/2,一审服判息诉率达98%(参见李万祥:《互联网司法开启司法新模式》,载《经济日报》2019年12月18日)。

⑤ 参见中华人民共和国最高人民法院编:《中国法院的司法改革(2013—2018)》,人民法院出版社2019年版,第9页。

⑥ 参见中华人民共和国最高人民法院编:《中国法院的司法改革(2013—2018)》,人民法院出版社2019年版,第42页。

量已经突破1,000万场。①

(二)新趋势

新技术对现代司法活动的嵌入,导致诉讼程序和司法技术正在发生深刻的调整和变化,突出反映在对传统线下庭审的某些功能性替代。从本质上说,这种替代极大地扩展了线下庭审的传统角色和功能,在线庭审因之也具备了线下庭审无法比拟的诸多优势,"特别是,在线诉讼打破了传统诉讼不允许的时空阻隔,让原本无法推进的案件得以顺利推进,无疑为许多不便于亲自到庭进行诉讼的参与人提供了更为便利的接近正义的机会"②,但由此也可能潜藏着诸多不确定风险,尤须引起重视。

1. 空间替代

传统意义上的案件审理活动需在特定时空进行,其特定性主要体现在:一是审理时空的实体性,诉讼双方在物理意义上的法庭场所,在法官主持下面对面进行控辩、诉辩活动;二是审理时空的法定性,即审理案件场所的布局、设置、功能需符合法定标准,由此,"司法应该是一种现场性活动,其具有物理空间在场性、公开性、当事人亲历性等特征"③。而网上远程视频开庭,构建了一个不同于线下实体空间的虚拟空间场景,从功能上看,这一空间同样可以承载线下法庭审理的主要功能,因而在实质上构成了对线下实体空间的某种替代。纯从技术角度而言,此种替代几乎不受限制,线下法庭的物理外观、场景设置、法台器具等均可通过在线技术解决,比如国内有的法院开发出的5G

---

① 参见唐应茂:《千万量级庭审直播的中国模式》,载《人民法院报》2020年12月12日。
② 左卫民:《中国在线诉讼:实证研究与发展展望》,载《比较法研究》2020年第4期。
③ 左卫民:《中国在线诉讼:实证研究与发展展望》,载《比较法研究》2020年第4期。

虚拟智能法庭已初步具备完全替代功能。①

还值得注意的是,在线庭审不仅能够替代实体空间,而且能够极大地扩展庭审空间,互联网空间的无限性同样能够投射到在线庭审领域。一方面,线下实体空间能够容纳的诉讼参与人总是有限,特别是在群体性诉讼案件中尤其如此;从技术层面而言,在线庭审完全可以同时容纳更多当事人同时进行庭审,只要网速得到保障。另一方面,从庭审宣传功能来看,在线庭审则可以提供更为庞大甚至是无限的旁听空间,这一点是传统线下庭审无法比拟的。② 就此而言,在线庭审何止是替代,实质上更是扩展了庭审空间。

2. 程序替代

比如远程开庭、远程提讯、视频作证、电子送达。正当程序运行的本质,既取决于诉讼参与各方的诉讼权利、诉讼机会和诉讼公开得到公平对待和切实保障,也与程序流程严格的顺序性和时限性紧密关联。就此而言,网上审理活动同样可以满足上述要求,网上远程视频开庭的实现,使得网上虚拟空间的程序推进同样可以满足程序公开、程序公平的要求,当事人通过远程视频同样可以参加诉讼,因而对实体空间的程序活动同样构成了实质替代,并拥有实体空间程序运行所难以比拟的便捷性、开放性优势。

3. 证据替代

证据替代主要反映在三个方面:一是作为不同于传统证据的新型证据,电子证据已越来越多地出现在纠纷案件庭审中,且电子证据的即时性、易存性和分离性使之比传统证据类型更易得到广泛使用。二是证据提取、保管、存储方式、介质的电子化,构成了对传统的证据收

---

① 参见段莉琼、刘文添:《开启全场域在线庭审新模式——广州互联网法院抗疫期间推出 5G 虚拟智能"YUE 法庭"》,载《人民法院报》2020 年 3 月 1 日。

② 2019 年 11 月 21 日,广州互联网法院组织涉网金融借款纠纷案件在线示范庭审,全国 31 个省区共 2,500 多名案件当事人旁听(参见林晔晗、黄慧辰、刘文添:《一站解纷争 走进"e 时代"》,载《人民法院报》2020 年 8 月 13 日)。

集和固定方式的替代。三是证据展示、阐释与证明的电子化。多媒体示证技术适应性极广,不仅可用于书证、视频音频证据以及证人作证、当事人陈述,物证同样也可以适用。此外,传统的法庭实物举证、质证主要依赖手工出示、肉眼观察,而多媒体示证还可实现多角度、全景式和局部放大以及细节特写。特别是对证据细节存在重大争议的场合,多媒体示证优势更为明显。由此,多媒体示证不仅替代了传统手工举证、质证,还对既有的证据理念构成冲击。综上所述,传统证据的真实性理念和判断标准受到挑战,如何推进电子证据运用并确保证据不受"污染"成为新课题。①

4. 主体替代

科学技术对法律职业带来的影响主要反映在:一是新技术使法官判断证据、认定事实的能力增强,法律职业的风险有所降低,司法裁判的可靠性提升;二是新技术导致法官在司法活动中面临更高的要求和职业压力;三是新技术可能催化出新的法律职业,比如专家辅助人、新领域新问题新类型鉴定人;四是产生新的法律语言。现代科学技术对司法活动的影响已经延伸到法律语言领域,特别是在线诉讼的广泛运用,对传统的线下法律语言亦将产生深刻而广泛的影响,"应用计算机技术,通过对用自然语言形式表达的法律条文进行信息—逻辑加工,将会逐步产生一种新的法律语言,这必将提高法律条文的精确度,使之更加规范化、通用化"②。上述影响可能导致两个方面的主体替代:一方面,得益于新技术带来的新机遇,传统法律服务会缩水,一些旧职

---

① 有学者从民事证据视角对电子证据进行实证研究,通过"威科先行"案例数据库抽样 3,249 份民事判决书,"其中,法官认定电子证据属实的案件为 2,073 件,占比 63.8%;认定不属实的案件为 1,086 件,占比 33.4%;认定无法判断的案件为 70 件,占比 2.2%;对电子证据真实性争议未作说理的 20 件,占比 0.6%",并据此认为我国电子证据真实性的法定标准在实践中运用不足(参见刘品新:《论电子证据的真实性标准》,载《社会科学辑刊》2021 年第 1 期)。

② 季卫东:《通往法治的道路:社会的多元化与权威体系》,法律出版社 2014 年版,第 126 页。

业甚至可能消失,与此同时,与互联网、人工智能和大数据紧密相关的新法律职业将会相继产生,比如法律知识工程师、法律技术专家、跨学科法律人才、法律流程分析师、法律项目管理师、在线纠纷解决师、法律管理咨询师以及法律风险管理师等。① 与法律变迁的保守性和可逆性相比,科学技术领域的进步是激进的和不可逆的。在这个过程中,农业社会的许多工作和职业彻底消失了,但许多新的职业却诞生了。② 另一方面,新技术可能促成人工智能对传统法律职业的替代,比如虚拟法官、网上调解人、在线咨询师等。近几年来,各地法院已经陆续开发出一些具有初级智能的法律服务智能装置,比如法律知识问答机器人、庭审语音识别和自动转换系统、智能辅助办案系统等;国外亦有不少创新实践,如英国"机器律师"对相关法律问题的判断准确率据称还优于律师③,美国 ross 系统据称可以替代律师 70% 的实务法律研究工作,准确率超过 90%④。需要指出的是,虽然存在某种"主体替代",但从根本上而言,"计算机量刑虽然无形中提高了我们法院的权威,但实际上是用计算机的冷漠替代了法官的居间不偏和公允"⑤,由此,人工智能既不能取代庭审程序,也不能替代法官的最终判断,只能作为法官裁判的辅助工具,法律职业也不可能被人工智能取代。⑥ 至少在涉

---

① 参见〔英〕理查德·萨斯坎德:《法律人的明天会怎样?——法律职业的未来》,何广越译,北京大学出版社 2015 年版,第 129 页。
② 参见郑戈:《大数据、人工智能与法律职业的未来》,载《检察风云》2018 年第 4 期。
③ 参见左卫民:《关于法律人工智能在中国运用前景的若干思考》,载《清华法学》2018 年第 2 期。
④ 参见陈亮、张光君主编:《人工智能时代的法律变革》,法律出版社 2020 年版,第 8 页。
⑤ 张军:《法官的自由裁量权与司法正义》,载《法律科学》2015 年第 4 期。
⑥ 郑戈教授认为,法律职业在技术上既可能最易被替代,也可能最难被替代,原因是决策者基本上是法律人,而法律人不会让自己被替代,我们会设计出各种各样的规则来阻止人工智能替代法律(参见陈亮、张光君主编:《人工智能时代的法律变革》,法律出版社 2020 年版,第 13 页)。笔者对人工智能难以取代法律职业的结论完全赞同,但根本原因恐非法律人主观取向。人工智能固然在基于海量计算、深度学习、超量积累等方面极具优势,但却难以有效处理情感情绪、道德伦理、价值判断、利益衡量等诸多难题。

及情感情绪、价值判断以及利益衡量等领域,人工智能在可预见的相当一段时期内仍将难以取代人的最终判断,由此,人工智能也将无法取代法官的司法裁判。虽然有人认为,基于模拟大脑运作的机制、深度学习理论以及计算机对人类心理状态的阅读,未来的人工智能将能够处理价值问题,并通过属性特征、属性值以及最终形成特征向量的过程使得价值数据化,形成价值数据集,将法律价值设定成算法程式,并通过决策树实现价值选择和价值数据的统合使用。[1] 但至少目前这一观点尚难以得到实证支持,即使是对过去已有案件数据的不断积累、计算和整合,至多也是对过去案件价值判断、情感取向的既成结论,仍难以形成面向未决案件的有效指引。

应当指出,学界对人工智能给法律职业带来的挑战固然关注较多,但主要集中在对传统职业减少而导致的就业机会的萎缩,或者是因新的职业而催生更多的就业机会。从本质上而言,其实更应当关注的是对法律活动主体法定性要求的持久影响。以书记员为例,大陆法系诉讼法理论认为,书记员系诉讼程序见证人、庭审笔录等法定公文书制作人以及庭审笔录和裁判文书共同签名、署名人,其作为诉讼主体的法律定位明确且重要,如《刑事诉讼法》第 187 条第 4 款规定庭审准备活动应当写入笔录,由审判人员和书记员签名;第 203 条规定判决书应当由审判人员和书记员署名;第 207 条规定法庭审判的全部活动应当由书记员写成笔录,由审判人员和书记员签名。《民事诉讼法》第 147 条规定书记员应当将法庭审理的全部活动记入笔录,由审判人员和书记员签名;第 152 条规定判决书由审判人员和书记员署名。随着近二十年来科技发展的持续助力,庭审记录经历了四个演变阶段:书记员手工记录、书记员电脑辅助记录、专业速录员记录、庭审视频语音自动识别转换系统。在前两个阶段,书记员是庭审活动的当然记录

---

[1] 参见彭中礼:《司法人工智能中的价值判断》,载《四川大学学报(哲学社会科学版)》2021 年第 1 期。

主体,自无疑问;在第三阶段,部分地方法院通过第三方公司引入专业速录员从事庭审速记记录,则速录员的法律身份成为问题,一般通过临时任命或概括任命为法庭书记员,由此速录员身份问题得以妥善解决。但庭审视频语音自动识别转换系统可自动完成视频音频记录、存储和文字转换并形成规范庭审笔录,本质上已经初具人工智能特性,在技术上完全可以替代书记员工作,导致传统意义上的书记员似无必要,以致有人发出人工智能时代书记员该干什么的慨叹。如前所述,庭审视频语音自动识别转换系统在技术上确实可以替代书记员工作。问题在于,书记员的诉讼程序见证人、法定诉讼文书作成人以及签名人、署名人身份系诉讼法明确规定,属于诉讼程序基本事项,也是庭审程序合法性、公正性要素之一。如以人工智能完全替代,庭审程序的合法性、公正性就不免面临质疑甚至可能成为个案上诉、申诉的事由。此种问题于虚拟法官、"机器律师"、虚拟调解人等场合同样存在,更需妥善应对。

(三)新挑战

苏力教授在分析科学技术对法律的影响时认为:一是现代科学技术的发展加剧了现代司法职业的官僚化趋势;二是只有那些更为方便、更为廉价的技术才可能对法律制度产生影响;三是"目前法律中的科学技术的因素不是太多了,而是远远不够"①。近些年来,各方的关注目光主要聚焦于在线诉讼给司法效率、司法成本带来的突破,而对在线诉讼给诉讼程序、当事人诉讼权利带来的挑战和风险方面则关注较少。

1. 传统刑事司法理念受到冲击

(1)亲历性。司法的亲历性可以从一体两面进行理解:一体,是指

---

① 苏力:《法律与科技问题的法理学重构》,载《中国社会科学》1999 年第 5 期。

司法须符合公开、公平、公正的要求。两面,是指一方面,各诉讼参与者在审理期日和法定审理场所,面对面参与和完成案件审理过程,即我国古代所谓的"相告者对讯";另一方面,法庭应当保障案件审理活动在法定时空内持续、集中和不受干扰地顺畅进行,司法人员"应当亲身经历案件审理的全过程,直接接触和审查各种证据,特别是直接听取诉讼双方的主张、理由、依据和质辩,直接听取其他诉讼参与人的言词陈述,并对案件作出裁判,以实现司法公正"①。司法的亲历性常常被标定为现代司法的基础性、标志性要求,也是评判司法程序公正性的核心要素之一。在线诉讼场合,由于诉讼各参与方全部或至少部分并非在法庭现场的实体空间参与和完成诉讼行为,刑事案件中一般是被告人在看守所、公诉人在公诉人办公室,只有法庭人员、律师在法庭现场,证人出庭既可能到庭现场作证,也可能采取在线方式通过远程视频进行作证。特别是对被告人及其辩护人而言,被告人在看守所通过远程视频连线参与诉讼、回答双方提问、进行自我辩护,因此传统意义上的司法亲历性是否仍然得到了保障和体现,存在较多争议。简单地讲,隔着屏幕的诉讼是否还是诉讼?在时下正热的5G虚拟智能法庭场合,不仅法庭设施完全可以通过在线技术虚拟合成,而且合议庭成员与诉讼各参与人均可在各自的场所参加,并经由在线技术虚拟合成标准的法庭庭审场面②,这是否仍然符合司法亲历性的基础条件?应当承认,在线诉讼特别是虚拟法庭审理在很大程度上突破了司法亲历性的传统含义,刑事诉讼法的一些基本理念和规则也需要深入反思。③我们必须在新的形势条件下重塑司法亲历性的阐释性内涵和操

---

① 朱孝清:《司法的亲历性》,载《中外法学》2015年第4期。
② 参见潘玲那、陈育锦、朱丹:《5G智慧法院在广州中院正式启建》,载《人民法院报》2019年4月4日;段莉琼、刘文添:《开启全场域在线庭审新模式——广州互联网法院抗疫期间推出5G虚拟智能"YUE法庭"》,载《人民法院报》2020年3月1日。
③ 参见陈亮、张光君主编:《人工智能时代的法律变革》,法律出版社2020年版,第85页。

作性要素,使得司法的亲历性理念在互联网特别是在在线诉讼背景下能够推陈出新,更能动地适应互联网时代民众的司法需求,也更有效地保障诉讼公正。总体而言,司法的亲历性需要且能够融入在线技术带来的变化,在线庭审不仅有效克服了空间障碍,而且同样能够实现有效的当面诘问和对质,正如现场性并不等同于接触式,在线庭审可以通过高品质的即时视频庭审等手段消解诉讼过程中物理性在场的僵化限定,而视频面对面的审理方式也未尝不是一种直接审理,通过视频通话进行的诉讼发问也同样具备言词审理特征①,但于此情形,应以当事人特别是被告人及其辩护人的诉讼权利得到切实保障,且不受实质性减损为条件。

(2)中立性。司法中立是现代法治社会赖以存在和发展的基石之一,也是司法人员职业准则的核心所在。其基本含义是指,法庭在作出裁判时应当将其结论建立在经过各方辩论和质证的客观事实和证据的基础上,而不受任何直接或间接的限制、压力、诱导、威胁和不当干预。② 司法中立的主要要求包括:一是案件中不包含案件裁判者自身的利益诉求;二是司法人员须对各诉讼参与方持平等、对等态度,不可基于任何理由而产生不当偏向;三是未经法庭正当程序审理,法官不得产生预断性意见;四是司法人员与案件当事人之接触须受法定程序、空间和时间之限制,不得于案件、法庭外有单方接触。互联网时代给司法中立带来了新的挑战,在美国加州库亚霍加县的一起刑事诉讼案件中,参与指控的助理检察官布罗克勒于 2013 年 6 月注册了一个虚假脸书账号,假装自己是一名妇女,并参与了另外两名妇女的脸书聊天,而他做这一切的目的只是驳斥辩方提出的犯罪嫌疑人不在谋杀犯罪现场的证据。这最终导致布罗克勒助理检察官受到开除处分,因

---

① 参见左卫民:《中国在线诉讼:实证研究与发展展望》,载《比较法研究》2020 年第 4 期。

② 参见陈瑞华:《比较刑事诉讼法》,中国人民大学出版社 2010 年版,第 252 页。

为他的行为违反了职业道德,"给这一职位抹了黑。布罗克勒制造假证,对证人撒谎,也对其他检察官撒谎,影响了检方侦办该谋杀案的时机"①。可以认为,互联网时代的来临、在线诉讼方式的产生,并未从根本上改变司法中立的价值取向,但司法中立之实现、保障方式的社会背景、权利土壤已经发生了巨大变化,我们必须主动和有效地适应这一改变。

(3)辩论性。司法上辩论主义主要包括两层含义:一是法官须亲自主持庭审并听取双方陈述和辩论;二是法官的事实心证及裁判意见须受当事人诉讼材料的限制,原则上不得在除法庭审理中出示的材料和提出意见之外,采纳其他材料和意见并形成裁判意见。问题在于,互联网时代和新媒体时代已经极大地提升和拓展了我们获取各种信息的能力、方式和渠道,线下面对面交流和特定书面材料已经成为非主要的信息来源,而互联网特别是移动网则成为最主要、经常的信息获取渠道和方式,由此,法官、陪审员等案件裁判者如何在个案审理中遵循辩论主义、免受新媒体信息的不当影响,已经成为一个现实而迫切的重要课题。在美国,为保障陪审员免受来自媒体不当信息的干扰,在重大案件审判中常有将陪审员集中封闭的做法。但这只是一种物理隔离方式,在移动网横扫全球的新媒体时代,这种隔离方式仍然有效吗?换言之,我们应当如何重新认识、定位互联网时代的司法辩论主义,又应当怎样在具体案件中实现和促进辩论主义?

2. 程序权利如何保障面临难题

(1)公正审判权。公正审判权是现代刑事诉讼的重要基础和核心内容,旨在保障任何人有权在合理时间内在依法设立的独立与公

---

① 蒋惠岭、杨奕:《司法公开与新媒体关系的多元比较》,载《人民司法(应用)》2014年第19期。

正的法庭受到公平与公开的审判①,此项权利对被告人而言尤为重要;同时,公正审判权之实现不重静态因素,而取决于动态标准,即必要程序的保障与实质机会的获取。② 在在线诉讼语境下,采取网络开庭或远程视频开庭方式,是否侵犯了诉讼参与方特别是刑事案件被告人的公正审判权,特别是程序保障权和实质机会获得权? 2020 年年初新冠肺炎疫情爆发以来,在线诉讼越来越受重视,不少刑事案件不同程度地采用在线诉讼方式开庭审理,在方便诉讼、降低成本、提高效率乃至减少风险方面显示出极大的优越性,但同时也引发了对当事人特别是被告人受审权是否会受到限制和分割的担忧、争议。疫情期间成都某法院拟适用在线方式开庭审理一起被告人共同犯罪案件,但被告人及其辩护律师明确反对并坚持要求线下开庭,最终意见被采纳。如何平衡刑事诉讼公平与效率的关系,如何平衡惩治犯罪与保障诉权,对在线诉讼而言尤其值得深思。

(2)对质权。对质权既是刑事案件被告人的一项基本诉讼权利,也是现代刑事诉讼的一个重要程序装置,"不仅聚焦于促进可预审判结果的程序机制,同样也专注于重申被告人有权作出个人选择的法定程序"③,该权利主要针对的是可能不利于被告人的证人,其要件包括以下四个方面:①在场,即被告人有权亲自在法庭接受公平审判,并有权要求其他参与方特别是控方和证人出席法庭;②当面,即被告人有权在法庭上直接面对不利于己的证人,并与之目视,同时亦有权要求证人与自己面对面并目视自己;③诘问,即对证人证言进行诘问;④对

---

① 参见颜飞:《论对质诘问权与书面证言的使用——以欧洲人权法院相关判决为中心的考察》,载《西南民族大学学报(人文社科版)》2009 年第 6 期。
② 参见孙长永、胡波:《保障与限制:对质询问权在欧洲人权法院的实践及其启示》,载《现代法学》2016 年第 3 期。
③ Pamela R. Metzger, "Confrontation Control", Texas Tech Law Review, 2012(45), p.100.

质,其核心是在法庭审理现场与证人面对面对质的权利①,也包括有权目视证人,亦有权使证人目视自己。对质权旨在"通过在对抗式诉讼中证人与被告方之间的交叉询问,以确保证人证词的可靠性"②。针对对质权之价值,美国联邦最高法院判例认为:一是对质为人之本能,"对质之所以对于刑事诉讼公正必不可少,乃是因为它是植根于人性深处的基本需求"③;二是有助于使被告人充分感受到法庭审判之公开与公正性,更易接受审判;三是使证人在法庭上与被告人面对面,更易于揭示真实,戳穿说谎者。但于在线诉讼场合,远程开庭、视频作证是否侵犯了被告人以及其他参与者的诉讼权利? 美国联邦最高法院在 coy v. Iowa 案中认为,不问个案具体情况,采取概括方式规定以通过视频传讯方式将证人陈述现场转播至法庭的做法,虽不违反被告人的诘问权,但可能侵犯被告人的对质权。④

(3)审判秘密和当事人隐私。大陆法系国家和地区持审判过程公开、法官评议秘密的传统,英美法系国家和地区的陪审团评议对公众和法官均保密,同时审判过程中之重要证据亦可能成为审判秘密,故审判秘密亦为国家秘密之组成部分。在线下诉讼场合,审判秘密相对具有较强的可控性。但于在线诉讼情景下,所有诉讼行为和诉讼资料的提交、出示均通过网上进行,举证、质证亦通过多媒体示证方式在网上进行,加之在线庭审旁听空间的无限扩展性和庭审直播的广泛运用,审判秘密、重要诉讼资料、商业秘密以及当事人隐私泄露的风险将成倍上升,如何保障审判秘密、商业秘密以及当事人隐私不被泄露已

---

① See Roger C. Park, "Is Confrontation the Bottom Line?", Regent Uneversity Law Review, 2006(19), pp. 461 - 262.

② Christine Chambers Goodman, "Confrontation's Convolutions", Loyola University Chicago Law Journal, 2016(47), p. 819.

③ David Alan Sklansky, "Confrontation and Fairness", Texas Tech Law Review, 2012(45), p. 104.

④ 参见王兆鹏:《美国刑事诉讼法》(第二版),北京大学出版社 2014 年版,第 449 页。

经成为必须面对的现实课题。①

3. 刑事举证、质证方法有待调适

一方面，刑事举证、质证方法需要应对新的需求和变革。传统意义上的举证、质证活动都是在线下法庭进行，指控和辩护证据均应当庭出示并经对方辨认；关键证人应到庭作证并接受交叉询问；物证、书证应出示原物、原件等。在网上开庭场合，控辩双方发问、证人作证均主要通过网上进行；除音视频证据和直接通过网络形成的证据当然通过电子方式展示外，传统的物证、书证亦可通过电子方式进行展示，但实际展示的是图片而非原物、原件，由此导致"一些证据原件在电子化后真伪更加难以辨别，在线查明这类案件的事实愈加困难"②。显然，在线诉讼更为青睐多媒体示证，与传统的原物、原件的实体展示则渐行渐远。《刑事诉讼法》和《刑诉法解释》对多媒体示证问题均未作要求，最高人民法院"三项规程"、地方改革文件中虽有所涉及，但所采策略似存差异。另一方面，传统的诉讼调查和证据裁判亦面临挑战：其一，从证据事实的概然性到确定性。过去，证据法研究曾经被概率论所统治，而现在，概率论被认为并非如人期望的那样有效，由此，诉讼阶段的证据证明力都要按照似真性和最佳解释推论而非概率才能得到最佳理解。③ 其二，从证据条件的圆满性到限定性。刑事诉讼立法基于规范视角和理想场景通常会对证据条件作出具体界定，但刑事司法实践中的证据要素构成往往总是处于某种短缺状态，难以完全满足

---

① 最高人民法院审管办主任赵晋山介绍，"最高人民法院正在着手制定相关司法解释，明确划定庭审直播案件范围，进一步对庭审中涉及的公民隐私权和商业秘密等依法妥善进行保护，并加强对未成年人、被害人、证人等特殊主体的保护，努力在司法公开和维护好公民隐私权、企业商业秘密之间取得平衡"，参见张素、孙航：《法院庭审直播发展迅猛，中国最高法表示将妥善保护隐私》，载中国新闻网，最后访问日期：2020 年 12 月 16 日。

② 胡昌明：《"司法的剧场化"到"司法的网络化"：电子诉讼的冲击与反思》，载《法律适用》2021 年第 5 期。

③ 参见〔美〕罗纳德·J. 艾伦：《艾伦教授论证据法（上）》，张保生等译，中国人民大学出版社 2014 年版，第 397 页。

所有条件和理想场景。其三,从证据规格的典型化到误差化。基于传统证据法理念,刑事诉讼的目的正是通过找到具有典型意义的证据样本,精确实现证据与待证事实之间的直接无缝联结。但实际情况是,"在刑事司法实践中,我们永远无法完全消除误差,而只能在这种误差与那种误差之间进行选择"①。

4. 线下法庭仪式感与法庭规则难以简单适应线上空间

传统意义上的法庭布局、区域划分、器物设置,以及审理程序、法庭规则、法庭用语,还有对法庭审理中相关情形的处置,基本上围绕线下法庭空间形成一整套体系化标准和规则,但却难以简单适用于在线诉讼所依赖的虚拟空间。目前,最高人民法院尚未制定全国统一的虚拟法庭规则。在线庭审对法庭审理活动的庄严感、仪式感存在不可忽视的消解风险,实践中部分法官亦认为在线诉讼可能削弱法庭的威严感、仪式感,并可能导致程序风险。② 正如有人指出,一方面,"在网上开庭过程中,原来由法台、国徽、法槌、法袍、审判席等构成的司法场域一定程度上被消解,无法像在法庭那样塑造庭审的庄严性和仪式感";另一方面,在线诉讼模式实质上"取消了法庭这样一个专门的场景和集中的庭审时间,没有庭审的'广场',更没有'剧场',取消了所有的诉讼仪式,当事人自然无法感受到诉讼的严肃性,对诉讼的态度可能变得不以为然,削减了司法权威"③。笔者以网上开庭审理的一件涉

---

① 〔美〕伯纳德·罗伯逊、〔美〕G. A. 维尼奥:《证据解释——庭审过程中科学证据的评价》,王元凤译,中国政法大学出版社2015年版,第16页。

② 左卫民教授针对在线诉讼主持的一项实证调查显示,有法官说:"当事人线上的环境可能比较随意,削弱法庭的威严性。"还有法官认为:"一些当事人会随意走动,法官对这种情况没法控制。"另一位法官说:"法官着法袍坐在庭上和出现在屏幕上对当事人的威慑力差别很大,有个案件的当事人最开始作为证人的口供和后来被追加为第三人的口供不一致,如果是线下开庭我就可以告知他虚假口供的法律后果,并且当场质问他,但是线上我觉得会削弱法官的这种威严或者说当事人会没有那种作出回应的压力"(转引自左卫民:《中国在线诉讼:实证研究与发展展望》,载《比较法研究》2020年第4期)。

③ 胡昌明:《"司法的剧场化"到"司法的网络化":电子诉讼的冲击与反思》,载《法律适用》2021年第5期。

口罩诈骗案件为例,庭前被告人多次如实供述且稳定一致,并主动退赃,签署自愿认罪认罚具结书,被害人亦出具谅解书,但开庭时被告人突然申请辩护人、公诉人回避且当庭翻供。虽然当庭翻供并非少见,但此案被告人态度前后反差之大,似与网上空间的虚拟性亦有牵连。还值得关注的一个问题是刑事法庭庄严感、仪式感中所蕴含的某种羞辱感。尽管现代刑事诉讼程序强调对被告人的程序权利、实体权利的依法保障,但我们也难以否认刑事程序实质上仍然具有的某种道德非难功能。福柯曾经指出,对罪犯的羞辱首先是整个社会必要的反应,灼灼的目光、窃窃的议论以及每个人的即刻审判等,实际上构成了一种持久的审判和法院。①而刑事法庭及其程序,不过是这种社会性非难从民间向国家、从广场化向剧场化的转变与调和。2020年2月,最高人民法院《关于新冠肺炎疫情防控期间加强和规范在线诉讼工作的通知》第8条第3款规定,"人民法院开展在线庭审,一般应当在法庭内进行。因疫情防控需要,法官确需在其他场所在线开庭的,应当报请本院院长同意,并保证开庭场所庄重严肃、庭审礼仪规范。人民法院应当参照《中华人民共和国人民法院法庭规则》相关规定,加强对在线庭审参与人的诉讼指导,明确在线庭审纪律,确保庭审过程安全文明、规范有序"。从此条内容看,最高人民法院已经意识到在线审理方式对庄严的法庭仪式、法庭规则等可能产生的不确定性风险和影响,明确要求各地法院参照现行法庭规则作出灵活处理。2021年5月,《在线诉讼规则》第24条针对在线庭审环境进一步作出规定,"在线开展庭审活动,人民法院应当设置环境要素齐全的在线法庭。在线法庭应当保持国徽在显著位置,审判人员及席位名称等在视频画面合理区域。因存在特殊情形,确需在在线法庭之外的其他场所组织在线庭审的,应当报请本院院长同意。出庭人员参加在线庭审,应当选择安静、

---

① 参见〔法〕米歇尔·福柯:《惩罚的社会》,陈雪杰译,上海人民出版社2018年版,第88页。

无干扰、光线适宜、网络信号良好、相对封闭的场所,不得在可能影响庭审音频视频效果或者有损庭审严肃性的场所参加庭审。必要时,人民法院可以要求出庭人员到指定场所参加在线审"。可以预见,新建统一标准的在线法庭设施或者通过升级现有科技法庭使之成为在线法庭,将会成为下一步推进在线诉讼工作的"刚需"。值得指出的是,《在线诉讼规则》第 25 条虽然强调出庭人员参加在线庭审应当尊重司法礼仪,遵守法庭纪律,但亦只是规定在线法庭适用线下法庭规则,并未针对在线诉讼的特殊性作出调整。

(四)新对策

萨斯坎德曾预测,在线纠纷解决技术将会成为颠覆性技术,彻底挑战传统法院和律师的工作,由此,电子工作、基于信息技术的法院、虚拟法院以及在线纠纷解决将会成为未来纠纷解决方式的主流,绝大部分纠纷案件均可通过在线诉讼解决。工业革命的历史表明,技术和平台的变革最终会带来颠覆性的变化。正如布罗代尔指出,技术迟早要成为社会的刚需,技术终将改变世界。[①] 就此而言,我们没有理由对在线诉讼的未来不抱以乐观态度。真正的问题也许是:司法如何调适自身,技术又如何融入司法?总体上看,我们既要对各种新技术、人工智能和大数据在刑事诉讼特别是刑事审判中的应用前景持欢迎态度和乐观预期,但更要深入评估和研究上述新技术的运用给刑事司法理念、刑事审判程序、法庭调查技术、诉讼主体行为、诉讼权利保障等带来的挑战,稳健推进各种新技术、人工智能和大数据在司法活动中的应用,使之更好地造福于现代刑事审判和人权保障。

1. 对刑事司法理念和刑事司法政策作出新的调适

刑事诉讼应当充分利用现代科技成就,有效地促进司法公正。第

[①] 〔法〕费尔南·布罗代尔:《十五至十八世纪的物质文明、经济和资本主义(第一卷:日常生活的结构:可能和不可能)》,顾良、施康强译,商务印书馆 2017 年版,第 532、533 页。

一,对刑事司法理念的内涵作出符合新时代需求的阐释。总体上言之,刑事司法制度不能死守陈规而自绝于大数据和人工智能时代,应当承认并接纳现代科技带来的积极变化,而这些变化并非仅限于方便、快捷、好用,同样包括更具广度、深度、实效性的公开、公平和公正。第二,在线诉讼在本质上是线下实体空间诉讼在大数据和人工智能时代新的发展、深化和丰富,仍可部分适用线下诉讼的理念、原则、程序、方法和规则。第三,推进在线诉讼与尊重当事人的程序选择权和方法选择权并行不悖。当事人的程序选择权和方法选择权是现代刑事诉讼的重要内容,案件固然存在繁简之分、难易之别,但当事人的公平审判权和程序选择权同样应受切实保障。诚然,"经当事人协商同意即可采用在线诉讼方式,不受纠纷种类、案件类型和程序的限制"①,但当事人坚持要求适用线下审理方式的,应当充分尊重,不得强制适用线上审理方式。对未成年人、老年人、残障人士,以及边远山区和文化程度较低的人员,还应主动告知其程序选择权,予以必要提示和引导。② 第四,实行共同但区别的分轨策略。现代社会需要在公正与效率之间保持动态平衡,实施合理的分流策略,即对大量事实简单、被告人自愿认罪认罚案件适用在线诉讼方式,以求最少诉讼成本和最佳诉讼效益;针对相对复杂疑难、对关键事实或证据争议较大,其物证、书证可能高度依赖现场肉眼观察和辨识的案件,以及社会关注度高、影响力大的案件,宜以线下空间审理方式为主。

2. 尽快制定"电子诉讼法"和修订完善相关司法解释

鉴于在线诉讼日益成为独立的诉讼场景,加快制定专门的"电子诉讼法"更为必要。据了解,已有全国人大代表提出立法建议,法学理

---

① 左卫民:《中国在线诉讼:实证研究与发展展望》,载《比较法研究》2020年第4期。
② 参见刘嫚:《对话最高法副院长李少平:将出台在线办案规定,明确诉讼规则》,载《南方都市报》2021年3月8日。

论与实务界亦有类似建议①,最高人民法院表示将积极推动电子诉讼立法和司法解释进程。制定和实施"电子诉讼法",有利于规范网上诉讼行为,提升网络空间治理的法治化水平;有利于营造法治化营商环境,践行"法治是最好的营商环境"的要求;有利于打造和形成一整套电子诉讼的标准化流程体系,增强我国网络空间治理的国际话语权。同时,制定"电子诉讼法"条件已经初具,同时也要抓紧修订完善相关司法解释和规范性文件,特别是要加快制定在线诉讼法庭规则,推动在线诉讼进一步规范,打造我国的在线诉讼法庭规则体系。2021年6月,最高人民法院印发《在线诉讼规则》,标志着我国在线诉讼操作规则体系基本形成,虽然该文件仅属于司法解释层级②,但是仍具有里程碑意义。

3. 制定完善庭审程序运用新技术的操作规则

目前,全国已有一些法院先行出台了在线庭审程序规则,但地方化、分散化现象突出,影响到诉讼程序的法定统一和实操效果,加快制定统一的在线庭审程序规则已成当务之急。制定在线庭审规则应当注意以下六个方面:一是应将调查规则、调查方法包括利用多媒体示证或者其他新技术手段纳入庭前会议内容,了解情况、征求双方意见,一方需要采取多媒体示证方式的,应当提交书面的多媒体示证提纲或包含该内容的举证提纲,并针对拟示证的证据名称或种类、播放方式、播放时长等事项作出必要说明,听取对方意见或建议。通过庭前会议促成控辩双方达成共识,对协商情况应记入庭前会议笔录并纳入报告内容,为庭审有效使用多媒体示证方式提供程序依据,排除可能妨碍,同时最大限度防止一方不当利用新技术手段进行"诉讼突袭",导致双方"武器"不平等。二是采取多媒体示证方式在客观上将限制原物、原

---

① 参见李占国:《应当尽快制定电子诉讼法》,载《法制日报》2019年3月2日。
② 2021年6月,最高人民法院印发《关于修改〈最高人民法院关于司法解释工作的规定〉的决定》,将司法解释形式从原有的四种增加为五种,其中的"规则"为此次修改新增。

件出示权,因此须在庭前会议阶段达成一致意见,即控辩双方均同意通过多媒体示证方式出示相关证据,而放弃该部分证据的原物、原件出示。三是双方在庭前会议中就多媒体示证方式达成一致意见的,庭审中双方均应按达成的一致意见组织举证、质证,任何一方不得翻悔,但有正当理由的除外。四是多媒体示证要区分证据有无争议的情形,作出合理安排,不应有无争议一个样、一种方式用到底。五是保障被告人及辩护律师的异议权。六是对涉及重要诉讼权利的技术手段运用的,应纳入合议庭评议内容,并应当在判决书中作简要说明,如远程视频作证情况。

4. 确立电子证据真实性判断标准及支持机制

如前所述,电子证据作为新型证据,其生成、传输、修改与存储等过程均在网上"不见面、非接触"完成,故此,传统书证形式及其审核判断规则难以破解电子证据的真实性难题,确立科学的电子证据真实性判断标准,仍应从电子证据本身特质着手。有人建议确立电子证据的"系统可靠性"规则,即"只要是符合要求的系统生成的电子证据,无需繁琐证明过程即可直接认定其证明力,只有当相反证据出现时,才需要调查计算机系统及其记录的可靠性"①。笔者对此深为赞同,但同时认为,基于最大限度防范冤假错案的考量,刑事诉讼与民事诉讼应有差别,即对刑事诉讼电子证据真实性的判断标准应当比民事诉讼更严,对非法电子证据的排除标准则相对放宽。由此,如何建构在线技术及其运用环境的安全性体系和审核规则,确保刑事电子证据的真实性和远程庭审的可靠性,则是进一步推进网上诉讼确需深入研究解决的新课题。同时抓紧制定电子证据的生成、修改、传输与存储规则,加快建设第三方电子证据存证平台,完成鉴定机构体系,为电子证据

---

① 钟晨曦:《涉互联网商事案件中电子证据的运用规则》,载胡仕浩、王勇主编:《深化司法体制综合配套改革热点问题探索——"羊城杯"司法体制综合配套改革征文获奖论文集》,人民法院出版社 2018 年版,第 410 页。

运用提供机制保障。

5. 加强对新技术在庭审程序和司法技术中的融合应用、风险评估和对策研究

客观而言,近些年来针对在线诉讼的研究更多地集中在单纯的技术层面,对司法如何与技术实现有机而充分的协同则关注不多,缺乏有深度和有价值的研究成果,在线诉讼平台和应用技术固然日新月异,但实际运用效果远非理想。其中固然有重视度不够、成熟度不高的原因,但更与技术与司法的融合研究不够、缺乏可操作性、可持续性较强的实践化成果有关。与此同时,对在线诉讼的风险预研评估也尚欠深入,包括技术的成熟度、可控性风险、道德风险、成本风险等。须知,任何技术如果要在司法中使用,其使用成本必须比较低,其使用必须比较方便。① 据此,应当将庭审程序和在线诉讼技术的融合应用、风险评估作为下一步推进在线诉讼研究和运用的重点内容,并在此基础上提出具体对策,在推进在线诉讼应用的同时同步防范可能产生的风险。

6. 加快培养在线诉讼法律人才队伍

加快培养在线诉讼法律人才既是当下推进在线诉讼面临的紧迫任务,也是未来拓展在线诉讼的长远举措。培养在线诉讼法律人才需要充分考量新的难点,比如如何看待跨界能力在在线诉讼中的价值和作用,人工智能与法官对同一问题的判断标准如何协调,此外,二者知识背景上亦不无差异,如传统法律人才更加强调基于资历和经验沉淀的长时段因素,而人工智能的优势恰恰在于即时性或短时段性等。由此,推动法律职业人才与专业技术人员知识结构的互补和融合尤为重要。②

---

① 参见苏力:《法律与科技问题的法理学重构》,载《中国社会科学》1999年第5期。
② 参见左卫民:《关于法律人工智能在中国运用前景的若干思考》,载《清华法学》2018年第2期。

科幻作家威廉·吉布森曾言,未来已经降临,尚未全面铺开。① 这不仅可以看作在线诉讼等新技术的现状,更蕴含着对法律新技术光明前景的美好预期。对以在线诉讼为代表的互联网时代法律新技术而言,仍有诸多理论性与实践性问题需要深入研究并妥善解决。

---

① 参见〔英〕理查德·萨斯坎德:《法律人的明天会怎样?——法律职业的未来》,何广越译,北京大学出版社2015年版,第187页。

第六章 结　　语

经过六年多来的改革实践和经验积累,我国以审判为中心的刑事诉讼制度改革正面临重要关口和新的契机。六年多来的刑事庭审实质化改革,总体上得到专家学者和社会公众的积极评价,即如有学者指出,这一改革主要局限于审判阶段、庭审时空、技术层面展开,目前取得的效果仍属有限,有待进一步深化。与此相应,本书主要探讨的问题也集中在程序技术操作和配套支撑层面,确实较少涉及司法理念、体制机制、外围配套等方面的问题。笔者认为,刑事庭审实质化改革应首先从庭审时空入手,从程序和技术层面发力,这既是改革的必要和必然,也是积小成大、累近致远的务实之道,值得继续坚持。

人类程序法治进步的历史表明,没有完美无缺的法典,但有管用见效的规则,"刑事司法制度的目标不应是追求完美,而应当致力于始终追求更大的公平、平等和客观性"[①]。由此,评价刑事庭审实质化改革是否取得预期实效的标准应当是改革措施、程序规则的针对性、实践性,是实质化审理方式能够实现司法公正的充分程度,而不是表面上的理想性和完美性。

还需要说明的是,本书主题定位为对庭审实质化改革中庭审运行程序的实证研究,研究中所收集和采用的做法、数据、问题、案例等素

[①] Jonathan M. Warren, "Hidden in Plain View: Juries and the Implicit Credibility Given To Police Testimony", Depaul Journal of Social Justice, 2018(11), p.32.

材主要来源于成都地区庭审实质化改革实践,几年来笔者也亲身参与和见证了改革进程,对此深有感触。对成都地区庭审实质化改革实践进行分析总结,针对改革中的突出问题进行深入研究并提出解决对策与建议。构建完善刑事庭审程序,既是身为法律职业人的使命职责,也是研究所需。但这也可能带来本书素材收集方面的缺陷,为此,笔者在充分利用成都地区改革实践素材的同时,也适当收集相关地区刑事庭审实质化改革实践情况,以增加研究素材的广度和深度。

应当强调,重视技术和操作层面的改革,绝不意味着可以忽视改革的理念、制度、关系和配套因素。本书在导论部分已经着重阐明,要想从根本上解决长期存在的刑事庭审虚化问题,就必须推进刑事庭审实质化改革;但庭审实质化改革本身,只是解决过去刑事庭审诸多问题的必要条件,而不一定是充分条件。要真正破解庭审虚化的难题,不仅需要程序规则和技术操作层面的持续规范和精密运行,还需要宏观性的制度、体制层面的改革的支持。长远来看,随着程序技术层面改革的逐步深化和完善,理念层面、制度层面的改革不仅不可或缺,而且最终还将成为决定改革实效的关键因素。因此,我们既要埋头爬坡,也要抬头看路;既要脚踏实地,也要仰望星空;既要立足眼前治标,更要着重长远治本,这是我们理性对待刑事庭审实质化改革的应有态度。据此,以下几个问题同样需要引起切实重视。

一、刑事司法理念的更新

从本质上看,刑事庭审实质化改革首先是一次刑事司法理念的变革。没有理念的变革,刑事司法改革不过抱残守缺、新瓶旧酒而已。深化刑事庭审实质化改革,推进以审判为中心的刑事诉讼制度不断完善,需要坚定树立和贯彻以下理念。

一是坚持直接言词理念。其包括两个方面:直接系指只有在公开法庭直接调查的证据才能作为审判的基础,因此法官必须召集控辩双方以及证人到庭陈述,并亲自调查证据,且只能通过当庭审理形成裁判心证[①];直接审理主义一方面强调必须利用来自体验事实者直接提供的证据,故受传闻证据法则约束,另一方面强调法官必须亲自接触证据以求取心证。[②] 言词系指法庭审理应通过各诉讼参与者的言词进行,不能以书面陈述代替出庭陈述和质辩,此为过程意义上言;更重要的是,除双方没有异议的情形外,法庭应以庭审过程中各方口头陈述或回答形式展现于法庭上的诉讼资料作为裁判的基础和依据[③],而不能依据法庭外的其他陈述作出裁判,此为结果意义上言。

二是坚持证据裁判理念。认定案件事实,必须以证据为根据,这既是证据裁判原则的基本要求,也是理性司法的内在体现。证据只有经过法庭调查程序,才能实现由诉讼证据到定案根据的根本转变。[④] 刑事裁判须以经法庭审理采信的证据作为认定事实之依据,证据调查因之成为刑事诉讼活动的核心。

三是坚持正当程序理念。程序公正的基本价值在于,它不仅为当事人的利益纷争提供权威的解决程序和机制,同时也提供了"公民为使其行为符合法律要求所必需的信息、专门性和公正性"[⑤]。对刑事诉讼而言,仅有结果的公正是不够的,程序和过程的公正同等重要,甚至可能更

---

① 参见〔日〕松尾浩也:《日本刑事诉讼法(下卷)》,张凌译,中国人民大学出版社2005年版,第364页。
② 参见黄朝义:《刑事诉讼法》,新学林出版股份有限公司2014年版,第17、18页。
③ 参见林钰雄:《刑事诉讼法(下册 各论编)》,中国人民大学出版社2005年版,第148页。
④ 参见刘静坤:《刑事案件法庭调查的基本原则和程序设计》,载《法律适用》2018年第1期。
⑤ Lawrence B. Solum, "Procedural Justice", Southern California Law Review, 2004(78), p. 188.

为重要。① 未经法定程序不得认定有罪,未经法定程序不得予以处罚,诉讼必须公平公正,并对被告人权利和其他诉讼参与人权利予以充分保障。尤其应当牢记的是,如果在程序方面降低对被告人的法律保护,其危险在于对一切被告人的法律保护都将被削弱。② 正如松尾浩也教授所说,刑事司法的健全不是靠查获了多少犯人,而是靠在多大程度上遵守了正当程序来评定的。③ 考虑到过去对被告人程序主体地位和程序权利的重视不够,强化对被告人程序权利的保障具有特殊的重要意义。

四是坚持有利于被告人理念,即在事实认定存在多种可能的情况下,应当作出有利于被告人的判断,即宁纵勿枉。这一理念要求证明被告人有罪的证据必须达到确实、充分并排除合理怀疑的程度。这一理念是无罪推定原则在刑事审判活动尤其是刑事判决中的具体体现④,其理由源自一种普遍价值选择:"对无罪者治罪和未对有罪者治罪这两类错误相比较,撇开其纯粹损害或经济损害不谈,前者比后者更为有害,因为它侵犯了无罪不治罪的权利。"⑤

二、侦、控、辩、审四方关系的调整

《宪法》第 134 条和《刑事诉讼法》第 7 条规定了公、检、法三机关

---

① "从本质上讲,正当程序假定,对程序中特定人及其所涉问题如何管理和公平对待,对该当事人对程序是否合作和遵守的影响,大于特定案件、事项或相互作用结果的影响" [See Edward K. Chung, "Procedural Justice and Prosecutions", United States Attorneys' Bulletin, 2015(63), p.3]。

② 参见〔英〕彼得·斯坦、〔英〕约翰·香德:《西方社会的法律价值》,王献平译,中国法制出版社 2004 年版,第 118 页。

③ 参见〔日〕松尾浩也:《日本刑事诉讼法(下卷)》,张凌译,中国人民大学出版社 2005 年版,第 370、371 页。

④ 参见龙宗智:《刑事庭审制度研究》,中国政法大学出版社 2001 年版,第 69、70 页。

⑤ 〔美〕迈克尔·D.贝勒斯:《法律的原则——一个规范的分析》,张文显等译,中国大百科全书出版社 1996 年版,第 27 页。

之间"分工负责、相互配合、相互制约"的关系机制。近些年来,公检法律、侦控审辩四方的关系一直是刑事诉讼制度改革理论和实务关注的重点和热点之一。其中主流见解认为,受事实上的侦查中心主义模式的影响,我国公、检、法三方关系实际上演变为"配合有余,制约不足",我国近些年来出现的重大冤假错案与此密切相关;因此,推进以审判为中心的诉讼制度改革,应切实发挥审判程序应有的终局裁断功能及其对审前程序的制约引导功能。据此,应当准确把握我国《宪法》和《刑事诉讼法》规定的公、检、法三机关的职能定位和相互关系;在打击犯罪上必须形成合力;在保障人权、防错纠错上必须强调制约。[①] 据此,四方关系应当围绕推进以审判为中心的刑事诉讼制度改革目标进行必要调整和重塑,其要点包括:一是真正确立审判阶段和审判标准在刑事诉讼中的中心地位,确保侦查、公诉行为围绕审判进行,坚决防止和避免侦查中心主义和"以侦定审"现象[②];二是加强对侦查行为的审查监督,确立有限的和有条件的针对侦查措施的司法审查制度,兼顾刑事诉讼的公正和效率需求;三是强化控方举证责任与证明负担,真正落实控方的诉讼义务;四是充分保障律师的各项程序性权利,构建控辩平等对抗格局,建立良性辩审关系。[③]

三、审判辅助人员制度改革的深化

审判辅助人员改革不仅关系到审判事务的科学分层和审判资源

[①] 参见黄祥青:《推进以审判为中心的刑事诉讼制度改革的若干思考》,载《法律适用》2018年第1期。

[②] 王敏远教授认为,"公安、检察机关应进一步转变观念,接受审判标准是刑事诉讼得改观的必由之路、重心所在"(王敏远等:《重构诉讼体制:以审判为中心的诉讼制度改革》,中国政法大学出版社2016年版,第114页)。

[③] 参见张吉喜、向燕、倪润:《中国刑事诉讼法学研究会2015年年会综述》,载《中国司法》2016年第1期。

的合理配置,而且将在很大程度上影响刑事庭审实质化改革能否顺畅实施。就此而言,以法官助理为核心的审判辅助人员改革,确实具有远远超出其本身的现实意义和长远价值。法官的独立审判职责"在外部条件和法院资源给定的情况下,很大程度上依赖于审判人员分类改革能否合理配置和科学利用给定的人力资源并调动有限资源向审判者倾斜。因此以法官精英化和审判辅助人员的合理配置为目标的审判人员分类和法官员额制势在必行"①。从根本和长远来看,法官员额制和司法责任制能否顺畅实施,其实重点不仅仅是选出真正适任的法官,更在于同步推进司法辅助人员特别是法官助理改革,选出和配强司法辅助人员,厘清角色定位,明晰职责分工,理顺权责边界,抓好改革配套,才能真正为法官履行好审判职责奠定坚实基础。没有稳定可靠的法官助理制度的支撑,就不可能有真正成熟和完善的法官员额制、司法责任制,以审判为中心的刑事诉讼制度改革的深化与完善也将无从谈起。继 2018 年 10 月修订后的《人民法院组织法》第 48 条首次对法官助理制度作出规定后,2019 年 4 月修订后的《法官法》也增设了对法官助理制度的规定,其中第 67 条规定,"人民法院的法官助理在法官指导下负责审查案件材料、草拟法律文书等审判辅助事务。人民法院应当加强法官助理队伍建设,为法官遴选储备人才"。法官助理制度的正式入法,标志着我国法官助理制度的法律体系基本确立,法官助理制度改革进入新的阶段。抓住上述两法实施的契机,进一步深化以法官助理制度为核心的审判辅助人员改革,构建并完善审判辅助人员的职能职责体系,将对刑事庭审实质化改革起到新的推动作用。

---

① 傅郁林:《以职能权责界定为基础的审判人员分类改革》,载《现代法学》2015 年第 4 期。

四、人民陪审员制度改革带来的挑战

2018年4月,《人民陪审员法》实施,以审判为中心的刑事诉讼制度改革既迎来新的契机,突出体现在人民陪审员制度促进了裁判权的主体回归,通过强化裁判者中立和控辩平等对抗促进了庭审结构的合理化,也有利于集中审理、直接言词、两造对席等现代庭审原则的确立与完善。① 2019年4月,最高人民法院发布《关于适用〈中华人民共和国人民陪审员法〉若干问题的解释》。上述法律和司法解释的实施给刑事庭审实质化改革带来了新的挑战和更高要求:一是一审复杂疑难的刑事案件成为人民陪审员参审主战场,细化操作规则面临迫切需求和艰巨任务;二是人民陪审员参与刑事审判案件范围与刑事庭审实质化改革适用案件范围基本重叠,以审判为中心的刑事诉讼制度改革面临新的要求;三是大合议制、事实审与法律审区分等一批新的重大现实课题亟待破题;四是刑事诉讼理念、操作习惯和工作模式应当进行变革和调适,庭审语言、司法技术与判决风格等也需要在职业化与大众化、专业化与通俗化之间保持合理平衡,融规范严谨与通俗易懂于一体。为此,需要将推进《人民陪审员法》实施与深化以审判为中心的刑事诉讼制度改革深度相结合,应着重制定以下方面的规则:(1)区分事实问题与法律问题的指导意见;(2)人民陪审员参加合议庭审理案件的程序规则;(3)人民陪审员参加合议庭工作规则;(4)人民陪审员参审绩效评价办法;(5)人民陪审员参审违法责任追究办法。

---

① 参见施鹏鹏:《审判中心:以人民陪审员制度改革为突破口》,载《法律适用》2015年第6期。

五、我国古代刑事司法文化精华的传承与边区人民司法优良传统的弘扬

推进我国刑事诉讼制度改革,建设具有特色的新时代中国刑事司法体系,固然应当学习借鉴国外相关制度设计与实践经验,但首先必须以充分认识、尊重和传承本国传统司法文化精华为前提。梁启超言:"法律者,固不可不采人之长以补我之短,又不可不深察吾国吾民之心理,而惟适求也。"[1]陈顾远亦谓:"数千年来,中华民族永为中国法系下之法制所支配,民族精神亦必息息与之相关;即云创造中国法系之新生命,恐未必皆能革除向日之特征,而成为绝对簇新之法系也。"[2]他们实际上道出了法律文化传承与移植借鉴的深刻逻辑。应当指出,近些年来,国内法学界与实务界部分研究者在思考中国当下诸多司法问题时往往两眼只盯着西方,而对自己老祖宗留下的包袱和遗产认识不足,这极大地影响了对相关问题的分析判断和实务工作成效[3],确实应当引起警惕和反思。我国刑事诉讼有着悠久历史和厚重积淀,蕴藏着丰富的司法文化精华,于今仍具现实意义,应当继续传承、发扬光大:其一,对刑事诉讼特殊重要性的深刻体察。我国古代很早即对实体意义的刑事诉讼与民事诉讼作了初步区分,所谓"争罪曰狱,争财曰讼"[4],尽管适用程序趋同,但说明我国古代对刑事诉讼的特殊重要性已有认识。例如,西汉时期汉宣帝诏云:"狱者,万民之命,所以禁暴止邪,养育群生也。能使生者不怨,死者不恨,则可谓文吏矣。"[5]北

---

[1] 梁启超:《梁启超论中国法制史》,商务印书馆2012年版,第5页。
[2] 陈顾远:《中国法制史概要》,商务印书馆2011年版,第44、45页。
[3] 参见何永军:《中国古代司法的精神》,中国政法大学出版社2016年版,第1、2页。
[4] 转引自李文玲:《中国古代刑事诉讼法史》,法律出版社2011年版,第5页。
[5] (汉)班固撰:《汉书》(卷8),中华书局2012年版,第220页。

宋神宗诏云:"狱者,民之所系也。"①南宋真德秀言:"狱者,民之大命,岂可少有私曲。"②其二,践行慎刑无讼的治理理念。《尚书》云:"期于予治,刑期于无刑,民协于中。"③历代均以"成康刑错"为人所称颂的治理典范,将"威厉而不试,刑错而不用"作为社会治理目标,积极进行实践,如宋时"京狱屡空,太宗屡诏嘉美"④。同时,历代亦将少讼、无讼作为社会治理的追求目标和理想境界。孔子云:"听讼,吾犹人也,必也使无讼乎。"北齐循吏宋世良治理清河期间,"每日衙门虚寂,无得诉讼者"。北宋苏轼提出"天下不诉而无冤,不谒而得其所欲",至今仍值借鉴。其三,公平与效率并重的办案理念。后周太祖提出"狱不滞留,人无枉挠"⑤,真德秀明确将"断狱不公""淹延囚系"列入诉讼"十害"⑥,实质均隐含了刑事诉讼应采效率与公正并重的价值追求。其四,重视程序推进的主体责任。秦律针对程序、主体、询问、文书等已有规定,唐律对案件管辖、讯问方式、文书制作、复审、办案期限等重要程序事项规定全面,宋代还实行"鞫谳分司""长吏亲临""翻异别推"等制度,对审限的分类规定亦更具体细致,表明我国古代对刑事诉讼程序实已重视,违反程序的责任较重,而非如有人概称之"轻视程序"⑦。其五,注重通过对质查明事实的司法方法。据考,西周"古者取囚要辞,皆对坐"⑧;春秋已有对质案例;晋代"论罪者务本其心,审其情,精其事,近取诸身,远取诸物,然后乃可以正刑"⑨;唐代强调"察

---

① 邱汉平:《历代刑法志》,商务印书馆2017年版,第406页。
② 转引自张晋藩:《中国法制史十五讲》,人民出版社2017年版,第130页。
③ 转引自何永军:《中国古代司法的精神》,中国政法大学出版社2016年版,第40页。
④ 转引自何永军:《中国古代司法的精神》,中国政法大学出版社2016年版,第50页。
⑤ 转引自邱汉平:《历代刑法志》,商务印书馆2017年版,第362页。
⑥ 转引自张晋藩:《中国法制史十五讲》,人民出版社2017年版,第130页。
⑦ 李文玲:《中国古代刑事诉讼法史》,法律出版社2011年版,第501页。
⑧ 转引自尚华:《论质证》,中国政法大学出版社2013年版,第45页。
⑨ 邱汉平:《历代刑法志》,商务印书馆2017年版,第148页。

狱之官,先备五听,又验诸证信"①;清代亦有对质案例甚至相关规定,表明我国古代重视对质求真的理念和传统。其六,据法司法与隐性规则相融的法源意识和教化功能。中国古代法家很早就提出以法治国,所谓法者,天下之程式,万世之仪表。至晋,首次提出明确的据法司法观点,对司法裁判的法源问题作了最初的探索。《晋书·刑法志》云:"律法断罪,皆当以法律令正文,若无正文,依附名例断之,其正文名例断之,其正文所不及,皆勿论。"北周诏制九条:"一曰决狱科罪,皆准律文。"《唐律疏义》作了经典表述:"诸断罪,皆须具引律令格式正文",并由此相援至明清,《大清律例》云:"凡断罪,皆须具引律例。"同时,天理、人情、国法均为司法裁判的重要依据,历代司法裁判多重视情、理、法兼顾,呈现出浓厚道德说教色彩,如宋代《名公书判清明集》判词多有"酌以人情参以法意""情法两尽""非惟法意之所碍,亦于人情为不安"等语。② 上述理念与当下正在大力推进的加强诉源治理可谓一脉相承,是古典治理思想在新时代的守正创新。

同时,还应发扬源自苏区、边区和解放区人民司法的优良传统,特别是大力弘扬以马锡五同志为代表的边区司法人员在20世纪40年代陕甘宁边区审判实践中创立的"马锡五审判方式"的理念和精神。"马锡五审判方式"的灵魂在于群众观点和群众方法,主要特点包括:深入调查,不轻信呈状,在司法工作中贯彻党的群众路线,通过深入群众开展全面的调查而弄清案情事实;合理调解,将判决和调解相结合,在坚持政策法令的原则下,对一般民事案件进行合理的调解;实行座谈式而非坐堂式审判。马锡五本人曾将此概括为就地审判不拘形式,深入农村调查研究,以及联系群众解决问题三点。③ 1942年,毛泽东为马锡五亲笔题词"一刻也离不开群众"。随着时代变迁,关于"马锡

---

① 转引自尚华:《论质证》,中国政法大学出版社2013年版,第48页。
② 转引自李文玲:《中国古代刑事诉讼法史》,法律出版社2011年版,第512页。
③ 参见张希坡:《马锡五与马锡五审判方式》,法律出版社2013年版,第188页。

五审判方式"是否过时曾有诸多争议,有人认为"马锡五审判方式"只适合落后地区,不适应现代工商社会和大城市。原陕甘宁边区高等法院代院长王子宜曾一针见血指出,"我们提倡马锡五审判方式,是要学习他的群众观点和联系群众的精神,这是一切司法人员都应该学习的,而不是要求机械地搬运它的就地审判的形式。因为任何形式是以具体情形和具体需要来选择。有些同志认为马锡五审判方式'只能用于落后地区''只能负责人使用''只能用于很少案子上,尤其是在法庭内就不合宜''苏维埃时期已经有过的'等。这些说法都或多或少地拘泥在马锡五审判方式的形式方面,而不是在它的群众观点和联系群众的精神"[1]。笔者认为,"马锡五审判方式"诚然产生并受限于当时的时代条件和具体环境,但其所蕴含的群众观点和群众方法实未过时,马锡五一心为民的宗旨意识、重视调查研究的严谨态度、依靠群众的工作作风和注重实地调查的办案方法,是人民司法创建时期积累的宝贵财富,今天尤其需要在新的时代条件下继续坚持和大力弘扬。一是群众观点、群众方法。马锡五认为,"司法工作不应是被动地处理已然问题,而是主动地为社会服务"[2]。学习继承"马锡五审判方式"的精髓和灵魂,就是将群众观点和群众方法全面、准确运用到司法办案中,真正做到为人民司法、替群众解忧。二是宽阔胸怀、艰苦作风。马锡五曾指出,司法干部要具有宽阔的胸怀、高尚的道德和艰苦的作风。20世纪50年代,已是最高人民法院副院长的马锡五到武汉一个基层法庭调研一个月,每天同法庭干警同吃同住,直到离开法庭时大家才知道其真实身份。三是专业素养、大众表达。学习借鉴苏区、边区司法方法和司法作风,努力增强专业素质,锤炼司法技能,把握好专业化与大众化兼容互补,用老百姓喜闻乐见的语言、方法和技巧,拓展新时代人民司法的更高境界。

---

[1] 张希坡:《马锡五与马锡五审判方式》,法律出版社2013年版,第205页。
[2] 张希坡:《马锡五与马锡五审判方式》,法律出版社2013年版,第17—22页。

六、国外刑事司法改革经验的借鉴

每一个法律体系都是由相互关联的各个部分所构成,任何借助从一个法律体系到另一个法律体系的"法律移植"方式所进行的改革方案,都必须慎重地考虑这一事实①,这方面的教训绝非少见。1988 年颁布新《意大利刑事诉讼法》,将原来的职权主义诉讼模式改为当事人主义的对抗制诉讼模式,并借鉴美国辩诉交易制度设立"基于当事人请求而适用刑罚的程序"。但此项改革因不契合意大利的法律传统而引发诸多弊端,被称作"两头不讨好"。1990 年,意大利宪法法院判决认定,新《意大利刑事诉讼法》有关辩诉交易的规定违背无罪推定原则;次年,该院再次判定,检察官对简易程序的"绝对否决权"明显违背给予被告人同等保护的宪法原则;后来该院还对简易审判程序的适用范围作出限制。② 意大利宪法法院对新《意大利刑事诉讼法》的频繁修改表明,刑事司法改革一旦背离自身法律传统和司法实践等制约条件和关联要素,有如毛尔科维奇教授所谓的"兰花长在卷心菜地里",实质上难以成功。③ 1947 年,日本模仿美国的法官助理制度创设法院调查官制度,但因美国模式水土不服,后来将其改为必要时由法官担任法院调查官,此后下级法院优秀法官遂成为调查官的主要来源,这种做法明显区别于美国法官助理主要源自大学法学院毕业生的做法。1993 年以来,俄罗斯、西班牙相继引入新陪审团制度后也曾遭遇类似困境。正如伯曼所言,如何促使刑事司法改革更好地开展,并不仅仅

---

① 参见〔美〕P. S. 阿蒂亚、〔美〕R. S. 萨默斯:《英美法中的形式与实质——法律推理、法律理论和法律制度的比较研究》,金敏等译,中国政法大学出版社 2005 年版,第 357 页。
② 参见陈瑞华:《比较刑事诉讼法》,中国人民大学出版社 2010 年版,第 433、434 页。
③ 参见〔意〕简玛利亚·阿雅尼、魏磊杰编:《转型时期的法律变革与法律文化》,魏磊杰、彭小龙译,清华大学出版社 2011 年版,第 21 页。

是美国面临的挑战。① 对我们而言,既要学习借鉴国外司法改革的有益经验,更要关注其中的挫折教训,使我们的司法改革尽量少走弯路,比如合理确定影响司法改革推进的制约条件和关联因素;改革中涉及不同层次的主体要素和内外关系;切实做好改革项目的事前论证和顶层设计;科学界定改革目标和评价机制;高度重视改革的制约条件和关联因素,注重内外环境营造,特别是形成各方支持改革的协同机制;将改革的统筹谋划和基层首创精神有机融合,既自上而下又自下而上,以寻求改革效果的最优化和最大化等。

艾伦·凯曾言,"预测未来的最好方法是创造未来"②。我国刑事诉讼制度改革理论和实践的未来,终究在每一个当代中国法律人的眼里、手中和脚下。持续深化刑事庭审实质化改革,促进以审判为中心的刑事诉讼制度不断完善,努力让人民群众在每一个司法案件中感受到公平正义,正是身为当代中国法律人必须肩负的法定职责与光荣使命!

---

① 参见〔美〕格雷格·伯曼、〔美〕奥布里·福克斯:《失败启示录——刑事司法改革的美国故事》,何挺译,北京大学出版社2017年版,第3页。

② 〔英〕理查德·萨斯坎德:《法律人的明天会怎样?——法律职业的未来》,何广越译,北京大学出版社2015年版,第187页。

附件：101 件抽样试验示范庭审案件类型数据表

案号	指控罪名	供认情况		庭前会议			证人出庭											书面证人							判决情况					备注
		是否供认	异议类型（定罪/量刑）	是否召开	提出排非	被告参加	总数量	被害人	一般证人	鉴定人	专家证人	行政执法人员	警察	目击证人	来源	发问方式（直接发问/职权发问）	对质情况（被告发问/辩护人发问）	数量	一般证人	目击证人	警察	同案犯	被害人	不确定	前叙庭前会议	前叙证人到庭	分析到庭证言	分析排非	宣判情况	
（2017）川0108刑初203号廖某	抢劫	否	不认罪	是	是	是	3	1						2	辩方	先陈述后发问	是 否								是	是	是		当庭	庭前会议过于详细
（2017）川0106刑初1099号马某某等四人	非法收购、运输、出售珍贵、濒危野生动物	是		否			1		1						控方	问后无问	是 是	2	2						是	否			定期	买卖猕猴

（续表）

案号	指控罪名	供认情况			庭前会议			证人出庭						发问方式		对质情况		书面证人				判决情况				备注
		是否供认	异议类型		是否召开	提出排非	被告参加	总数量	类型					直接发问	职权发问	被告发问	辩护人发问	数量	类型			庭前叙证人到庭	前叙证人到庭	分析排非	宣判情况	
			定罪	量刑					被害人	一般证人	鉴定人	专家证人	行政执法人员	警察	目击证人	来源					一般证人	目击证人	传唤警察来	同案犯	同被害人	不确定
（2017）川0106刑初1258号张某某等三人	寻衅滋事	是			否			1		1						控方	是	是	是	5				1		4	是		是	定期	律师对罪名有异议，简转普
（2017）川0106刑初1309号黄某某	非法经营	是			否			1		1						控方	是	问后无问	问后无问	2						2	是		否	当庭	因缺少委托鉴警民作证书出庭，仅回答"遗漏了"，后并未发问

（续表）

案号	指控罪名	供认情况				庭前会议			证人出庭							发问方式			对质情况	书面证人				数量	判决情况				备注
		是否供认	异议类型			是否召开	提出排非	被告参加	总数量	类型					来源	直接发问	职权发问	被告发问	辩护人发问	类型					前叙庭前会议	前叙证人到庭	分析到庭证言	分析排非	宣判情况
			定罪	量刑						被害人	一般证人	鉴定人	专家证人	行政执法人员	警察	目击证人					一般证人	目击证人	警察	同案犯	被害人不确定					
（2017）川0182刑初607号 某化工有限公司、刘某某	假冒注册商标	是			是	否	否	2						1		1	控方	是	是	否	问后无问	2					2	是	否	否	当庭	
（2017）川0182刑初639号 马某某、谢某	非法制造枪支	是			是	否	是	1								1	控方	是	否	问	问后无问	2					2	否	否	否	当庭	庭前会议未解决事项，庭中解决

（续表）

案号	指控罪名	供认情况			庭前会议			证人出庭								发问方式	对质情况		书面证人						判决情况					备注
		是否供认	异议类型		是否召开	提出排非	被告参加	总数量	类型						来源	直接发问/职权发问	辩护人发问	被告发问	数量	类型					前叙庭前会议	前叙证人到庭	分析到庭证言	分析排非	宣判情况	
			定罪	量刑					被害人	一般证人	鉴定人	专家证人	行政执法人员	目击证人						一般证人	目击证人	侦查警察	同案犯	被害人不确定						
(2017)川0105刑初388号 孙某某	过失致人死亡	是	对事实有异议		是	否	否	2		1	1				控方辩方	是	是	是	6					6	否	是			定期	
(2017)川0105刑初1218号 余某某,邓某	盗窃,掩饰、隐瞒犯罪所得	是	金额有异议		是	否	是	1						1	控方	否	是	是							是	未明确分析			定期	

（续表）

案号	指控罪名	供认情况		庭前会议			证人出庭									发问方式		对质情况			书面证人						判决情况					备注
		是否供认罪	异议类型（定罪/量刑）	是否召开	提出排非	被告参加	总数量	类型							来源	直接发问	职权发问	被告发问	辩护人发问	数量	类型						前叙庭前会议	前叙证人到庭	分析到庭证言	分析排非	宣判情况	
								被害人	一般证人	鉴定人	专家证人	行政执法人员	警察	目击证人							一般证人	目击证人	警察	同案犯	被害人	不确定						
(2017)川0132刑初20165号 商某	掩饰、隐瞒犯罪所得	是		否			1						1		控方	是	是	否	是	1					1		否	否	否		定期	
(2017)川0132刑初20166号 高某某、周某某	诈骗	高-不认 周-认	对罪名有异议	是	否	是	3	3							辩方	是	是	否	是	12	4					8	否	否	是		定期	庭前会议中被告人对罪名有异议,开庭时又认罪

（续表）

案号	指控罪名	供认情况			庭前会议			证人出庭							发问方式		对质情况		书面证人					判决情况				备注
		是否供认	异议类型		是否召开	提出排非	被告参加	总数量	类型						直接发问	职权发问	被告发问	辩护人发问	数量	类型				前叙庭前会议	前叙证人到庭	分析到庭证言	分析排非	宣判情况	
			定罪	量刑					被害人	一般证人	鉴定人	专家证人	行政执法人员	警察	目击证人	来源						一般证人	目击证人	警察	同案犯	被害人	不确定		
（2016）川0184刑初575号王某	聚众扰乱社会秩序	否	对指控事实有异议；不认同定罪		否			4		4						先陈述后问	否	同后无问	同后无问	35	35							是	是	当庭	

（续表）

案号	指控罪名	供认情况		庭前会议			证人出庭			发问方式		对质情况		书面证人		判决情况					备注
		是否供认	异议类型（定罪/量刑）	是否召开	提出排非	被告参加	总数量	类型	来源	直接发问	职权发问	被告发问	辩护人发问	数量	类型	前叙庭前会议	前叙证人到庭	分析到庭证言	分析排非情况	宣判情况	
(2016)川0184刑初61号高某、朱某某	贩卖毒品	否	不认同指控的罪名，应为轻罪	是	是	是	2		控方	是	是	否	同后	1	1	是	是	是	是	当庭	

（续表）

案号	指控罪名	供认情况			庭前会议			证人出庭									发问方式		对质情况		书面证人							判决情况					备注
		是否供认	异议类型		是否召开	提出排非	被告参加	总数量	类型							来源	直接发问	职权发问	被告发问	辩护人发问	数量	类型						前叙庭前会议	前叙证人到庭	分析到庭证言	分析排非	宣判情况	
			定罪	量刑					被害人	一般证人	鉴定人	专家证人	行政执法人员	警察	目击证人							一般证人	目击证人	警察	同案犯	被害人	不确定						
(2017)川0129刑初134号罗某等三人	抢劫	否	不认同持枪抢劫情节		是	否	否	2	1	1						控方	是											是				当庭	简易转普通
(2017)川0129刑初472号陈某	滥伐林木	是			是	否	是										是	同后无同	是	是	7						1	是	是	否		当庭	简易转普通

（续表）

案号	指控罪名	供认情况		庭前会议			证人出庭							发问方式		对质情况		书面证人				判决情况					备注
		是否供认	异议类型	是否召开	提出排非	被告参加	总数量	被害人	一般证人	鉴定人	专家证人	行政执法人员	目击证人	来源	直接发问	职权发问	被告发问	辩护人发问	数量	一般证人	目击证人	传来警察	同案犯	被害人	不确定	庭前叙庭前会议	庭前叙证人到庭	分析到庭证言	分析排非	宣判情况
（2017）川0129刑初544号王某	故意伤害	否	定罪 量刑 对两个罪名都有异议	否															10	9				1						定期

（续表）

案号	指控罪名	供认情况			庭前会议			证人出庭						发问方式			对质情况	书面证人						判决情况				备注
		是否供认	异议类型		是否召开	提出排非	被告参加	总数量	类型					来源	直接发问	职权发问	被告发问	辩护人发问	数量	类型					前叙庭前会议	前叙证人到庭	分析到庭证言	分析排非情况	宣判情况
			定罪	量刑					被害人	一般证人	鉴定人	专家证人	行政执法人员	目击证人/警察						一般证人	目击证人	同案犯/警察	被害人	不确定					
（2017）川0181刑初175号 文某某	贩卖毒品	否	对罪名有异议，不构成犯罪		是	是	是	1						1	控方	是	否	问后无问	1	1					是	是	是	是	当庭
（2017）川0181刑初365号 冷某、胡某	盗窃	否	对价格有异议		是	否	是	1			1				控方	是	否	问后无问	3	3						是	是	是	当庭

（续表）

案号	指控罪名	供认情况		庭前会议			证人出庭								发问方式			对质情况	书面证人							判决情况					备注
		是否供认	异议类型（定罪/量刑）	是否召开	提出排非	被告参加	总数量	被害人	一般证人	鉴定人	专家证人	行政执法人员	警察	目击证人	来源	直接发问	职权发问	被告发问	辩护人发问		数量	一般证人	目击证人	传来证据	同案犯	被害人	不确定	庭前会议前叙	证人到庭前叙	分析到庭证言	分析排非	宣判情况	
（2017）川0191刑初49号徐某某	非法制造枪支	否	对指控事实有异议，不构成犯罪	否			2						2		控方	是	是	是	是									是	是			当庭	

（续表）

案号	指控罪名	供认情况		庭前会议			证人出庭								发问方式		对质情况		书面证人							判决情况					备注
		是否供认	异议类型（定罪/量刑）	是否召开	提出排非	被告参加	总数量	类型 被害人	一般证人	鉴定人员	专家证人	行政执法人员	警察	目击证人	来源	直接发问	职权发问	被告发问	辩护人发问	数量	类型 一般证人	目击证人	传唤警察来	同案犯	被害人	不确定	前叙庭前会议	前叙证人到庭	分析到庭证言	分析排非情况	宣判情况	
（2017）川0191刑初70号周某某	故意伤害	否	对指控事实有异议，不构成犯罪	否			2			2					控方	是	是	同后无问	是	10	9					1		是	是		当庭	

（续表）

案号	指控罪名	是否供认	异议类型 定罪	异议类型 量刑	是否召开	提出排非	被告参加	总数量	一般证人	鉴定人	专家证人	行政执法人员	警察	目击证人	来源	直接发问	职权发问	被告发问	辩护人发问	数量	一般证人	目击证人	传唤未来	同案犯	被害人	不确定	庭前会议	前叙证人到庭	分析到庭证言	分析排非证	宣判情况	备注
(2017)川0191刑初606号张某某	妨害公务	是			否			1	1						控方	是	否	否	是	6	2	2			2			是	是		当庭	
(2017)川0115刑初74号宋某某	掩饰、隐瞒犯罪所得	否	对罪名有异议,不构成犯罪		是	是	是	2					2		控方	是	否	否	是	7	1				6		是	否	是	是	定期	

（续表）

案号	指控罪名	供认情况			庭前会议			证人出庭									发问方式		对质情况		书面证人								判决情况					备注
		是否供认	异议类型		是否召开	提出排非	被告参加	总数量	类型							来源	直接发问	职权发问	被告发问	辩护人发问	数量	类型							前叙庭前会议	前叙证人到庭	分析到庭证言	分析排非	宣判情况	
			定罪	量刑					被害人	一般证人	鉴定人	专家证人	行政执法人员	警察	目击证人							一般证人	目击证人	传来证人	警察	同案犯	被害人	不确定						
(2017)川0191刑初858号启某	拒不支付劳动报酬,诈骗	否	对诈骗罪认可,对另一罪不认可		是	是	否	2	1						1	控方	是	是	同后无问	是	5	1						4	否	是	是	是	当庭	

（续表）

案号	指控罪名	供认情况			庭前会议			证人出庭									发问方式			对质情况	书面证人							判决情况					备注
		是否供认	异议类型		是否召开	提出排非	被告参加	总数量	类型							来源	直接发问	职权发问	被告发问	辩护人发问	数量	类型						前叙庭前会议	前叙证人到庭	分析到庭证言	分析排非	宣判情况	
			定罪	量刑					被害人	一般证人	鉴定人	专家证人	行政执法人员	警察	目击证人							一般证人	目击证人	传唤警察	同案犯	被害人	不确定						
(2017)川0104刑初594号董某某	非法吸收公众存款	否	对认定金额有问题		是	否	是														11	11						否				当庭	

（续表）

案号	指控罪名	供认情况		庭前会议			证人出庭								发问方式		对质情况		书面证人						判决情况				备注
		是否供认	异议类型（定罪/量刑）	是否召开	提出排非	被告参加	总数量	类型						来源	直接发问	职权发问	被告发问	辩护人发问	数量	类型					庭前叙庭前会议	庭前叙证人到庭	分析到庭证言	分析排非	宣判情况	
								被害人	一般证人	鉴定人	专家证人	行政执法人员	目击警察	目击证人						一般证人	目击证人	目击警察	同案犯	被害人不确定					
（2017）川0104刑初740号赵某李某某	绑架	否	对指控事实有异议，不构成犯罪	否															6	5				1					当庭	

（续表）

案号	指控罪名	供认情况		庭前会议			证人出庭								发问方式		对质情况		书面证人							判决情况					备注
		是否供认	异议类型（定罪/量刑）	是否召开	提出排非	被告参加	总数量	类型						来源	直接发问	职权发问	被告发问	辩护人发问	数量	类型						前叙庭前会议	前叙证人到庭	分析到庭证言	分析排非	宣判情况	
								被害人	一般证人	鉴定人	专家证人	行政执法人员	侦查警察	目击证人							一般证人	目击证人	侦查警察	同案案犯	被害人	不确定						
（2017）川0112刑初100号钟某	开设赌场	是		否			1			1					控方	是	是	否	是	6	6							是	否		当庭	
（2017）川0112刑初2163号青某	抢劫	否	对部分事实有异议	否			2						2		控方	是	是	否	是	2	1				1			否	是		当庭	

（续表）

案号	指控罪名	供认情况	异议类型		庭前会议			证人出庭						发问方式		对质情况		书面证人					判决情况					备注
		是否供认	定罪	量刑	是否召开	提出排非	被告参加	总数量	类型					来源	直接发问	职权发问	被告人发问	辩护人发问	数量	类型				前叙庭前会议	前叙证人到庭	分析到庭证言	分析排非情况	宣判情况	
									被害人	一般证人	鉴定人	专家证人	行政执法人员	目击证人 警察						一般证人	目击证人 警察	传来证人 同案犯	被害人 不确定						
（2017）川0112刑初196号 周某某	盗窃	是			是	否	否	5	4					1	控方	是	同后无同	是	1					否	是	是	是	当庭	
（2017）川0112刑初361号 李某某 刘某某	制造毒品	是			否			1		1					控方	是	同后无同		1					是	是	否	否	当庭	

（续表）

案号	指控罪名	供认情况			庭前会议			证人出庭								发问方式		对质情况		书面证人							判决情况					备注
		是否供认	异议类型		是否召开	提出排非	被告参加	总数量	类型						来源	直接发问	职权发问	被告发问	辩护人发问	数量	类型						庭前会议	前叙证人到庭	分析到庭证言	分析排非	宣判情况	
			定罪	量刑					被害人	一般证人	鉴定人	专家证人	行政执法人员	警察	目击证人						一般证人	目击证人	警察	同案犯	被害人	不确定						
(2017)川0112刑初785号侯某某	过失致人死亡	是	对罪名有异议		是	否	是	2		1					1	控方	是	是	同	7	7						是	是	是		当庭	
(2017)川0112刑初797号康某某	妨害公务	是			否														同后无问	11	8		3								当庭	

（续表）

案号	指控罪名	供认情况			庭前会议			证人出庭									发问方式		对质情况		书面证人						判决情况					备注
		是否供认	异议类型		是否召开	提出排非	被告参加	总数量	类型						来源		直接发问	职权发问	被告发问	辩护人发问	数量	类型					前叙庭前会议	前叙证人到庭	分析到庭证言	分析排非	宣判情况	
			定罪	量刑					被害人	一般证人	鉴定人	专家证人	行政执法人员	目击警察	目击证人							一般证人	目击证人	来传警察	同案犯	被害人	不确定					
(2017)川0183刑初20161号 李某某	盗窃	否	对部分盗窃事实有异议		是	是	是	2						2		控方	是	否	否	是	1					1	是	是	是		当庭
(2017)川0183刑初550号 王某某	诈骗	否	不构成犯罪		是	否	是	2	1	1						控方	是	是	同后无问	同后无问	4	3				1	是	否			当庭

（续表）

案号	指控罪名	供认情况			庭前会议			证人出庭									发问方式	对质情况		书面证人							判决情况					备注
		是否供认	异议类型		是否召开	提出排非	被告参加	总数量	类型							来源	直接发问/职权发问	被告发问	辩护人发问	数量	类型						前叙庭前会议	前叙证人到庭	分析到庭证言	分析排非	宣判情况	
			定罪	量刑					被害人	一般证人	鉴定人	专家证人	行政执法人员	警察	目击证人						一般证人	目击证人	传唤警察	同案犯	被害人	不确定						
(2016)川0115刑初518号 胡某、张某某	过失致人死亡	1人供认，1人不认	对罪名有异议		是	否	是	1		1							直接发问	同后无问	是	7	7						否	是	否	否	定期	
(2017)川0121刑初287号 邓某某	交通肇事	是			否			1							1	控方	先陈述后同控方	否	是	1	1						否	否	否	否	当庭	

（续表）

案号	指控罪名	供认情况			庭前会议			证人出庭							发问方式		对质情况		书面证人					判决情况				备注
		是否供认	异议类型		是否召开	提出排非	被告参加	总数量	类型					来源	直接发问	职权发问	被告发问	辩护人发问	数量	类型				前叙庭前会议	前叙证人到庭	分析到庭证言	分析排非	宣判情况	
			定罪	量刑					被害人	一般证人	鉴定人	专家证人	行政执法人员	目击证人							一般证人	目击证人	传唤警察	同案犯	被害人不确定					
（2017）川0121刑初355号张某某	滥伐林木	部分	辩护人认为证据不足		是	是	是	1							1	辩方	是	否	是	9	9						否	是	否	否	当庭	简易程序转普通程序，对证据三性提出排非
（2017）川0124刑初461号赵某	信用卡诈骗	是			否			3		3						控方	是	是	是	否							是	否		当庭	简易转普通

（续表）

案号	指控罪名	供认情况 是否供认	异议类型 定罪	异议类型 量刑	庭前会议 是否召开	庭前会议 提出排非	庭前会议 被告参加	证人出庭 总数量	类型 被害人	类型 一般鉴定人	类型 专家证人	类型 行政执法人员	类型 警察	类型 目击证人	来源	发问方式 直接发问	发问方式 职权发问	对质情况 被告发问	对质情况 辩护人发问	书面证人 数量	类型 一般证人	类型 目击证人	类型 传来证人	类型 警察	类型 同案犯	类型 被害人	类型 不确定	判决情况 前叙	庭前会议	证人到庭	分析到庭证言	分析排非	宣判情况	备注
(2017)川0124刑初527号卓某某	容留他人吸毒	是			否			2		1				1	控方	是		否	是	3	3									是			当庭	简易转普通
(2017)川012016刑初629号徐某某	强奸	是			是	否	是	1	1						辩方	是		是	是	2	1						1		否	否			定期	庭前会议未解决程序性事项

(续表)

案号	指控罪名	供认情况			庭前会议			证人出庭						发问方式		对质情况	书面证人					判决情况				备注
		是否供认	异议类型		是否召开	提出排非	被告参加	总数量	类型					直接发问	职权发问	被告发问	辩护人发问	数量	类型				前叙庭前会议	前叙证人到庭	分析到庭证言	分析排非	宣判情况	
			定罪	量刑					被害人	一般证人	鉴定人	专家证人	行政执法人员	目击证人	来源					一般证人	目击证人	传唤警察	同案犯	被害人	不确定					
(2017)川012016刑初606号 何某某	诈骗	否	无罪		是	否	是	2	1	1					辩方	是	否	是	3	2				1	否	是	否	当庭	庭前会议未解决程序性事项
(2017)川0107刑初1037号 石某	职务侵占	是			是	否	是	2		2					辩方	是	否	是	6	6					否	是	否	定期	

（续表）

案号	指控罪名	供认情况				庭前会议			证人出庭							发问方式			对质情况	书面证人					判决情况				备注
		是否供认	异议类型			是否召开	提出排非	被告参加	总数量	来源	类型					直接发问	职权发问	被告发问	辩护人发问	数量	类型				前叙庭前会议	前叙证人到庭	分析到庭证言	分析排非	宣判情况	
			定罪	量刑							被害人	一般证人	鉴定人	专家证人	行政执法人员	目击证人						一般证人	目击证人	侦查警察	同案犯	被害人不确定					
（2016）川0121刑初252号尧某某	制造毒品	是				否			2	控方					2	是	是	同后无同	否	4	1	3				否	否		当庭	
（2017）川0114刑初131号毛某某	诈骗	是				是	否	否	2	辩方		2				是	是	是	是	21					21	是	是	否	定期	判决书上证据罗列粗糙

（续表）

案号	指控罪名	供认情况		庭前会议			证人出庭							发问方式			对质情况		书面证人				判决情况				备注
		是否供认	异议类型（定罪/量刑）	是否召开	提出排非	被告参加	总数量	类型						来源	直接发问	职权发问	被告发问	辩护人发问	数量	类型			前叙庭前会议	前叙证人到庭	分析到庭证言	分析排非	宣判情况	
								被害人	一般证人	鉴定人	专家证人	行政执法人员	警察							一般证人	目击证人	传来警察	同案犯	被害人不确定					
(2017)川0114刑初349号查某某	强奸	否	不认罪	是	否	否	1		1					不确定	先陈述后问	是	否	否	1						否	是	是	否	当庭	庭审提出排非
川0121刑初405号张某某	运输毒品	否	不认罪	是	否	否	2						2	控方	是	是	否	是	1		1				否	否	是	是	定期	
(2017)川0121刑初238号邱某	贩卖毒品	否	不认罪	是	是	是	3						3	控方	是	是	问后无问	是	1	1					是	是	是	是	当庭	翻供

（续表）

案号	指控罪名	供认情况 是否供认	异议类型 定罪	异议类型 量刑	庭前会议 是否召开	庭前会议 提出排非	庭前会议 被告参加	证人出庭 总数量	类型 被告人	类型 一般证人(鉴定人)	类型 专家证人	类型 行政执法人员	类型 目击证人	类型 警察	来源	发问方式 直接发问	发问方式 职权发问	对质情况 被告发问	对质情况 辩护人发问	书面证人 数量	类型 一般证人	类型 目击证人	类型 传来证人	类型 警察	类型 同案犯	类型 被害人	类型 不确定	判决情况 前叙庭前会议	判决情况 前叙证人到庭	判决情况 分析到庭证言	判决情况 分析排非情况	判决情况 宣判情况	备注
（2017）川01刑初248号陈某某	故意杀人	否	不认罪		否			1		1					控方	是				6	6								否			定期	涉精神病鉴定
（2017）川0106刑初228号程某某	非法经营	是	单位犯罪还是个人犯罪	金额	是	否	是	1		1					控方	是	同后无问	同后无问		9					1		8	否	否	否		定期	涉疫苗案件

附件：101 件抽样试验示范庭审案件类型数据表

（续表）

案号	指控罪名	供认情况			庭前会议			证人出庭							发问方式	对质情况	书面证人					判决情况				备注
		是否供认	异议类型		是否召开	提出排非	被告参加	总数量	类型					来源		辩护人发问	数量	类型				庭前会议	前叙证人到庭	分析到庭证言	分析排非	宣判情况
			定罪	量刑					被害人	一般证人	鉴定人	专家证人	行政执法人员	警察	目击证人		直接发问	职权发问	被告发问			一般证人	目击证人	传来证人警察	同案犯	被害人	不确定
（2017）川0106刑初1079号李某等三人	盗窃	部分	二三被告人不认罪		否			1	1							控方	是	是	否	7				1	6	否	否	否	定期
（2017）川0108刑初102号薛某	敲诈勒索、伪造居民身份证	部分	不认敲诈勒索		是	是	是	3	1					1	1	先陈述后发问 辩方	是	是	是	4					4	是	是	是	定期

（续表）

案号	指控罪名	供认情况			庭前会议			证人出庭									发问方式		对质情况		书面证人							判决情况					备注
		是否供认	异议类型		是否召开	提出排非	被告参加	总数量	类型							来源	直接发问	职权发问	被告发问	辩护人发问	数量	类型						前叙庭前会议	前叙证人到庭	分析到庭证言	分析排非	宣判情况	
			定罪	量刑					被害人	一般证人	鉴定人	专家证人	行政执法人员	警察	目击证人							一般证人	目击证人	传唤警察	同案犯	被害人	不确定						
(2017)川0108刑初121号 关某某	生产、销售不符合安全标准的食品	否	不知道食品添加泡打粉是禁止使用的		是	否	是	4		2	1		1			控方	是	否	是	是	3	3						是	是	是		当庭	市场与质量监督管理局工作人员出庭

（续表）

案号	指控罪名	供认情况			庭前会议			证人出庭							发问方式		对质情况	书面证人				判决情况			备注
		是否供认	异议类型		是否召开	提出排非	被告参加	总数量	类型					来源	直接发问	职权发问	被告发问	辩护人发问	数量	类型				前叙庭前会议	前叙证人到庭	分析到庭证言	分析排非	宣判情况
			定罪	量刑					被害人	一般证人	鉴定人	专家证人	行政执法人员	警察	目击证人							一般证人	目击证人	警察	同案犯	被害人不确定					
（2016）川0113刑初285曾某某等	诈骗、非法拘禁	是			否			1	1							控方	是	否	否								是	否	是		当庭	
（2016）川0132刑初80周某	绑架	是	绑架非抢劫	金额	是	否	否	1	1							控方	是	否	先退后质	4	1	2		1		否	否	是	否	当庭	辩方称证言系孤证
（2016）川0181刑初91高某	寻衅滋事	否	无罪		是	否	否	7	1					2	4	控方3 辩方4	是	是	是	8	5	2		1		否	否	是	是	定期	光盘

（续表）

案号	指控罪名	供认情况		庭前会议			证人出庭								发问方式		对质情况		书面证人								判决情况					备注
		是否供认	异议类型（定罪/量刑）	是否召开	提出排非	被告参加	总数量	类型						来源	直接发问	职权发问	被告发问	辩护人发问	数量	类型							庭前会议	庭前叙证人到庭	分析到庭证言	分析排非情况	宣判情况	
								被害人	一般鉴定人	专家证人	行政执法人员	警察	目击证人							一般证人	目击证人	传来证人	同案犯	警察	被害人	不确定						
（2016）川0182刑初598 冯某等二人	寻衅滋事	是	故意伤害	是	否	是	2	1	1				1	控方	是	否	否	是	8	5						3	否	否	否	否	当庭	光盘
（2016）川0182刑初518 肖某	盗窃	否	罪名和事实（有）	是	是	是	3		1				1	控方	是	是	同后无	是	3	1	1					1	否	否	否	否	定期	申请排非但未作审查

（续表）

案号	指控罪名	供认情况			庭前会议			证人出庭									发问方式		对质情况			书面证人						判决情况					备注
		是否供认	异议类型		是否召开	提出排非	被告参加	总数量	类型							来源	直接发问	职权发问	被告发问	辩护人发问	数量	类型						前叙证庭前会议	前叙证人到庭	分析到庭证言	分析排非	宣判情况	
			定罪	量刑					被害人	一般证人	鉴定人	专家证人	行政执法人员	警察	目击证人							一般证人	目击证人	传唤警察来	同案犯	被害人	不确定						
(2016)川012016刑初688 杨某某	抢劫	是	盗窃非抢劫		是	是	是	4	1					2	1	控方	是		否	是	2	1	1					否	是	否	否	当庭	两次庭前会议,辩方申请排非后径自主动撤证,辩方亦撤光盘。
(2016)川012016刑初397 汪某等四人	集资诈骗、非法吸收公众存款、寻衅滋事	是	否认集资诈骗金额		否			2	1		1					控方	是		是	是	12						12		否			定期	

（续表）

案号	指控罪名	供认情况			庭前会议			证人出庭								发问方式				对质情况		书面证人						判决情况					备注
		是否供认	异议类型		是否召开	提出排非	被告参加	总数量	类型							来源	直接发问	职权发问	被告发问	辩护人发问		数量	类型					前叙庭前会议	前叙证人到庭	分析到庭证言	分析排非	宣判情况	
			定罪	量刑 罪名					被害人	一般证人	鉴定人	专家证人	行政执法人员	警察	目击证人								一般证人	目击证人	警察	同案犯	被害人	不确定						
(2016)川0191刑初892覃某某	抢劫	是		罪名	否			1	1							辩方	是	否	否	是	2	2							是	否			当庭	光盘
(2016)川0191刑初86刘某某	盗窃、伪造证件	否			否			1						1		控方	是	否	否	否	5				5				是	否			定期	辩方申请排非，庭审中作调查，但判决中未专门分析认定光盘。

（续表）

案号	指控罪名	供认情况			庭前会议			证人出庭									发问方式		对质情况		书面证人								判决情况					备注
		是否供认	异议类型		是否召开	提出排非	被告参加	总数量	类型							来源	直接发问	职权发问	被告发问	辩护人发问	数量	类型							庭前会议	前叙证人到庭	前叙分析到庭证言	分析排非	宣判情况	
			定罪	量刑金额					被害人	一般证人	鉴定人	专家证人	行政执法人员	警察	目击证人							一般证人	目击证人	警察	传来证人	同案犯	被害人	不确定						
（2016）川0112刑初127 罗某某等三人	组织、领导传销活动	是	无	无	是	否	是	2			1				1	控方	是	否	否	是	51							51	否	是	否		定期	光盘

（续表）

案号	指控罪名	供认情况			庭前会议			证人出庭								发问方式		对质情况		书面证人							判决情况					备注
		是否供认	异议类型（定罪/量刑）	金额/次数	是否召开	提出排非	被告参加	总数量	类型（被害人/一般证人/鉴定人/专家证人/行政执法人员/警察/目击证人）							来源	直接发问	职权发问	被告发问/辩护人发问	数量	类型（一般证人/目击证人/传来证人/警察/同案犯/被害人）						不确定	庭前叙庭前会议	前叙证人到庭	分析到庭证言	分析排非	宣判情况	
(2016)川0112刑初10 黄某等六人	盗窃；掩饰、隐瞒犯罪所得；非法持有毒品；容留他人吸毒	是		无	是	是	是	2							2	控方	是	是	是	25 17						8		否	否	未正面回应	未正面回应	定期	被告人金某对两笔申请排非，对一笔实质未支持但未正面回应

(续表)

案号	指控罪名	供认情况			庭前会议			证人出庭						发问方式		对质情况		书面证人					判决情况				备注
		是否供认	异议类型		是否召开	提出排非	被告参加	总数量	类型					来源	直接发问	职权发问	被告发问	辩护人发问	数量	类型				前叙庭前会议	前叙证人到庭	分析到庭证言	分析排非	宣判情况
			定罪	量刑					被害人	一般证人	鉴定人	专家证人	行政执法人员	警察	目击证人							一般证人	目击证人	警察	同案犯	被害人	不确定				
(2016)川0182刑初518 周某	绑架、抢劫	是	否认抢劫	金额	是	否	否	1	1						控方	是	是	否	是	3			3					否	否	是	是	当庭宣判	注明当庭作证但未作分析。光盘
(2016)川0113刑初285 曾某某等三人	诈骗、非法拘禁	是			否			1							控方	是	否	否	否	不详								是	否			定期	无律师辩护
(2016)川0104刑初551 魏某	诈骗	是		金额	是	否	是	1	1						控方	是	否	是	是	3			3					否	是			定期	光盘

（续表）

案号	指控罪名	供认情况			庭前会议			证人出庭									发问方式		对质情况		书面证人							判决情况					备注
		是否供认	异议类型		是否召开	提出排非	被告参加	总数量	类型							来源	直接发问	职权发问	被告发问	辩护人发问	数量	类型						庭前叙庭前会议	庭前叙证人到庭	分析到庭证言	分析排非	宣判情况	
			定罪	量刑					被害人	一般证人	鉴定人	专家证人	行政执法人员	警察	目击证人							一般证人	目击证人	警察	同案犯	被害人不确定							
(2016)川0132刑初209 证某某	非法持有枪支	否	否认		是	是,辩护人	是	2							1	控方/辩方	是	是	是	是							否	否	是	是	当庭	简转普。排非前置，因控方不能作出合理解释而支持。判决中前置光盘。
(2016)川0121刑初143 杨某某等四人	销售不符合安全标准的食品	是	认		是	否	否	1				1				控方	是	是	否	是	7						否	是	否	否	当庭	

（续表）

案号	指控罪名	供认情况		异议类型		庭前会议			证人出庭							发问方式			对质情况	书面证人					判决情况				备注
		是否供认		定罪	量刑	是否召开	提出排非	被告参加	总数量	类型					来源	直接发问	职权发问	被告发问	辩护人发问 数量	类型					前叙庭前会议	前叙证人到庭	分析到庭证言	分析排非	宣判情况	
										被害人	一般证人	鉴定人	专家证人	行政执法人员	目击证人	警察						一般证人	目击证人	警察	行政执法人员	被害人	同案犯	不确定						
(2016)川01刑初19周某等二人	制造毒品	周否吴认		无意思联络		是	是	否	1							1			控方	是	否	否	是 4			4			否	否	是	是	定期	排非前置，当庭驳回
(2016)川01刑初127王某等三人	贩卖、制造毒品	两人否认		无罪		否			2							2			控方	是	否	否	是							否			定期	单独作证笔录

（续表)

案号	指控罪名	供认情况		庭前会议			证人出庭									发问方式		对质情况		书面证人							判决情况					备注
		是否供认	异议类型（定罪/量刑）	是否召开	提出排非	被告参加	总数量	被害人	一般证人	鉴定人	专家证人	行政执法人员	警察	目击证人	来源	直接发问	职权发问	被告发问	辩护人发问	数量	一般证人	目击证人	警察	同案犯	被害人	不确定	前叙庭前会议	前叙证人到庭	分析到庭证言	分析排非	宣判情况	
(2016)川01刑初78 叶某某 故意杀人		是	否认亲吻	是	否	是	3		1					2	控方	是	是	同	后无同	17		17					是	是否	是		定期	书面证人多系背景或外围证人。辩控方中控方装疯卖傻,并称被告对被告无权质同公诉人

（续表）

案号	指控罪名	供认情况			庭前会议			证人出庭							发问方式		对质情况	书面证人						判决情况				备注
		是否供认	异议类型		是否召开	提出排非	被告参加	总数量	类型						来源	直接发问	职权发问	被告发问	辩护人发问	数量	类型					前叙庭前会议	前叙证人到庭	分析到庭证言	分析排非	宣判情况	
			定罪	量刑					被害人	一般证人	鉴定人	专家证人	行政执法人员	警察	目击证人						一般证人	目击证人	传来证人	同案犯	被害人不确定						
(2016)川0115刑初448 杨某	交通肇事	是			否			1						1		控方	是	否	否	同	5					5	是	否	否	当庭	警方证明在证言中称量刑情节
(2016)川0183刑初285 封某	抢劫	是	否认数额巨大		否			3		3						控方	是	否	是	是后无同	10	10					是	否	否	当庭	法官在庭审中称三名证人当庭证言与庭前证言不一致，但判决中未作分析说明。光盘

（续表）

案号	指控罪名	供认情况			庭前会议			证人出庭									发问方式		对质情况		书面证人							判决情况					备注
		是否供认	异议类型		是否召开	提出排非	被告参加	总数量	类型							来源	直接发问	职权发问	被告发问	辩护人发问	数量	类型						前叙庭前会议	前叙证人到庭	分析到庭证言	分析排非	宣判情况	
			定罪	量刑					被害人	一般证人	鉴定人	专家证人	行政执法人员	侦查警察	目击证人							一般证人	目击证人	侦查警察	同案犯	被害人	不确定						
(2016)川0183刑初425 王某某等二人	生产、销售有毒有害食品	是	无	无	否			1							1	控方	先陈述后问		否	是	2		2						是		否	当庭	庭审笔录无证人退庭环节。光盘
(2016)川0114刑初352 邓某	盗窃	是			否			1	1							控方	是		是	否	1	1							是		否	当庭	简易程序

（续表）

案号	指控罪名	供认情况			庭前会议			证人出庭							发问方式		对质情况		书面证人					判决情况				备注
		是否供认	异议类型		是否召开	提出排非	被告参加	总数量	类型					来源	直接发问	职权发问	被告发问	辩护人发问	数量	类型				前叙庭前会议	前叙证人到庭	分析到庭证言	分析排非	宣判情况	
			定罪	量刑					被害人	一般证人	鉴定人	专家证人	行政执法人员	目击证人/警察						一般证人	目击证人/警察	同案犯	被害人	不确定					
（2016）川0107刑初744汪某某等三人	抢劫、盗窃、掩饰隐瞒犯罪所得	是	另外一名被告对罪名	两名被告对金额	是	否	否	1						1	控方	是	是	否	13	10			3	否	否	是		定期	光盘
（2016）川0107刑初434周某某	贩卖毒品	否	罪名		是	否	否	1						1	控方	先陈述后问	是	否	4	3		1		仅提到召开时间	否	否		当庭	光盘

案号	指控罪名	供认情况			庭前会议			证人出庭								发问方式		对质情况		书面证人							判决情况					备注
		是否供认	异议类型		是否召开	提出排非	被告参加	总数量	类型						来源	直接发问	职权发问	被告发问	辩护人发问	数量	类型						庭前会议前叙	证人到庭前叙	分析到庭证言	分析排非	宣判情况	
			定罪	量刑					被害人	一般证人	鉴定人	专家证人	行政执法人员	目击证人 警察							一般证人	目击证人	警察	同案犯	被害人	不确定						
(2016)川0191刑初623 刘某某	贩卖毒品	是			否			1						1	控方	是	是	否	否	1	1						否	是	是		当庭	被告庭审中提出排非,第二次开庭启动排非程序,但对证人证言仅询问被告意见,无发问

（续表）

案号	指控罪名	供认情况			庭前会议			证人出庭						发问方式	对质情况			书面证人			判决情况				备注
		是否供认	异议类型		是否召开	提出排非	被告参加	总数量	类型					来源	直接发问	职权发问	被告发问	辩护人发问	数量	类型			庭前叙庭前会议	前叙证人到庭	分析到庭证言	分析排非	宣判情况
			定罪	量刑					被害人	一般证人	鉴定人	专家证人	行政执法人员	目击警察						一般证人	目击警察	同案犯	被害人不确定				
（2016）川0184刑初334游某某	贩卖毒品	否	事实和罪名		是	是	是	2		2				2	控方	是	否	是	3	1		1		是	是	是	当庭	证人由辩方提供，控方证明无刑讯逼供，但最后排非被采纳。光盘
（2016）川0184刑初81王某某	强奸	否	事实和罪名		是	否	是	2							辩方	先陈述后问	是	否	是	5	4			1	是	是	否	定期	无罪案件，证录与笔录审录分开（不公开审理）

（续表）

案号	指控罪名	供认情况			庭前会议			证人出庭								发问方式				对质情况		书面证人							判决情况					备注
		是否供认	异议类型		是否召开	提出排非	被告参加	总数量	类型						来源	直接发问	职权发问	被告发问	辩护人发问			数量	类型						前叙庭前会议	前叙证人到庭	分析到庭证言	分析排非	宣判情况	
			定罪	量刑					被害人	一般证人	鉴定人	专家证人	行政执法人员	警察	目击证人								一般证人	目击证人	传来证人	同案犯	同被害人	不确定						
（2016）川0181刑初341陶某某等二人	故意伤害	是	无		否			1			1					控方	是	否	同后无同			1						1	否	否	否	当庭	证据清单中提到鉴定人出庭
（2016）川0182刑初586吴某某	故意伤害	是	无		是	否	是	2						2		控方	是	否	是	7	6						1	中间叙述	否	否	当庭	
（2016）川0114刑初520陈某某	故意杀人	是	无		否			1		1						控方	是	否	否	1	1						1	是	否	否	定期	免予刑事处罚

（续表）

案号	指控罪名	供认情况			庭前会议				证人出庭								发问方式		对质情况		书面证人							判决情况					备注
		是否供认	异议类型		是否召开	提出排非	被告参加	总数量	类型							来源	直接发问	职权发问	被告发问	辩护人发问	数量	类型						前叙庭前会议	前叙证人到庭	分析到庭证言	分析排非	宣判情况	
			定罪	量刑					被害人	一般证人	鉴定人	专家证人	行政执法人员	警察	目击证人							一般证人	目击证人	传唤警察	同案犯	被害人	不确定						
(2016)川2081刑初224 张某某	以危险方法危害公共安全	是	无		是	否	是	2		1					1	控方	是	否	问后无问	问后无问		26	11			15		否	是	否		当庭	
(2016)川2081刑初328 张某某等四人	故意伤害	是	有		是	否	是	3			1			2		控方	是	仅发问警察	问后无问	问后无问		18	12		6			否	否	仅分析鉴定人的		定期	光盘

（续表）

案号	指控罪名	供认情况		庭前会议			证人出庭								发问方式			对质情况	书面证人					判决情况					备注
		是否供认	异议类型（定罪/量刑/金额）	是否召开	提出排非	被告参加	总数量	类型						来源	直接发问	职权发问	被告发问	辩护人发问 数量	类型					前叙庭前会议	前叙证人到庭	分析到庭证言	分析排非	宣判情况	
								被害人	一般证人	鉴定人	专家证人	行政执法人员	目击证人警察						一般证人	目击证人警察	传来	同案犯	被害人不确定						
(2016)川01刑初114郑某某	故意伤害	是	无	否			2		2					控方	先陈述后问	是	否	是 3	1		2				是	否	否	定期	
(2016)川0112刑初400郭某某	盗窃、抢劫	认盗窃、对抢劫有异议	定罪	否			2	2						控方	是	否	是	是 5 3					2		否	是	否	当庭	
(2016)川0131刑初102罗某	诈骗	是	无金额	否			3	3						控方	是	是	问后无问	是 30 29					1		否	否	否	定期	光盘

（续表）

案号	指控罪名	供认情况			庭前会议			证人出庭									发问方式		对质情况		书面证人							判决情况					备注
		是否供认	异议类型		是否召开	提出排非	被告参加	总数量	类型							来源	直接发问	职权发问	被告发问	辩护人发问	数量	类型						前叙庭前会议	前叙证人到庭	分析到庭证言	分析排非	宣判情况	
			定罪	量刑					被害人	一般证人	鉴定人	专家证人	行政执法人员	警察	目击证人							一般证人	目击证人	传来警察	同案犯	被害人	不确定						
（2016）川0131刑初143 王某等三人	非法拘禁	是	无		否			2						2		控方	是	是	无	是	7	6					1		否			定期	在证据清单中标明了两名证人证言是证人出庭证言

（续表）

案号	指控罪名	供认情况		庭前会议			证人出庭									发问方式		对质情况		书面证人							判决情况					备注
		是否供认	异议类型（定罪量刑/事实）	是否召开	被告参加	提出排非	总数量	类型							来源	直接发问	职权发问	被告发问	辩护人发问	数量	类型						前叙庭前会议	前叙证人到庭	分析到庭证言	分析排非	宣判情况	
								被害人	一般证人	鉴定人	专家证人	行政执法人员	警察	目击证人							一般证人	目击证人	警察	同案犯	被害人	不确定						
（2016）川0181刑初196 某某	抢劫	是	事实	是	是	是	1								控方	是	否后无问		是	7				3	4		是	否	是	是	定期	庭前会议中被告说不提出排非，可能因为没听懂汉语。后由辩护人提出排非。辩护人申请审判长回避被驳回。光盘。

（续表）

案号	指控罪名	供认情况			庭前会议			证人出庭							发问方式	对质情况		书面证人					判决情况				备注
		是否供认	异议类型		是否召开	提出排非	被告参加	总数量	类型					来源		辩护人发问	被告发问	数量	类型				庭前叙证	庭前会议	证人到庭证言	分析到庭证言	分析排非	宣判情况
			定罪	量刑					被害人	一般证人	鉴定人	专家证人	行政执法人员	目击证人	警察					一般证人	目击证人	同案犯	被害人	不确定				
（2016）川0121刑初465 李某	非法持有毒品、容留他人吸毒	是			否			1						1		控方	直接发问	是	是	否	4	4				否	否	当庭	
（2016）川0121刑初137 倪某	危险驾驶	否	事实		否			1						1		控方	先陈述后问	否	是	否	6	6				是	是	当庭	被告先不认罪，后认罪。仅问被告是否对证人证言有异议。光盘

（续表）

案号	指控罪名	供认情况		庭前会议			证人出庭								发问方式		对质情况		书面证人						判决情况					备注
		是否供认	异议类型（定罪/量刑）	是否召开	提出排非	被告参加	总数量	类型						来源	直接发问	职权发问	被告发问	辩护人发问	数量	类型					前叙庭前会议	前叙证人到庭	分析到庭证言	分析排非	宣判情况	
								被害人	一般证人	鉴定人	专家证人	行政执法人员	警察	目击证人							一般证人	目击证人	侦查警察	同案犯	被害人	不确定					
(2016)川0121刑初65号 廖某某	故意伤害	是	对鉴定意见有异议	否			1			1					辩方	先陈述后问		否	是	7	5	1			1			否	否		当庭	简易转普通。庭审笔录格式不同
(2016)川01刑初67号 蔡某某	制造毒品、容留他人吸毒	否	不构成制造毒品	是	否	否	1			1					法院	否	是	否	是	10	3	5		2		1	否	否	是		定期	2次庭前

（续表）

案号	指控罪名	供认情况			庭前会议			证人出庭						发问方式		对质情况	书面证人					判决情况			备注
		是否供认	异议类型		是否召开	提出排非	被告参加	总数量	类型					来源	直接发问	职权发问	被告发问	辩护人发问	数量	类型				庭前叙证	分析到庭证言	分析排非	宣判情况	
			定罪	量刑					一般证人	被害人	鉴定人	专家证人	行政执法人员	警察	目击证人						一般证人	目击证人	警察	同案犯	被害人	不确定				
（2017）川0184刑初371号周某某	贩卖毒品	否	不构成贩卖毒品		是	是	是	1						1		控方	是	是	否	同	2	2					是	否	当庭	关键证人不出庭，庭前证言不予认定
（2016）川01刑初152号李旭	受贿、贪污	部分			是	否	是												同后无	20余	20余			3			是		定期	

（续表）

案号	指控罪名	供认情况			庭前会议			证人出庭									发问方式			对质情况	书面证人						判决情况					备注
		是否供认	异议类型		是否召开	提出排非	被告参加	总数量	类型							来源	直接发问	职权发问	被告发问	辩护人发问	数量	类型						庭前叙庭前会议	庭前叙证人到庭	分析到庭证言	分析排非	宣判情况	
			定罪	量刑					被害人	一般证人	鉴定人	专家证人	行政执法人员	警察	目击证人							一般证人	目击证人	传来证人	同案犯	被害人	不确定						
(2015)成刑初字第229号马某某	诈骗	否	不构成犯罪		是	否	否	1				1					是	是	否	是	8	7					1	否	否	是	否	定期	无罪
(2017)川0107刑初177号李某某	运输毒品	否	不构成犯罪		是	否	否									辩方					3		3					否				定期	

(续表)

案号	指控罪名	供认情况			庭前会议			证人出庭							发问方式			对质情况	书面证人			判决情况				备注
		是否供认	异议类型		是否召开	提出排非	被告参加	总数量	类型					来源	直接发问	职权发问	被告发问	辩护人发问 数量	类型			庭前叙证 庭前会议	庭前叙证人到庭	分析到庭证言	分析排非	宣判情况
			定罪	量刑					被害人	一般证人	鉴定人	专家证人	行政执法人员	目击证人	警察					一般证人	目击证人	警察	同案犯	被害人不确定				
（2017）川0184刑初399号李某某	诈骗	是	金额		是	否	是	4	3					1		辩方3；控方1	是	是	是	否	4	3			1	否	是	是	当庭	微信视频作证
（2016）川0112刑初296号陈某某等三人	假冒注册商标	是	金额		是	否	是	1						1		控方1	是	是	是	是	6	6				是	是	否	当庭	被告发问见证人

（续表）

案号	指控罪名	供认情况			庭前会议			证人出庭								发问方式		对质情况		书面证人							判决情况					备注
		是否供认	异议类型		是否召开	提出排非	被告参加	总数量	类型						来源	直接发问	职权发问	被告发问	辩护人发问	数量	类型						庭前会议	前叙证人到庭	分析到庭证言	分析排非	宣判情况	
			定罪	量刑					一般证人	鉴定人	专家证人	行政执法人员	警察	目击证人							一般证人	目击证人	警察	同案犯	被害人	不确定						
(2017)川0112刑初255号胡某	交通肇事	是	交通肇事中应该承担的责任		是	否	是	4	3				1		控方	是	是	是	是	2		2					是	是	是		定期	三名鉴定人均出庭
(2017)川0129刑初128号奉某	非法经营	是	对罪名有异议		是	否	是	1				1			控方	是	是	同	同后无同	6						6	是	否	是		当庭	简易转普通。行政执法人员出庭

（续表）

案号	指控罪名	供认情况		庭前会议		证人出庭						发问方式		对质情况	书面证人					判决情况			备注
		是否供认	异议类型		是否召开	被告参加 提出排非	总数量	类型					来源	直接发问	职权发问	被告发问	辩护人发问	数量	类型				前叙庭前会议	前叙证人到庭	分析到庭证言	分析排非情况	宣判情况	
			定罪	量刑				被害人	一般证人	鉴定人	专家证人	行政执法人员	目击证人警察							一般证人	目击证人警察	同案犯	被害人不确定					
（2017）川0124刑初139号 范某某	拒不执行判决、裁定	是			否		2					2		控方	是	是	否	是								否	当庭	简易转普通。法行局执行员出庭作证

参考文献

一、专著

1. 〔德〕拉德布鲁赫：《法学导论》，米健、朱林译，中国大百科全书出版社1997年版。
2. 〔英〕萨达卡特·卡德里：《审判为什么不公正》，杨雄译，新星出版社2014年版。
3. 〔英〕彼得·斯坦、〔英〕约翰·香德：《西方社会的法律价值》，王献平译，中国法制出版社2004年版。
4. 黄源盛：《中国法史导论》，广西师范大学出版社2014年版。
5. 王敏远等：《重构诉讼体制——以审判为中心的诉讼制度改革》，中国政法大学出版社2016年版。
6. 左卫民等：《中国刑事诉讼运行机制实证研究》，法律出版社2007年版。
7. 左卫民：《现实与理想——关于中国刑事诉讼的思考》，北京大学出版社2013年版。
8. 〔德〕罗伯特·霍恩等：《德国民商法导论》，楚建译，中国大百科全书出版社1996年版。
9. 宋冰编：《读本：美国与德国的司法制度及司法程序》，中国政法大学出版社1998年版。

10.〔美〕黄宗智、尤陈俊主编:《从诉讼档案出发:中国的法律、社会与文化》,法律出版社 2009 年版。

11. 白建军:《法律实证研究方法》(第二版),北京大学出版社 2014 年版。

12. 王笛:《街头文化:成都公共空间、下层民众与地方政治(1870—1930)》,李德英等译,商务印书馆 2013 年版。

13.〔法〕勒内·弗洛里奥:《错案》,赵淑美、张洪竹译,法律出版社 2013 年版。

14. 熊焱主编:《刑事庭审实质化改革:理论、实践、创新》,法律出版社 2017 年版。

15. 左卫民等:《中国刑事诉讼运行机制实证研究(五)——以一审程序为侧重点》,法律出版社 2012 年版。

16. 林钰雄:《刑事诉讼法》(上、下册),中国人民大学出版社 2005 年版。

17. 陈瑞华:《司法体制改革导论》,法律出版社 2018 年版。

18. 左卫民主编:《中国法律实证研究》(第 1 卷),法律出版社 2017 年版。

19. 陈瑞华:《比较刑事诉讼法》,中国人民大学出版社 2010 年版。

20. 龙宗智等:《司法改革与中国刑事证据制度的完善》,中国民主法制出版社 2016 年版。

21.〔日〕松尾浩也:《日本刑事诉讼法(上卷)》,丁相顺译,中国人民大学出版社 2005 年版。

22.〔日〕松尾浩也:《日本刑事诉讼法(下卷)》,张凌译,中国人民大学出版社 2005 年版。

23.《德国刑事诉讼法典》,宗玉琨译注,知识产权出版社 2013 年版。

24. 张凌、于秀峰编译:《日本刑事诉讼法律总览》,人民法院出版社2017年版。

25. 宋英辉、孙长永、朴宗根等:《外国刑事诉讼法》,北京大学出版社2011年版。

26. 顾永忠等:《刑事诉讼程序分流的国际趋势与中国实践》,方志出版社2018年版。

27. 祁建建:《美国辩诉交易研究》,北京大学出版社2007年版。

28. 〔美〕马尔科姆·M.菲利:《程序即是惩罚——基层刑事法院的案件处理》,魏晓娜译,中国政法大学出版社2014年版。

29. 陈宏毅、林朝云:《刑事诉讼法新理论与实务》,五南图书出版股份有限公司2015年版。

30. 郭彦主编:《理性 实践 规则:刑事庭审实质化改革的成都样本》,人民法院出版社2016年版。

31. 何永军:《中国古代司法的精神》,中国政法大学出版社2016年版。

32. 徐忠明:《包公故事:一个考察中国法律文化的视角》,中国政法大学出版社2002年版。

33. 瞿同祖:《瞿同祖法学论著集》,中国政法大学出版社1998年版。

34. 陈顾远:《中国法制史概要》,商务印书馆2011年版。

35. 〔意〕切萨雷·贝卡里亚:《论犯罪与刑罚》,黄风译,北京大学出版社2008年版。

36. 〔美〕詹姆士·Q.惠特曼:《合理怀疑的起源——刑事审判的神学根基》,佀华强、李伟译,中国政法大学出版社2012年版。

37. 〔法〕米歇尔·福柯:《规训与惩罚》,刘北成、杨远婴译,生活·读书·新知三联书店2012年版。

38. 《美国联邦宪法第四修正案:非法证据排除规则》,吴宏耀、陈芳、向燕译,中国人民公安大学出版社2010年版。

39. 陈光中主编:《非法证据排除规则实施问题研究》,北京大学出版社2014年版。

40. 〔德〕阿克赛尔·文德勒、〔德〕赫尔穆特·霍夫曼:《审判中询问的技巧与策略》,丁强、高莉译,中国政法大学出版社2012年版。

41. 龙宗智:《刑事庭审制度研究》,中国政法大学出版社2001年版。

42. 〔美〕虞平、郭志媛编译:《争鸣与思辨:刑事诉讼模式经典论文选译》,北京大学出版社2013年版。

43. 〔美〕P. S. 阿蒂亚、〔美〕R. S. 萨默斯:《英美法中的形式与实质——法律推理、法律理论和法律制度的比较研究》,金敏等译,中国政法大学出版社2005年版。

44. 林国贤、李春福:《刑事诉讼法论(下册)》,三民书局2006年版。

45. 孙谦主编:《刑事审判制度:外国刑事诉讼法有关规定》,中国检察出版社2017年版。

46. 樊崇义主编:《诉讼法学研究》(第五卷),中国检察出版社2003版。

47. 王进喜:《美国〈联邦证据规则〉(2011年重塑版)条解》,中国法制出版社2012年版。

48. 〔英〕约翰·斯普莱克:《英国刑事诉讼程序》(第九版),徐美君、杨立涛译,中国人民大学出版社2006年版。

49. 李知远:《刑事诉讼法释论》,一品文化出版社1998年版。

50. 张保生主编:《证据法学》(第2版),中国政法大学出版社2014年版。

51. 龙宗智:《上帝怎样审判》,法律出版社2006年版。

52. 周洪波:《刑事证明中的事实研究》,上海人民出版社2016

年版。

53. 邱汉平:《历代刑法志》,商务印书馆 2017 年版。

54. 杨一凡、〔日〕寺田浩明主编:《日本学者中国法制史论著选·先秦秦汉卷》,中华书局 2016 年版。

55. 尚华:《论质证》,中国政法大学出版社 2013 年版。

56. 王兆鹏:《刑事诉讼讲义》,元照出版有限公司 2009 年版。

57. 王兆鹏:《美国刑事诉讼法》(第二版),北京大学出版社 2014 年版。

58. 〔法〕贝尔纳·布洛克:《法国刑事诉讼法》(原书第 21 版),罗结珍译,中国政法大学出版社 2009 年版。

59. 陈光中主编:《证据法学》(第三版),法律出版社 2015 年版。

60. 易延友:《证据法的体系与精神——以英美法为特别参照》,北京大学出版社 2010 年版。

61. 〔美〕爱伦·豪切斯泰勒·斯黛丽、〔美〕南希·弗兰克:《美国刑事法院诉讼程序》,陈卫东、徐美君译,中国人民大学出版社 2002 年版。

62. 黄朝义:《刑事诉讼法》,新学林出版股份有限公司 2014 年版。

63. 〔英〕詹妮·麦克埃文:《现代证据法与对抗式程序》,蔡巍译,法律出版社 2006 年版。

64. 〔美〕米尔健·R.达马斯卡:《漂移的证据法》,李学军等译,中国政法大学出版社 2003 年版。

65. 〔美〕德博拉·L.罗德:《为了司法/正义:法律职业改革》,张群等译,中国政法大学出版社 2009 年版。

66. 左卫民等:《简易刑事程序研究》,法律出版社 2005 年版。

67. 〔意〕简玛利亚·阿雅尼、魏磊杰编:《转型时期的法律变革与法律文化》,魏磊杰、彭小龙译,清华大学出版社 2011 年版。

68. 蔡墩铭:《刑事诉讼法概要》,三民书局 2011 年版。

69. 陈卫东主编:《模范刑事诉讼法典》(第二版),中国人民大学出版社 2011 年版。

70. 贺荣主编:《深化司法改革与行政审判实践研究——全国法院第 28 届学术讨论会获奖论文集》(上),人民法院出版社 2017 年版。

71. 朱石炎:《刑事诉讼法论》,三民书局 2014 年版。

72. 苏永钦:《司法改革的再改革》,月旦出版社 1998 年版。

73. 〔美〕迈克尔·D. 贝勒斯:《法律的原则——一个规范的分析》,张文显等译,中国大百科全书出版社 1996 年版。

74. 〔美〕格雷格·伯曼、〔美〕奥布里·福克斯:《失败启示录——刑事司法改革的美国故事》,何挺译,北京大学出版社 2017 年版。

75. 〔英〕理查德·萨斯坎德:《法律人的明天会怎样?——法律职业的未来》,何广越译,北京大学出版社 2015 年版。

76. 冯军、吴卫军:《理念、制度与实践:从司法制度到司法改革》,中国文史出版社 2005 年版。

77. 最高人民法院司法改革领导小组办公室:《新时代深化司法体制综合配套改革前沿问题研究》,人民法院出版社 2018 年版。

78. 左卫民、周长军:《刑事诉讼的理念》,北京大学出版社 2014 年版。

79. 卞建林、韩旭主编:《刑事庭审实质化和有效性问题——第九届中韩刑事司法学术研讨会论文集》,法律出版社 2018 年版。

80. 步洋洋:《刑事庭审实质化路径研究》,法律出版社 2018 年版。

81. 何帆:《大法官说了算——美国司法观察笔记》,中国法制出版社 2016 年版。

82. 郭松:《试点改革与刑事诉讼制度发展》,法律出版社 2018 年版。

83. 左卫民：《价值与结构——刑事程序的双重分析》，法律出版社2003年版。

84. 卞建林、杨宇冠主编：《刑事诉讼庭前会议制度研究》，中国政法大学出版社2017年版。

85. 邓陕峡：《我国刑事庭前会议的实证研究与理论阐释》，中国政法大学出版社2017年版。

86. 许泽天：《刑事诉讼法论Ⅱ：证据之搜集调查与使用》，神州图书出版社2003年版。

87. 〔美〕米尔伊安·R.达玛什卡：《司法和国家权力的多种面孔——比较视野中的法律程序》，郑戈译，中国政法大学出版社2004年版。

88. 〔英〕麦高伟、〔英〕杰弗里·威尔逊主编：《英国刑事司法程序》，姚永吉等译，法律出版社2003年版。

89. 〔美〕娜塔莉·泽蒙·戴维斯：《马丁·盖尔归来》（第二版），刘永华译，北京大学出版社2015年版。

90. 〔美〕威廉·L.德威尔：《美国的陪审团：一位美国联邦法官对陪审制度的激情辩护》，王凯译，华夏出版社2015年版。

91. 苏力：《法律与文学：以中国传统戏剧为材料》，生活·读书·新知三联书店2006年版。

92. 张建伟：《司法竞技主义——英美诉讼传统与中国庭审方式》，北京大学出版社2005年版。

93. 〔美〕H.W.埃尔曼：《比较法律文化》，贺卫方、高鸿钧译，生活·读书·新知三联书店1990年版。

94. 〔德〕K.茨威格特、〔德〕H.克茨：《比较法总论》，潘汉典等译，贵州人民出版社1992年版。

95. 中国社科院近代史所等编：《孙中山全集》（第二卷），中华书局1981年版。

96. 侯欣一：《创制、运行及变异——民国时期西安地方法院研究》，商务印书馆 2017 年版。

97. 陈瑞华：《刑事诉讼法》，北京大学出版社 2021 年版。

98. 刘静坤：《刑事程序的权利逻辑——国际法和国内法的比较考察》，法律出版社 2021 年版。

99. 〔德〕托马斯·魏根特：《德国刑事程序法原理》，江溯等译，中国法制出版社 2021 年版。

100. 万毅：《实践中的刑事诉讼法——隐形刑事诉讼法研究》，中国检察出版社 2010 年版。

101. 胡仕浩、王勇主编：《深化司法体制综合配套改革热点问题探索——"羊城杯"司法体制综合配套改革征文获奖论文集》，人民法院出版社 2018 年版。

102. 李文玲：《中国古代刑事诉讼法史》，法律出版社 2011 年版。

103. 〔德〕托马斯·达恩史戴特：《失灵的司法——德国冤错案启示录》，郑惠芬译，法律出版社 2017 年版。

104. 梁启超：《梁启超论中国法制史》，商务印书馆 2012 年版。

105. 张晋藩：《中国法制史十五讲》，人民出版社 2017 年版。

106. 里赞：《晚清州县诉讼中的审断问题——侧重四川南部县的实践》，法律出版社 2010 年版。

107. 左卫民：《刑事程序问题研究》，中国政法大学出版社 1999 年版。

二、论文

1. 孙长永、王彪：《论刑事庭审实质化的理念、制度和技术》，载《现代法学》2017 年第 2 期。

2. 王渊:《刑事诉讼法再修改之重点——中国刑事诉讼法学研究会 2011 年会综述》,载《人民检察》2011 年第 24 期。

3. 程雷等:《新〈刑事诉讼法〉的理解与实施——中国刑事诉讼法学研究会 2012 年年会综述》,载《中国司法》2013 年第 1 期。

4. 程雷等:《〈刑事诉讼法〉的实施、问题与对策建议——中国刑事诉讼法学研究会 2013 年年会综述》,载《中国司法》2014 年第 2 期。

5. 张吉喜、向燕、倪润:《中国刑事诉讼法学研究会 2015 年年会综述》,载《中国司法》2016 年第 1 期。

6. 何家弘:《刑事庭审虚化的实证研究》,载《法学家》2011 年第 6 期。

7. 熊秋红:《刑事庭审实质化与审判方式改革》,载《比较法研究》2016 年第 5 期。

8. 陈光中、魏晓娜:《推进以审判为中心的诉讼制度改革》,载《中国法律》2015 年第 1 期。

9. 龙宗智:《"以审判为中心"的改革及其限度》,载《中外法学》2015 年第 4 期。

10. 左卫民:《迈向实践:反思当代中国刑事诉讼知识体系》,载《中外法学》2011 年第 2 期。

11. 樊传明:《审判中心论的话语体系分歧及其解决》,载《法学研究》2017 年第 5 期。

12. 常锋:《改革背景下刑事诉讼制度的发展——中国刑事诉讼法学研究会 2017 年年会观点综述》,载《人民检察》2017 年第 23 期。

13. 卞建林等:《中国刑事诉讼法学研究会 2016 年年会综述》,载《中国司法》2016 年第 10 期。

14. 龙宗智:《庭审实质化的路径和方法》,载《法学研究》2015 年第 5 期。

15. 汪海燕、于增尊:《预断防范:刑事庭审实质化诉讼层面之思考》,载《中共中央党校学报》2016年第1期。

16. 张斌、罗维鹏:《庭审实质化的技术路径反思与政治路径证成》,载《法制与社会发展》2017年第3期。

17. 龙宗智:《司法改革:回顾、检视与前瞻》,载《法学》2017年第7期。

18. 施鹏鹏:《审判中心:以人民陪审员制度改革为突破口》,载《法律适用》2015年第6期。

19. 陈实:《刑事庭审实质化的维度与机制探讨》,载《中国法学》2018年第1期。

20. 顾培东:《也论中国法学向何处去》,载《中国法学》2009年第1期。

21. 郭彦、魏军:《规范化与精细化:刑事庭审改革的制度解析——以C市法院"三项规程"试点实践为基础》,载《法律适用》2018年第1期。

22. 李奋飞:《论"表演性辩护"——中国律师法庭辩护功能的异化及其矫正》,载《政法论坛》2015年第2期。

23. 杨凯、黄怡:《论刑事司法理念的发展与刑事冤错案防范机制建构——以175件再审改判发回案件法律文书的实证分析为视角》,载《法律适用》2016年第1期。

24. 左卫民:《地方法院庭审实质化改革实证研究》,载《中国社会科学》2018年第6期。

25. 王禄生:《论刑事诉讼的象征性立法及其后果——基于303万判决书大数据的自然语义挖掘》,载《清华法学》2018年第6期。

26. 左卫民:《未完成的变革:刑事庭前会议实证研究》,载《中外法学》2015年第2期。

27. 左卫民:《"热"与"冷":非法证据排除规则适用的实证研究》,载《法商研究》2015年第3期。

28. 姜金良:《庭前会议操作的误区及克服——基于司法实践与学说的梳理与反思》,载《法律适用》2013年第12期。

29. 林铁军:《刑事诉讼中法院职权调查证据正当性论纲》,载《法治研究》2012年第1期。

30. 李降兵、苏镜祥:《刑事庭审实质化改革的着力点:"人证出庭"——以某基层法院刑事庭审实质化改革试点为观察样本》,载《刑事庭审实质化改革试点研讨会交流论文集》2015年。

31. 刘晶:《刑事庭前准备程序的反思与重构》,载《东方法学》2014年第3期。

32. 陈瑞华:《刑事诉讼法修改对检察工作的影响》,载《国家检察官学院学报》2012年第4期。

33. 兰跃军:《庭前会议程序若干问题思考》,载《上海政法学院学报》2017年第6期。

34. 易延友:《非法证据排除规则的中国范式——基于1459个刑事案例的分析》,载《中国社会科学》2016年第1期。

35. 施鹏鹏:《庭审实质化改革的核心争议及后续完善——以"三项规程"及其适用报告为主要分析对象》,载《法律适用》2018年第1期。

36. 杨宇冠、郭旭:《录音录像制度与非法证据排除研究》,载《人民检察》2012年第19期。

37. 刘君瑜、肖慧:《在排除与采信之间:讯问录音录像瑕疵的检视与改造——基于463份裁判文书的实证分析》,载《法律适用》2016年第1期。

38. 王忠良:《论统一的同步录音录像制度构建——以新〈刑事诉讼法〉的实施为逻辑起点》,载《西南政法大学学报》2013年第4期。

39. 瓮怡洁:《英国的讯问同步录音录像制度及对我国的启示》,载《现代法学》2010年第3期。

40. 戴长林:《非法证据排除制度的新发展及重点问题研究》,载《法律适用》2018年第1期。

41. 高憬宏:《刑事案件开庭审理的证据调查》,载《人民司法》2007年第1期。

42. 龙宗智:《论刑事对质制度及其改革完善》,载《法学》2008年第5期。

43. 杨宇冠、刘曹祯:《以审判为中心的诉讼制度改革与质证制度之完善》,载《法律适用》2016年第1期。

44. 马静华:《庭审实质化:一种证据调查方式的逻辑转变——以成都地区改革试点为样本的经验总结》,载《中国刑事法杂志》2017年第5期。

45. 顾永忠:《庭审实质化与交叉询问制度——以〈人民法院办理刑事案件第一审普通程序法庭调查规程(试行)〉为视角》,载《法律适用》2018年第1期。

46. 万毅:《以审判为中心的诉讼制度改革:三重困境及其破解》,载卞建林、韩旭主编:《刑事庭审实质化和有效性问题——第九届中韩刑事司法学术研讨会论文集》,法律出版社2018年版。

47. 龙宗智:《论我国刑事审判中的交叉询问制度》,载《中国法学》2000年第4期。

48. 李本森:《刑事速裁程序试点研究报告——基于18个试点城市的调查问卷分析》,载《法学家》2018年第1期。

49. 李本森:《刑事速裁程序试点实效检验——基于12666份速裁案件裁判文书的实证分析》,载《法学研究》2017年第5期。

50. 陈瑞华:《"认罪认罚从宽"改革的理论反思——基于刑事速裁程序运行经验的考察》,载《当代法学》2016年第4期。

51. 季卫东:《世纪之交日本司法改革的述评》,载《环球法律评论》2002年第1期。

52. 〔意〕马可·法布里:《意大利刑事诉讼程序与公诉改革之回顾》,叶宁译,载《比较法研究》2010年第5期。

53. 欧明艳、黄晨:《从形式到实质:刑事辩护对裁判结果影响力研究——以C市Y中院近3年198名被告人的律师辩护为样本》,载《法律适用》2016年第1期。

54. 顾永忠:《我国刑事辩护制度的重要发展、进步与实施——以新〈刑事诉讼法〉为背景的考察分析》,载《法学杂志》2012年第6期。

55. 左卫民:《有效辩护还是有效果辩护?》,载《法学评论》2019年第1期。

56. 刘静坤:《刑事案件法庭调查的基本原则和程序设计》,载《法律适用》2018年第1期。

57. 黄祥青:《推进以审判为中心的刑事诉讼制度改革的若干思考》,载《法律适用》2018年第1期。

58. 傅郁林:《以职能权责界定为基础的审判人员分类改革》,载《现代法学》2015年第4期。

59. 栗峥:《非法证据排除规则之正本清源》,载《政治与法律》2013年第9期。

60. 吴卫军、肖仕卫:《刑事审判中的"折中裁判":制度危害与解决方案》,载《浙江学刊》2013年第4期。

61. 牟军:《英国非法证据的处理规则与我国非法证据取舍的理性思考》,载《法律科学》2000年第3期。

62. 陈卫东:《"以审判为中心"改革对侦查、公诉和辩护的影响》,载卞建林、韩旭主编:《刑事庭审实质化和有效性问题——第九届中韩刑事司法学术研讨会论文集》,法律出版社2018年版。

63. 步洋洋:《刑事庭审虚化的若干成因分析》,载《暨南学报(哲学社会科学版)》2016年第6期。

64. 陈瑞华:《非法证据排除程序再讨论》,载《法学研究》2014年第 2 期。

65. 许章润:《从政策博弈到立法博弈——关于当代中国立法民主化进程的省察》,载《政治与法律》2008 年第 3 期。

66. 吴元元:《信息能力与压力型立法》,载《中国社会科学》2010 年第 1 期。

67. 左卫民:《判决书的法理研究》,载左卫民:《刑事程序问题研究》,中国政法大学出版社 1999 年版。

68. 左卫民、赵勇:《公开审判新论》,载《现代法学》1990 年第 4 期。

69. 左卫民、高晋康:《律师刑事辩护职能的制度性缺陷》,载左卫民:《刑事程序问题研究》,中国政法大学出版社 1999 年版。

70. 左卫民:《论法官的庭前活动》,载左卫民:《刑事程序问题研究》,中国政法大学出版社 1999 年版。

71. 周洪波:《刑事庭审实质化视野中的印证证明》,载《当代法学》2018 年第 4 期。

72. 郭叶、孙妹:《最高人民法院指导性案例司法应用年度比较分析报告——以 2011～2016 年应用案例为研究对象》,载《中国案例法评论》2017 年第 1 期。

73. 左卫民:《中国刑事案卷制度研究——以证据案卷为重心》,载《法学研究》2007 年第 6 期。

74. 陈兴良:《无冤:司法的最高境界》,载《中国法律评论》2014 年第 2 期。

75. 左卫民:《改革开放与中国刑事诉讼制度的立法变革》,载《西南民族大学学报(人文社科版)》2019 年第 4 期。

76. 倡化强、余韵洁:《审判中心主义与卷宗制度的前世今生》,载《法学家》2020 年第 6 期。

77. 刘品新:《论电子证据的真实性标准》,载《社会科学辑刊》

2021 年第 1 期。

78. 钟晨曦:《涉互联网商事案件中电子证据的运用规则》,载胡仕浩、王勇主编:《深化司法体制综合配套改革热点问题探索——"羊城杯"司法体制综合配套改革征文获奖论文集》,人民法院出版社2018 年版。

79. 胡昌明:《"司法的剧场化"到"司法的网络化":电子诉讼的冲击与反思》,载《法律适用》2021 年第 5 期。

80. 彭中礼:《司法人工智能中的价值判断》,载《四川大学学报(哲学社会科学版)》2021 年第 1 期。

81. 龙宗智:《论建立以一审庭审为中心的事实认定机制》,载《中国法学》2010 年第 2 期。

82. 龙宗智:《我国刑事庭审中人证调查的几个问题——以"交叉询问"问题为中心》,载《政法论坛》2008 年第 5 期。

三、英文资料

1. Clifford E. Elias, Federal Rules of Evidence Handbook, 2003.

2. Kimberlee K. Kovach, Mediation: Principles And Practice, West Group, 2000.

3. Michael H. Graham, Federal Rules of Evidence in a Nutshell, West Publishing Co., 1981.

4. John Henry Wigmore, A Treatise on the System of Evidence in Trials at Common Law: Including the Statutes and Judicial Decisions of All Jurisdictions of the United States, 1904.

5. Jonathan M. Warren, "Hidden in Plain View: Juries and the Implicit Credibility Give To Police Testimony", Depaul Journal of Social

Justice, Vol. 11, 2018(2) J.

6. Jessica Proskos and Laura Robinson, "A Codification Proposal: Amending The Canada Evidence Act to Battle Systemic Issues Retated to Falsified Police Testimony", Windsor Review of Legal and Social Issues, Vol. 39.

7. John D. King, "Privatizing Criminal Procedure", The Georgetown Law Journal, 2019(107).

8. Tom Singer, "To Tell the Truth, Memory Isn't That Good", Montana Law Review, 2002(63).

9. Christine Chambers Goodman, "Confrontation's Convolutions", Loyola University Chicago Law Journal, 2016(47).

10. David Alan Sklansky, "Confrontation and Fairness", Texas Tech Law Review, 2012(45).

11. Frank T. Read, "The New Confrontation—Hearsay Dilemma", Southern Calfornia Law Review, 1972(45).

12. Griffiths John, "Ideology in Criminal Procedure or A Third 'Model' of the Criminal Process", Yale Law Journal, 1970(3).

13. Lawrence B. Solum, "Procedural Justice", Southern California Law Review, 2004(78).

14. Petro Swanepoel, "Criminal Procedure", South African Journal of Criminal Justice, 2013(26).

15. Pamela R. Metzger, "Confrontation Control", Texas Tech Law Review, 2012(45).

16. Edward K. Chung, "Procedural Justice and Prosecutions", United States Attorneys' Bulletin, 2015(63).

17. Paul Stancil, "Substantive Equality and Procedural Justice", Iowa Law Review, 2017(102).

18. Un Jong Pak, "Judicial Justice: From Procedural Justice to Communicative Justice", Journal of Korean Law, 2016(16).

19. Roger C. Park, "Is Confrontation the Bottom Line?", Regent Uneversity Law Review, 2006(19).

20. Paul C. Giannelli, "Right of Confrontation: Lab Reports", Criminal Justice, 2009(24).

21. Kevin C. McMunigal, "Crawford, Confrontation, and Mental States", Syracuse Law Review, 2014(64).

22. Todd E. Pettys, "Counsel and Confrontation", Minnesota Law Review, 2009(94).

23. Damaska, Mirjan, "Structures of Authority and Comparative Criminal Procedure", The Yale Law Journal, 1975(84).

24. Marvin E. Frankel, "The Search For Truth: An Umpireal View", University of Pennsylvania Law Review, 1975(123).

25. Burger, Warren E., "The Special Skills of Advocacy: Are Specialized Training and Certification of Advocate Essential to Our System of Justice?", Fordham Law Review, 1973(42).

四、报纸

1. 唐亚南:《新时代中国特色刑事诉讼制度的新发展——中国刑事诉讼法学研究会2018年年会综述》,载《人民法院报》2018年10月31日。

2. 许聪、卞子琪:《庭审实质化 防范冤错案——人民法院推进以审判为中心的刑事诉讼制度改革综述》,载《人民法院报》2018年3月15日。

3. 卞建林:《扎实推进以审判为中心的刑事诉讼制度改革》,载《人民法院报》2016 年 10 月 11 日。

4. 龙宗智:《庭审实质化需技术与规则并重》,载《检察日报》2016 年 11 月 22 日。

5. 樊崇义:《"以审判为中心"的概念、目标和实现路径》,载《人民法院报》2015 年 1 月 14 日。

6. 胡云腾:《谈谈人民法院序号依次递减"宣告无罪难"》,载《人民法院报》2014 年 6 月 4 日。

7. 熊秋红:《刑事审判模式下的庭前会议功能定位》,载《人民法院报》2017 年 6 月 14 日。

8. 冀天福、吴金鹏:《推进以审判为中心诉讼制度改革防范冤错案件——河南法院 2017 年"5·9 错案警示日"座谈会综述》,载《人民法院报》2017 年 6 月 14 日。

9. 余东明:《我国首次应用人工智能辅助技术开庭审案》,载《法制日报》2019 年 1 月 24 日。

10. 何强:《全国政协委员吕红兵:律师会见难"回潮",应修法解决》,载《新京报》2019 年 3 月 2 日。

11. 刘楠:《新时代司法生产力与智能司法的精准导航》,载《人民法院报》2017 年 12 月 18 日。

12. 王亦君:《778 个无罪判决说明什么》,载《中国青年报》2015 年 3 月 13 日。

13. 谭畅、桂天舒:《陕西榆林:法院判了无权管的案子,如何收场》,载《南方周末》2018 年 6 月 14 日。

14. 蒋惠岭:《重提"庭审中心主义"》,载《人民法院报》2014 年 4 月 18 日。

15. 胡云腾:《正确把握认罪认罚从宽 保证严格公正高效司法》,载《人民法院报》2019 年 10 月 24 日。

16. 樊崇义:《中国刑事辩护四十年的回顾与展望》,载《法制日报》2019年10月30日。

17. 刘嫚:《对话最高法副院长李少平:将出台在线办案规定,明确诉讼规则》,载《南方都市报》2021年3月8日。

五、法院工作报告和白皮书等

1. 《最高人民法院关于人民法院全面深化司法改革情况的报告——2017年11月1日在第十二届全国人民代表大会常务委员会第三十次会上》

2. 《温州市中级人民法院工作报告》(2016—2018)

3. 《武汉市中级人民法院工作报告——2019年1月7日在武汉市第十四届人民代表大会第四次会议上》

4. 《无锡市中级人民法院工作报告——2019年1月23日在无锡市第十六届人民代表大会第三次会议上》

5. 《上海市高级人民法院工作报告——2019年1月29日在上海市第十五届人民代表大会第二次会议上》

6. 《深圳市中级人民法院工作报告——2019年1月18日在深圳市第六届人民代表大会第七次会议上》

7. 《吉林市中级人民法院工作报告——2019年1月15日在吉林市第十六届人民代表大会第四次会议上》

8. 最高人民法院:《人民法院司法改革案例选编(一)》

9. 最高人民法院编:《中国法院的司法改革(2013—2018)》,人民法院出版社2019年版。

后　　记

曾有人言,写文章就是写人生,确乎心有戚戚,尤其是在本书出版之际。感激四川大学给我学习的机会,感谢左卫民教授的指导、信任和鼓励。恩师一直在刑事诉讼法学、司法制度等领域辛勤耕耘、成果无数,对成都地区刑事庭审实质化改革给予悉心指导。他严谨的治学精神、敏锐的问题意识、务实的观点创新,特别是对深化司法改革研究、法律实证研究方法的重视、倡导和力行,更持续激励着我,也将永远是我学习的榜样。感谢龙宗智教授,龙老师对此项改革倾注心血、全程指导,积极为我解惑释疑,邀请我参加课题讨论,提供学术资料和观点信息,使我受益至深。感谢粟峥、徐继敏、杨翠柏、吴卫军、牟军等答辩委员以及万毅、马静华、刘静坤、张嘉军、张斌、周洪波、郭松、韩旭、周湘雄、苟正金、苏镜祥等各位学者师友的指点和帮助,我将永远铭记在心。

法学研究本质上属实践性学问,当以"适用为本,及民为心"为目标。感恩成都中院曲颖老院长多年的关心指导,鼓励支持我坚持应用法学研究。2015年以来,成都地区率先启动刑事庭审实质化改革,我有幸参与和见证了以审判为中心的刑事诉讼制度完善的成都实践,本书选题即来源于此。感激成都中院原院长郭彦对我的鼓励、鞭策和悉心指导,就重点问题与我深入交流讨论,给予我极大启发。感谢成都中院杨诚院长的鼓励支持,更坚定了我深化应用法学研究的信心。

感谢白宗钊、胡建萍、周磊、尹宁宁、袁彩君、赖波军、蒋剑鸣、张志军等多位实务专家的指导;感谢温江区、大邑县、高新区、青羊区等法院的相关同志,他们的思路、实践和经验一直给我启迪;感谢陈红、徐尔旻、魏军、范孟玲等提供帮助,魏军细阅全稿,提出宝贵意见建议,范孟玲帮助收集案例、整理数据等;感谢成都中院研究室同志的关心支持;感谢双流区法院张林力、卿新等协助整理和校对。

回首一路走来,更加感激父母养育之恩。二老来自农村,含辛茹苦供养我学习成长,成就了今天的我,本书背后是他们多年操劳的艰辛身影。深深感谢我的妻子杜颐敏,没有她的支持和付出,也许不会有论文答辩的通过和本书出版。她的鼓励、宽容,将继续激励我前行。

苏轼曾言"发于文词,见于行事",道出了应用法学研究的实践取向。我深知自身学力尚浅,本书亦存不足,唯有不懈进取,坚持"研用同步",持续深化法律实证研究,在调研中发现问题、解决问题,才是不负老师、领导和同仁关心、厚望的最好方式。

何良彬
2023 年 7 月

图书在版编目(CIP)数据

刑事庭审实质化程序实证研究：以成都地区刑事庭审实质化改革为主要研究样本／何良彬著．—北京：北京大学出版社，2023.8
（中国司法改革实证研究丛书）
ISBN 978-7-301-34190-2

Ⅰ.①刑… Ⅱ.①何… Ⅲ.①刑事诉讼—审判—研究—成都 Ⅳ.①D925.218.4

中国国家版本馆 CIP 数据核字(2023)第 125711 号

书　　名	刑事庭审实质化程序实证研究：以成都地区刑事庭审实质化改革为主要研究样本 XINGSHI TINGSHEN SHIZHIHUA CHENGXU SHIZHENG YANJIU：YI CHENGDU DIQU XINGSHI TINGSHEN SHIZHIHUA GAIGE WEI ZHUYAO YANJIU YANGBEN
著作责任者	何良彬 著
责任编辑	田 鹤
标准书号	ISBN 978-7-301-34190-2
出版发行	北京大学出版社
地　　址	北京市海淀区成府路 205 号　100871
网　　址	http://www.pup.cn　http://www.yandayuanzhao.com
电子邮箱	编辑部 yandayuanzhao@pup.cn　总编室 zpup@pup.cn
新浪微博	@北京大学出版社　@北大出版社燕大元照法律图书
电　　话	邮购部 010-62752015　发行部 010-62750672 编辑部 010-62117788
印 刷 者	三河市博文印刷有限公司
经 销 者	新华书店
	650 毫米×980 毫米　16 开本　30.25 印张　378 千字 2023 年 8 月第 1 版　2023 年 8 月第 1 次印刷
定　　价	79.00 元

未经许可，不得以任何方式复制或抄袭本书之部分或全部内容。
版权所有，侵权必究
举报电话：010-62752024　电子邮箱：fd@pup.cn
图书如有印装质量问题，请与出版部联系，电话：010-62756370